JUNG
CHANG

DIE
DREI
SCHWESTERN

JUNG CHANG

DIE DREI SCHWESTERN

Das Leben der Geschwister Soong und
Chinas Weg ins 21. Jahrhundert

Aus dem Englischen von
Helmut Dierlamm und Norbert Juraschitz

Blessing

Originaltitel: *Big Sister, Little Sister, Red Sister –*
Three Women at the Heart of Twentieth-Century China
Originalverlag: Jonathan Cape, Penguin Random House UK, London

Verlagsgruppe Random House FSC® N001967

1. Auflage, 2020
Copyright © Globalflair 2019
Copyright © 2020 by Karl Blessing Verlag, München,
in der Verlagsgruppe Random House GmbH,
Neumarkter Str. 28, 81673 München
Umschlaggestaltung: Nele Schütz Design, München,
unter Verwendung von Alamy (Fotos)
und Shutterstock/arzawen (Hintergrund)
Satz: Leingärtner, Nabburg
Druck und Einband: GGP Media GmbH, Pößneck
Printed in Germany
ISBN: 978-3-89667-598-9

www.blessing-verlag.de

Meiner Mutter

Inhalt

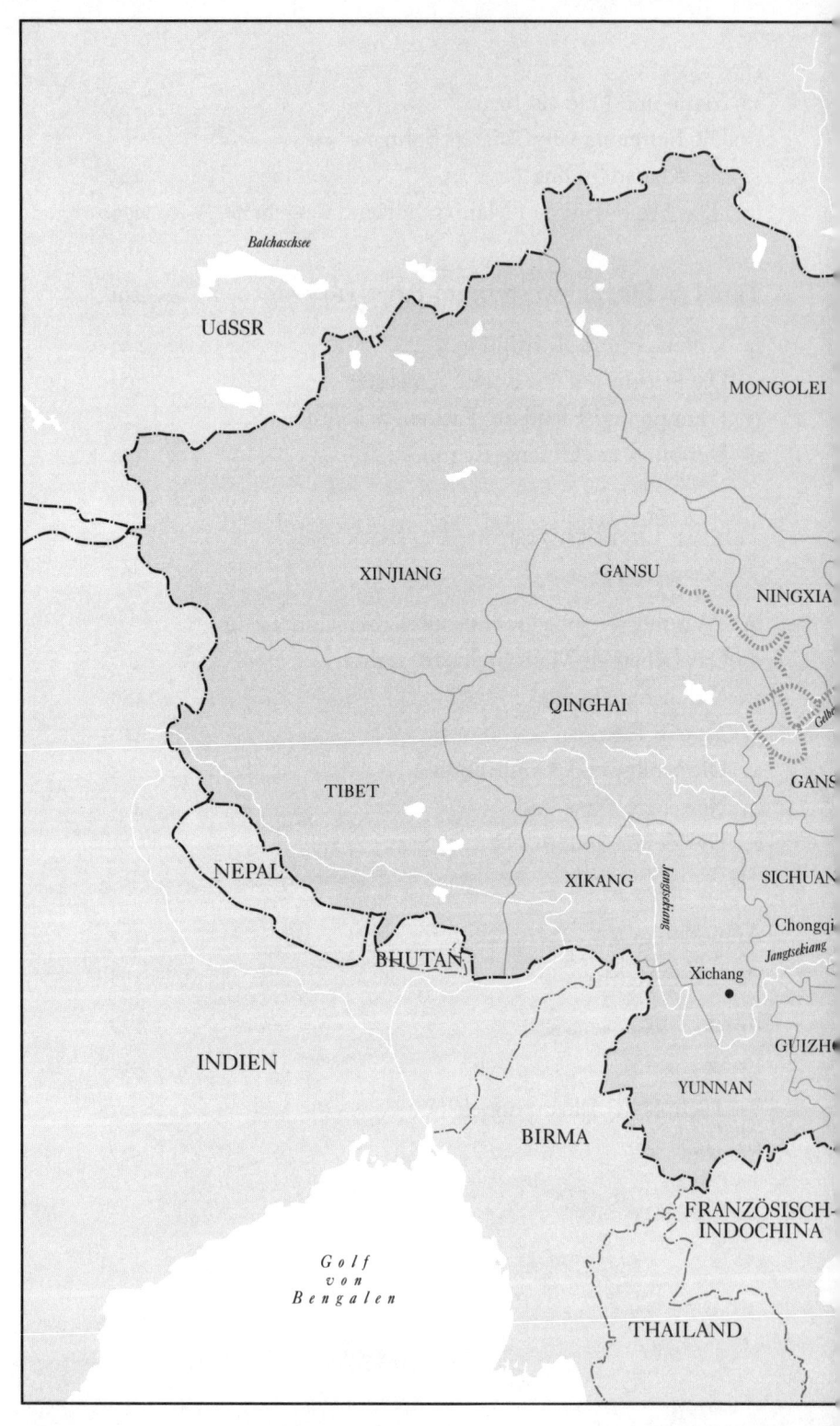

UdSSR

Baikalsee

XING'AN

HEILONGJIANG

Amur

HEJIANG

M A N D S C H U R E I

Ussuri

LIAOBEI

JILIN

SONGJIANG

CHAHAR

REHE

ANDONG

Japanisches Meer

SUIYUAN

LIAONING

KOREA

Chinesische Mauer

Beijin

Tianjin

HEBEI

JAPAN

Gelber Fluss

Jinan

SHANDONG

enan

SHANXI

Qingdao

Shangdang

Der Große Kanal

Gelbes Meer

Xian

Luoyang

IAANXI

HENAN

JIANGSU

Nanjing

HUBEI

ANHUI

Shanghai

Wuhan

Hangzhou

Xikou

ZHEJIANG

HUNAN

Nanchang

JIANGXI

Ost-chinesisches Meer

RYUKYU-INSELN

FUJIAN

Amoy

Taipeh

PAZIFISCHER OZEAN

UANGXI

GUANGDONG

Quemoy

Cihu

TAIWAN

Kanton
(Guangzhou)

Cuiheng

Hongkong

Macau

Süd-chinesisches Meer

REPUBLIK CHINA , 1945

0   400 km

N

HAINAN

© *Kartographie Fischer-Leitl, München 2020*

Einleitung

Das wohl bekannteste moderne chinesische »Märchen« ist die Geschichte der drei Schwestern aus Shanghai, geboren Ende des 19. Jahrhunderts. Ihre Familie hieß Soong, war wohlhabend, bekannt und zählte zur Oberschicht der Stadt. Die Eltern waren fromme Christen, ihre Mutter gehörte dem angesehensten Clan an, dem der Xu, nach dem ein Bezirk Shanghais benannt ist, und ihr Vater war der erste Chinese, der im Süden der Vereinigten Staaten von Methodisten bekehrt wurde. Die drei Töchter der Familie Soong – Ei-ling (»liebenswürdiges Zeitalter«, 1889 geboren), Ching-ling (»glorreiches Zeitalter«, 1893 geboren) und May-ling (»schönes Zeitalter«, 1898 geboren) – wurden als Kinder in die Vereinigten Staaten auf die Schule geschickt, was damals sehr ungewöhnlich war. Jahre später kehrten die Mädchen nach China zurück und sprachen besser Englisch als ihre Muttersprache. Mit ihrer zierlichen Statur und einem kantigen Kinn entsprachen sie nach traditionellen Standards nicht dem gängigen Schönheitsideal; ihre Gesichter hatten nicht die Form von Melonensamen, die Augen glichen nicht Mandeln, und die Augenbrauen bildeten keine eleganten Bögen. Aber sie hatten eine sehr zarte Haut, feine Gesichtszüge und eine anmutige Haltung, die sie durch modische Kleidung zusätzlich zu betonen verstanden. Die Schwestern hatten die Welt gesehen, sie waren klug, eigenständig und selbstsicher. Sie hatten »Klasse«, wie man heute sagen würde.

Was sie letztlich zu modernen chinesischen »Prinzessinnen« machte, waren ihre außergewöhnlichen Eheschließungen. Ein Mann, der sich zuerst in Ei-ling und dann in Ching-ling verliebte, war Sun Yat-sen, der Vorreiter der republikanischen Revolution, die im Jahr 1911 die Monarchie stürzte. Der als der »Vater (des republikanischen) Chinas« bekannte Sun wird in der gesamten Chinesisch sprechenden Welt bewundert. Ching-ling wurde seine Frau.

Sun starb im Jahr 1925, und sein Nachfolger, Chiang Kai-shek, machte May-ling, der Kleinen Schwester, den Hof und heiratete sie. Chiang bildete im Jahr 1928 eine nationalistische Regierung und regierte in China, bis ihn die Kommunisten 1949 zwangen, sich nach Taiwan zurückzuziehen. Die Kleine Schwester war während der zwanzig Jahre, die ihr Mann an der Macht war, die First Lady des Landes. Im Zweiten Weltkrieg, als Chiang den chinesischen Widerstand gegen die japanische Invasion anführte, wurde sie zu einer der berühmtesten Frauen ihrer Zeit.

Ihre älteste Schwester Ei-ling, die Große Schwester, heiratete H.H. Kung, der, dank der Beziehungen seiner Frau, viele Jahre lang die Posten des Regierungschefs und Finanzministers bekleidete. Diese Ämter halfen wiederum Ei-ling bei ihrem Aufstieg zu einer der reichsten Frauen Chinas.

Die Familie Soong, die neben den drei Töchtern auch drei Söhne hatte, bildete den engeren Kreis von Chiang Kai-sheks Regime, mit Ausnahme von Ching-ling, der Witwe Sun Yat-sens, die sich den Kommunisten anschloss, weshalb man sie gelegentlich auch die Rote Schwester« nannte. Somit trennten zwei antagonistische politische Lager die Schwestern. Im Bürgerkrieg, der auf den Zweiten Weltkrieg folgte, unterstützte die Rote Schwester nach Kräften die Kommunisten in ihrem Kampf gegen Chiang, auch wenn dies den Ruin ihrer eigenen Familie bedeutete. Nach dem Zusammenbruch von Chiangs Regime und der Gründung des kommunistischen China unter Mao Tse-tung im Jahr 1949 wurde die Rote Schwester Stellvertretende Vorsitzende an Maos Seite.

Die Schwestern waren ohne Frage auch über ihre einflussreichen Ehepartner hinaus etwas Besonderes. In der Chinesisch sprechenden Welt werden die Menschen es nie müde, ihr Leben und Wirken zu thematisieren. Ich erinnere mich an zwei Episoden aus der Zeit meiner Kindheit und Jugend in den 1950er- bis in die 1970er-Jahre in Maos China. Das Land befand sich damals unter einer strengen totalitären Kontrolle und war völlig von der Außenwelt isoliert. So badete Frau Chiang – die Kleine Schwester – angeblich jeden Tag in Milch, damit ihre Haut so leuchtend hell blieb. Damals war die überaus nahrhafte und heiß begehrte Milch kaum erhältlich und für eine Durchschnittsfamilie unbezahlbar. Sie als Badewasser zu benutzen galt als empörende Ausschweifung. Einmal versuchte ein Lehrer, diesen verbreiteten Mythos auszuräumen, und raunte seinen Schülern zu: »Glaubt ihr denn wirklich, es wäre so angenehm, in Milch zu baden?« Wenig später wurde er als »Rechtsabweichler« gebrandmarkt.

Die zweite Geschichte, die großen Eindruck auf mich machte, handelte davon, dass Ching-ling, die Vizevorsitzende des puritanischen Rotchina, mit ihrem Hauptleibwächter zusammenlebte, der nicht einmal halb so alt war wie sie. Es hieß, sie hätten deshalb eine körperliche Beziehung entwickelt, weil der Leibwächter sie zu Bett gebracht und ihr beim Aufstehen behilflich gewesen sei, als Ching-ling alt und auf den Rollstuhl angewiesen gewesen sei. Die Leute spekulierten endlos darüber, ob die beiden geheiratet hätten, und stritten sich, ob die Beziehung geduldet werden dürfe.

Es ging das Gerücht, die Partei habe die Affäre unter Berücksichtigung der Tatsache geduldet, dass Ching-ling lange Zeit verwitwet gewesen sei und einen Mann brauche. Angeblich gestattete die Partei ihr sogar, trotzdem den angesehenen Namen Madame Sun zu behalten. An diese Geschichte erinnere ich mich besonders gut, weil man so selten etwas über das Liebesleben einer führenden Persönlichkeit des Landes hörte. Niemand wagte es, über einen der höchsten Funktionäre Klatsch zu verbreiten.

Nach Maos Tod im Jahr 1976 und der Öffnung Chinas ließ ich mich in Großbritannien nieder und erfuhr noch viel mehr über die Schwestern. Mitte der 1980er-Jahre bekam ich sogar den Auftrag, ein kurzes Buch über die Rote Schwester Ching-ling zu schreiben. Aber obwohl ich umfangreiche Nachforschungen anstellte und einen Text von rund dreißigtausend Wörtern verfasste, berührte mich das Thema merkwürdigerweise gar nicht. Ich versuchte nicht einmal, dem Skandal um den Leibwächter auf den Grund zu gehen.

Im Jahr 1991 erschien *Wilde Schwäne. Die Geschichte einer Familie – Drei Frauen in China von der Kaiserzeit bis heute*, das Buch, das ich über das Leben meiner Großmutter, meiner Mutter und mein eigenes Leben schrieb. Danach verfasste ich zusammen mit meinem Mann Jon Halliday eine Mao-Biografie. Mao und sein Schatten beherrschten die ersten sechsundzwanzig Jahre meines Lebens, und ich wollte unbedingt mehr über ihn erfahren. In einem weiteren Buchprojekt widmete ich mich der Kaiserinwitwe Cixi, der letzten großen Monarchenfigur Chinas (ungekrönt, denn Frauen war es nicht gestattet, Kaiserin zu werden). Nach ihrem Aufstieg vom Rang einer einfachen Konkubine zur Staatsmännin zog Cixi jahrzehntelang hinter dem Thron die Fäden, herrschte über das Reich und führte das mittelalterliche Land ins Zeitalter der Moderne. Beide Themen ließen mir zwanzig

Jahre meines Lebens keine Ruhe und vereinnahmten mich völlig. Es war nicht einfach zu entscheiden, über wen ich als Nächstes schreiben sollte. Der Gedanke an ein Buch über die Soong-Schwestern begegnete mir, aber ich verwarf ihn. Seit *Wilde Schwäne* hatte ich über Menschen geschrieben, die ein politisches Programm vorgegeben und den Lauf der Geschichte verändert hatten, was auf die Schwestern nicht zuzutreffen schien.

Als Einzelpersonen blieben sie, nach den verfügbaren Informationen zu urteilen, Figuren eines Märchens, die treffend mit der viel zitierten Wendung beschrieben werden: »In China gab es drei Schwestern. Eine liebte das Geld, eine liebte die Macht, und eine liebte ihr Land.« Allem Anschein nach gab es keine inneren Konflikte, moralische Dilemmas geschweige denn qualvolle Entscheidungen – all jene Dinge, die Menschen erst real und interessant machen.

Stattdessen überlegte ich, ein Buch über Sun Yat-sen, den Vater des republikanischen China, zu schreiben. Sun, er lebte von 1866 bis 1925, stieg in der Zeitspanne von Cixi bis Mao zu großer Berühmtheit auf, stellte genau wie sie ein Programm auf und bildete eine Art »Brücke« zwischen ihnen. Unter Cixi hatte China die Reise zu einer parlamentarischen Demokratie angetreten und erwartete größere Freiheit und Offenheit. Nichtsdestotrotz übernahm vier Jahrzehnte nach Cixis Todesjahr 1908 Mao die Macht, schottete das Land ab und stürzte es in eine totalitäre Tyrannei. Was geschah in diesen vier Jahrzehnten, in denen Sun Yat-sen eine zentrale Rolle spielte? Dieser Frage, die mich nicht mehr losließ, wollte ich auf den Grund gehen.

Für die Chinesen, und für jene außerhalb der Chinesisch sprechenden Welt, die von ihm gehört haben, galt Sun fast als ein Heiliger. Aber war er das wirklich? Was leistete er tatsächlich für China und inwieweit schadete er dem Land, was tat er ihm an? Und was für ein Mensch war er? Ich wollte Antworten auf diese und zahlreiche andere Fragen finden.

Während ich Suns Leben – und das seiner Mitmenschen – wie ein Puzzle Teil für Teil zusammenfügte, trat die faszinierende Persönlichkeit seiner zweiten Frau und ihrer Schwestern nach und nach hervor und faszinierte mich zunehmend. Sun war, wie ich erkannte, ein vollendetes politisches Geschöpf, das seine Ambitionen zielstrebig verfolgte. Die Tatsache, dass er kein Heiliger war, kam geradezu einer Erleichterung (für die Biografin) gleich. Die Geschichte seines Wegs an die Macht, der voller Höhen und Tiefen, voller Verbrecher und verbrecherischer Methoden wie Vendettas und Attentate war, liest sich wie ein Thriller. Und es war auch erfüllend darzulegen, wie dieser Mann Geschichte geschrieben hatte. Doch das Leben der Frauen, die nicht nur für die Politik lebten, wurde nach und nach facettenreicher und gewann an Reiz. Und so entstand mein Entschluss, sie zum Gegenstand dieses Buches zu machen.

Sobald ich den Fokus auf die Schwestern verlagerte, wurden mir die Augen geöffnet, wie außergewöhnlich die drei wirklich waren. Ihr Leben erstreckte sich über drei Jahrhunderte (May-ling starb 2003 im Alter von einhundertfünf Jahren) im Zentrum des Geschehens während hundert Jahre andauernder Kriege, dramatischer Revolutionen und gewaltiger Umwälzungen. Die Kulisse wechselte von den großen Partys in Shanghai in die Penthouses New Yorks, von Emigrantenvierteln in Japan und Berlin bis in geheime Versammlungsräume in Moskau, von dem Komplex der kommunistischen Elite in Peking bis in die Korridore der Macht im allmählich demokratisch werdenden Taiwan. Die Schwestern erlebten Hoffnung, Mut und leidenschaftliche Liebe ebenso wie Verzweiflung, Angst und Kummer. Sie sonnten sich in üppigem Luxus,

Privilegien und Ruhm, lebten aber auch in ständiger Todes-angst. Als Ching-ling einmal in Lebensgefahr schwebte – ihr Gatte Sun Yat-sen hatte sie vorgeschoben, um feindliches Feuer auf sie zu ziehen und so seine eigenen politische Ziele zu fördern – und nur knapp dem Tod entkam, hatte sie eine Fehlgeburt und konnte daraufhin keine Kinder mehr be-kommen. Ihre Qual wegen dieses Schicksals sollte eine große Rolle bei ihrem Auftreten als Stellvertretende Vorsitzende des kommunistischen China spielen.

Auch May-ling erlitt eine Fehlgeburt, in deren Folge sie kinderlos blieb. Auf ihren Mann Chiang Kai-shek, dessen politische Karriere begann, nachdem er einen Gegner Suns getötet hatte, waren ebenfalls Killer angesetzt. Zwei kamen eines Abends sogar in die Nähe des gemeinsamen Ehebettes.

Ei-ling half ihrer kleinen Schwester, die Lücke zu füllen, die durch die Kinderlosigkeit entstanden war, musste jedoch auch ihr Leben lang mit eigenen Enttäuschungen fertigwer-den. Dazu zählte insbesondere ihr schlechter Ruf: Sie wurde als die habgierige und heimtückische Große Schwester an-gesehen, während die Rote Schwester als unfehlbare Gott-heit und die Kleine Schwester als glamouröser internatio-naler Star verehrt wurden. Die Beziehung zwischen den drei Frauen war emotional sehr stark aufgeladen, und das nicht nur weil Ching-ling aktiv darauf hinarbeitete, das Leben der anderen beiden zu zerstören. Chiang Kai-shek ermordete den Mann, den sie nach Suns Tod geliebt hatte: Deng Yan-da, einen charismatischen, zum Führer geborenen Mann, der als Alternative zu den Kommunisten und Nationalisten eine dritte Partei gegründet hatte.

Die jüngste chinesische Geschichte ist eng mit den per-sönlichen Schicksalen der Soong-Schwestern verflochten. Bei meinen Nachforschungen über sie – und Chinas Kolosse Sun Yat-sen und Chiang Kai-shek – konnte ich aus einer

Unmenge an Material schöpfen. Eine üppige Korrespondenz, Schriften und Memoiren, die zum großen Teil in China aufbewahrt werden, sind veröffentlicht oder zugänglich gemacht worden. Im mittlerweile demokratisch regierten Taiwan sind die Archive geöffnet worden. Die Stadt London, wo Sun seine eigene »Entführung« inszenierte, die den Beginn seiner Karriere bedeutete, bietet eine Fülle von Erkenntnissen. Vor allem Institutionen und Bibliotheken in den Vereinigten Staaten von Amerika, zu denen der erweiterte Familienkreis enge Verbindungen hatte, beherbergen zahlreiche Dokumentensammlungen, die wahre Schatzkisten sind. Eine überaus kostbare, relativ neue Ergänzung ist Chiang Kai-sheks Tagebuch, das er siebenundfünfzig Jahre lang Tag für Tag führte. Es ist ungewöhnlich persönlich und enthält unzählige Enthüllungen über seine Ehe mit May-ling.

Die Geschichte der Soong-Schwestern begann, als China den Übergang von der Monarchie zu einer Republik antrat. Der Mann, der bei diesem historischen Prozess die wichtigste Rolle spielte, war Sun Yat-sen. Sun und seine republikanische Revolution sollten das Leben der drei Schwestern maßgeblich prägen.

TEIL I

Der Weg zur Republik
(1866–1911)

I

Der Aufstieg des Vaters von China

Am 4. Juli 1894 erklärte sich Hawaii zur Republik, nachdem die herrschende Königin Lili'uokalani im Jahr zuvor entmachtet worden war. Dieses Ereignis im Pazifik, knapp 10 000 Kilometer von der chinesischen Küste entfernt, hatte einen Nebeneffekt, den so niemand vorausgeahnt hätte: Es trug nämlich dazu bei, das heutige China zu formen. Ein siebenundzwanzigjähriger chinesischer Radikaler, Sun Yatsen, ging zu der Zeit auf dem Archipel an Land und betrat eine Welt, in der das Wort »Republik« in aller Munde war. Die Königstreuen heckten eine Verschwörung aus, um Lili'uokalani wieder an die Macht zu bringen, die republikanischen Soldaten hingegen bereiteten sich darauf vor, ihre Gegner zu zerschlagen. Es herrschte eine aufgewühlte, fiebrige Stimmung. Der junge Mann, der seinerseits ein Komplott gegen den Monarchen seines eigenen Landes schmiedete, kam auf die Idee, dass auch China eine Republik werden könnte.

Das war ein völlig neuartiger Gedanke. Die Monarchie war das einzige politische System, das die Chinesen kannten. Damals wurde das Land von der Mandschu-Dynastie regiert. Die Mandschu waren keine einheimischen Chinesen, sondern hatten das Land Mitte des 17. Jahrhunderts erobert. Da ihre Bevölkerungsgruppe allenfalls ein Prozent der Bevölkerung ausmachte, galten sie als ausländische Herrscher einer Minderheit und stießen unablässig auf Widerstand seitens einheimischer Han-Rebellen, zu denen auch Sun zählte. Für gewöhnlich forderten diese Rebellen die Restauration des Han-chinesischen Herrscherhauses vor den Mandschu, der Ming (1368–1644). Doch dieses Vorhaben barg etliche Probleme. Die Ming-Dynastie war zu einem todkranken, alten Baum geworden, den ein Bauernaufstand entwurzelt hatte, ehe die Mandschu das herrschende Chaos für ihre Interessen nutzten, in das Land einmarschierten und dem Regime den Gnadenstoß versetzten. Die Bevölkerung war nicht darauf erpicht, zur Ming-Dynastie zurückzukehren. Niemand hatte einen konkreten Plan für die Zukunft. Unter dem Eindruck der Ereignisse auf Hawaii entwarf Sun Yat-sen eine klare und vorausblickende Vision für China – die einer Republik. Noch im selben November gründete er in dem von der Sonne verwöhnten Honolulu eine politische Organisation namens *Xing-zhong-hui* (»Gesellschaft zur Wiedergeburt Chinas«). Die Gründungssitzung fand im von großen Veranden gesäumten und von vergitterten Schirmen und tropischen Sträuchern beschatteten Holzhaus eines ansässigen chinesischen Bankmanagers statt. Jedes der mehr als zwanzig Mitglieder legte nach hawaiianischem Brauch seine linke Hand auf die Bibel und las, die rechte Hand erhoben, den Eid vor, den Sun formuliert hatte: »Die Mandschu vertreiben ... und eine Republik gründen.«[1]

Es erwies sich als ein Geniestreich, die beiden Ziele miteinander zu verknüpfen, erhielt doch auf diese Weise der Republikanismus Rückhalt in der Bevölkerung. Binnen weniger als zwei Jahrzehnten, im Jahr 1911, wurde die Mandschu-Dynastie gestürzt und China zur Republik, als deren »Vater« Sun galt.

Selbst wenn früher oder später wohl auch andere auf die Idee gekommen wären, eine Republik zu gründen, so war Sun Yat-sen, Hawaii sei Dank, der Erste, der diesen Gedanken weiterverfolgte. Sein großer Ehrgeiz und die Mühe, die er sich gab, um die gesetzten Ziele zu erreichen, hatten deshalb maßgeblich Anteil an der Bestimmung des politischen Kurses des republikanischen China.

Der dunkelhäutige, kleine Sun Yat-sen mit seinen wohlproportionierten und ansprechenden Gesichtszügen wurde an Chinas Südküste in der Nähe von Hongkong und Macau geboren, der britischen bzw. portugiesischen Kolonie. Die Hauptstadt der Provinz war Kanton (heute Guangzhou), gut hundert Kilometer nördlich. Sun war also Kantonese. Sein Geburtsdorf an der Küste, am Fuß bewaldeter, sanfter Hügel, trug den malerischen Namen Cuiheng (»Smaragd-Allee«). Der Boden allerdings bestand überwiegend aus sandigem Lehm, der sich nicht für den Ackerbau eignete, sodass die Menschen in erbärmlicher Armut lebten.[2] Sun kam am 12. November 1866 zur Welt, in einer gut zehn mal vier Meter großen Lehmhütte, die er mit seinen Eltern, Herr und Frau Sun Da-cheng, seiner Großmutter väterlicherseits, einem zwölfjährigen Bruder und einer dreijährigen Schwester teilte. Als er heranwuchs und mehr Platz zum Schlafen brauchte, mussten die älteren Kinder die Nächte bei Verwandten verbringen. Die Familie ernährte sich überwiegend von Süßkartoffeln, und nur selten kam der nahrhafte Reis auf den Tisch. Die Männer trugen fast nie Schuhe. In der Hoffnung, dass ihr neugeborenes Baby im Leben einmal mehr Glück haben würde, nannten Herr und Frau Sun ihn Di-xiang, das Bild des Gottes des Nordens, des Götzen der Region.

Schon im Alter von vier Jahren protestierte der künftige

Revolutionär zum ersten Mal gegen altbewährte Traditionen. Seine Mutter war gerade dabei, die Füße seiner Schwester Miao-xi zu binden, die damals etwa sieben war. Das Füßebinden wurde seit tausend Jahren bei Han-chinesischen Frauen praktiziert. Dabei wurden an beiden Füßen der Mädchen die kleineren Zehen gebrochen und unter die Fußsohle gebunden, sodass der Fuß die Form einer Lotusblüte annahm. Mit einem langen Stoffstreifen wurde der Fuß ganz eng umwickelt, sodass die Knochenbrüche nicht richtig verheilten und der Fuß nicht weiterwuchs. Bauernmädchen unterzog man dieser Tortur tendenziell in einem höheren Alter als kleine Mädchen der Oberschicht, deren Füße für gewöhnlich bereits im Alter von zwei oder drei Jahren gebunden wurden, damit die auf diese Weise verkrüppelten Füße winzig blieben. Bäuerinnen jedoch mussten arbeiten, also ließ man die Füße der Mädchen etwas größer wachsen. Als Suns Mutter, die selbst gebundene Füße hatte und immer noch unter Schmerzen litt, damit anfing, ihre Tochter zu verstümmeln, sah Sun, wie sich seine Schwester hin und her warf und verzweifelt nach etwas suchte, um ihre Qualen zu lindern. Er flehte seine Mutter an, damit aufzuhören. Frau Sun weinte und erklärte ihm, wenn seine Schwester als Erwachsene keine Lotusblüten gleichenden Füße hätte, würde man sie als Ausgestoßene und »nicht wie eine chinesische Frau« behandeln. Und sie würde »uns Vorwürfe machen«. Sun hörte nicht auf, seine Mutter anzuflehen, und schließlich gab sie zumindest so weit nach, das Mädchen zu einem Spezialisten im Dorf zu bringen.[3]

Als Sun fünf war, brach sein siebzehnjähriger Bruder Ah Mi zu einer vierzigtägigen Reise nach Hawaii auf, um sich dort auf die Suche nach einem besseren Leben zu machen. Das damals unabhängige Königreich, das sehr stark unter dem Einfluss der Vereinigten Staaten stand, wollte die Landwirtschaft fördern und hieß chinesische Bauern willkommen. Ah Mi arbeitete hart, zunächst als Landarbeiter, brachte es aber später zu einem eigenen Hof. Er verdiente gutes Geld und schickte einen großen Teil davon nach Hause. Das Leben der Familie verbesserte sich so sehr, dass sie ein neues Haus bauen konnte. Sun besuchte mit neun Jahren die Dorfschule, aber er hasste es ebenso, die konfuzianischen Klassiker auswendig zu lernen, wie er es verabscheute, auf dem Feld zu arbeiten. Später erzählte er Freunden, dass er, seit er zu so etwas wie »Denken« imstande gewesen sei, von dem Gedanken besessen gewesen sei, dem Leben, das er geführt habe, zu entrinnen.[4] Im Jahr 1879 schließlich lud sein Bruder ihn nach Hawaii ein, und Sun begab sich auf die Reise. Der Zwölfjährige hatte kaum einen Fuß an Land gesetzt, da verliebte er sich bereits in sein neues Zuhause. Der Hafen von Honolulu, mit prächtigen Gebäuden im europäischen Stil, erschien ihm wie »ein Wunderhaus«. Die Straßen, so sauber und ordentlich, empfand er im Vergleich zu seinem schmutzigen und maroden Dorf als Himmel auf Erden.[5]

Ah Mi hatte eigentlich gedacht, dass Sun ihm bei seinen Geschäften zur Hand gehen würde. Als Sun jedoch kein Interesse daran zeigte, schrieb Ah Mi ihn in Schulen ein. Zuerst am Iolani College, das Missionare der englischen Kirche für einheimische und eingewanderte Jungen in Honolulu gegründet hatten. Der Lehrplan orientierte sich an dem einer englischen Public School, und die Lehrer waren überwiegend Engländer. Sun zeigte dort gute Leistungen und zum Schulabschluss drei Jahre später, 1882, schrieb er den zweitbesten Test in englischer Grammatik. Der stolze Ah Mi gab zur Feier dieses Erfolgs eine große Party. Als Preis bekam Sun von der Schule ein Buch über chinesische Kultur und

Geschichte. Die Schule war darauf bedacht, dass die Schüler ihre eigenen Wurzeln nicht vergaßen. Tatsächlich versuchte man auch nicht, Sun zu anglisieren; der Junge behielt die charakteristische Frisur, die unter den Mandschu für chinesische Männer obligatorisch war: ein langer, hinten am Kopf geflochtener Zopf. Sun vergötterte die Schule: die Uniform, die Disziplin und, vor allem, den militärischen Drill. Das Marschieren faszinierte ihn.

Anschließend besuchte er die höchste Bildungseinrichtung auf dem Archipel – das Oahu College in Honolulu, die Schule der amerikanischen Gesandtschaft. (Der berühmteste Alumnus des Colleges, der heutigen Punahou School, ist Barack Obama, der 1979, also fast hundert Jahre später, dort sein Examen ablegte.) Die Studiengebühren waren hoch: ein Silberdollar pro Woche, was dem Preis einer Ziege mit einem Gewicht von gut 45 Kilo entsprach. Das war für Ah Mi, der es nicht gerade leicht hatte, keine geringe Bürde. Er hatte vor Kurzem Land auf der Insel Maui gekauft, wo er Zuckerrohr anbauen wollte. Seine Plantage lag jedoch in den Bergen, etwa 1200 Meter über dem Meeresspiegel, am Rand des Wolkensaums; das Gelände war steil und steinig, vereinzelt hielten sich hartnäckig ein paar Unkrautbüschel in dem stark erodierten Boden. An den Anbau von Zuckerrohr war ebenso wenig zu denken wie an das Weiden von Rindern oder Schafen. Lediglich Ziegen würden hier überleben, und Ziegen waren Ah Mis wichtigste Einnahmequelle. Er brachte für seinen Bruder ein großes Opfer.

Das am Fuß der Berge gelegene Oahu College war das Paradies für Sun. Es gab Steinhäuser für den Unterricht, Alleen mit Kokosnusspalmen zum Spazieren und ordentlich gepflegte Rasen zum Spielen. Es gab einen mit Farn überwucherten Brunnen, an dem sich jeden Tag um die Mittags-

26

zeit Kommilitoninnen trafen und plaudernd und lachend ihren Lunch aßen. Die Mädchen waren hübsche, selbstbewusste und lebenslustige Amerikanerinnen. Die Lehrer waren überwiegend junge Frauen, einschließlich der Schulleiterin und ihrer Stellvertreterin, der ein Lehrer recht offen den Hof machte.[6]

Zwischen diesem Treiben und Suns Heimatdorf in Kanton und den dortigen Frauen lagen Welten. Der sechzehnjährige Junge kam aus dem Staunen nicht heraus. Sein Leben lang sehnte sich Sun nach Frauen wie jenen an seiner Schule, im Gegensatz zu vielen chinesischen Männern, die eine Gattin der traditionellen Art, also eine gehorsam ergebene und zurückhaltende Frau, vorzogen.

Es könnte durchaus die Gesellschaft dieser jungen Frauen, ausnahmslos christlichen Glaubens (genau wie seine männlichen Freunde), gewesen sein, die Sun dazu bewog, in die Kirche einzutreten, damit er ein Mitglied ihrer Gemeinde sein durfte. Als er diesen Wunsch jedoch gegenüber seinem Bruder erwähnte, reagierte Ah Mi sehr aufgebracht. Der Gott des Nordens war für ihn heilig. Nach hitzigen Streitgesprächen kaufte Ah Mi seinem dickköpfigen Bruder eine Fahrkarte zurück nach China und ließ damit sogar die im Voraus bezahlten Studiengebühren verfallen.

Die vier Jahre in der Fremde machten die Heimkehr nur noch unerträglicher. Kaum war Sun im Sommer 1883 in sein Heimatdorf zurückgekehrt, da sehnte er sich schon wieder danach, das Dorf zu verlassen, und er fand auch bald einen Weg. Der bedeutendste Ort im Dorf war der Tempel, in dem der Gott des Nordens in Form einer dick bemalten und vergoldeten Lehmstatue saß. Der Gott hielt ein Schwert in der Hand, mit dem Daumen in Richtung Himmel, ein Indiz seiner göttlichen Macht. Auf beiden Seiten standen kleinere, untergeordnete weibliche Figuren, die Göttinnen des Meeres und der Fruchtbarkeit. Die Anbetung des Gottes des Nordens war für die Menschen in dieser Region ein wesentlicher Bestandteil ihres Lebens.

Eines Tages nahm Sun ein paar Freunde beiseite und teilte ihnen mit, dass er zum Tempel gehen werde, um »diesen Aberglauben zum Teil abzuschaffen, indem er ebenden Gott schändete«. Luke Chan, einer der Jungen, erinnerte sich, dass sie alle von Suns Idee schockiert, aber auch fasziniert waren. Sie gingen mitten am Tag hin, als die Kultstätte so gut wie leer war, nur ein Wächter döste gegen eine Wand gelehnt vor sich hin. Luke und ein anderer Junge blieben zurück, um den Wächter im Auge zu behalten, Sun hingegen betrat mit Lu, einem vielversprechenden Künstler mit wehmütigen Augen und ausdrucksstarken vollen Lippen, den Tempel. Lu ging nur so weit, von den Wangen einer Göttin ein wenig Farbe abzukratzen, aber Sun klappte ein Taschenmesser auf und schnitt dem Gott des Nordens in aller Ruhe den Daumen ab, der zum Himmel wies. Als die anderen Freunde hinzukamen und den abgeschnittenen Daumen sahen, waren sie entsetzt. Luke schrieb später, das sei für einen Dorfjungen aus einem kleinen Ort »ein gewaltiger Schritt« gewesen.

Der Tempelwächter kam zu sich und schlug Alarm. Während die anderen Jungen nach Hause flüchteten, blieb Sun ganz gelassen am Ort des Geschehens und gab sich als Rädelsführer zu erkennen. Eine ungläubige Fassungslosigkeit herrschte in ganz Cuiheng. Die wütenden Dorfältesten beschimpften Da-cheng für das, was sein Sohn getan hatte, und teilten ihm mit, dass sein Sohn verbannt werden müsse, denn sonst könne man den Gott des Nordens nicht besänftigen, und er bringe womöglich ihnen allen Unheil. Während sein verwirrter Vater sich nach Kräften entschuldigte und tief in die Tasche griff, um für die Reparatur der Statue aufzukommen, verließ Sun sein Elternhaus.

Luke fiel auf, dass Sun »absolut ruhig und gefasst war, als er das Dorf in Schande verließ«. Ihm kam der Gedanke, dass Sun vermutlich »den Schritt geplant und ausgeführt« hatte, um von dort wegzukommen. Später, als er Sun besser kannte, gelangte Luke zu der Schlussfolgerung, dass Sun »nie etwas tat, ohne zuerst Ursache und Wirkung gegen das Endresultat abzuwägen«. Schon in jungen Jahren hatte Sun sich als guter Stratege erwiesen.[7]

Nach der Heimkehr im Sommer reiste Sun bereits im Herbst wieder nach Hongkong ab. Die britische Kolonie, ursprünglich eine Ansammlung von Fischerdörfern am Fuß welliger Hügel, hatte sich zu einer spektakulären Metropole entwickelt. Das Hafenviertel erinnerte Sun an Honolulu, nur größer. Der gewiefte Rebell ging dort schnurstracks zur bischöflichen Knabenschule und in das Waisenhaus – beide wurden von der Anglikanischen Kirche geleitet, und er wusste, dass er dort ein Dach über dem Kopf finden konnte. Sein Ansinnen hatte Erfolg, und er kam in einem Kirchengebäude auf dem Stockwerk über den Klassenzimmern unter.

Seine Eltern, die sich unbedingt mit ihm aussöhnen wollten, schlugen vor, dass er die Tochter eines Freundes aus einem Nachbardorf heiraten solle. Wie viele glaubten sie, die Heirat und die Erziehung von Kindern würden ihren Sohn zur Vernunft bringen. Sun willigte ein und ging nach Hause, um ein Jahr später die Kandidatin seiner Eltern zu heiraten – allerdings erst nachdem er sich an der Central School in Hongkong eingeschrieben hatte, was allem Anschein nach seine Bedingung für die Eheschließung gewesen war.

Der siebzehnjährige Bräutigam ging eine arrangierte Ehe ein, die tatsächlich gut zu ihm passte. Seine ein Jahr jüngere Braut Mu-zhen war ebenso gutmütig, sanft und nachgiebig wie gebildet und schön. Nach der Trauung verrichtete sie die

Hausarbeit, kümmerte sich um die Eltern und humpelte dabei auf gebundenen Füßen durch ihr neues Zuhause. Sun hingegen machte sich nur zwei Wochen nach der Hochzeit davon. Von da an kam er zwar gelegentlich zu seiner Ehefrau zurück, führte aber ansonsten ein eigenes Leben und hatte eine ganze Reihe von Liebschaften.

Kurz nach der Hochzeit, im Jahr 1884, ließ sich Sun in Hongkong von Dr. Charles R. Hager taufen, einem amerikanischen Missionar, der ein Stockwerk über ihm wohnte.[8] Für die Taufe änderte Sun seinen Namen von »das Bild des Gottes des Nordens« zu Yat-sen, was so viel heißt wie »täglich ein neuer Mensch«.[9] Sun glaubte nicht wirklich an Gott, und Freunde beobachteten, dass er nur selten in die Kirche ging. (Später sollte er sich über den Glauben lustig machen.)[10] Christliche Missionen wiesen ihm jedoch einen Weg aus seinem alten Leben und boten ihm eine wertvolle Gemeinschaft. Als Ah Mi, erbost über die Taufe, kurzzeitig die Zahlung der Schulgebühren einstellte, kam die Kirche Sun zu Hilfe und bot ihm einen Platz an einer angloamerikanischen Medizin-Schule in Kanton an, auf dem Festland den Perlfluss aufwärts.

Kanton war damals ein Labyrinth aus nicht gepflasterten schmalen Gassen, in dem sich Fußgänger drängten und Sänften schwankten. Gelegentlich gingen Ausrufer voran, die lautstark die Leute aufforderten, den Weg frei zu machen. Um einen Platz an der Straße wetteiferten außerdem Scharen von Verkäufern, die unter anderem Schlangen und Katzen zum Kochen anboten. Das schmutzige Kanton mit den verschwitzten und stinkenden Menschenmengen war kein Ort, an dem Sun leben wollte. Er versöhnte sich rasch mit Ah Mi, kehrte nach Hongkong zurück und schrieb sich in dem erst kürzlich in Hongkong eröffneten Medizin-College für Chinesen ein.[11] Ah Mi ließ sich ohne Weiteres überreden,

Sun diese überaus vernünftige Laufbahn zu ermöglichen. Wenige Monate später starb ihr Vater – vor Trauer und aus dem Gefühl heraus, sich um seinen kleinen Bruder kümmern zu müssen, verdoppelte Ah Mi dessen Unterhalt. Sun war es so möglich, fünf sehr angenehme Jahre in einer Stadt zu verbringen, die er liebte.

Im Sommer 1892 legte er das Examen ab, fand aber keine Arbeitsstelle. Sein Diplom wurde in Hongkong nicht anerkannt: Der Lehrplan der Schule entsprach, zumindest in diesen ersten Jahren, nicht ganz dem britischen Standard. Die benachbarte portugiesische Kolonie Macau erkannte sein Diplom ebenfalls nicht an.[12] Nachdem er sich ein Jahr über Wasser gehalten hatte, musste er nach Kanton ziehen, wo es keine Probleme wegen des Zertifikats gab. Aber Sun hatte immer noch nicht den Wunsch, in dieser Stadt zu leben und zu praktizieren. In dieser Phase, als sich seine ganze Hoffnung auf eine medizinische Laufbahn in seinen Lieblingsstädten, so halbherzig sie auch gewesen sein mochte, zerschlagen hatte, wandte sich Sun Yat-sen ernsthaft der Berufung als Revolutionär zu.

Aufgrund seiner Erfahrung im Ausland verachtete Sun sein eigenes Land und gab der Mandschu-Herrschaft die ganze Schuld an dessen Problemen. Seit mehreren Jahren sprachen er und gleichgesinnte Freunde bereits darüber, wie sehr sie die Mandschu hassten – von den langen Zöpfen, die hinten am Kopf baumelten, bis hin zu dem historischen Elend der Eroberung durch die Mandschu. Bei Tee und Nudeln träumten sie vom Sturz des Mandschu-Thrones. Unter seinen Freunden waren Lu, der einstige Mitschänder der Gottheiten im Dorf, und ein neuer Seelenverwandter namens Cheng, der Chef der Geheimgesellschaft der Triaden in Kanton. Das Äußere der beiden jungen Männer hätte unterschiedlicher nicht sein können: Lu hatte ein sanftes Gesicht, Cheng hingegen sah mit seinem stechenden Blick, tief liegenden Augen und zusammengebissenen Zähnen hinter heruntergezogenen Lippen ganz wie ein Bandit aus. Die Freunde mochten den Eindruck eines Haufens von Nobodys erweckt haben, doch sie hatten sich große Ziele gesetzt: Sie wollten nicht weniger als die Mandschu-Dynastie stürzen und China selbst regieren. Sie ließen sich auch nicht von der Tatsache abschrecken, dass sie sich mit einem mächtigen Staat anlegten.

Ihre Ambitionen und ihr Wagemut waren keineswegs einzigartig. China hatte eine lange Geschichte an Rebellionen von einfachen Menschen, die es bis auf den Thron schafften. Der Taiping-Aufstand – der größte Bauernaufstand der chinesischen Geschichte – war im Jahr 1864 gescheitert, zwei Jahre vor Suns Geburt. Der Anführer des Aufstands, Hong Xiuquan, stammte aus einem Dorf nicht weit von Suns Heimatdorf und hatte seine Armee den ganzen Weg bis in die Nähe von Peking geführt. Dabei nahm er große Teile Chinas in Besitz und hätte um ein Haar den Thron gestürzt. Hong hatte sogar einen eigenen Gegenstaat gegründet. Nach seiner Niederlage – und nach dem Tod – zerstreuten sich seine Soldaten, und einer kehrte nach Hause in Suns Dorf zurück. Der alte Soldat saß oft unter einem riesigen Ficus und erzählte Geschichten von den Schlachten, in denen er gekämpft hatte. Sun hörte ihm gebannt zu. Jetzt brachte er Bewunderung für den Taiping-Führer zum Ausdruck und sagte, er wünsche, Hong hätte Erfolg gehabt. Als die Leute im Scherz zu ihm sagten, er solle doch »der zweite Hong« werden, nahm er sich diese Bemerkung zu Herzen und glaubte, er könne das tatsächlich verwirklichen.[13]

Schon bald erahnte er eine günstige Gelegenheit. Im Jahr 1894 begann Japan einen Krieg gegen China und errang im

Jahr darauf einen geradezu spektakulären Sieg. Damals wurde das Reich des Himmels von dem dreiundzwanzigjährigen Kaiser Guangxu regiert, einem Schwächling, der mit der Führung des ersten modernen Krieges, den das Land zu überstehen hatte, völlig überfordert war.* Die steigende Zahl schlechter Neuigkeiten zauberte ein Lächeln auf Suns Gesicht. »Diese Chance unseres Lebens dürfen wir auf keinen Fall verpassen«, sagte er zu seinen Freunden. Ein Plan wurde ausgearbeitet. Sie wollten in Kanton eine Revolte anzetteln und die Stadt besetzen; nach diesem »Aufstand von Kanton«, wie sie es nannten, wollten sie andere Teile Chinas erobern. Triaden-Chef Cheng präsentierte einen Vorschlag, der das ganze Unternehmen überhaupt erst durchführbar machte: Sie könnten doch Gangster wie seine »Brüder« von den Triaden als Kämpfer einsetzen. Es gab viele große Banden im Land, und manche Mitglieder ließen sich kaufen. Sun erkannte, dass er eine echte Chance hatte.

Allerdings war dieses gigantische Projekt extrem kostspielig. Enorme Summen wurden benötigt, um sowohl die Gangster als auch die Waffen zu bezahlen. Um die Gelder zu beschaffen, reiste Sun im Jahr 1894 wieder nach Hawaii, um dort die Inspiration für Chinas Zukunft nach den Mandschu zu finden – eine Republik.

Die hawaiianischen Chinesen spendeten Tausende US-Dollar. Sun hatte die Absicht, in die Vereinigten Staaten zu reisen, um noch mehr Geld zu sammeln. In diesem kritischen Moment erreichte ihn der Brief eines Freundes aus Shanghai. Dieser drängte ihn, sofort ins Land zurückzukehren und eine Revolution zu starten. China musste aus den

---

* Der Kaiser hatte unzählige Phobien, darunter auch die Angst vor Donner. Sobald ein Gewitter heraufzog, scharten sich die Eunuchen um ihn und brüllten, so laut sie konnten, in der schwachen Hoffnung, die Donnerschläge zu übertönen.

Händen der Japaner bittere Niederlagen hinnehmen, und das Mandschu-Regime erwies sich als völlig unfähig und unbeliebt. Sun machte sich sofort auf die Heimreise.

Der Mann, der den Brief geschrieben hatte und half, die republikanische Revolution auszulösen, war Soong Charlie, ein dreiunddreißigjähriger ehemaliger Prediger der amerikanischen Southern Methodist Church und jetzt ein reicher Geschäftsmann in Shanghai. Er hatte Sun im selben Jahr kennengelernt, als Sun der Stadt einen kurzen Besuch abgestattet, und Lu, der nach der Schändung der Dorfgötter in Shanghai lebte, die beiden miteinander bekannt gemacht hatte. Die drei Männer hatten bis tief in die Nacht über Politik gesprochen. Charlie teilte Suns gegen die Mandschu gerichtete Einstellung und bewunderte Sun dafür, dass er – im Gegensatz zu den meisten Menschen, die nur jammerten, aber nichts unternahmen – Taten sprechen lassen wollte. Obwohl Sun damals noch unbekannt war, vermittelte er bereits einen bescheidenen und doch starken Glauben an sich selbst, an seine Fähigkeiten und daran, dass er Erfolg haben werde. Dieses absolute Selbstvertrauen faszinierte etliche Anhänger wie Charlie, die ihm großzügig mit finanziellen Mitteln unter die Arme griffen.

Charlie war der Vater der drei Soong-Schwestern. Damals war seine älteste Tochter, Ei-ling, fünf, und die jüngste, May-ling, noch nicht geboren. Die mittlere Tochter, Ching-ling, die später – gegen den heftigen Widerstand Charlies – Sun heiraten sollte, war noch ein einjähriges Baby.[14]

Unmittelbar nach der Rückkehr von Hawaii Anfang 1895 begannen Sun Yat-sen und seine Freunde auf Charlies Rat hin mit der Vorbereitung des Aufstands. Ein Büroleiter namens Yeung kam mit seiner Organisation, einem Buchclub, ebenfalls ins Boot. Der für gewöhnlich in einen Dreiteiler mit einem Einstecktuch in grellen Farben gekleidete Yeung hatte gute Beziehungen zur Geschäftswelt der Kronkolonie. Er brachte die potenzielle Unterstützung seitens lokaler sowohl englischer als auch chinesischer Zeitungen ein und versprach, Kulis statt Gangster zu rekrutieren. Der Buchclub hatte viel mehr Mitglieder als Suns Partner, und viele trauten Sun nicht über den Weg. Einer schrieb am 5. Mai 1895 in sein Tagebuch: »Sun Yat-sen scheint ein leichtsinniger Draufgänger zu sein. Er würde sein Leben aufs Spiel setzen, um ›sich‹ einen Namen zu machen.« Und am 23. Juni verfasste er diesen Eintrag: »Sun möchte, dass alle auf ihn hören. Das ist unmöglich.« Ein anderer kommentierte: »Ich möchte mit Sun nichts zu tun haben.«[15]

Als die beiden Gruppen zusammenkamen, um den »Präsidenten« des neuen Regimes zu wählen, gewann folglich Yeung bei der Abstimmung. Sun war wütend: Der Aufstand war seine Idee gewesen – also musste er auch der Präsident sein. Auch Triaden-Chef Cheng war wütend und sagte zu Sun: »Überlassen Sie Yeung mir. Ich werde ihn kaltmachen. Ich lass ihn einfach umbringen.« Ein Ohrenzeuge warnte: »Wenn ihr ihn umbringt, schafft ihr einen Mordfall in Hongkong, und wir werden nicht imstande sein, unseren Aufstand voranzubringen.«[16] Sun willigte ein, dass Yeung vorerst Präsident genannt wurde, bis Kanton eingenommen war. Blutige Machtkämpfe bahnten sich bereits an, noch ehe die republikanische Revolution begonnen hatte. Sun verfolgte von Anfang an mit absoluter Klarheit und Beharrlichkeit sein vorrangiges Ziel, Präsident Chinas zu werden, und um dies zu erreichen, schreckte er auch vor Blutvergießen nicht zurück.

Vorläufig schoben die Kameraden ihre Meinungsverschiedenheiten beiseite und legten den Beginn des Aufstands auf den neunten Tag des neunten Mondmonats fest, traditionell der Tag für den Besuch der Gräber der Vorfahren. Viele Familien in Kanton besaßen Grabstätten, und an diesem Tag würde sich mit Sicherheit eine große Menschenmenge an den Gräbern versammeln. Das würde den Rebellen die nötige Deckung geben, um die Stadt zu betreten.

Peking war vor der Verschwörung gewarnt worden, und zwar von Vertretern in den Ländern, in denen Sun heimlich bei den Auslandschinesen Gelder gesammelt und Waffen gekauft hatte. Regierungsbeamte hatten wiederum den Gouverneur in Kanton unterrichtet, der ebenfalls von eigenen Informanten gewarnt worden war. Er verhaftete Sun jedoch nicht, sondern erhöhte nur allgemein die Sicherheitsvorkehrungen und ließ ihn heimlich engmaschig überwachen.

Sun witterte jedoch die Gefahr. Zudem gab es noch eine Komplikation in letzter Minute: Die von Yeung in Hongkong angeworbenen Kulis würden nicht rechtzeitig eintreffen, und Yeung bat darum, den Aufstand um zwei Tage zu verschieben. Sun beschloss, das ganze Unternehmen abzublasen. Am Morgen des Stichtages sagte er den Aufstand ab, und Cheng zahlte die Banditen aus, die er angeworben hatte. Cheng floh mit der Abendfähre nach Hongkong; Sun hatte eine Vorahnung, dass Soldaten den Hafen durchkämmen würden, und entschied sich für eine andere Route.

Am selben Abend gab der örtliche Pfarrer, ein Freund Suns, ein großes Bankett zur Hochzeit seines Sohnes. Einen Tag auszuwählen, der traditionell für den Besuch der Gräber reserviert war, schien merkwürdig, weil das nach Auffassung der Chinesen Unglück brachte. Es ist durchaus möglich, dass der Geistliche das Bankett an diesem Tag veranstaltete, um Sun Deckung zu geben. Sun ging zu dem Bankett, wo er sich in der Menge verlor, und stahl sich dann davon zum Perlfluss, wo ein kleines Boot auf ihn wartete. Es brachte ihn flussabwärts, durch Nebenflüsse, die nicht einmal der Bootsmann kannte. Sun, der die Route ohne Zweifel genau studiert hatte, bestimmte den Kurs. Er ließ sich zuerst nach Macau fahren, wo er sich ein paar Tage versteckte, ehe er in Hongkong wieder auftauchte. Sun wollte nicht als der Erste bekannt werden, der Reißaus genommen hatte.[17]

Sein Freund Lu war nicht bei ihm gewesen, als er beschloss, den Aufstand abzubrechen, und hatte sich nicht rechtzeitig aus dem Staub gemacht. Er wurde verhaftet und geköpft. Ferner wurden mehrere Anführer aus Hongkong hingerichtet, als sie und ihre Rekruten in Kanton an Land gingen. Viele Kulis wurden verhaftet. Sun war zu der Zeit längst über alle Berge. Die Zeitungen in Hongkong warfen ihm vor, dass er seine Kameraden ihrem Schicksal überlassen habe.[18] Womöglich hätte er auch nichts für sie tun können, ohne sich selbst in Gefahr zu bringen. Doch seine eigene gut geplante Flucht ließ auf einen gerissenen Mann mit einem außerordentlich stark ausgeprägten Selbsterhaltungstrieb schließen.

Wieder in Hongkong bat Sun den Schotten Dr. James Cantlie, seinen Lehrer am Medizin-College, mit dem er Freundschaft geschlossen hatte, um Rat. Der Arzt mit den gütigen Augen und dem typisch viktorianischen buschigen Bart war ein zupackender Enthusiast, der gerne unterrichtete, und ein frustrierter Radikaler mit einer ausgeprägten Abenteuerlust. In China war er ein Gegner der Mandschu-Herrschaft und in seinem eigenen Land ein glühender Nationalist. Ein Freund schrieb über ihn: »Die wohl bemerkenswerteste all seiner ungewöhnlichen Eigenschaften war sein vollblütiger Nationalismus.« Als Medizinstudent in London hatte Cantlie sich angewöhnt, im Alltag einen Kilt zu tragen, was damals außergewöhnlich war. Er sollte das Leben seines ehemaligen Schülers retten und am Start von dessen politischer Laufbahn beteiligt sein.[19]

Jetzt schickte Cantlie Sun voller Mitgefühl zu einem

Anwalt, der ihm riet, sofort die Insel zu verlassen. Peking forderte die Auslieferung Suns und seiner Mitverschwörer. Sun und Cheng nahmen das erste Dampfschiff von Hongkong nach Japan. Dort stellte Sun fest, dass die japanische Regierung seine Auslieferung in Betracht zog und er deshalb das Land verlassen musste. Zur Tarnung schnitt Sun seinen Zopf ab (den er ohnehin nicht mochte), ließ sich einen Schnurrbart wachsen und trug einen westlichen Anzug. Dem Aussehen nach nun ein moderner Japaner reiste er nach Hawaii ab.

Eine Fahndungsliste kursierte, auf der Suns Name ganz oben stand. Als Belohnung für seine Gefangennahme wurden tausend Silberdollar ausgesetzt. Mit diesem Kopfgeld begann Sun Yat-sens Leben als politisch Verbannter.

In Hawaii versuchte Sun, genügend Geld für eine zweite Revolte aufzutreiben. Dieses Mal hatte er allerdings deutlich weniger Erfolg. Die Leute schreckte entweder die Gewalttätigkeit seiner Methoden ab, oder sie hatten Angst davor, mit ihm in Verbindung gebracht zu werden. Kaum machte er den Mund auf, hielten sie sich die Ohren zu und liefen davon. Doch Sun ließ sich ebenso wenig von der größten Peinlichkeit wie von irgendeiner Gefahr abschrecken. Er hielt einfach jenseits von Hawaii Ausschau nach Unterstützern und reiste im Juni 1896 auf den amerikanischen Kontinent. Auf der Fahrt von der West- zur Ostküste stattete er chinesischen Gemeinden Besuche ab und predigte ihnen die Revolution, bevor er sie aufforderte zu spenden. Wo er auch hinging, sei es San Francisco oder New York, mieden ihn die Bewohner der Chinatowns. Wie er später sagen sollte, behandelten seine Landsleute ihn »wie eine Giftschlange oder einen giftigen Skorpion«, lediglich ein paar Christen redeten mit ihm.[20] Nach mehreren frustrierenden

Monaten überquerte er den Atlantik in Richtung Großbritannien.

Peking überwachte all seine Bewegungen. Die chinesische
Gesandtschaft in London gab der Slater's Detective Association den Auftrag, Sun zu beschatten.[21] Am 1. Oktober verfasste Henry Slater, der Geschäftsführer, den ersten Bericht:
»Entsprechend Ihren Anweisungen schickten wir einen unserer Vertreter nach Liverpool zum Zweck, einen Mann namens Sin Wun [ein Deckname Suns] unter Beobachtung zu
stellen, der an Bord der SS Majestic von der White Star Company war, und möchten berichten, dass ein Chinese, auf den
die Beschreibung der Partei zutraf, gesehen wurde, wie er
gestern um zwölf Uhr mittags am Prince's Dock, Liverpool,
von besagtem Schiff ging.«

Anschließend berichtete das Detektivbüro ausführlich
über Suns Fahrt nach London: über den Zug, den er eigentlich hatte nehmen wollen, aber verpasste, welchen Zug er
dann nahm, wie er sein Gepäck von der Paketstelle am Bahnhof St. Pancras abholte und dann »mit Kutsche Nr. 12 616« zu
einem Hotel fuhr.

Am nächsten Tag besuchte Sun Dr. Cantlie in seinem
Haus in der Devonshire Street 46, mitten in London. Cantlie war im Februar desselben Jahres aus Hongkong zurückgekehrt. Vor der Abreise war ein Freund Suns »zu mir gekommen und sagte mir, dass Sun mich sehen wolle und dass
er sich derzeit in Honolulu aufhalte«, gab Cantlie später gegenüber den britischen Behörden an. Er machte daraufhin
einen riesigen Umweg und reiste nach Hawaii, um seinen
ehemaligen Schüler zu treffen. Der Arzt war wirklich ein
Gleichgesinnter.[22]

Cantlie half Sun, in Holborn eine Unterkunft zu finden.
Während seines Aufenthalts besuchte Sun häufig die Cantlies. Er hatte keine anderen Freunde – und es gab nicht viel,

was er sonst gerne machte. Die Detektive berichteten seinen typischen Tagesablauf: Er »ging in die Oxford Street und warf einen Blick in die Schaufenster … und dann betrat er das Express Dairy Co. in Holborn, wo er das Mittagessen zu sich nahm, nach dem er zur Nr. 8 Gray's Inn Place zurückkehrte, gegen 13.45 Uhr. Um 18.45 Uhr verließ er erneut das Haus und ging zu einem Restaurant in Holborn, wo er bis 19.30 Uhr blieb und anschließend, um 20.30 Uhr, zu Nr. 8 Gray's Inn Place zurückkehrte; danach zeigte er sich nicht mehr.«

Das Detektivbüro meldete nach einer Woche: »Observierung ist jeden Tag erneuert worden, aber nichts von Bedeutung hat sich ergeben – der fragliche Gentleman ist nur beobachtet worden, wie er entlang der Hauptverkehrsstraßen spaziert ist und sich umgesehen hat.« Die chinesische Gesandtschaft hatte die Detektei gebeten, besonders auf chinesische Besucher Suns zu achten. Slater's berichtete: »Er ist von keinem einzigen seiner Landsleute aufgesucht worden.« Ein paar Tage später stellten die Detektive die Beschattung mehr oder weniger ein.

Der Jahrestag des abgesagten Aufstands von Kanton rückte näher. Wenn Sun nicht wollte, dass sein Projekt in Vergessenheit geriet, musste er etwas unternehmen. Da kam ihm eine Idee. Die chinesische Gesandtschaft befand sich im Haus Portland Place 49, und wenn er nach dem Aussteigen aus dem Bus am Oxford Circus zu Dr. Cantlie ging, kam er jedes Mal direkt an der Tür vorbei. Von der Gesandtschaft bis zum Haus des Doktors waren es drei Minuten zu Fuß. Wegen dieses außergewöhnlichen Zufalls hatte Dr. Cantlie einmal zu ihm gesagt: »Nun, ich nehme an, Sie gehen nicht zur chinesischen Gesandtschaft.« Sun »lachte«, laut der späteren Aussage des Doktors, und sagte: »Ich glaube kaum.« Mrs. Cantlie sagte: »Es ist besser, wenn Sie nicht dorthin gehen – die werden Sie nach China bringen, und Sie werden Ihren Kopf verlieren.«[23]

Auch wenn sie über die Vorstellung lachten, ratterte es von da an in Suns Kopf. Er könnte die Gesandtschaft betreten, die theoretisch chinesisches Staatsgebiet war, und einen Zwischenfall provozieren, indem er etwa Regierungsvertreter in einen Streit oder gar ein Handgemenge verwickelte, was damit enden würde, dass man ihn auf die Straße warf. Das war, so nahm er an, wohl das Schlimmste, was ihm zustoßen könnte. Aber er könnte immerhin einen Skandal inszenieren, der Aufmerksamkeit erregte. Vielleicht würde sogar in den Nachrichten darüber berichtet. Freilich war die Sache riskant, aber Sun hatte sich noch nie von einer Gefahr abschrecken lassen. Sein ganzes Leben bestand darin, kalkulierte Risiken einzugehen. Er holte einige Erkundigungen ein und kam zu der Schlussfolgerung: »Das ist England. Der chinesische Gesandte kann mich nicht als Verbrecher anklagen. Selbst wenn sie mich in Gewahrsam nehmen, können sie mir nichts antun. Der chinesische Gesandte hat hier keine juristische Vollmacht, und es gibt kein Auslieferungsabkommen zwischen China und Großbritannien.« Dass man ihn aus der Stadtmitte Londons nach China schmuggelte, schien so unwahrscheinlich, dass Sun diese Möglichkeit ausschloss. Er verwarf auch den Gedanken, dass man ihn in der Gesandtschaft ermorden könnte. Es wäre für die chinesische Regierung viel einfacher, einen Killer anzuheuern, der ihn in einem schäbigen Hotelzimmer kaltmachte.[24] Die Gesandtschaft war ein Stadthaus, das an einer zentralen Londoner Straße lag, und die meisten Beschäftigten wie die Haushälterin, der Butler, der Diener und der Pförtner waren Briten. Man konnte kaum davon ausgehen, dass sie sich an seiner Ermordung beteiligen würden. Hinzu kam, dass damals ein Schotte, nämlich Sir

Halliday Macartney, die Gesandtschaft leitete, weil der chinesische Gesandte Gong krank war. Sun hatte dies von Dr. Cantlie erfahren. Der Arzt kannte Sir Hallidays Rolle, er wusste sogar, wo sein schottischer Landsmann wohnte.

Der Umstand, dass ein britischer Staatsbürger im Gesandtschaftsgebäude das Sagen hatte, beruhigte Sun, wenn er über sein Hereinplatzen nachdachte. Ein Brite kannte die britischen Gesetze und konnte ihm eigentlich keinen ernstlichen Schaden zufügen.

Sun erkundigte sich auch bei Dr. Patrick Manson, dem ersten Schulleiter seines Colleges in Hongkong. Der erstklassige Wissenschaftler, dessen Leistungen ihm den Beinamen »Vater der Tropenmedizin« einbringen sollten, missbilligte Suns Aktion in Kanton und riet ihm, »damit aufzuhören«. Manson sagte später gegenüber den britischen Behörden aus, dass Sun »davon gesprochen habe, in die chinesische Gesandtschaft hier zu gehen, und ich sagte ihm, das sei nicht ratsam. Er sagte, er werde meinen Rat befolgen und nicht gehen.«[25]

Aber Sun ging doch, und zwar am 10. Oktober 1896, das war etwa der erste Jahrestag seines gescheiterten Aufstands in Kanton. Er betrat das Gebäude und fragte, ob es hier noch andere Kantonesen gebe. Ein kantonesischer Dolmetscher mit Namen Tang unterhielt sich mit ihm. Sie vereinbarten, dass Sun am nächsten Tag zurückkehren solle und dass sie zusammen zum Hafen gehen und dort kantonesische Kaufleute treffen würden. Nachdem Sun gegangen war, dachte Tang über ihr Gespräch nach und kam zu der Überzeugung, dass er mit keinem Geringeren als mit Sun Yat-sen gesprochen hatte – dem meistgesuchten Mann der Mandschu-Administration. Tang meldete den Vorfall dem Gesandten Gong.

Sun hatte dem Bürokraten keine große Beachtung geschenkt. Gong war ein Bürokrat, in der Tat extrem ehrgeizig, jedoch nicht sonderlich schlau. Da er nur an die mögliche Belohnung für die Ergreifung dieses Feindes des Thrones dachte, riss er die Angelegenheit voller Eifer an sich und traf alle Entscheidungen trotz seiner schwachen Verfassung selbst (er sollte wenige Monate später das Zeitliche segnen). Er gab den Befehl, Sun in Gewahrsam zu nehmen, während er Peking telegrafisch informierte, dass Sun, da er ein gesuchter Verbrecher und die Gesandtschaft chinesisches Territorium sei, »selbstverständlich in Gewahrsam genommen werden musste«.[26]

Am Sonntagvormittag wies Sir Halliday die Diener, auch den englischen Pförtner, George Cole, an, ein Zimmer im zweiten Stock an der Rückseite des Gebäudes für Suns Haft zu räumen und sauber zu machen. Als Sun auftauchte, gab Tang vor, ihm das Gebäude zeigen zu wollen, und führte ihn zu dem besagten Zimmer, in das Sir Halliday Sun hineinbegleitete. Der Schotte mit seiner beeindruckenden Größe teilte daraufhin dem »kleinen« Sun (wie Londoner Journalisten ihn beschreiben sollten) mit, er wisse, dass Sun nach chinesischem Gesetz ein Schwerverbrecher sei. »Wo Sie sich nun einmal hier befinden, bleiben Sie doch einen Tag und eine Nacht und warten, bis wir eine Antwort [von Peking] erhalten.« Dann verließ er das Zimmer und schloss die Tür. Er ermahnte Cole, »darauf zu achten, dass dieser Mann nicht entkommt«. Cole hielt im Wechsel mit anderen Dienern vor der Tür Wache.

Damit hatte Sun nicht gerechnet. Er hatte sich gewünscht, dass man ihn hinauswarf, nicht einsperrte. Als er hörte, dass Tang Cole befahl, ein zweites Schloss an der Tür anzubringen, und dann das Geräusch hörte, als das Schloss verriegelt wurde, wuchs seine Angst. In dieser Nacht konnte er kaum schlafen.

Der Gesandte Gong telegrafierte nach Peking und meldete

hochzufrieden, dass er Sun gefangen genommen habe. Er wollte wissen, was er als Nächstes unternehmen sollte. Er war es gewohnt, lediglich Anweisungen zu befolgen. Aber Peking wusste nicht, wie man mit der Situation umgehen sollte. Großbritannien hatte sich bereits geweigert, Sun zu verhaften und auszuliefern. Das chinesische Auswärtige Amt forderte den Gesandten auf, das selbst herauszufinden: »Wie würden Sie vorschlagen, ihn nach Kanton zu schaffen, und zwar auf eine Weise, dass England das Vorgehen nicht verhindert und dass er auch wirklich ankommt? Ziehen Sie bitte umfassend Anwälte zurate und arbeiten Sie einen Plan aus, ehe Sie überhaupt etwas unternehmen.« Peking war über die Wendung der Ereignisse eindeutig besorgt und über Gong sogar verärgert: »Wir hoffen wirklich, dass Sie absolute Vorsicht walten lassen und sämtliche Blickwinkel in Betracht ziehen.«

Gong musste Sir Halliday bitten, eine Lösung zu finden. Der Schotte wandte sich an einen Freund, dem eine Schifffahrtsgesellschaft gehörte, die Glen Line of Steamers. Er solle doch die Möglichkeiten sondieren, ein Schiff zu chartern, um einen »Verrückten« über den Ozean zu transportieren. Die Gesellschaft verlangte 7000 Pfund für ein Frachtschiff mit 2000 Tonnen. Der Gesandte telegrafierte nach Peking und bat um die Genehmigung, denn wenn Peking diese Option ablehne, werde er Sun freilassen müssen. Das chinesische Auswärtige Amt antwortete nicht. Man war dort allgemein der Auffassung, dass es unmöglich sei, Sun aus der Stadtmitte Londons zurück nach China zu schmuggeln. Aber man wollte den Plan auch nicht ablehnen, weil das dem Befehl gleichgekommen wäre, Sun auf freien Fuß zu setzen. Das Auswärtige Amt wollte keinerlei Verantwortung übernehmen. Also schwieg Peking sich aus.

Ohne die Genehmigung, 7000 Pfund zu zahlen, konnte

der Gesandte Gong die Idee mit der Glen Line nicht weiterverfolgen. Aber er ließ Sun auch nicht gehen. Auch dafür wollte er nicht die Verantwortung tragen. Also wurde Sun weiter festgehalten.

In der Gefangenschaft traf Sun Vorkehrungen gegen eine Vergiftung. Seine medizinische Ausbildung leistete ihm nun treffliche Dienste. Er ernährte sich von Brot und in Flaschen abgefüllter Milch und rohen Eiern. Einmal meldete sich der Dolmetscher Tang und erzählte ihm von dem Plan mit der Glen Line, und das machte Sun tatsächlich Angst. Er bat Tang, den Gesandten und über ihn den Thron »anzuflehen«, sein Leben zu verschonen. Er versprach gar, dass er »sich nie wieder an einem Aufstand beteiligen werde«.

Oberste Priorität hatte für ihn, Dr. Cantlie zu benachrichtigen. Er ließ George Cole mehrere Zettel zukommen und flehte ihn an, sie dem Doktor zu bringen, versprach ihm auch eine hohe Belohnung. Cole übergab die Zettel Sir Halliday, der ihm sagte, Sun sei »ein Wahnsinniger«. Da Sun merkte, dass seine Botschaften ihr Ziel nicht erreicht hatten, sagte er zu Cole, er brauche ein wenig frische Luft. Cole öffnete das Fenster. Es waren Gitterstäbe angebracht, und Sun konnte nicht hindurchschlüpfen, aber der Abstand zwischen den Stäben war breit genug, um eine Hand hinauszustrecken. Er warf einen Zettel auf das Dach des Nachbarhauses, nachdem er ein paar Münzen darin eingewickelt hatte, damit er das nötige Gewicht hatte. Ein chinesischer Diener sah die Aktion, und Cole kletterte hinauf, um den Zettel zu holen, den er wiederum Sir Halliday gab. Der Schotte befahl George, das Fenster zu vernageln.

Irgendwann gelang es Sun, Cole davon zu überzeugen, dass er kein Verrückter sei, sondern so etwas wie der Parteiführer der Opposition. »Und weil ich der Führer dieser Partei bin, haben sie mich hier gefangen. Sie haben vor, mich zu fesseln und zu knebeln, und sie werden mich an Bord eines Schiffes bringen und zurück nach China schicken.« Diese Worte berührten den Pförtner, und er beriet sich mit der Haushälterin, Mrs. Howe, ob er Sun helfen sollte. Mrs. Howe erwiderte: »Wenn ich Sie wäre, George, dann würde ich es tun.« Noch bevor Cole Suns Botschaft Dr. Cantlie überbrachte, hatte diese mitfühlende Frau selbst gehandelt. Sie schrieb einen anonymen Brief und schob ihn unter der Tür des Arztes durch. Darin hieß es: »Ein Freund von Ihnen wird seit vergangenen Sonntag hier in der chinesischen Gesandtschaft gefangen gehalten. Sie haben vor, ihn nach China zu schicken, wo man ihn mit Sicherheit hängen wird. Es ist sehr traurig für den armen Mann, und wenn nicht sofort etwas unternommen wird, dann werden sie ihn wegbringen … Ich wage nicht, mit meinem Namen zu unterschreiben, aber es ist die Wahrheit, glauben Sie also bitte, was ich Ihnen sage.«

Als Dr. Cantlie die Klingel hörte und den Brief vorfand, war es bereits nach 23 Uhr am Samstag, dem 17. Oktober. Sun wurde nunmehr seit einer Woche gefangen gehalten. Der Doktor startete sofort eine Rettungsaktion. Er ging direkt zum Haus von Sir Halliday, doch da war niemand. Danach nahm er eine Kutsche zur Polizeiwache von Marylebone und dann zu Scotland Yard. Er hatte Schwierigkeiten, jemanden zu finden, der seine Geschichte glaubte. Der diensthabende Inspektor bei Scotland Yard hielt ihn für einen Betrunkenen oder Verrückten und schickte ihn nach Hause. Dr. Cantlie verbrachte den Rest der Nacht vor der chinesischen Gesandtschaft, für den Fall, dass man versuchen sollte, Sun heimlich wegzuschaffen.

Mrs. Cantlie schrieb in ihr Tagebuch, dass der Sonntag »ein Tag der Hoffnungen und Ängste« gewesen sei. »Hamish [Dr. Cantlie] ging als Erstes zu Richter A … dann zu Mr. H ... bekam aber keine befriedigende Zusage, etwas für Sun Yat-sen zu unternehmen. Kaum von der Kirche zurück, ging Hamish zu Manson, um sich zu erkundigen, ob er Sir Halliday MacCartney [sic] auffinden könne. Manson stellte sich auf unsere Seite und war wütend auf die Gesandtschaft. Ein Mann [Cole], der sich als Suns Wärter entpuppte, kam und brachte zwei Kärtchen von ihm, worauf er uns anflehten, ihn zu retten.«

Auf die Rückseite eines Kärtchens hatte Sun geschrieben: »Ich wurde am Sonntag in die chinesische Gesandtschaft entführt und soll heimlich von England nach China in den Tod gebracht werden. Bitte, rettet mich schnell!« Diese Worte waren zuerst mit einem Bleistift geschrieben und dann mit einem Federhalter nachgezogen worden. Auf die Vorderseite hatte Sun über seinen gedruckten Namen »Dr. Y. S. Sun« Cantlies Namen und Adresse geschrieben. Darunter fügte er hinzu: »Bitte kümmern Sie sich für mich vorerst um den Kurier, er ist sehr arm und wird seine Arbeit verlieren, weil er mir hilft.«

Auf der zweiten Karte fand sich eine noch dringendere Bitte, die nur mit Federhalter geschrieben war: »Ein Schiff ist von der c. G. bereits für den Dienst, mich nach China zu bringen, beauftragt, und ich werde den ganzen Weg eingesperrt sein, ohne mit jemandem Kontakt zu haben. Oh! Weh mir!«

Mit diesen Kärtchen und zusammen mit Dr. Manson ging Cantlie ein zweites Mal zu Scotland Yard und danach zum Foreign Office. Ein Beamter im Foreign Office nahm sich sofort der Angelegenheit an und leitete entsprechende Schritte in die Wege. Die Ärzte begaben sich zur Gesandtschaft, um den dortigen Beamten mitzuteilen, dass die britischen Behörden über den Fall informiert seien. In der Gesandtschaft spürte man, dass das Spiel verloren war. Der

Gesandte Gong fragte telegrafisch in Peking an, ob er Sun, noch bevor es Schwierigkeiten mit der britischen Regierung gebe, freilassen solle. Wiederum bekam er keine Antwort. Kein Mensch wollte derjenige sein, der sagte: »Lasst ihn frei.« Also blieb Sun in der Gesandtschaft eingesperrt.

Während die Mandarine die Köpfe in den Sand steckten und sich wünschten, dass der Sturm an ihnen vorüberzöge, kommunizierten das britische Foreign Office, das Innenministerium und Scotland Yard intensiv miteinander – und mit Lord Salisbury, der zugleich Außen- und Premierminister war. Mit seiner Zustimmung wurden vor der Gesandtschaft Polizisten stationiert, die angewiesen waren, jeden zur Rede zu stellen, der versuchen könnte, Sun aus dem Gebäude zu schaffen. Es wurde der Befehl erteilt, alle nach China auslaufenden Schiffe unter Beobachtung zu stellen. Unterdessen wurde Cole verhört. Und die beiden hoch angesehenen Ärzte Cantlie und Manson gaben eidesstattliche Erklärungen ab. Auf der Grundlage dieser Informationen schrieb Lord Salisbury am Donnerstag, dem 22. Oktober, elf Tage nach der Inhaftierung Suns, an die chinesische Gesandtschaft: »Das Festhalten dieses Mannes gegen seinen Willen in der chinesischen Gesandtschaft war, nach Meinung der Regierung Ihrer königlichen Majestät, ein Verstoß gegen englisches Recht, der nicht von dem diplomatischen Privileg, das einem ausländischen Repräsentanten gewährt wurde, abgedeckt wird und einen Missbrauch desselben darstellt. Ich habe deshalb die Ehre zu fordern, dass Sun Yat-sen möglichst umgehend auf freien Fuß gesetzt wird.«

Sir Halliday wurde in das Foreign Office einbestellt, um sich die Forderung Lord Salisburys anzuhören. Er willigte ein und vereinbarte, dass Sun um 16.30 Uhr am nächsten Tag an der Gesandtschaft den englischen Behörden übergeben werde. Zur vereinbarten Uhrzeit am 23. Oktober begaben sich Chief Inspector F. Jarvis und ein Vertreter des Foreign Office zur Gesandtschaft, um Sun abzuholen, begleitet von einem fröhlichen Dr. Cantlie.*[27]

Als man Sun nach unten führte, um sich Dr. Cantlie anzuschließen, sah man ihn »bei bester Gesundheit und ... in ausgezeichneter Stimmung«. Danach war er hocherfreut darüber, dass er von einer Reporterschar umlagert wurde. Dr. Cantlie hatte die Presse alarmiert. Eine große Menschenmenge hatte sich vor der Gesandtschaft versammelt, mit Fotografen, Zeichnern und empörten Zuschauern, und sie überschütteten ihn mit Fragen. In den folgenden Tagen berichteten Zeitungen aus so fernen Gegenden wie Amerika und Australien, ganz zu schweigen von Japan, Hongkong und Shanghai, ausführlich über ihn, und das Aufmerksamkeit heischende Schlagwort »Entführung« tauchte überall in den Schlagzeilen auf.

Sir Halliday schrieb an *The Times* und erklärte, dass Sun aus freiem Willen die Gesandtschaft betreten habe. Doch das spielte keine Rolle. Für die Briten war entscheidend, wie Lord Salisbury dargelegt hatte, dass er »nachdem er eingetreten war, wie ein Gefangener festgehalten wurde«. Sun bestritt vehement, das Gebäude aus freien Stücken betreten zu haben, und behauptete, er habe gar nicht gewusst, dass es sich um die Gesandtschaft handle. Er wählte seine Worte jedoch

---

* Nach Suns Freilassung traten die Mandarine in Peking in Aktion und schickten der Gesandtschaft ein Telegramm, wo sie das Anheuern eines Schiffes, um ihn nach China zu schaffen, billigten und weitere Details ergänzten, etwa dass Sun in Handschellen gelegt und streng bewacht werden müsse. Das Telegramm wurde auf einen Zeitpunkt zurückdatiert, als Sun noch in Haft war. Es wurde ganz eindeutig nur erstellt, um eine Papierspur zu hinterlassen, die den Thron irreführen sollte. Der Gesandte Gong teilte seinerseits Peking mit, dass er bereits ein Dampfschiff angeheuert habe und im Begriff gewesen sei, Sun nach China zu schaffen, als die britische Regierung interveniert habe.

mit Bedacht und erklärte, er sei »belästigt ... und gezwungen worden einzutreten«.[28] Bei einer späteren Untersuchung durch die britische Regierung war Sun sogar noch vorsichtiger und betonte, es sei »keine echte Gewalt angewandt worden, es geschah auf eine freundliche Art«. Eine gewaltsame Entführung hätte zwangsläufig eine strafrechtliche Ermittlung nach sich gezogen, und in diesem Fall hätte er unter Eid aussagen müssen. Dann wäre womöglich die Wahrheit ans Licht gekommen.[29]

Allerdings brauchte Sun offenbar nicht ganz so umsichtig zu sein, als es darum ging, ein Buch zu schreiben. Mit großer Unterstützung von Dr. Cantlie brachte er eilends ein Werk mit dem reißerischen Titel *Kidnapped in London* heraus. Es wurde sofort zu einem Bestseller und in mehrere Sprachen übersetzt. Sun war jetzt sehr bekannt, auch wenn sein Name ambivalente Reaktionen auslöste. Nach dem anfänglichen Wohlwollen gegenüber dem Opfer kühlte sich die britische öffentliche Meinung ab. Die Briten hatten für gewaltsame Revolutionen nichts übrig. Cantlies Freunde bezeichneten Sun spöttisch als »jenen lästigen Freund von Ihnen«. Mr. und Mrs. Cantlie blieben nahezu die einzigen europäischen Anhänger Suns.[30]

Für Sun war jedoch entscheidend, dass seine Story ihren Weg zu chinesischen Radikalen fand und dass er unter ihnen zu einer Berühmtheit wurde. Sie suchten ihn auf und hießen ihn eifrig willkommen. Als er im Juli 1897 schließlich London verließ und über Kanada in Richtung Ferner Osten aufbrach, wurde er mit offenen Armen empfangen, wo immer er Station machte. Der Privatdetektiv, der ihn beschattete, bemerkte, dass er einen vollen Terminplan habe und dass die chinesischen Zuhörer, wenn er zu ihnen spreche, »ihn und seine Botschaft sehr aufmerksam anhörten«. Die Leute zeigten sich auch spendabel. In Vancouver verfügte Sun über die erforderlichen hundert kanadischen Dollar, um sein Ticket zweiter Klasse gegen eine Kabine erster Klasse einzutauschen. Außerdem war er »in einen modischen Leinenanzug gekleidet, in dem man ihn ein Jahr zuvor noch nicht gesehen hatte«. Von da an bekam er, wie er seinem Kindheitsfreund Luke Chan mitteilte und dabei vor Vergnügen lachte, »alles, was ich will, wohin ich auch gehe«. Luke kommentierte: »Das entsprach absolut der Wahrheit ... er konnte von einem Ende der Welt bis ans andere nur mit seinem Namen reisen. Es stand immer ein Verkehrsmittel zur Verfügung, ein Haus und eine Mahlzeit bereit für seine Hände, Mittel, wenn er um sie bat ... und sogar Kraftfahrzeuge und Boote konnten notfalls beschafft werden.« Indem Sun in London in eine Entführung hineinmarschiert war, hatte er sich als der einzige chinesische Revolutionär mit internationalem Profil etabliert.[31]

Getragen von diesem frisch erworbenen Ruhm hielt Sun Yat-sen nach einer Basis in der Nähe von China Ausschau, von der aus er weitere Aufstände inszenieren konnte. Japan, das einst gedroht hatte, ihn zu deportieren, ließ ihn jetzt im Land bleiben für den Fall, dass er sich als politisch nützlich erweisen sollte. Die Regierung gewährte ihm sogar Geld für den Lebensunterhalt und Polizeischutz.

Im Jahr 1900 richtete die xenophobe und antichristliche Bauernbewegung, die sogenannten Boxer, in Nordchina Chaos und Zerstörung an. Eine Armee aus acht verbündeten Mächten, darunter Japan, die USA und Großbritannien, marschierte in Peking ein, da die Maßnahmen, mit denen die Mandschu-Regierung den Rebellen Einhalt gebieten wollte, für unzureichend erachtet wurden. Der Hof wurde aus der Hauptstadt vertrieben und flüchtete ins Exil in Xian, der alten Hauptstadt im Nordwesten Chinas. Eine Zeit lang schien der Mandschu-Thron zu wackeln. Sun schlug der japanischen Regierung vor, Banditen zu mobilisieren, um einige südliche Provinzen zu erobern und dort mit deren Unterstützung eine »Republik« zu gründen. Als Auslöser würde er, so sein Vorschlag, an der Südostküste gegenüber von Taiwan, das seit dem Krieg von 1894/95 unter japanischer Besatzung stand, einen Aufstand der Triaden organisieren. Japan könnte die »Unruhen« als Vorwand nutzen, um von Taiwan aus auf dem Festland einzumarschieren.[32]

Nach längerer Überlegung lehnte Tokio den Plan ab. Sun beschloss, ein *fait accompli* zu schaffen, und wies seinen Freund, den Triaden-Chef Cheng, an, den Aufstand an der Küste wie geplant fortzuführen. Er selbst reiste nach Taiwan, wo der japanische Gouverneur nur darauf wartete, in China einzumarschieren. Anfang Oktober startete Cheng mit ein paar Hundert Mann den Aufstand an der Südostküste. Sie stießen bis Amoy vor, einer großen Hafenstadt. Aber Tokio erließ einen strengen Befehl, der dem Gouverneur von Taiwan untersagte, etwas zu unternehmen. Folglich musste er davon absehen, Truppen zu entsenden oder Munition zu schicken. Der Aufstand brach zusammen, und Taiwan verwies Sun des Landes. (Wenige Monate danach starb Cheng überraschend in Hongkong nach einer Mahlzeit. Die Diagnose des Gerichtsmediziners lautete Schlaganfall, doch der Verdacht, er sei vergiftet worden, hielt sich hartnäckig.)

Sun reiste wieder nach Japan zurück, wo er sich nicht länger willkommen fühlte. Er versuchte, eine andere, freundlicher gesinnte Basis in der Nähe von China zu finden, musste allerdings mehrfach Rückschläge hinnehmen. Thailand, das britische Hongkong und das französische Vietnam wiesen ihn alle ab.[33] Ausländische Regierungen beschlossen, mit der Kaiserinwitwe Cixi zusammenzuarbeiten, die nunmehr das Sagen hatte. Während Sun für eine gewaltsame Revolution von außen agitierte, durchlebte China unter Cixi eine gewaltlose Revolution von innen. Diese außergewöhnliche Frau, eine ehemalige kaiserliche Konkubine, hatte nach dem Tod ihres Mannes Xianfeng im Jahr 1861 durch eine Palastrevolution die Macht an sich gerissen. Seither hatte sie begonnen, das damals noch mittelalterliche Land in die moderne Zeit zu führen.[34] Man hatte bereits große Erfolge erzielt; im Jahr 1889, als ihr Adoptivsohn Kaiser Guangxu volljährig wurde und den Thron bestieg, musste sie sich jedoch zurückziehen. Nach dem verheerenden Krieg gegen Japan im Jahr 1895 nahm ihre Macht wiederum zu, und sie leitete 1898 erneut Reformen ein.* Auch wenn die Reformbestrebungen zeitweilig gestoppt wurden, zuerst als Folge einer Mordverschwörung gegen sie, an der Kaiser Guangxu beteiligt war, und dann wegen des Boxeraufstands, führte sie nach Beendigung der Wirren die Maßnahmen weiter. Im ersten Jahrzehnt des 20. Jahrhunderts stieß sie eine Vielzahl grundlegender Veränderungen an. Dazu zählten ein völlig neues Bildungssystem, eine freie Presse und die Emanzipation der Frauen, nicht zuletzt mit einem Edikt gegen das Binden der Füße im Jahr 1902. Das Land wurde zu einer konstitutionellen Monarchie mit einem gewählten Parlament. Diese Aufklärung schritt mit einer Geschwindigkeit von »tausend *li* [d. h. 500 Meter] am Tag« voran, wie Sun selbst feststellte.[35] Dr. Charles Hager, der Sun getauft hatte, traf ihn 1904 zufällig in Los Angeles und diskutierte mit ihm darüber, dass »die Reformen, für die er einst plädiert hatte, nun [vom Mandschu-Thron] übernommen werden« und

---

* Die Reformen von 1898 werden für gewöhnlich Kaiser Guangxu und anderen Männern zugeschrieben, die Kaiserinwitwe Cixi hingegen wird als heimtückische Reformgegnerin beschrieben, was so jedoch nicht zutreffend ist. Zu den Quellen, die die wahren Begebenheiten und Hintergründe belegen, siehe Jung Chang, *Kaiserinwitwe Cixi: Die Konkubine, die China den Weg in die Moderne ebnete*, München 2014, Kapitel 19.

dass sich China unter der Monarchie selbst erneuern könne. Sun erwiderte einfach: »Die Mandschu müssen abgesetzt werden.«[36]

Im Laufe dieses Jahrzehnts fand Suns Agenda – die Mandschu vertreiben und eine Republik gründen – unter den Chinesen immer mehr Anhänger. Tausende hatten inzwischen in Japan studiert, und viele befürworteten ein republikanisches System. Als Sun nach seinen Reisen im Sommer 1905 in Yokohama an Land ging, strömten die Leute herbei wie an eine Pilgerstätte. Er wurde nach Tokio begleitet, wo er vor einem voll besetzten Saal eine Rede halten sollte. Die Menschen säumten in Scharen die Straßen und reckten den Hals, um einen Blick auf den in einen weißen Anzug gekleideten Visionär zu erhaschen. Beim Eintreten in den Saal brauste donnernder Beifall auf, aber kaum setzte Sun zum Reden an, verstummte der ganze Saal.

Schon bald gelang es Sun, in Tokio eine Organisation zu gründen: die *Tong-meng-hui* (in etwa »Schwurbund«). Die Gesellschaft zur Wiedergeburt Chinas, die er in Hawaii ins Leben gerufen hatte, war auseinandergefallen. Der neuen Organisation erging es auch nicht besser. Suns Kollegen warfen ihm vor, Spenden zu unterschlagen und »diktatorisch« aufzutreten. Sun tat sich schwer, mit anderen zusammenzuarbeiten. Er traf lieber selbst die Entscheidungen, erteilte Befehle, deren strikte Befolgung er erwartete.[37]

Am 15. November 1908 starb die gefürchtete Kaiserinwitwe. Die *New York Times* kommentierte ihren Tod: »Sobald sie verstorben war, spürte China sofort das Fehlen eines starken Führers ... China hat keine Führung und wird rasch in Stücke zerfallen.«[38] Die mächtigste Flutwelle war der Republikanismus. Die Mandschu waren Ausländer, und die Tage der ausländischen Herrschaft endgültig gezählt. Folglich machten engagierte Republikaner, auch wenn

Suns Organisation nicht funktionierte, ihrerseits weiter und untergruben die Monarchie.

Drei Jahre nach Cixis Tod, am 10. Oktober 1911, brach in Wuhan, einer Stadt in Chinas Mitte am Jangtsekiang, eine gegen die Mandschu gerichtete Meuterei aus, an der sich mehrere Tausend Soldaten beteiligten. Diesmal waren die Rebellen keine Banditen, sondern Regierungstruppen, die unter republikanischem Einfluss standen. Sun war um diese Zeit in den Vereinigten Staaten unterwegs und führte die Meuterei nicht selbst an. Der Armeechef Li Yuan-hong, ein stämmiger und anspruchsloser Mann, den sowohl die Soldaten als auch die einheimische Bevölkerung (die ihn »den Buddha« nannte) sehr schätzten, ergriff die Gelegenheit beim Schopf und übernahm die Führung. Er war die erste hochgestellte und hoch angesehene Persönlichkeit, die sich den Revolutionären anschloss, was für die republikanische Sache von gewaltiger Bedeutung war.

Wenig später schloss sich Huang Xing, der zweitwichtigste Mann unter den Republikanern, Li an. Der kräftig gebaute und verwegen aussehende Huang war ein furchtloser Kämpfer. Im selben Frühjahr hatte er eine einflussreiche, allerdings gescheiterte Revolte in Kanton angeführt, bei der er zwei Finger einbüßte. Jetzt befehligte er den Widerstand gegen die Regierungsarmee und hielt die Stadt so lange, bis auch in anderen Provinzen Aufstände und Meutereien der Republikaner ausbrachen.

Sun hatte es keineswegs eilig mit seiner Rückkehr. Mehr als zwei Monate lang reiste er weiter in Amerika und Europa herum und hielt sich dann lange in Südostasien auf. Er musste sicher sein, dass die Republikaner den Sieg davontrugen, damit er zurückkehren konnte, ohne Gefahr zu laufen, einen Kopf kürzer gemacht zu werden. Außerdem kamen seine Reisen de facto einer Werbekampagne gleich. Mit der Unterstützung chinesischer Studenten vor Ort erklärte er gegenüber Zeitungsjournalisten – oder arrangierte, dass sie entsprechend informiert wurden –, dass die Aufstände auf seine Anweisungen hin erfolgt seien und dass er, sobald die Republik gegründet sei, ihr erster Präsident werde. Er ließ sogar ein »Manifest« im Namen des »Präsidenten Sun« herausgeben. Interviews mit ihm wurden in chinesischen Zeitungen abgedruckt, die sein Profil in China weiter stärkten.[39]

Um den Revolutionären seine lange Abwesenheit zu erklären, telegrafierte Sun an Huang, er bleibe im Westen, um für diplomatische Unterstützung zu sorgen, die, wie er erklärte, der Schlüssel zu ihrem Erfolg sei.[40] Außerdem verbreitete er über die Presse die Behauptung, er sammle »riesige Summen an Geld«. Mehrere Banken, so ließ er durchblicken, hätten versprochen, die Republikaner mit Summen in der Größenordnung von zig Millionen Dollar zu unterstützen, sobald er, Sun, zum Präsidenten ernannt worden sei. Sun versuchte in der Tat, Kontakte mit Menschen zu knüpfen, die ihm Unterstützung oder Geld zukommen lassen konnten. Bei seinem Aufenthalt in London checkte er im Savoy ein, einem der teuersten Hotels der Stadt, und machte reichlich von dessen Briefpapier Gebrauch. Doch er erreichte nichts. Seine Welt waren fast ausschließlich die Chinatowns, und westliche Einrichtungen blieben ihm verschlossen.[41]

Am 18. Dezember 1911 nahm der Mandschu-Hof in Anbetracht der Aufstände in ganz China Friedensgespräche mit den Republikanern auf. Die Revolutionäre waren auf der Siegerstraße. Sie begannen mit der Bildung einer Interimsregierung, um die Verhandlungen zu führen, und ernannten Huang Xing zu ihrem Chef. Huang nahm das Amt an. Kaum hatte Sun Yat-sen von diesen Neuigkeiten Kenntnis erlangt, da begab er sich eilends nach China und traf am

25. Dezember in Shanghai ein. Er konnte es nicht länger hinauszögern. Er musste die Geburt der Republik beaufsichtigen, die seine Vision gewesen war und deren Flamme er fast zwei Jahrzehnte in Gang gehalten hatte. Und er musste vor Ort sein, um seinen Anspruch auf den Posten anzumelden, der ihm seiner Ansicht nach rechtmäßig zustand: Präsident der chinesischen Republik.

2

Soong Charlie – Methodistenprediger und heimlicher Revolutionär

Soong Charlie, der Vater der drei Schwestern, zählte zu den ersten Anhängern Sun Yat-sens. Der 1861 geborene Charlie war in etwa so alt wie Sun und von ähnlich niederer Herkunft. Er war ein Bauernjunge von der Insel Hainan vor der Südküste Chinas und genau wie Sun verließ er im Alter von vierzehn Jahren mit seinem älteren Bruder sein Zuhause in der Hoffnung auf ein besseres Leben im Ausland.[42] Seine erste Station war Java, wo er mit dunkler Haut, großen, tief liegenden Augen und dicken, nach außen gewandten (nicht chinesisch aussehenden) Lippen als Einheimischer angesehen wurde. Ein Onkel adoptierte ihn und brachte ihn mit siebzehn in die Vereinigten Staaten. In Bostons dicht bevölkerter Chinatown besaß der Onkel einen kleinen Laden für Seide und Tee, wo der Jugendliche als Handlanger arbeitete. Charlie hatte nie Lesen und Schreiben gelernt; er wollte zur Schule gehen, doch sein Onkel verweigerte ihm den Schulbesuch. Die Adoption war allem Anschein nach nur ein Mittel gewesen, sich eine kostenlose Arbeitskraft zu verschaffen. Das war nicht das Leben, das Charlie vorgeschwebt hatte. Schon nach wenigen Monaten lief er weg. Im Januar 1879 ging er eines Tages zum Hafen und versuchte, auf dem amerikanischen Zollkutter *Albert Gallatin* anzuheuern. Der Kapitän Gabrielson fand Gefallen an ihm und machte ihn zum Schiffsjungen. Der Kapitän glaubte offenbar, Charlie sei etwa vierzehn Jahre alt: Er war kaum größer als einen Meter fünfzig und sah einige Jahre jünger aus, als er wirklich war.[43] Charlie korrigierte dieses kleine Missverständnis nicht. Da man ihn für ein Kind hielt, fiel es den Leuten erheblich leichter, ihm mit Liebenswürdigkeit und Zuneigung zu begegnen.

Charlie hatte ein Talent dafür, sich bei anderen beliebt zu machen. Er war respektvoll, munter und unbekümmert. Er arbeitete fleißig. Kapitän Gabrielson betrachtete ihn als seinen Schützling und lud ihn häufig zu sich in sein Haus in Edgartown, Massachusetts, ein. Die Frau des Kapitäns war die Nichte des Gutsherrn der Stadt, Richter Peas, und das Ehepaar wohnte in einem stattlichen Gebäude. Zum ersten Mal lernte Charlie Komfort, Luxus sowie ein unbeschwertes Familienleben kennen. Die Gabrielsons waren fromme Methodisten, und Charlie besuchte, wann immer er sonntags bei ihnen war, den Gottesdienst. Seine religiöse Überzeugung wuchs ebenso wie seine Zuneigung zu dem Kapitän. Als der ein Jahr später auf einen anderen Kutter versetzt wurde – die *Colfax* mit Sitz in Wilmington, North Carolina –, bat Charlie um seine Entlassung und schloss sich ihm an. In dieser Stadt, die auf ihre vielen Kirchen stolz war, machte der Kapitän Charlie mit Reverend Thomas Ricaud bekannt, der ihn im November 1880 taufte. Charlie war »wohl der erste aus dem Himmlischen Reich, der dem Sakrament der Taufe in North Carolina unterzogen worden ist«, mutmaßte eine lokale Zeitung und stellte fest, dass Charlie »ein sehr tiefes Interesse an der religiösen Gemeinde zeigte«. Die Leute hielten ihn für »überaus beeindruckend«, als er nach dem Gottesdienst der Reihe nach allen die Hand gab und erzählte, wie er den Erlöser gefunden habe und wie sehr er sich danach sehne, nach China zurückzukehren und seinem Volk das Evangelium zu predigen.[44]

Die Bekehrung zum christlichen Glauben machte Charlies noch interessanter. Zu der Zeit breitete sich der protestantische Glaube rasch in China aus, und die Methodisten zählten zu den eifrigsten »christlichen Soldaten«. Charlie wurde in der eng verflochtenen Gemeinde der Methodisten in den Südstaaten berühmt. Kapitän Gabrielson verlor nun zunehmend an Bedeutung für Charlie, und statt seiner nahm Julian Carr, ein Tabakmagnat und Philanthrop, die Rolle des Gönners ein. Das Trinity College (die heutige Duke University) im nahe gelegenen Durham nahm ihn im April 1881 als besonderen Studenten für englische Sprache und Bibelkunde auf. Der Präsident des Colleges, Braxton Craven, unterrichtete ihn zusammen mit Mrs. Craven in Englisch. Nach dem Trinity besuchte Charlie die Vanderbilt University in Nashville, Tennessee, dem Hauptquartier der Methodisten, um Missionar zu werden. Insgesamt hielt er sich sieben Jahre lang unter den Methodisten auf – eine Erfahrung, die seine Zukunft und die seiner drei Töchter prägen sollte.

In seinem ersten – und einzigen – Brief an seinen Vater, den er kurz nach der Aufnahme am Trinity College schrieb, äußerte er Wertschätzung für seine Schirmherren sowie einen großen religiösen Eifer:*

Lieber Vater,
ich schreibe diesen Brief und lasse dich wissen, wo ich mich aufhalte. Ich verließ den Bruder in Ostindien im Jahr 1878 und kam in die Vereinigten Staaten und habe fein

---

* Die Fehler in diesem und anderen in Englisch verfassten Briefen Charlies spiegeln sich wenn möglich in der Übersetzung wider und sind nicht korrigiert worden.

[finally – schließlich] Christus unseren Erlöser gefunden …
jetzt helfen mir die Durham Sunday School und Trinity,
und ich habe es sehr eilig, eine Ausbildung zu machen, damit ich nach China zurückkehren und euch von der Liebenswürdigkeit der Freunde in Durham und von der
Gnade Gottes erzählen kann … Ich weiß noch, dass du
mich als kleiner Junge in einen großen Tempel mitnahmst,
um die hölzernen Götter anzubeten … aber jetzt, wo ich
einen Erlöser gefunden habe, tröstet er mich, wo immer
ich hingehe … Ich vertraue auf Gott und hoffe, dich nach
dem Willen Gottes auf dieser Erde wiederzusehen. Jetzt
haben wir Ferien, und ich bin im Haus von Mr. J. S. Carr
in Durham. Antworte mir bitte, sobald du den Brief er-
hältst, und ich werde sehr froh sein, von dir zu hören. Gib
meine Liebe an Mutter, Bruder und Schwestern bitte weiter und auch an dich … Mr. und Mrs. Carr sind eine gute
christliche Familie, und sie sind sehr nett zu mir gewesen.[45]

Charlies Brief konnte jedoch nicht zugestellt werden. Er
hatte ihn an Dr. Young J. Allen geschickt, den Leiter der Methodistenmission in Shanghai, mit der Bitte, ihn weiterzulei-
ten. Als Dr. Allen jedoch zurückschrieb und um den Namen
und die Adresse von Charlies Vater auf Chinesisch bat, war
Charlie außerstande, diese anzugeben. In seiner Muttersprache war er ein absoluter Analphabet – weil seine Familie zu
arm gewesen war, um ihn auf die Schule zu schicken und die
chinesische Schrift so schwierig war. Er schrieb schließlich
ein paar Ortsnamen – Shanghai, Hongkong und die Insel
Hainan – aus einer Karte für Missionare ab und markierte
sie auf einer einfachen Skizze, um die ungefähre Lage seines Dorfes anzuzeigen. Der Name seines Vaters entsprach
der Transliteration der Laute im einheimischen Dialekt.
Da Hunderte, wenn nicht Tausende von Familien in dieser

Region Söhne in Übersee hatten, war es Dr. Allen unmöglich, etwas zu unternehmen. Charlie musste den Versuch aufgeben, Kontakt zu seiner Familie aufzunehmen.[46]

Er war einsam. An der Vanderbilt University ging er eines Morgens mit einer Gruppe von Jungen zu einem Treffen in einer Kapelle, wo sie sangen, beteten und ihre religiösen Erfahrungen austauschten. Einer seiner früheren Klassenkameraden, Reverend John C. Orr, erinnerte sich, dass Charlie »aufstand und eine Weile stehen blieb, ehe er ein Wort sagte. Dann zitterten seine Lippe, und er sagte: ›Ich fühle mich so klein. Ich werde so einsam. So weit weg von meinem Volk. So lange unter Fremden. Ich komme mir so vor, als wäre ich ein kleiner Splitter, der auf dem Mississippi treibt.‹« Orr schrieb weiter: »Die Tränen liefen ihm über die Wangen, und ehe er noch etwas sagen konnte, umringte ein Dutzend der Jungen ihn, umarmte ihn und beteuerte ihm, dass sie ihn wie einen Bruder liebten.«[47]

Tatsächlich wurde Charlie, wohin er auch ging, liebenswürdig und anständig behandelt. Die Leute betrachteten ihn »mit dem größten Respekt und bewunderten [ihn] für seinen Ehrgeiz und dafür, dass er sich seinen Weg durch das College erarbeitete«.[48] Allerdings fiel Jerome Dowd, einem Kommilitonen an der Trinity, auf, dass »Jungen dazu neigten, ihn zu necken und ihm alle möglichen Streiche zu spielen«.[49] An der Vanderbilt war ihm der Kanzler, Bischof McTyeire, nicht immer wohlgesinnt und behandelte ihn abweisend. Am Ende seines Studiums bat Charlie darum, zusätzlichen Unterricht in Medizin zu bekommen. Der Bischof lehnte ab. Wie er hochnäsig an Dr. Allen schrieb: »Soon[g] wünschte, ein oder zwei Jahre länger zu bleiben, um Medizin zu studieren, damit er für mehr Einsatzmöglichkeiten gerüstet war etc. Und sein großzügiger Gönner, Mr. Julian Carr, war nicht abgeneigt, ihn weiterhin zu unterstützen. Aber wir hielten es

für besser, den *Chinamann,* der in ihm steckt, nicht ganz aus-
zutreiben, bevor er unter den Chinesen hart arbeitet. Ohnehin hat er bereits ›das leichte Leben gespürt‹ – und ist den
Vorzügen einer höheren Zivilisation nicht abgeneigt. Nicht
sein Fehler …«[50]

Charlie war gut darin, die Dinge ins rechte Licht zu rücken, und nicht schnell beleidigt. Er legte unfehlbar »hervorragende Manieren« an den Tag und war »sehr, sehr höflich«.
Er blieb »voller Leben und Spaß«, und wenn er geneckt
wurde, war er »stets bereit, spielerisch darauf zu antworten«
und auf diese Weise die Situation zu entschärfen. Die Menschen erinnerten sich an seine »außergewöhnliche Lebhaf-
tigkeit« und an »ein überaus heiteres und freundliches Wesen«. Er hatte Sinn für Humor. Bei der Taufe wurde sein
Nachname wie »Soon« ausgesprochen, eine Annäherung der
Aussprache seines Familiennamens im lokalen Dialekt.
James C. Fink, ein Klassenkamerad an der Vanderbilt, erinnerte sich: »Als er mit einigen Jungen bekannt gemacht
wurde, bemerkte er mit einem Lächeln: ›Aber nicht der verlorene Sohn!‹«[51]

Diese demonstrativ zur Schau gestellte Heiterkeit war zum
Teil das Ergebnis eines bewussten und mitunter schmerz-
lichen Bestrebens, die eigenen Emotionen zu unterdrücken.
Charlie liebte Frauen – wie folgender Brief an eine Schul-
freundin am Trinity aus dem Jahr 1882 veranschaulicht:

Beide Misses Field sind hier, aber sie werden am nächsten
Freitagmorgen nach Hause gehen. Ich sage dir, sie sind
sehr nette junge Ladys, ich mag sie so sehr. … Trinity ist
jetzt sehr angenehm, aber ich weiß nicht, was sein wird,
nachdem die [Mädchen] weg sind … Miss Bidgood ist
hier … Sie sieht so hübsch wie immer aus. Ich habe sie
und Miss Cassie seither manchmal besucht. Sie spricht

sehr lebhaft … Ich habe ganzen Tag schöne Zeit verbracht mit den [Mädchen], kaum einen Blick in die Bücher geworfen … Miss Mamie und zwei andere [Mädchen] letzten Abend besuchen gegangen, wir viel Spaß zusammen gehabt … Fortisty und ich gingen zu Ella Carr vorbeischauen und hatten die schönste Zeit, von der man je gehört hat.[52]

Doch dem jungen Mann gelang es nicht, eine innigere Beziehung aufzubauen. Die im Brief erwähnte Ella Carr war die Nichte seines Wohltäters Julian und Tochter eines Professors am College. Fünf Jahrzehnte später erzählte sie der Lokalzeitung, der *Greenboro Daily News,* dass Charlie häufig in ihr Haus gekommen sei, um sie Klavier spielen zu hören – bis ihre Mutter eines Tages »zu ihm sagte, er solle nicht mehr so oft zu ihnen kommen«. Also blieb er weg und verabschiedete sich mit einem Foto von ihr, auf dem er »adrett und tadellos gekleidet« aussah.[53]

Einer Miss Annie Southgate, der Tochter einer einflussreichen Persönlichkeit in Durham, stand er besonders nahe. In einem Brief an sie, in dem er seine Gefühle andeutete, entschuldigte er sich zuerst dafür, dass er die Adresse von jemandem verloren habe, und schrieb dann: »Warum unterläuft mir kein Fehler mit Blick auf Ihre Adresse und kann es auch gar nicht, frage ich mich?« »Es besteht keine Gefahr, dass ich mich in eine von Onkel R.'s Töchtern verlieben könnte; Miss Jennie ist mit einem jungen Mann verlobt, er ist nur gut 2,45 Meter groß, und Miss Ross ist noch zu jung, denn sie ist erst fünfzehn und verbringt den Sommer bei ihrer Schwester. Also besteht nicht die geringste Chance, mich zu verlieben, selbst wenn ich wollte.« (Später sollte er eine seiner Töchter, die künftige Madame Sun Yat-sen, Rosamonde, nach Miss Ross nennen.)

Mit so deutlichen Worten wie möglich drückte Charlie wehmütig, sogar ergreifend, seine Liebe zu Miss Annie aus: »Ich nehme an, Sie sind irgendwo da draußen; wo immer Sie sein mögen, hoffe ich, dass es Ihnen gut geht. Miss Annie, ich muss gestehen, dass ich Sie lieber und mehr als irgendein Mädchen in Durham mag. Glauben Sie mir das?« Weiter konnte Charlie nicht gehen. Er verliebte sich, wagte aber nicht, den ersten Schritt zu tun. Es gab keine Hoffnung; er war schließlich ein »Chinamann«.[54]

Charlie hielt es für so dringend notwendig, die eigenen Emotionen zu kontrollieren, dass er eine ebensolche Selbstbeherrschung später von seinen Töchtern bereits im Kindesalter verlangen sollte. May-ling, die jüngste der drei Soong-Schwestern, erinnerte sich, dass ihr Vater seinen Kindern, als sie noch klein war, häufig einschärfte, »keine Gefühle zu zeigen und jegliche Sentimentalität zu verabscheuen«. Einmal »schluchzte und jammerte« sie, als ihr älterer Bruder zum ersten Mal das Haus verließ, um auf ein Internat zu gehen. Sie unterdrückte ihre Tränen, als sie merkte, dass ihr Vater »auf einmal hart und anscheinend unnahbar wurde«. Von da an weinte sie nur noch selten. »Die wenigen Male, die ich geweint habe, seit ich erwachsen bin, kann ich an meinen Fingern abzählen.«[55]

Ungeachtet der Enttäuschungen, die Charlie in den Vereinigten Staaten erlebte, verehrte er dieses Land. Später hatte es für ihn oberste Priorität, seinen sechs Kindern eine amerikanische Schulbildung zu ermöglichen. Dieser Wunsch trieb ihn dazu an, möglichst viel Geld zu verdienen, um die Ausbildung seiner Kinder, die einen großen Teil seines Vermögens verschlingen würde, finanzieren zu können. Alle drei Töchter studierten in Amerika. May-ling war erst neun, als sie zur Ausbildung nach Amerika reiste. Sie sollte ein volles Jahrzehnt dort bleiben. Das Außergewöhnlichste war: Die

Mädchen waren in der Fremde ganz auf sich allein gestellt, ohne dass erwachsene Angehörige sich um sie gekümmert hätten. So groß waren Charlies absolutes, rückhaltloses Vertrauen und sein Glaube in die methodistische Gemeinde und die amerikanische Gesellschaft.

Da er stets »sehr leutselig, sehr gesprächig und sehr verspielt« gewirkt hatte, hatten einige amerikanische Kommilitonen Charlie für albern gehalten. Es fiel ihnen schwer, sich vorzustellen, dass »ihm jemals etwas Ernsthaftes durch den Kopf geht«.[56] Doch ein ernsthafter Entschluss hatte sich bereits herausgebildet: Charlie war entschlossen, dazu beizutragen, dass sein Heimatland den USA – *mei-guo*, »dem wunderschönen Land« – ähnlich wurde. Ende 1885 verließ er das geliebte Amerika in Richtung Shanghai.

Schon damals zählte Shanghai zu den spektakulärsten und kosmopolitischsten Städten der Welt. Unweit des Ortes angesiedelt, wo der Jangtsekiang, der längste Fluss Chinas, ins Meer mündet, war die Gegend bis vor wenigen Jahrzehnten noch Sumpfland gewesen, bevor die Mandschu-Regierung Westeuropäern erlaubte, das Land zu erschließen. Inzwischen standen solide Gebäude im europäischen Stil Seite an Seite mit zerbrechlichen Bambushütten, wechselten sich gepflasterte, breite Straßen mit von Schubkarren gewalzten Lehmpfaden ab, und eine Parklandschaft ragte aus Reisfeldern hervor. Jenseits des sogenannten Bund, der Uferpromenade, schaukelten unter dem stummen Blick der Wolkenkratzer etliche Sampans auf den Wellen und boten einen ergreifenden Anblick von der Vitalität der Stadt.

Dr. Allen, der Leiter der Methodistenmission, machte die Stadt zu seinem Zuhause und widmete sein Leben dem Ziel, die westliche Kultur in China einzuführen. Er war ein Vorreiter der modernen Schulbildung in dem alten Reich. Der

ernste Mann mit dem langen, buschigen Bart war ein ausgezeichneter Experte sowohl der chinesischen als auch der
westlichen Kultur und wurde von Privatpersonen und dem
Mandschu-Thron gleichermaßen geschätzt. Kurz vor Charlies Ankunft hatte Allen das bahnbrechende Anglo-Chinese
College für Männer gegründet, und Charlie hatte gehofft,
dort unterrichten zu können.

Allen hielt Charlies großes Ziel für vermessen und sogar
lächerlich, unter anderem weil Charlie nicht einmal Chinesisch schreiben konnte. In einem Schreiben an Bischof
McTyeire machte Allen kein Hehl aus seiner Geringschätzung: »Die Knaben und jungen Männer an unserem Anglo-
Chinese College sind ihm insofern weit überlegen, als
sie – die fortgeschrittenen – sowohl Englisch- als auch *Chinesisch*-Schüler sind ... Und Soon[g] wird nie ein Chine-
sisch-Schüler werden, allenfalls ein *entstaatlichter* Chinamann, unzufrieden und unglücklich, wenn er nicht eine Stelle
und Bezahlung bekommt, die weit über seine Verdienste hin-
ausgeht – und als Folge finde ich keinen Bruder, der bereit
ist, ihn einzustellen.«[57]

Allen schob Charlie aus Shanghai in die kleine Stadt
Kunshan ab und stufte ihn als »einheimischen Prediger« ein,
was bedeutete, dass Charlie einen viel niedrigeren Lohn erhielt als ausländische Missionare. Das schmerzte Charlie tief.
Doch er beschränkte seinen Ärger darauf, an Miss Annie zu
schreiben, und unterdrückte den Drang, Allen zur Rede zu
stellen.

Der Missionsleiter schien es darauf anzulegen, Charlie
auch in anderer Hinsicht zu benachteiligen. Er weigerte sich,
ihm sofort Urlaub zu geben, damit er seine Familie besuchen
konnte. Charlie war empört und setzte sich diesmal zur Wehr.
Allerdings protestierte er auf eine Weise, die nicht zu einem
offenen Konflikt führte – wie er Miss Annie beteuerte.[58] Erst

im Herbst 1896 kehrte er in sein Heimatdorf zurück. Seine Eltern erkannten ihn kaum wieder. Sobald ihnen klar wurde, dass dies der Junge war, den sie für immer verloren geglaubt hatten, flossen viele Freudentränen. Nach der kurzen Wiedervereinigung kehrte er ins 1.700 Kilometer entfernte Kunshan zurück.

Doch das waren nicht die einzigen Probleme, mit denen Charlie zu kämpfen hatte. China fühlte sich für ihn nicht wie sein Zuhause an, und so teilte er Miss Annie mit: »Ich wandle wiederum auf dem Land, in dem ich das Licht der Welt erblickte, aber es ist alles andere als ein heimatlicher Ort für mich. Ich fühle mich in Amerika heimischer als in China.« Er musste einen Schnellkurs belegen, um die chinesische Schrift zu lernen, und sich anschließend den Dialekt von Kunshan aneignen. »Die Sprache dieser Menschen ist völlig anders als meine Muttersprache; deshalb bin ich für diese Einheimischen ebenso sehr ein Fremder, wie ich es in Amerika oder Europa gewesen bin.« Die Einheimischen machten sich über ihn lustig, Bauernjungen verspotteten ihn und riefen: »Kleiner Zwerg!« (Mit knapp über einen Meter fünfzig war er kleiner als der durchschnittliche einheimische Mann.)[59]

Charlie biss die Zähne zusammen und bemühte sich weiter. Schließlich war er imstande, im Dialekt der Einheimischen zu predigen, wenn auch ein wenig stockend. Das Leid, das er durchmachte, vertraute er Miss Annie an. Obwohl seine Sehnsucht nach ihr ebenfalls eine Quelle des Schmerzes war, blieb der Ton seiner Briefe stets maßvoll und optimistisch. Als Miss Annie im Jahr 1887 starb, war er »tief betrübt«, wie er ihrem Vater schrieb.

Noch im selben Jahr veränderte sich Charlies Leben: Er heiratete die achtzehnjährige Miss Ni Kwei-tseng. Miss Ni entstammte dem bekanntesten christlichen Clan Chinas, dem

Xu Guang-qi (nach dem ein Viertel Shanghais benannt ist). Xu war in der Ming-Dynastie ein hoher Beamter gewesen und zu Beginn des 17. Jahrhunderts von den Jesuiten zum Christentum bekehrt worden. Gemeinsam mit Matteo Ricci hatte er die westlichen Naturwissenschaften in China eingeführt. Der katholische Stammbaum endete, als Miss Nis Mutter einen protestantischen Missionar ehelichte und zum Protestantismus übertrat. Die Geschichte verursachte einigen Wirbel.

Wie ihre berühmten Vorfahren war auch Miss Ni eine einzigartig fromme Christin. Ihre Tochter May-ling erinnerte sich später: »Ich wusste, dass meine Mutter eng verbunden mit Gott lebte … zu meinen lebhaftesten Kindheitseindrücken zählt, dass Mutter in einen Raum ging, den sie im zweiten Stock eigens dem Zweck des Gebets vorbehielt. Sie verbrachte Stunden im Gebet, begann häufig schon vor dem Morgengrauen. Wenn wir sie wegen irgendetwas um Rat fragten, pflegte sie zu sagen: ›Ich muss zuerst Gott fragen.‹ Und sie ließ sich nicht drängeln. Gott zu fragen war keine Angelegenheit von fünf Minuten, in denen sie Ihn bat, ihr Kind zu segnen und ihre Bitte zu erfüllen. Das hieß, auf Gott warten, bis sie Seine Lenkung spürte.«[60]

Tatsächlich behaupteten viele Menschen, dass sich in ihrem Gesicht »eine Stärke des Charakters und eine spirituelle Gelassenheit spiegelten, die ihre Gesichtszüge noch schöner machten«.[61] Sie strahlte eine Ehrfurcht gebietende Autorität aus. Alle ihre Töchter und Männer, so gefeiert und mächtig sie auch sein mochten, suchten ihre Anerkennung, die sie ihnen allerdings nicht ohne Weiteres gewährte.

Sie hatte ihr Leben als unerbittlich unabhängiges Kind begonnen. Als ihre Mutter versuchte, ihr ebenso wie den anderen Töchtern die Füße zu binden, wehrte sich Miss Ni heftig dagegen und bekam beängstigend hohes Fieber. Ihre

Eltern mussten den Versuch aufgeben und fanden sich damit ab, dass sie mit ihren »großen Füßen« womöglich keinen Mann finden würde.

Dann trat Charlie der Prediger in ihr Leben. Ein Verwandter Miss Nis machte die beiden miteinander bekannt. Sie waren Seelenverwandte und glücklich miteinander. Er schickte zur Ankündigung seiner Hochzeit eine freudige und charakteristisch scherzhafte Notiz nach North Carolina. Er gab bekannt, dass er »am 4. Tag des chinesischen 9. Mondes in Shanghai heiraten [werde]. Wer herausfindet, wann das ist, ist herzlich eingeladen, daran teilzunehmen.«[62]

Bill Burke, ein Freund Charlies aus der Zeit an der Vanderbilt, stattete den Frischvermählten einen Besuch in Kunshan ab. Sie lebten im Pfarrhaus der Mission, einem kleinen Gebäude am Ende einer schmalen und verwinkelten, vom Fährhafen wegführenden Gasse, das gleichzeitig als Teehaus diente. In bleibender Erinnerung behielt Burke die natürlichen Füße der Braut: »Ihre festen, großen Schritte waren ebenso anmutig wie die jeder Amerikanerin.« Er wusste zu berichten, dass Charlie »seine Frau wirklich liebte«.[63] Endlich hatte Charlie eine Lebensgefährtin gefunden, mit der er über alle seine Angelegenheiten reden und alle seine Entscheidungen treffen konnte. Sie beeindruckten die Leute als »ein sehr wesensverwandtes Paar«.[64]

Ihre erste Tochter, Ei-ling, kam am 15. Juli 1889 zur Welt. Es sollten fünf weitere Kinder folgen: noch zwei Töchter, Ching-ling und May-ling, und drei Söhne, Tse-ven, Tse-liang und Tse-an, 1894, 1899 und 1906 geboren. Die Jungen wurden meist mit ihren Initialen gerufen: T. V., T. L. und T. A.

Da Charlie eine große Familie gründen und seinen Kindern eine Schulausbildung in Amerika ermöglichen wollte, kündigte er im Jahr 1892 seine Stelle als Prediger. Unter den Missionaren kursierte das Gerücht, er sei »wieder der heidnischen Sitte der Götzenanbetung verfallen«. Charlie schrieb seinen Freunden in North Carolina einen Brief, in dem er seine Argumente offen darlegte: »Der Grund dafür, dass ich die Mission verließ, war, dass die Stelle mir nicht genügend einbrachte, um davon zu leben. Von einem Gehalt von ungefähr fünfzehn Dollar US-amerikanischen Geldes im Monat konnte ich nicht mich, meine Frau und Kinder ernähren.« Er schwor, »ein unabhängiger Arbeiter unserer methodistischen Mission« zu werden, und hielt auch Wort.[65]

Charlie ging in die Wirtschaft; und dank seiner amerikanisierten Herkunft und seinem extrovertierten Charakter, von seinem Fleiß und Talent ganz zu schweigen, stellte sich schon bald der Erfolg ein. Er importierte Maschinen für Mühlen und Baumwollfabriken und gründete ein Verlagshaus, um Bibeln zu drucken – und das zu einer Zeit, als die amerikanische Bibelgesellschaft, mit der Charlie verbunden war, jedem, der ein Exemplar haben wollte, kostenlos eines in die Hand drückte.

Rasch stieg er in den Kreis der Oberschicht von Shanghai auf und baute für seine wachsende Familie ein großes Haus, das in seiner Art eher europäisch als chinesisch war. Es war mit amerikanischem Komfort wie einer Heizung ausgestattet. Charlie war der Meinung, er könne »nie so sehr Chinese sein, dass er jemals den Wunsch verspüren würde, mit allen Kleidern für draußen am Leib in einem kalten Zimmer zu sitzen«.[66] (Chinesisches Essen mochte er auch nicht.)[67] Bäder und Betten nach amerikanischer Art waren ebenfalls vorhanden. Gemäß der Beschreibung der ältesten Tochter Ei-ling hatten sie

… zwei Badezimmer. Diese waren mit wunderbaren Soochau-Badewannen versehen, die innen grün glasiert und außen mit goldenen Drachen bemalt waren. Das kalte

Wasser floss aus dem Wasserhahn, das heiße musste man in der Küche holen und zugießen … [es] wurde mit Gas geheizt, ein Luxus, auf den selbst viele Ausländer in Shanghai verzichten mussten. Als Betten benutzte man nicht die flachen, harten chinesischen Holzgestelle, sondern behagliche, breite und weiche amerikanische Couchs. Das war etwas so Unerhörtes, dass die Bewohner der Umgebung eigens herbeikamen, um diese Betten in Augenschein zu nehmen. Sie betasteten sie mit kritischen Fingern und waren sich darüber einig, dass solche Lagerstätten höchst ungesund und für die Kinder geradezu gefährlich seien.[68]

Gemessen am Standard der Reichen in Shanghai, war dieses große, komfortable und moderne Haus nicht besonders luxuriös oder gar prahlerisch. Allerdings lag es auch weitab vom Stadtzentrum inmitten der Felder, »in der Wildnis«. Die Leute hielten das Paar für exzentrisch, weil es sich dort ein Haus baute, aber Charlie hatte einen praktischen Grund für diese Entscheidung: Er konnte so Kosten sparen und Geld zur Seite legen, um Sun Yat-sens republikanische Revolution zu unterstützen.

Mrs. Louise Roberts, eine amerikanische Missionarin, mietete für ihre eigene, kleine Missionsdruckerpresse eine Wohnung in Charlies Komplex, in dem sowohl sein Büro als auch sein Zuhause untergebracht war. Charlie schaute häufig bei ihr vorbei, um zu plaudern, und die beiden freundeten sich an. Über ihre Freundschaft »gewann sie den Eindruck, dass es, neben der Sorge für die eigene Familie, sein Hauptinteresse war, seinem Land dabei zu helfen, das großartige Land zu werden, das es eigentlich sein sollte«.[69] Charlie hatte schon bei der Abreise aus Amerika davon geträumt, China zu verändern, und in dem Jahrzehnt seit seiner Rückkehr war dieser Wunsch immer stärker geworden. Ende Frühjahr 1894 lernte er Sun Yat-sen kennen und verbrachte mehrere schlaflose Nächte in engagierten Diskussionen mit ihm und ihrer beider Freund Lu. Charlie war von dem siebenundzwanzigjährigen Mann beeindruckt. Nach Suns Abreise dachte Charlie über ihre Gespräche nach. Gegen Ende des Jahres, nachdem der Krieg gegen Japan ausgebrochen war und China katastrophale Niederlagen erlitten hatte, machte er sich keine Illusionen mehr über das Mandschu-Regime und gelangte zu der Überzeugung, dass die von Sun vorgeschlagene Revolution der geeignete Weg war, um das Land zu retten. Für ihn war Sun der richtige Mann; er besaß eine westliche Bildung, mochte die westliche Lebensweise, und er war frommer Christ – zumindest glaubte Charlie das. (Sun kannte Charlies Hintergrund und stapelte selbstverständlich seine religiöse Überzeugung hoch.) Also schrieb Charlie an Sun und drängte ihn, aus Hawaii zurückzukehren, um zu handeln. Er half bei der Finanzierung des Aufstands von Kanton – und auch als die Aktion scheiterte, Lu hingerichtet wurde und Sun mit einem Preis auf seinen Kopf ins Exil gehen musste, geriet Charlie niemals ins Wanken und unterstützte den Flüchtling weiterhin. Jahrelang ließ er ihm heimlich Geld zukommen.[70]

Sein Handeln war extrem riskant, und hätte, wäre es bekannt geworden, bedeutet, dass die Mandschu-Regierung gegen ihn vorgegangen wäre. Auch Dr. Allen, der ohnehin nicht gut auf Charlie zu sprechen war, hätte ihm in der religiösen Gemeinde richtig schaden können. Allen hasste gewaltsame Revolutionen und griff in einer Zeitschrift, die er selbst auf Chinesisch herausgab, zu überaus scharfen Worten, um Sun Yat-sen zu verurteilen. Er nannte ihn einen »niederträchtigen Verbrecher«.[71] Charlie musste seine politische Überzeugung verheimlichen, was ihm auch so gut gelang, dass kein Mensch den Verdacht hegte, dass dieser umgängliche und wohlhabende Geschäftsmann, diese tragende Säule der Shanghaier Gesellschaft ein heimlicher Revolutionär war. Die wenigsten Menschen konnten sich vorstellen, dass Charlie unter seinem vernünftigen und leutseligen Äußeren auch ein leidenschaftliches, sogar impulsives Wesen verbarg. Auf der Basis von ein paar kurzen Begegnungen engagierte er sich ganz für Suns lebensgefährliches und scheinbar undurchführbares Unterfangen. Obwohl er den Mann kaum kannte, war er von ihm so hingerissen, dass er an Sun schrieb: »Ich kenne keinen Mann unter den Chinesen, der edler, liebenswürdiger und patriotischer als Sie selbst ist.«[72]

Als Gegenleistung wollte Charlie nichts weiter, als dass die republikanische Revolution gelang. Er bat weder um ein Amt noch um Ruhm und zeigte sich Sun auch nicht, als dieser Ende 1911 in Shanghai eintraf und dort eine Woche blieb. Er enthüllte sein Geheimnis, fast schon einer Eingebung folgend, lediglich Mrs. Roberts, als die Republikaner im November Shanghai einnahmen. Am Morgen danach betrat er gewissermaßen beschwingt ihr Büro. Mrs. Roberts begann mit sichtlicher Erregung, über die Ereignisse des Vorabends zu sprechen. Er strahlte und sagte: »Jetzt kann ich Ihnen alles darüber sagen.« Jahre später berichtete Mrs. Roberts in einem amerikanischen Rundfunkinterview: »Also erzählte er mir von seiner langen Freundschaft mit Sun Yat-sen und wie er Sun auf alle erdenkliche Weise geholfen hatte, insbesondere mit Geld. ›Nicht dass ich mir jemals die Mühe gemacht hätte, eine Quittung für die Summen, die ich ihm schickte, zu verlangen‹, gluckste er.« Charlie gluckste häufig und hatte »immer zwinkernde Augen«, so Mrs. Roberts' Beobachtung. Er fragte sie: »Vielleicht haben Sie sich gewundert, weshalb wir ausgerechnet hier an diesem Ort leben?« Die Missionarin erwiderte: »Ich habe mir keine großen Gedanken darüber gemacht, außer dass ich den Eindruck hatte, Sie und Mrs. Soong legten keinen großen Wert auf Zurschaustellung, und ich weiß, dass Sie mit Ihren Spenden für die kirchliche Tätigkeit sehr großzügig sind. Darüber hinaus scheuen Sie keine Kosten für die Ausbildung Ihrer Kinder.« »Das stimmt«, sagte Charlie, »aber ich habe gespart, was ich konnte, um Suns Sache zu unterstützen, weil ich meinte, das sei die beste Möglichkeit für mich, meinem Land zu helfen.« Er gluckste wiederum und fing an, von etwas anderem zu reden, nämlich davon, wie er seine Schwester überreden könnte, nach Shanghai zu kommen, damit ihr in den Unruhen der Revolution nichts zustieße.[73]

Teil II

Die Schwestern und Sun Yat-sen
(1912-1925)

3

Ei-ling: Eine »verdammt kluge« junge Dame

Charlie und seine Frau schickten Ei-ling, ihr erstgeborenes Kind, 1894, als sie fünf Jahre alt war, auf die McTyeire-Schule, ein von Dr. Allen gegründetes und nach Bischof McTyeire benanntes methodistisches Internat. Dass sich die beiden Gründer der Schule Charlie gegenüber entweder feindselig oder arrogant verhalten hatten, spielte bei der Entscheidung keine Rolle, denn das amerikanische Internat war die beste Schule für Mädchen in Shanghai. Ei-ling hatte ihre Eltern gebeten, sie dorthin zu schicken. Sie hatte bemerkt, dass Schüler der McTyeire-Schule im Sonntagsgottesdienst auf besonderen Plätzen saßen. Schon als Fünfjährige zeigte Ei-ling sowohl den starken Willen als auch das Statusdenken, die ihre Zukunft prägen sollten. Ihre Mutter zögerte zunächst, da sie der Meinung war, das Kind sei eigentlich noch zu jung für ein Internat. Doch Ei-ling setzte sich durch, und am Ende wurde sie für den Herbst eingeschrieben, wogegen Großmutter Ni unter Tränen protestierte. Traditionelle Chinesen trennten sich nur von einem Kind, wenn sie mittellos waren und das eigene Kind aus dem Haus zu schicken, wenn man die Wahl hatte, galt schlichtweg als »eine Grausamkeit«. Charlie und seine Frau jedoch ermutigten ihre Kinder zur Unabhängigkeit und unterdrückten ihre eigenen Gefühle.

Allein Ei-lings Reaktion auf den Koffer, den ihre Eltern ihr für das Internat gekauft hatten, deutete schon früh auf den Ehrgeiz hin, dank dem Ei-ling später die reichste Frau Chinas werden sollte. »Eine Woche voll fieberhafter Vorbereitungen an den Kleidern, der Wäsche und vor allen Dingen an dem großen Koffer! Ihrem ersten eigenen Koffer«, erzählte sie später ihrer Biografin Emily Hahn. Der Koffer war »ein wunderbares Ungetüm mit schwarz glänzender Haut, und nur eines enttäuschte die Kleine sehr, dass sie … den geliebten Koffer nicht bis oben hin anfüllen konnte.« Also sorgte sie dafür, dass man auch »ihre sämtlichen Wintersachen herbeiholte«.

Die zweite Sorge der Fünfjährigen galt dem Nachmittagstee, der im Hause Soong immer »zauberhaft schön« war. »Gibt es das in der Schule auch …?«, fragte sie. Zum Schluss packte ihre Mutter ihr noch »einen Korb mit Leckerbissen … mit einem Paket Butterschnittchen von Gollard & Bowser, dem sie auf besondere Bitte Ei-lings auch ein Paket Schokolade beifügte«.

Endlich machte sich das Kind mit einem karierten schottischen Jäckchen, grünen Hosen und wippendem Pferdeschwanz an der Seite seines Vaters auf den Weg. Ei-lings Begeisterung schwand erst, als sich ihr Vater von ihr verabschiedete. Sie klammerte sich schluchzend an seinen Hals und wollte nicht loslassen. Sie sollte sich noch viele Jahrzehnte später an diese Episode erinnern, nicht jedoch daran, wie sich ihr Vater losgemacht hatte.

Ihre Erinnerungen an die Schule waren größtenteils leidvoll. Sie war das einzige Kind ihres Alters. Die Pulte waren zu hoch, ihre Füße reichten nicht auf den Boden, und während der endlosen Schulstunden schliefen sie ihr ein. Darunter litt sie schrecklich, wie sie ihrer Biografin gestand, »aber niemand dachte daran, Abhilfe zu schaffen.« Sie musste selbst einen Weg finden, um die Durchblutung wieder in

Gang zu bringen. Ihre vielleicht schlimmste Erinnerung war die Angst, die sie nachts heimsuchte. Während die älteren Schüler noch an ihren Hausaufgaben saßen, »lag sie allein in dem großen Schlafsaal im oberen Stockwerk und bebte vor Angst und Grauen«. Die Erlösung kam erst, wenn die anderen Mädchen mit der Arbeit fertig waren, gemeinsam das Nachtlied »Herr, oh weile bei mir« sangen und zu ihr in den Schlafsaal kamen. Sobald der Gesang ertönte, schlief Ei-ling ein. Und ihr ganzes restliches Leben wurde sie, immer wenn sie die Melodie des Liedes hörte, von einem Gefühl grenzenloser Erleichterung überwältigt.

In der McTyeire-Schule festigte sich Ei-lings Charakterstärke weiter, und sie wurde religiös. Sie erzählte ihren Eltern nie, wie schlecht es ihr ging, denn ihr Vater und ihre Mutter mochten es nicht, wenn man jammerte. Das Internat bescherte ihr eine sehr einsame Kindheit ohne gleichaltrige Spielkameradinnen. Ei-ling wurde ein introvertierter, ja sogar abweisender Mensch und fand ihr ganzes Leben lang nur wenige wirkliche Freunde, mit der Folge, dass ihr niemand zu Hilfe kam, als sie allgemeiner Kritik ausgesetzt war.[74]

Das zweite Kind der Soongs, Ching-ling, wurde am 27. Januar 1893 geboren, war also drei Jahre jünger. Aus dem zarten Baby wurde ein »schönes, verträumtes Mädchen … ruhig und folgsam«, der Liebling seiner Mutter.[75] Das Kind wurde daheim unterrichtet und kam erst mit elf auf die McTyeire-Schule. Womöglich hatte die Mutter Ei-lings Unglück gespürt und mit ihrer sensiblen zweiten Tochter Mitleid bekommen. Ching-ling folgte ihrer Mutter auf Schritt und Tritt, schweigend und in Gedanken versunken. Auf Privilegien reagierte sie anders als ihre Schwester. »Als Kind nahm mich meine Mutter, eine fromme Christin, mit in den Gottesdienst«, erinnerte sie sich. »Wenn wir in der Kirche ankamen, vertrieb der Pfarrer mit seinen Helfern die ärmlich gekleideten

Frauen aus der vorderen Kirchenbank und gab uns die Plätze!«[76] Diese Vorgehensweise weckte in Ching-ling eine Abneigung gegen Missionare und säte erste Samen für ihre spätere Hinwendung zum Kommunismus. Das schüchterne, aber freundliche Mädchen knüpfte einige wenige, aber dauerhafte Freundschaften.

Das extrovertierteste Mitglied der Familie war May-ling, die Kleine Schwester. Auch sie besuchte die McTyeire-Schule bereits mit fünf Jahren, weil sie es ihrer ältesten Schwester gleichtun wollte. Das am 12. Februar 1898 geborene Kind war gesund, rundlich und munter. Im Winter zog ihr die Mutter eine dick wattierte Baumwolljacke und Hosen an, in denen sie wie ein Halloween-Kürbis herumwatschelte. Dies trug ihr spöttische Spitznamen ein, was sie aber kein bisschen störte. Ihre Baumwollschuhe wurden »Tigerköpfe« genannt und hatten farbige lange Schnurrhaare, abstehende Ohren und bedrohliche Glupschaugen. Ihre Haare waren zu zwei Zöpfen geflochten, mit einer roten Schnur gebunden und zu runden Schnecken gerollt. Die Jungmädchenfrisur hatte den wenig schmeichelhaften Namen »Krabbenlöcher«, aber auch das machte May-ling nichts aus.

Sie musste in der McTyeire-Schule allein durch dunkle Gänge gehen und schwierigen Lernstoff nachholen. Sie bestand ihren Lehrern gegenüber darauf, dass sie nichts schwierig oder einschüchternd fand. Aber einer ihrer Lehrer bemerkte einmal, wie sie mitten in der Nacht zitternd aufwachte, aufstand, sich neben ihr Bett stellte und ihre Lektionen aufsagte. Die Schule schickte sie bald wieder nach Hause. Und die Kleine Schwester bewahrte sich ihr offenes und sonniges Gemüt.[77]

Das Familienleben der Soongs war geprägt von Disziplin und Religiosität. Weil »Gott es nicht gern sah«, durfte man nicht tanzen, und Karten spielen durfte man auch nicht,

»weil Gott keinen Wohlgefallen daran hatte«. Die Familie betete täglich und besuchte häufig den Gottesdienst. Als Kind fand May-ling die Gebete im Familienkreis langweilig und verließ oft mit einer Ausrede das Zimmer. Auch graute ihr vor den langen Predigten in der Kirche. Sie tat, was ihre Mutter sagte, blieb aber innerlich auf Distanz, während sich Ei-ling nach und nach zu einer frommen Frau entwickelte.

Den Kindern machte die Strenge der Eltern offenbar wirklich nichts aus, im Gegenteil, sie verstärkte bei allen sechs Kindern eher deren Zuneigung. Die Kinder blickten zu ihren Eltern auf und fühlten sich dank ihrer konsequenten Erziehung sicher. Sie wurden nicht verwöhnt wie so viele andere Kinder reicher Eltern, aber sie hatten ihre eigenen Freuden. Frau Soong war eine gute Pianistin, und an den Familienabenden spielte sie oft Klavier, und Charlie sang die Lieder, die er in Amerika gelernt hatte. Ei-ling sang mit ihm im Duett, wenn sie zu Hause war. Die Kinder wurden dazu ermutigt, frei über die Felder zu laufen und auf Bäume zu klettern. Falls es zwischen ihnen Rivalitäten gab, traten diese nicht offen zutage. Ihre liebevolle und enge Beziehung hielt lange über die Kindheit hinaus und festigte später die Stützpfeiler und Wände der berühmten »Soong-Dynastie«.[78]

Sehr wichtig war den Eltern, dass ihre Kinder eine amerikanische Erziehung erhielten. Noch bevor Ei-ling fünfzehn wurde, nahm ihr Vater mit seinem alten Freund Bill Burke von der Vanderbilt University Kontakt auf und vereinbarte mit ihm, dass er das Mädchen in die USA mitnahm. Der warmherzige irische Riese war aus Macon in Georgia nach China gekommen, also aus einem Zentrum der Southern Methodists, wo das Wesleyan College als erste Hochschule der Welt Frauen akademische Abschlüsse verlieh. Burke schrieb an Colonel DuPont Guerry, den Präsidenten des

Colleges, und dieser hieß Ei-ling willkommen. Als Burke mit seiner jungen Familie einen kurzen Heimaturlaub machte, nahm er Ei-ling mit. Da die USA damals gerade ihre Einwanderungsgesetze für Chinesen verschärften, kaufte Charlie für Ei-ling einen portugiesischen Pass, eine damals keineswegs ungewöhnliche Maßnahme zur Umgehung der strengen Einwanderungsbestimmungen.

An einem sonnigen Tag im Mai 1904 stand die vierzehnjährige Ei-ling mit einem Koffer voller Kleider westlichen Stils gefasst und reserviert am Landungssteg der Uferpromenade in Shanghai. Sie wartete auf ein Beiboot, das sie und die Familie Burke auf die *Korea* bringen sollte, ein großes Passagierschiff, auf dem sie auf die andere Seite des Erdballs segeln sollte. Sie sollte die erste chinesische Frau sein, die eine Ausbildung in Amerika absolvierte. Dennoch zeigte sie keinerlei Anzeichen von Aufregung oder Traurigkeit, weil sie ihre Familie verlassen musste, auch schien sie keine Furcht vor der Reise ins Unbekannte zu haben. Sie verabschiedete sich von ihrem Vater, der sie zum Schiff begleitet hatte, mit einem zurückhaltenden verbalen »Auf Wiedersehen«, ganz ohne Tränen, wie sie sie Jahre zuvor beim Abschied in der McTyeire-Schule noch vergossen hatte. Die Vierzehnjährige war zu einem Urbild der Selbstkontrolle geworden. Dann freilich, als das Schiff auslief, brach sie, wenn auch still und leise und in einer ruhigen Ecke, doch noch in Tränen aus. Burke beobachtete sie dabei und sagte später, dies sei das einzige Mal gewesen, dass er Ei-ling je habe Gefühle zeigen sehen.

Ei-ling erregte viel Aufmerksamkeit. Eines Abends gab es nach dem Dinner eine Tanzparty, und das Orchester des Schiffes spielte auf Deck einen Walzer. Ei-ling kam mit der Familie Burke dort vorbei und wurde von einem der Schiffsoffiziere zum Tanz aufgefordert. »Nein danke, ich kann

nicht«, sagte sie und schüttelte heftig den Kopf. »Dann ist
jetzt die beste Gelegenheit, es zu lernen«, versuchte der Offizier, sie zu überreden. »Kommen Sie, ich zeige es Ihnen.«
»Nein, es wäre nicht richtig, wenn ich tanzte«, sagte die Vierzehnjährige entschlossen. »Warum?« »Weil ich eine Christin
bin, und Christen tanzen nicht«, erwiderte sie mit ernstem
Gesicht.

Die Burkes reisten nur bis ins japanische Yokohama zusammen mit Ei-ling. Mrs. Burke war tödlich an Typhus erkrankt, mit dem sie sich vor Beginn der Reise angesteckt
hatte, und ihre Familie ging mit ihr von Bord und blieb bei
ihr. Burke vereinbarte mit einem Ehepaar an Bord, dass es
sich um Ei-ling kümmern würde. Als das Mädchen sie auf-
suchen wollte, waren sie nicht in ihrer Kabine, aber die Kabi-
nentür stand offen, und sie setzte sich in die Kabine und wartete. Als die beiden den Gang herunterkamen, hörte sie die
Frau sagen: »Ich habe diese dreckigen Chinesen so satt …
Hoffentlich sehen wir lange Zeit keinen mehr.« Ei-ling
stand auf, und als das Paar zur Tür hereinkam, entschuldigte
sie sich hastig dafür, dass sie gekommen war, und erklärte, sie
werde jetzt wieder in ihre Kabine gehen. Später sagte sie, die
Bemerkung habe sie für immer verletzt. Der Schmerz wurde
nur teilweise dadurch abgemildert, dass Miss Anna Lanius,
eine ältere amerikanische Missionarin, an ihre Tür klopfte,
sich vorstellte und Ei-ling für den Rest der Reise Gesellschaft
leistete. (Unter den Passagieren an Bord war auch Jack London, der sich auf dem Heimweg von Korea befand. Der achtundzwanzigjährige Verfasser von *Ruf der Wildnis* hatte über
den russisch-japanischen Krieg berichtet und angeblich
mehr Depeschen verschickt als jeder andere amerikanische
Kriegsberichterstatter.)

Ein Schlag, der härter traf als eine unfreundliche Bemerkung, erwartete Ei-ling, als der Dampfer am 30. Juni 1904 vor

dem Golden Gate in San Francisco ankam. Die Beamten der Einwanderungsbehörde erkannten ihren portugiesischen Pass nicht an und drohten, sie zu inhaftieren. Ei-ling geriet außer sich und schrie: »Sie können mich nicht in Abschiebehaft nehmen, ich bin eine Passagierin der Kabinenklasse und nicht aus dem Zwischendeck.« Sie meinte damit, dass man sie nicht wie einen Kuli behandeln dürfe. Am Ende wurde sie nicht eingesperrt, musste aber wie eine Gefangene auf der *Korea* bleiben und warten. Bevor das Schiff wieder in See stach, wurde sie auf ein anderes Schiff verlegt und anschließend noch einmal auf ein weiteres.

Sie verbrachte knapp drei unsichere Wochen auf den verschiedenen Schiffen. Miss Lanius blieb bei ihr und zog mit ihr um, obwohl ihr Vater im Sterben lag und auf ihre Rückkehr wartete. Weil die Methodisten ihre Verbindungen spielen ließen, konnte Ei-ling schließlich doch noch in die USA einreisen. Sie erinnerte sich sehr positiv an Miss Lanius, war aber zornig über ihre Behandlung durch die Einwanderungsbeamten. Für den Rest der Reise, mit dem Zug quer durch die USA nach Georgia, versank sie in ein düsteres Schweigen. Burke, dessen Frau in Japan gestorben war, schloss sich Ei-ling für diese Reise wieder an. Er hatte sich darauf gefreut, ihr in Amerika Sehenswürdigkeiten zu zeigen, und gehofft, ihre Begeisterung werde seine Trauer womöglich etwas abmildern. Doch er wurde bitter enttäuscht und meinte, er hätte »genauso gut eine Schaufensterpuppe aus Gips unterhalten können«.

Dass Ei-ling so unhöflich zu dem Mann war, der mit dafür gesorgt hatte, dass sie eine amerikanische Ausbildung bekam, und der gerade seine Gattin verloren hatte, ist sicherlich ein Indiz, dass sie eine sehr eigensinnige junge Frau war. Selbst als über ein Jahr später ihr Onkel Wen mit einer Delegation der Mandschu-Regierung nach Washington kam, hatte sie noch ihre schlechten Erfahrungen mit den Einreisebehörden im Sinn. Sie überredete den Onkel, sie ins Weiße Haus mitzunehmen, damit sie mit Präsident Theodore Roosevelt persönlich sprechen könne. Dort brachte sie ihre Beschwerde ganz unverblümt vor, und der Präsident sagte, es tue ihm leid.[79]

Der Zug mit dem eigenwilligen Mädchen kam am 2. August in Macon an. In den folgenden fünf Jahren führte Ei-ling das Leben einer jungen amerikanischen Frau, die so privilegiert war, dass sie zu Beginn des 20. Jahrhunderts ein College besuchen konnte. Doch ihre Erfahrung war anders als die aller anderen. Macon war eine religiös geprägte Stadt: Die Kirchen der verschiedenen Schulen standen nebeneinander, und ihre Türme und Kuppeln wetteiferten um bewundernde Blicke. Die Stadt war nicht nur begeistert, die erste chinesische Studentin in ihrer Mitte zu haben. Der *Macon Telegraph* fühlte sich bemüßigt, Ei-lings christliche Verdienste hervorzuheben: »Sie war ein Produkt unserer eigenen missionarischen Arbeit«, und das Wesleyan werde »sie für christliche Arbeit in ihrem eigenen Volk in China ausbilden«. Präsident Guerry erklärte, »sie wird sich keiner der anderen jungen Ladys als Gesellschafterin aufdrängen oder aufgedrängt werden« – ergänzt durch den folgenden indirekten Appell: »Ich habe keine Befürchtungen, was ihre höfliche und respektvolle Behandlung betrifft.«

Ei-ling wurde also mit einigem Unbehagen begrüßt, was ihr nicht entgangen sein kann. Selbst wenn jemand nett zu ihr war, hatte dies etwas Künstliches. Ei-ling reagierte auf die Distanziertheit, indem sie sich in sich selbst zurückzog – so stark, dass später, als sie berühmt war und ihre Zeitgenossen befragt wurden, wie sie gewesen sei, niemand etwas Persönliches zu sagen wusste. Man erinnerte sich an ihre

»Selbstsicherheit«, »ihre stille Würde« und daran, dass sie »eine ernsthafte Studentin [gewesen sei], ruhig und reserviert«. Das war alles, abgesehen von der Bemerkung, »dass sie nie wirklich eine von uns war«. Der kleinen, unscheinbaren, etwas stämmigen Frau fiel es nicht schwer, keine Aufmerksamkeit auf sich zu ziehen, und sie verschwand zwischen den großen Eschen und Birken und den üppigen Büschen in den Ecken des Universitätsgeländes, wo sie las, lernte und nachdachte. Sie trug amerikanische Kleidung und tauschte ihren Pferdeschwanz gegen eine hohe Pompadour-Frisur. Am Sonntagmorgen ging sie mit ihren Mitstudentinnen den langen Abhang hinunter zur Methodisten-Kirche in der Mulberry Street. Doch sie sprach kaum mit ihren Begleiterinnen und schloss in den fünf Jahren ihres Aufenthalts keine Freundschaften – im Gegensatz zu ihren beiden Schwestern und ihrem Vater, die ihr Leben lang enge Freundschaften mit Amerikanerinnen und Amerikanern pflegten.

Ei-ling wuchs zu einer extrem unabhängigen und stolzen Frau heran. Eine Studentin ihres Jahrgangs beobachtete, dass sie »beleidigt aussah … als eine der Lehrkräfte am Wesleyan College zu ihr sagte, sie sei eine gute amerikanische Staatsbürgerin geworden«. Sie trug einmal ihre eigene Bearbeitung von *Madame Butterfly* vor und stand dabei nicht wie ein Opfer, sondern wie eine Königin auf der Bühne. Sie hatte ihre Familie um den Seidenbrokat für das Kostüm gebeten, das sie selbst anfertigte, und Charlie hatte ihr vierzig Yards geschickt. Die prachtvolle, farbenfrohe Vorstellung faszinierte ihre Kommilitoninnen, die sich voller Neid flüsternd über ihre »Koffer voller Seidenstoffe« unterhielten.

Die jungen Frauen stellten fest, dass Ei-ling eine Vorliebe für ernste Fächer hatte und »gut über moderne Geschichte Bescheid wusste, die uns andere überhaupt nicht interessierte«. In ihrem letzten Essay an der Hochschule bewies sie eine für ihre neunzehn Jahre weit überdurchschnittliche Reife. Unter dem Titel »My Country and Its Appeal« schrieb sie über Chinas kulturelle Ikone Konfuzius: »Sein größter Fehler bestand darin, dass er das weibliche Geschlecht nicht mit dem erforderlichen Respekt betrachtete. Wir lernen aus Erfahrung, dass kein Land zu etwas Besonderem aufsteigen kann, wenn seine Frauen nicht ausgebildet werden und man sie nicht moralisch, sozial und intellektuell als den Männern gleichgestellt betrachtet ... der Fortschritt Chinas muss größtenteils von seinen gebildeten Frauen kommen.«

Ei-lings Beschreibung der Modernisierung Chinas war ungewöhnlich treffend, mehr als die meisten anderen zeitgenössischen oder künftigen Narrative: »Wir könnten das Jahr 1861 als den Beginn seines Erwachens kennzeichnen.« Seit diesem Zeitpunkt »ist der große Wandel Chinas, auch wenn er schrittweise erfolgt, offensichtlich ... Seit dem Boxeraufstand, der sich letztlich als Glück im Unglück erwies«, schrieb die Neunzehnjährige, »erlebt China einen schnelleren Fortschritt als je zuvor.«

Sie hielt sich über die Ereignisse in China auf dem Laufenden und bezog ihre eigene wohlüberlegte Position dazu. In den College-Jahren verstärkte sich auch ihr religiöser Glaube. »China bittet um mehr Missionare«, schrieb sie. Die Leitung des Colleges war beeindruckt von ihrer Intelligenz, darüber erfreut, dass sie eine fromme Christin war, und davon überzeugt, dass die junge Frau in China »einen starken christlichen Einfluss ausüben wird«.[80] Und sie sollte recht behalten: Ei-ling war in späteren Jahren daran beteiligt, den chinesischen Staatschef zum Christentum zu bekehren und auch die Präsidentengattin, ihre Schwester May-ling, zu einer tiefreligiösen Person zu machen, was großen Einfluss auf die chinesische Geschichte haben sollte.

Im Jahr 1908, Ei-lings letztem Jahr am Wesleyan College,

stießen ihre beiden Schwestern zu ihr. Ching-ling hatte als Vierzehnjährige ein Stipendium der Regierung erhalten und wurde mit einer Gruppe weiterer Stipendiaten von einem Regierungsbeamten und seiner Frau, Onkel und Tante Wen, Freunde der Familie Soong, nach Amerika begleitet. May-lings Eltern fanden es sinnvoll, auch sie schon nach Amerika zu schicken, obwohl sie erst neun Jahre alt war. Dabei war die wichtigste Überlegung, dass sie als Mitglied der von den Wens begleiteten Gruppe kein Problem bei der Einreise haben würde. So groß war die Angst der Eltern, dass May-ling diese Bildungschance verpassen könnte.

Die Ankunft der beiden Schwestern verlief reibungslos. Ei-ling half ihnen, sich am Wesleyan College einzuleben, setzte sich vehement für sie ein und stand ihnen stets mit Rat und Tat bei. Ihre liebevolle Seite, die so lange verschlossen gewesen war, hatte nun endlich ein Ventil gefunden. Damals begann sie, ihre beiden Schwestern zu bemuttern, ein Verhalten, das sie auch dann noch fortsetzte, als beide schon »Präsidentengattinnen« waren. Besonders intensiv bemutterte sie die fast ein Jahrzehnt jüngere May-ling. Eine Studentin beobachtete einmal, wie Ei-ling ihre Schwester ausschimpfte, weil sie »mit einem Mädchen Umgang pflegte, das [sie] für einen schlechten Einfluss hielt. May-ling antwortete sehr impulsiv: ›Aber ich <u>mag</u> sie. Ich finde sie <u>faszinierend</u>.‹«[81] Die Kleine Schwester verhielt sich wie ein heiß geliebtes, willensstarkes Kind, das einen liebenden Elternteil auf seine Seite zieht. Sie hatte die Große Schwester immer als ihr Vorbild angesehen, und am Wesleyan College war sie von Ei-lings Intelligenz zutiefst beeindruckt. Sie pflegte zu sagen, dass ihre große Schwester »zweifellos der brillanteste Kopf in der Familie« sei.[82] Später beobachteten viele Menschen, die den Schwestern nahestanden, dass sich May-ling ihrer ältesten Schwester gegenüber wie eine Tochter verhielt, dass sie demütig befolgte, was Ei-ling sagte, und völlig unter ihrem Einfluss stand. Am Wesleyan College demonstrierten die beiden einmal auf der Bühne des Hörsaals in einer Operette mit dem Titel *The Japanese Girl* (unbeabsichtigt) den Charakter ihrer Beziehung: Die Große Schwester spielte den japanischen Kaiser und die Kleine Schwester seinen Diener.[83]

Im Jahr 1909 machte Ei-ling ihren Abschluss, und während ihre Schwestern am Wesleyan weiterstudierten und schnell Freundinnen fanden, kehrte sie nach Shanghai zurück. Sie hatte damals schon mit Anfang zwanzig, den Ehrgeiz, in China große Dinge zu bewirken. Im Jahr 1911 brach die republikanische Revolution aus, und ihr Vater informierte sie über seine Beziehung zu Sun Yat-sen. Nach seiner Beschreibung war Sun eine gottähnliche Gestalt, die sich für die Errettung ihres Volkes opferte. Ei-ling wurde zu einer begeisterten Anhängerin Suns, den sie zwar nie gesehen hatte, der aber trotzdem zu einer Art heroischem Onkel für sie wurde. Während Charlie bei den Missionaren um Unterstützung für die Republikaner warb, gab sie Konzerte, um Geld für sie zu sammeln. Charlie hatte ihr schon früher den Vorschlag gemacht, Vorstellungen für einen wohltätigen Zweck zu geben, aber damals hatte sie abgelehnt. Nun jedoch war sie voller Begeisterung bei der Sache und erwies sich als erstklassige Organisatorin mit einem systematischen Verstand und vielen Ideen. Für die Veranstaltungen wurde ein großes Theater gemietet, auch englische Vorstellungen wurden gegeben – eine Neuheit, selbst für Shanghai. Ei-ling wollte ihren Helden unbedingt persönlich kennenlernen und sich in den Dienst seiner Revolution stellen.

Unterdessen war Sun voll und ganz mit dem Kampf um die ihm seiner Ansicht nach zustehende Präsidentschaft der neuen Republik beschäftigt. Dieser Kampf begann unmittelbar mit seinem Eintreffen am 25. Dezember 1911 in Shanghai. Dass er nicht an den Aufständen teilgenommen und seine Rückkehr nach China um mehr als zwei Monate verschoben hatte, brachte ihm viel Kritik ein. Viele Revolutionäre betrachteten ihn als »einen Feigling«.[84] George Morrison, der Korrespondent der Londoner *Times*, berichtete, die Republikaner sprächen »mit einer gewissen Verachtung von einem Mann, der nur für die Revolution getrommelt, aber nicht wirklich maßgeblich daran teilgenommen habe. Tatsächlich habe er sich stets ferngehalten, um die eigene Haut zu retten.« Sun, so warf man ihm vor, »hält sich im Hintergrund, wenn es gefährlich wird«.[85] Da Sun behauptet hatte, er bleibe im Ausland, um Mittel für die Revolution aufzutreiben, forderten ihn die Zeitungen auf zu bestätigen, dass er »riesige Geldsummen« mitgebracht habe. Sun war auf die Frage vorbereitet und vermied es geschickt, eine glatte Lüge zu erzählen, sondern antwortete schmunzelnd, als würde ihn die Frage amüsieren: »Eine Revolution ist nicht vom Geld abhängig, sondern von der Leidenschaft. Ich habe nicht das Geld, sondern den Geist zurückgebracht.«[86] Aus dieser Antwort ließ sich ableiten, dass er doch Geld hatte auftreiben können, aber eine so vulgäre Angelegenheit für nicht der Rede wert hielt.

Sun strebte an, Präsident zu werden. Dafür brauchte er die Stimmen der Delegierten der neunzehn (von zweiundzwanzig) Provinzen, wo Aufstände ausgebrochen waren. Eine »Wahl« war nun der allgemein anerkannte Weg ins Amt. Mehrere Dutzend Delegierte hatten sich in Nanjing versammelt, um über den »Interimspräsidenten« abzustimmen.

Nanjing war die alte kaiserliche Hauptstadt, überragt vom majestätischen Purpurgoldberg und gesegnet mit einem reichen kulturellen Leben. In früheren Zeiten hatten elegante Hausboote an dem Kanal im Stadtzentrum als bekannte

Treffpunkte für Dichter, Mandarine und geistreiche Konkubinen gedient, die Musik und Poesie schufen und während-
dessen aus kleinen Tässchen duftenden Likör tranken. Wer
mit seinem Werk zufrieden war, spendete großzügig für die
Armen, indem er eine Handvoll Münzen in einen der kleinen Samtbeutel warf, die an langen Bambusstangen von
benachbarten Hausbooten herübergestreckt wurden. Den
schönsten Anblick bot der Kanal nach Einbruch der Dun-
kelheit, wenn hinter den mit Papier und Gitterwerk verklei-
deten Fenstern der Boote Laternen leuchteten.

Nach der republikanischen Revolution war die Stadt das
Revier von Chen Qi-mei, des »Paten« der Grünen Bande,
der wichtigsten Geheimgesellschaft in Shanghai. Der zerbrechlich wirkende Mann, dessen Augen Schrecken verbreiten und dessen dünne Lippen tödliche Befehle murmeln
konnten, war ein treuer Anhänger Suns. Während der Revolution hatte er die Herrschaft in Shanghai übernommen und
dafür gesorgt, dass er auch im nahegelegenen Nanjing, wo
die Wahl stattfand, das Sagen hatte. Er überprüfte die Delegierten auf ihre Tauglichkeit. Lin Chang-min, ein Delegier-
ter aus Fujian, gehörte einer anderen politischen Organisation
an, und der Pate schickte einen Banditen zum Bahnhof, um
ihn zu empfangen. Der Mann schoss auf Lin, tötete ihn aber
nicht. Die Botschaft war klar: Halte dich von der Wahl fern!
Lin floh wie beabsichtigt aus Nanjing.[87]

Mit hartnäckigeren Oppositionellen verfuhr der Pate weniger schonungsvoll. Tao Cheng-zhang, ein früherer Mitstreiter Suns, der zu einem Erzfeind geworden war, verfügte über
eine große Anhängerschar und hatte Sun heftig angegriffen.
Er bezichtigte ihn der »Lüge« und »Selbstbereicherung« und
behauptete, er habe anderen Mitstreitern mit verbrecheri-
schen Mitteln Schaden zugefügt. Chen beschloss, den Mann
für immer zum Schweigen zu bringen, und übertrug einem

seiner Handlanger, und das war kein Geringerer als der spätere Generalissimus Chiang Kai-shek, diese Aufgabe. Chiang ermittelte, dass Tao in einem katholischen Krankenhaus in Shanghai wohnte. Er begab sich, vornehm gekleidet, auf Taos Krankenstation und erschoss ihn aus nächster Nähe im Bett. Die Tat vermerkte Chiang stolz in seinem Tagebuch – Attentäter standen bei den Revolutionären hoch im Kurs –, und er hoffte, dass er durch diese Tat womöglich Suns Aufmerksamkeit errungen und seinen eigenen politischen Aufstieg eingeleitet hatte.[88]

Sun ernannte den Paten zum »Ersten Mann der republikanischen Aufstände«, obgleich Shanghai nicht der erste Ort war, der sich erhoben hatte, und er sollte bei Suns Wahl eine entscheidende Rolle spielen.

Es gab nur zwei weitere mögliche Kandidaten: den Führer des Aufstands in Wuhan, Armeechef Li Yuan-hong, und Huang Xing, den nach Sun zweithöchsten Führer der Republikaner. Zum Glück für Sun hegte keiner der beiden wirklich den Ehrgeiz, Präsident zu werden. Insbesondere Huang hatte kein Interesse an noch höheren politischen Ämtern und forderte seine Anhänger auf, für Sun zu stimmen.

Die Leidenschaft des groß gewachsenen Soldaten galt dem Schlachtfeld, auf dem er den Tod zu suchen schien. Wegen der rasenden Ungeduld, mit der er sich in scheinbar selbstmörderische Angriffe stürzte, hielten ihn die Leute für »verrückt«. Er war vom Sieg in der Schlacht besessen, und obwohl er Wuhan einen Monat gehalten und in vielen Provinzen die republikanische Revolution ausgelöst hatte, war er zutiefst deprimiert, weil er die Stadt letztlich doch verloren hatte. Als er mit einem Dampfer den Jangtse von Wuhan nach Shanghai hinunterfuhr, zerbrach er sich den Kopf über die Ursache seiner Niederlage und sagte zu Freunden, er habe Wuhan verloren, weil die Deutschen den Regierungstruppen

Kanonen gegeben hätten. Aus diesem Grund wollte er die sechs Deutschen töten, die er auf dem Schiff gesehen hatte. Ein japanischer Freund redete ihm dieses Vorhaben mit der Begründung aus, dass der Dampfer einem japanischen Unternehmen gehöre. Es würde bestimmt gründliche Ermittlungen durchführen und am Ende herausfinden, dass er die Morde zu verantworten habe, und das würde ihrer Sache schaden. Huang gab widerstrebend nach, aber nicht ohne auf einer Alternative zu bestehen: »Also gut, dann schmeißen wir den chinesischen Komprador in den Fluss und ertränken ihn. Er hilft den Deutschen, Geschäfte zu machen, und ist ein verabscheuungswürdiger Mensch.« Huang ließ sich überreden, den Mord zu verschieben, bis sie am nächsten Tag von Bord gingen. Sobald er den Tötungsbefehl gegeben hatte, hellte sich seine Stimmung merklich auf, »seine Energie war wiederhergestellt«, wie sein japanischer Freund bemerkte. Mit einem Lächeln berichtete Huang der Gruppe, er habe einen hervorragenden Killer ausgewählt, der »extrem erfahren« sei. Beim Mittagessen beobachtete der Mörder sein Opfer genau, um es später wiederzuerkennen, während der Unglückliche unbekümmert aß und trank. Dem japanischen Kameraden Huangs lief es kalt den Rücken hinunter, obwohl ihm Blutvergießen nicht fremd war. Der Komprador wurde beim Verlassen des Dampfers am Fuß der Gangway erschossen. Und damit war die Geschichte noch nicht zu Ende: Bald darauf wurde derselbe Killer damit beauftragt, Huang zu töten, und musste den Auftrag annehmen, weil sein Vater als Geisel festgehalten wurde. Doch Huang bekam Wind von dem Plan, stellte den Mann zur Rede, und dieser gestand. Huang beruhigte ihn und gab ihm Geld, damit er China verlassen konnte. Doch es dauerte nicht lange, bis die Leiche des Mannes an einem Strand bei Tokio angeschwemmt wurde.[89]

Huangs Ansicht nach war Sun für das Präsidentenamt besser geeignet. Dennoch musste Sun vor der Wahl große Zugeständnisse machen. Er teilte den Delegierten mit, die ihn in Shanghai aufsuchten, er wolle das Wort »interim« aus dem Titel »Interimspräsident« streichen, bekam jedoch zur Antwort, sie hätten nicht das Mandat, um den endgültigen Präsidenten zu wählen. Wer Präsident würde, sollte zu gegebener Zeit durch eine allgemeine Wahl entschieden werden. Tatsächlich würden sie nur deshalb überhaupt einen Präsidenten wählen, weil jemand bei den Friedensgesprächen zwischen den Republikanern und dem Mandschu-Thron den Vorsitz führen müsse. Außerdem hatten die Republikaner, die sich ihres Sieges alles andere als sicher waren, bei den Gesprächen mit den Mandschu versprochen, dass sie (um einen blutigen Bürgerkrieg zu vermeiden) Yuan Shi-kai, den Ministerpräsidenten der Mandschu-Regierung, als Interimspräsidenten unterstützen würden, falls der Thron auf seine Macht verzichten würde. Sun wurde gesagt, dass er sich auch an diese Zusage halten müsse.

Er stimmte allen Bedingungen zu, und am 29. Dezember wählten ihn die Delegierten zum Interimspräsidenten.[90] Danach fuhr er mit einem Sonderzug von Shanghai nach Nanjing, wo er am 1. Januar 1912 vereidigt wurde. Bei dieser Gelegenheit musste er sich öffentlich verpflichten, zugunsten Yuans zurückzutreten, falls das Kaiserhaus auf die Macht verzichtete.[91]

Sun sicherte dies nur sehr widerstrebend zu, und er versuchte mit allen Mitteln zu verhindern, dass Yuan die Macht übernahm. Da er das Amt nur bei einem erfolgreichen Ausgang der Gespräche erringen konnte, versuchte Sun, die Republikaner zu einem Rückzug aus den Friedensverhandlungen und zu einer Fortsetzung der Kämpfe zu bewegen. Doch die Delegierten und die meisten anderen führenden Republikaner legten ihr Veto ein. Einer der Delegierten griff Sun offen an: »Warum wollen Sie keine Friedensgespräche? Liegt es daran, dass Sie das Präsidentenamt nicht abgeben wollen?«[92]

Sun nahm heimlich Kontakt mit den Japanern auf und bat sie um fünfzehn Millionen Yuan, damit er eine Armee für die Fortsetzung der Kämpfe aufstellen konnte. Als Gegenleistung versprach er, Japan die Mandschurei zu »verpachten«, sobald er die Mandschu-Dynastie gestürzt habe.[93] Sun wusste, dass Japan dieses reiche chinesische Gebiet, flächenmäßig größer als Frankreich und England zusammen, unbedingt haben wollte, aber Japan lehnte dennoch ab.

Am 12. Februar dankte der Mandschu-Kaiser ab und übergab die Macht an die Republikaner. Am folgenden Tag musste Sun zurücktreten. Er versuchte, die »Bedingung« zu stellen, dass das von dem Paten Chen beherrschte Nanjing Hauptstadt werden und Yuan dort residieren müsse. Für diesen Fall rechnete er damit, dass Yuan sein Amt erst gar nicht antreten könnte, weil Chen die Stadt beherrschte. Doch die Delegierten lehnten die »Bedingung« ab und stimmten für Peking als Hauptstadt. Sun bekam einen heftigen Wutanfall, »befahl« eine zweite Abstimmung und drohte, eine Armee zu schicken, die Yuan von Peking nach Nanjing »eskortieren« würde. Doch die Delegierten weigerten sich, und Sun hatte keine Armee, die er hätte entsenden können. Er konnte nichts mehr tun. Am 10. März wurde Yuan Shi-kai in Peking als Interimspräsident von China vereidigt. Sun war kaum mehr als vierzig Tage im Amt gewesen.[94]

Er kehrte im April 1912 nach Shanghai zurück, um Yuan auf einem anderen Weg zu stürzen. Die größte Rolle bei diesem Vorhaben spielten die ausländischen Stadtviertel Shanghais, in denen nicht chinesische, sondern westliche Gesetze galten. Sun wollte bei der Vorbereitung seines Kampfes außerhalb von Yuans Reichweite sein. Außerdem entsprach das verwestlichte Shanghai seinem Geschmack. Der inzwischen fünfundvierzigjährige Sun hatte seit seinem zwölften Lebensjahr kaum je chinesischen Boden betreten.

In Shanghai traf der ehemalige Interimspräsident nach fast zwei Jahrzehnten wieder mit Soong Charlie zusammen. Der Mann, der all die Jahre so großzügig zu ihm gewesen war, lud ihn nun herzlich zum Bleiben ein. Charlie sah in Sun den edelsten Mann Chinas und war empört, dass er sein Amt an Yuan Shi-kai hatte abtreten müssen. Denn der neue Interimspräsident hatte das Mandschu-Lager erst in letzter Minute verlassen und war in Charlies Augen nichts weiter als ein zynischer Opportunist. Sun machte Charlies Haus zu seinem Hauptquartier. Die neunzehnjährige Ching-ling und die vierzehnjährige May-ling waren damals noch in Amerika, nur die dreiundzwanzigjährige Ei-ling lebte wieder zu Hause. Sie hatte sehnsüchtig darauf gewartet, etwas für ihren Helden tun zu können, und erbot sich nun, als seine Assistentin für Englisch zu arbeiten.

Ei-ling war im Wirbel der Ereignisse extrovertierter geworden und zu einer zwar nicht strahlend schönen, aber durchaus attraktiven und eleganten Frau herangewachsen, die es verstand, durch ihre sympathische und einnehmende Art Sympathien zu gewinnen. Ihre Tüchtigkeit ging inzwischen mit einer gewissen freundlichen Herablassung einher, die auf dem Bewusstsein beruhte, dass sie mit wichtigen Männern zusammen war, die bedeutende Dinge taten. Die Besucher im Haus der Familie waren von ihr beeindruckt. Auch John Cline, Präsident der ebenfalls von den Methodisten gegründeten Soochow-Universität, der Sun wegen eines Vortrags vor seinen Studenten aufsuchte, war sofort fasziniert von ihr. Seine Beschreibung liefert außerdem einen Eindruck von Suns Leben bei der Familie Soong:

Als Erstes traf ich am Tor zur Straße auf Soon[g]s privaten Rikscha-Kuli. Er war der äußere Leibwächter. Wenn
er mich nicht erkannt hätte, wäre ich nicht weitergekom-
men. Nach ihm kam ein weiterer, an der Treppe postierter
Leibwächter. Im zweiten Stock passte mich vor einem privaten Büro ein Sekretär ab, ging hinein und kam mit Eling
[Ei-ling] wieder heraus. Weiter als bis zu ihr kam ich nicht.
Drinnen hatten Soon[g] und Sun gerade eine wichtige
Konferenz mit Parteiführern. Doch Eling war sehr freundlich, und als sie erfahren hatte, was ich wollte, sagte sie, sie
werde die Sache in die Hand nehmen, und das tat sie auch.
Eine verdammt kluge und tüchtige junge Dame, diese
Eling. Sie wird es in dieser Welt weit bringen.[95]

Ei-lings erste Eroberung war offenbar Sun Yat-sen. Seit seiner Jugend in Hawaii fühlte er sich zu verwestlichten chinesischen Frauen hingezogen, und die am Wesleyan College
ausgebildete Ei-ling zog ihn sofort in ihren Bann. William
Donald, ein rotgesichtiger, rotblonder, bebrillter australischer
Zeitungsmann und Berater Suns, beobachtete (seinem Biografen zufolge), dass Ei-ling, wenn er und Sun sich unterhielten, »oft auf einem Stuhl neben uns Platz nahm, sich
Notizen machte, wenn Donald sprach, und aufmunternd
lächelte. Sun ließ seinen ruhigen, ausdruckslosen Blick von
Donald zu ihr wandern, und dort ließ er ihn ruhen, ohne mit
einer Wimper zu zucken … In Shanghai schaute er Donald
eines Tages fest in die Augen, nachdem die bezaubernd
schüchterne [E]i-ling durch das Büro gekommen war, und
flüsterte, dass er sie heiraten wolle. Donald riet ihm, seine
Begierde zu sublimieren, weil er doch schon verheiratet sei,
aber Sun sagte, er habe vor, sich von seiner jetzigen Frau
scheiden zu lassen.« Donald gab zu bedenken, dass Sun für
das Mädchen wie ein Onkel sei (er war dreiundzwanzig

Jahre älter als sie). »Ich weiß, ich weiß«, antwortete der, »aber ich will sie trotzdem heiraten.«[96] Unter den anderen Revolutionären in Shanghai ging das Gerücht, dass Sun mit Ei-ling zusammenlebe.[97] Es war nur ein Gerücht, Ei-lings fromme Eltern hätten ein solches Verhältnis nie geduldet, und Ei-ling, die selbst ebenso religiös war, zog eine Affäre sicher nie in Betracht. Dennoch war sie sich Suns erotischer Absichten zweifellos bewusst, denn die Art, wie Sun sie ansah, sprach Bände und ließ klar erkennen, wie es um seine Gefühle bestellt war. Doch diese beruhten nie auf Gegenseitigkeit. Womöglich könnten seine Annäherungsversuche sogar Ei-lings anfängliche Begeisterung für ihn gedämpft haben: Offenbar war er doch nicht so edel. Jedenfalls begann Ei-ling, Suns Frau Mu-zhen zu bewundern, die mit den Kindern zu ihm zog, und verhielt sich ihr gegenüber extrem ehrerbietig. Wenn die beiden zusammen ausgingen, nahm sie Mu-zhens Arm und stützte sie, weil sie wegen ihrer gebundenen Füße schlecht laufen konnte. Sie nannte Mu-zhen demonstrativ »Mutter«, vielleicht als Signal für Sun, dass er seine Annäherungsversuche einstellen sollte.[98]

Sun war seit dem Aufstand in Kanton im Jahr 1895 das erste Mal wieder mit seiner Familie zusammen. Bei jenem gefährlichen Unternehmen hatte er keine Vorkehrungen für seine Familie getroffen und Mu-zhen, seine Mutter, den vier Jahre alten Sohn Fo und die noch kein Jahr alte Tochter Yan sich selbst überlassen, als er aus Kanton fliehen musste. Suns Freund Luke Chan war damals für seine Hochzeit aus Hawaii in das Dorf zurückgekehrt und hatte gehört, dass der Aufstand gescheitert war. Deshalb half er aus eigenem Antrieb den Familien von Sun und dessen Bruder Ah Mi, nach Macau zu fliehen. Von dort begleitete er sie, diesmal auf Suns Bitte hin, nach Hawaii. Als Sun selbst nach Hawaii kam, geschah dies nur, um Mittel für einen weiteren Aufstand aufzutreiben, und er zeigte kaum Interesse am Wohl seiner Familie. Mu-zhen freilich war, als er nach einem Aufenthalt von sechs Monaten wieder abreiste, mit der Tochter Wan, ihrem dritten Kind, schwanger.[99]

Sun ließ es kalt, wenn die Frauen in seiner Familie Tränen vergossen. »Wer für die Revolution kämpft, muss die Tränen besiegen«, hörten Freunde ihn sagen. Ihm fiel das offenbar nicht sonderlich schwer, da er genug Gesellschaft von Konkubinen und Geliebten hatte. Ein Freund fragte ihn einmal nach seinen liebsten Beschäftigungen, und Sun antwortete ohne zu zögern »die Revolution« gefolgt von »die Frauen«. In Japan zum Beispiel waren mindestens zwei Frauen als seine Gefährtinnen bekannt. Die eine, Haru Asada, lebte bis zu ihrem Tod im Jahr 1902 mit ihm zusammen und wird in den Akten der japanischen Regierung als seine Konkubine geführt. Als sie starb, nahm Kaoru Otsuki, eine traumhaft schöne junge Frau – sie war noch keine zwanzig –, ihren Platz ein. Sie hatte angeblich eine Tochter von Sun, die jedoch ihren Vater nie zu Gesicht bekam, weil er ihre Mutter eines Tages verließ und nie mehr zurückkehrte oder schrieb.[100]

Mu-zhen und Suns Mutter waren unglücklich. Die alte Frau Sun verstand nicht, warum ihr jüngerer Sohn ein Gesetzloser geworden war, und war empört über seine völlige Missachtung der Familie. Luke hörte oft, wie sie sich »bitter beklagte, weil sie ihr Dorf verlassen musste« und ihr Haus verlor. »Oft, wenn ich sie bei [Ah] Mi auf Maui besuchte, brachte die alte Mutter mir gegenüber ihre Enttäuschung und ihren Schmerz über die Taten ihres Sohnes zum Ausdruck. Und die arme [Mu-zhen] brach schon bei der bloßen Erwähnung der Revolution in Tränen aus.« Mu-zhen litt sowieso schon schwer darunter, dass sie einen Mann geheiratet hatte, der stets abwesend war und sie bei der Erziehung der

Kinder und der Sorge für seine Eltern nicht unterstützte. Auf ihren gebundenen und zertrümmerten Füßen war die Bürde des Lebens für sie ohnehin kaum zu tragen. Dann aber musste sie auf diesen malträtierten Füßen auch noch Tausende Kilometer fliehen, mit einem Kind unter dem Herzen, einem weiteren an der Hand und ihre Schwiegermutter stützend, die wie sie selbst wegen ihrer gebundenen Füße kaum laufen konnte. Dabei nahm sie so viele Habseligkeiten mit, wie ihr erschöpfter Körper zu tragen in der Lage war. Sie hatte lange Zeit in Angst und Schrecken gelebt, zuerst in einem Versteck in Macau und dann auf der anderen Seite des Erdballs in Hawaii.[101]

Getröstet wurden die Frauen durch die unerschütterliche Großzügigkeit von Suns Bruder Ah Mi und seiner Gattin, einer starken Frau, deren Füße nicht gebunden waren und die den Haushalt führte und die Verwandten nie als Last behandelte. Sie war freundlich und fair, und es gab selten Unstimmigkeiten zwischen den Frauen. Im Lauf der Zeit suchte Mu-zhen Trost in der Religion, wurde Christin und studierte jeden Tag sorgfältig die Bibel. Ah Mi billigte diese Entwicklung. Seine Frau begleitete ihre Schwägerin in den Gottesdienst und nahm mit ihr an der Weihnachtsfeier im Haus des Pfarrers teil, wurde jedoch aus Respekt vor den Ansichten ihres Mannes keine Christin. Die auf Hawaii zusammengewürfelte Großfamilie wuchs eng zusammen. Am Ende gab Suns Mutter jede Hoffnung auf, was ihren jüngeren Sohn betraf, und fand sich damit ab, ohne ihn zu leben. Obwohl sie nie ganz aufhörte, sich um ihn zu sorgen, hatte sie das Gefühl, dass die Jahre auf Maui die glücklichsten ihres Lebens waren.[102]

Das Unglück kam, als sie bereits zehn Jahre auf Maui gelebt hatten: Ah Mi verlor sein gesamtes Hab und Gut, und die Großfamilie musste nach Hongkong umziehen, wo er ein kleines baufälliges Haus mietete. Er konnte weder Schulgebühren für die Kinder noch die Kosten einer ärztlichen Behandlung der zwischenzeitlich erblindeten alten Frau Sun aufbringen. Sie starb 1910, ohne dass einer ihrer Söhne bei ihr gewesen wäre. Ah Mi war gerade auf Reisen und wollte schnellstmöglich zurückfahren, ihm fehlte jedoch das Geld für die Heimreise. Es brach ihm beinahe das Herz – und er war voller Wut auf seinen Bruder, der überhaupt keine Verantwortung für die Familie übernahm. Als sich die Brüder einmal kurz begegneten, platzte Ah Mi der Kragen, und er beschimpfte seinen Bruder – Sun hörte stumm und mit gesenktem Kopf zu.[103]

Nach dem Sieg der Republikaner holte Sun seine Familie 1912 zu sich und begann endlich, die Verantwortung für Frau und die Kinder zu übernehmen. Das älteste Kind, sein Sohn Fo, war inzwischen zwanzig und die Töchter Yan und Wan waren achtzehn und fünfzehn. Sie hatten ihren Vater kaum gesehen, und es war das erste Mal, dass sie längere Zeit mit ihm verbrachten. Sun ließ Fo in San Francisco studieren und bemühte sich auch für seine Töchter um Stipendien. Doch die Freude über die Wiedervereinigung der Familie wurde durch seine Gefühle für Ei-ling, die zumindest seine Tochter Yan bemerkte, getrübt. Yan wurde ein Jahr darauf sehr krank und sie sagte kurz vor ihrem Tod, ihr Vater habe sich »schlecht benommen«.[104]

Auch Suns Konkubine Chen Cui-fen war von seinem Verhalten zutiefst verletzt. Sie hatte ihn 1890, damals studierte er noch Medizin, in einem Kirchenkreis kennengelernt. Die neunzehnjährige Schönheit mit den großen Augen, den hohen Wangenknochen und dem energischen Kinn hatte, während er als Arzt um seine Existenz kämpfte, als Sprechstundenhilfe, Krankenschwester und Mädchen für alles bei ihm gearbeitet und ihr Leben auch dann noch mit ihm geteilt, nachdem er die Revolution zu seinem Beruf gemacht hatte.

Sie stammte aus einer armen Familie, und Strapazen konnten sie nicht schrecken. Auch das gefährliche Leben einer Revolutionärin machte ihr nichts aus. Als der Aufstand in Kanton vorbereitet wurde, schmuggelte sie Waffen in die Stadt, indem sie Gewehre im Sarg eines Leichenzugs und Munition und Sprengstoff unter dem Sitz ihrer Sänfte versteckte. Suns Freunde waren beeindruckt von ihren Umgangsformen, denn sie legte weder Schüchternheit noch andere konventionell weibliche Eigenschaften an den Tag. Sie schlug nicht, wie es für Frauen als schicklich galt, wenn sie mit Männern sprachen, die von langen Wimpern umrahmten Augen nieder, sondern sah ihre Gesprächspartner direkt an. Sie sprach nicht im Flüsterton und benutzte beim Essen die Essstäbchen der Männer, nicht die dünnen, eleganten Stäbchen, die für Frauen als geeigneter galten, und sie schlang ihr Essen hinunter wie ein Kuli. Dennoch war sie eine Schönheit und blieb Sun absolut treu, während er zwanzig Jahre lang auf der Flucht war. Sie kochte, wusch und putzte für ihn und seine Kameraden und teilte klaglos ihr Schicksal. Suns Freunde rieten ihren leidgeprüften Ehefrauen, sich an ihr ein Beispiel zu nehmen.

In seinem neu gefundenen Ruhm jedoch wurde sie Sun lästig. Die Praxis des Konkubinats blieb auch in der neuen Republik erlaubt, doch Sun war sich bewusst, dass Chen Cui-fen für die christlichen Soongs nicht akzeptabel war. Also schrieb er an Ah Mi, bat ihn, Cui-fen einem Freund als Konkubine anzubieten, und versprach, dem Mann 10 000 Yuan zu zahlen. Selbst nach den Maßstäben einer Gesellschaft, die das Konkubinat tolerierte, war dies ein Akt der Herzlosigkeit, ja des Verrats, verübt von einem eben erst zu Ruhm und Erfolg gelangten Mann an einer Frau, die immer treu zu ihm gehalten hatte. Ah Mi wies den Vorschlag zornig zurück und lud Cui-fen ein, sich seinem großen Haushalt anzuschließen. Sie nahm das Angebot an, kam mit allen Familienmitgliedern gut zurecht und wurde wie eine Schwester für Mu-zhen.

Sosehr Cui-fen Suns Behandlung auch verletzen mochte, sie beschwerte sich nie öffentlich über ihn. Vielmehr betonte sie, die eine stolze Frau war, dass sie ihn ebenfalls habe verlassen wollen. Zudem war sie großzügig und nicht nachtragend. Den Rest ihres Lebens hielt sie zwei Geschenke Suns in hohen Ehren: einen Goldring und eine Uhr, die er nach seiner »Entführung« in London von Dr. Cantlie erhalten hatte. Die unabhängige Frau wollte Ah Mi nicht zur Last fallen und ging nach Penang, wo sie eine Gummiplantage zu gründen versuchte. Das Unternehmen scheiterte, doch sie adoptierte eine Tochter, die zur Freude ihres Lebens wurde. Als die Tochter erwachsen war, heiratete sie einen Enkel Ah Mis und knüpfte damit eine weitere Verbindung zu der Großfamilie. Jahre später, während des Krieges gegen Japan in den frühen Vierzigerjahren, kehrte Cui-fens Schwiegersohn freiwillig nach China zurück und diente im Fernmeldekorps der Armee. Cui-fen und ihre Tochter verließen das neutrale und sichere Macau, reisten mit ihm auf das vom Krieg zerstörte Festland und begleiteten ihn überallhin, obwohl das Fernmeldekorps japanischen Bombenangriffen ausgesetzt war. Ein liebevolles Familienleben war für Cui-fen von allergrößter Wichtigkeit. Sie starb im Alter von achtundachtzig Jahren im Kreis ihrer Familie.[105]

Ah Mi war lange vor ihr – 1915 – mit nur einundsechzig Jahren vermutlich an einem Herzinfarkt gestorben. Seine letzten Jahre nahmen einen traurigen Verlauf. Während Suns kurzer Präsidentschaft hatten sich Freunde dafür eingesetzt, Ah Mi zum Gouverneur seiner Heimatprovinz Guangdong zu erheben. Aber Sun legte gegen die Ernennung sein Veto ein. »Mein Bruder«, sagte er, »ist außerordentlich aufrichtig, und wenn er in die Politik geht, wird er scheitern, weil er immer offen und ehrlich ist.« Als Ah Mi nach Nanjing kam, um seine Sache selbst zu vertreten, sagte Sun zu ihm, er sei nicht für die Politik geeignet und solle sich fernhalten.[106] Ah Mi musste sich mit der Realität abfinden, dass er für all das, was er für seinen Bruder und die Revolution getan hatte, keine Gegenleistung erwarten konnte. Er wurde nicht einmal als »Revolutionär« behandelt, obwohl er wegen seiner republikanischen Aktivitäten einige Jahre aus Hongkong und anderen britischen Kolonien verbannt gewesen war. Dennoch sorgte er bis zu seinem Tod weiter für die erweiterte Familie.

Ei-ling empfand stets Bewunderung für diese Familie. Sie hatte großes Mitgefühl mit ihren Mitgliedern und verhielt sich gegenüber Mu-zhen besonders herzlich und liebevoll. Auch reagierte die kluge junge Frau geschickt auf Suns Annäherungsversuche, sie hielt ihn auf Distanz und arbeitete dennoch gut mit ihm zusammen.

4

Chinas demokratischer Aufbruch

Sun Yat-sen merkte bestimmt, dass Ei-ling nichts von ihm wissen wollte, doch er war voll und ganz von seinem Kampf um die Ablösung des Interimspräsidenten Yuan Shi-kai in Anspruch genommen.

Yuan war ein furchterregender Rivale. Obwohl klein und korpulent, strahlte er eine große Autorität aus. Geboren 1859, war er sieben Jahre älter als Sun und hatte einen ganz anderen Werdegang. Sein Geburtsort lag in der großen Binnenebene im Norden der Provinz Henan, und seine Vorfahren gehörten dem reichen Landadel an. Rein chinesisch erzogen und tief in der Tradition verwurzelt, hatte er sich in der kaiserlichen Armee hochgedient. Er reiste nie in den Westen, und sein Privatleben war ein Paradebeispiel für das eines sehr reichen chinesischen Mannes: Er hatte eine Frau und neun Konkubinen mit insgesamt siebzehn Söhnen und fünfzehn Töchtern. Die Frauen in seiner Familie durften das Haus nicht verlassen und hatten gebundene Füße. Drei der Konkubinen stammten aus Korea – Yuan war dort mehr als zehn Jahre stationiert gewesen, als das Land ein chinesischer Vasallenstaat war. Auch sie mussten für ihn die Qual erdulden, ihre nicht gebundenen Füße in kleine spitze Schuhe zu quetschen.

Yuans persönliche Gewohnheiten waren konservativ. Als im Präsidentenpalast Toiletten eingebaut wurden, mied er das Wasserklosett und benutzte weiterhin seinen alten hölzernen Stuhl. Die Badewanne nahm er nur einmal im Jahr in Anspruch, sonst säuberten ihn seine Konkubinen mit heißen Handtüchern. Um gesund zu bleiben, folgte er dem alten chinesischen Rezept, Muttermilch zu trinken; er beschäftigte zwei Ammen, die ihre Milch für ihn in eine Schale gaben. Er misstraute der westlichen Medizin und konsultierte nur widerstrebend westliche Ärzte, was seinen Tod durch eine Harnvergiftung beschleunigt haben dürfte.

Dennoch war er ein herausragender Reformer. Unter der Kaiserinwitwe Cixi hatte er unter anderem das alte Bildungssystem durch moderne Schulen westlichen Stils ersetzt. Westliche Beobachter und Chinesen waren von seiner Leistung gleichermaßen beeindruckt. Pfarrer Lord William Gascoyne-Cecil, der das Land Anfang des 20. Jahrhunderts bereiste, schrieb in seinem 1910 erschienenen Buch *Changing China*: »In den Provinzen, die Seine Exzellenz Yuan Shi-Kai regierte, erreichten die Schulen in mancher Hinsicht westliche Effizienz.« Eine weitere seiner vielen Leistungen war der Umbau der chinesischen Armee nach westlichen Vorbildern. Als Kommandeur der Beiyang-Armeen wurde er der mächtigste Mann im Land, was er durchaus extravagant in Szene zu setzen verstand. So trugen beispielsweise seine wegen ihrer außergewöhnlichen Größe ausgewählten Gardesoldaten einmal Uniformen mit Leopardenfellmuster, sodass sie erstaunten Beobachtern wie »Tiger und Bären« erschienen.[107]

Cixis Nachfolger, die alle nicht die Autorität der Kaiserinwitwe besaßen, empfanden Yuan wegen seiner Macht und seines offensichtlichen Ehrgeizes als Bedrohung und verbannten ihn vom Kaiserhof. Als jedoch die Aufstände der

Republikaner begannen, sahen sie sich gezwungen, ihn zurückzuholen, weil sie hofften, dass er im Kampf gegen die Aufständischen die Armee kommandieren würde. Yuan nutzte seine Position, um ein Abkommen zu seinen Gunsten zu schließen: Er versprach, den Kaiser zur Abdankung zu »überreden«, wenn ihn die Republikaner im Gegenzug zum Chef der Republik machten – und bekam, was er wollte. Sun Yat-sen war der Ansicht, er habe ihm die Präsidentschaft »gestohlen«. Im Westen wurde die Entscheidung positiv aufgenommen. Man hatte schon öfter mit Yuan zu tun gehabt, respektierte ihn und betrachtete ihn als einen reformerischen Staatsmann. Auch in der chinesischen Öffentlichkeit kam er gut an. Er sorgte für ein gewisses Maß an Kontinuität, das wichtig war, als China nach jahrhundertelanger Monarchie zur Republik wurde.

Tatsächlich erlebte das Land einen bemerkenswert friedlichen Übergang. Die Struktur der Gesellschaft blieb intakt, und das tägliche Leben ging weiter wie zuvor. Das auffälligste Zeichen des Wandels war, wie sich herausstellte, die Haartracht der Männer: Der von der Mandschu-Dynastie im 17. Jahrhundert eingeführte Zopf, den alle Männer am Hinterkopf zu tragen hatte, verschwand. Regierungsbeamte niederen Ranges patrouillierten mit Scheren auf Straßen und Marktplätzen und schnitten den Männern die Zöpfe ab. Eine weitere bemerkenswerte Veränderung betraf die Kleidung: Neue, westlich beeinflusste Stile kamen in Mode. Ansonsten gab es wenig sichtbare Unterschiede. Das Land glitt erstaunlich reibungslos in die neue Ära.

Der problemlose Übergang hatte viel damit zu tun, dass die Mandschu-Dynastie in ihren letzten Jahren dasselbe Ziel wie die frühe Republik verfolgt hatte, nämlich China in eine parlamentarische Demokratie umzuwandeln. Schon Cixi hatte sich vor ihrem Tod im November 1908 dazu verpflichtet, China in eine konstitutionelle Monarchie mit einem gewählten Parlament umzuwandeln, und das Abhalten von Wahlen autorisiert.[108] Tatsächlich wurden Anfang 1909, nur wenige Monate nach ihrem Tod, in einundzwanzig der zweiundzwanzig Provinzen des Landes (Xinjiang bildete eine Ausnahme) Provinzversammlungen (*zi-yi-ju*) gewählt – der erste Schritt zur Bildung eines nationalen Parlaments. Selbst wenn nur 1,7 der vierhundertzehn Millionen Chinesen als Wähler registriert waren – zum ersten Mal in der langen Geschichte Chinas fand eine Wahl statt. Erstaunlicherweise empfanden die Chinesen das Konzept der Wahl nicht als wesensfremd. Fairer Wettbewerb als Weg zu hohen Ämtern war eine tief in der chinesischen Kultur verwurzelte Praxis. In der Vergangenheit war die chinesische Elite durch landesweite Prüfungen ausgewählt worden, die allen Männern offenstanden. Dieses System wurde 1905 im Rahmen der Modernisierung abgeschafft. So bot das Parlament jetzt für die frustrierte Elite einen alternativen Weg zur Macht, und eine große Zahl gebildeter Männer konkurrierte um die Mitgliedschaft.[109]

Zum Zeitpunkt der republikanischen Revolution war schon allgemein akzeptiert, dass das »Parlament« das künftige Machtzentrum sein würde, und es herrschte bereits Einigkeit darüber, dass es eine Verfassung geben musste. Die republikanischen Delegierten, die Sun zum Interimspräsidenten gewählt hatten, bezeichneten sich selbst als Mitglieder eines »geschäftsführenden Parlaments«, das sich an die Vorschriften einer bereits geschriebenen »provisorischen Verfassung« gebunden fühlte. Dieses »Parlament« stellte sich gegen Sun, als er sein Amt behalten wollte, und stimmte mehrheitlich für Yuan Shi-kai. Immer wieder bewiesen die Delegierten, dass sie sich von Sun nichts vorschreiben ließen. Er erwartete unbedingten Gehorsam und hatte schon bei seinen Mitstreitern als »diktatorisch« gegolten. Nicht zuletzt deshalb kam er zu dem Schluss, dass die parlamentarische Politik nichts für ihn sei.[110]

Das Land dagegen arbeitete eifrig daran, eine Demokratie aufzubauen. Nach der Wahl der Provinzversammlungen im Jahr 1909 fanden 1913 in allen zweiundzwanzig Provinzen allgemeine Wahlen für das erste chinesische Parlament statt. Zehn Prozent der Gesamtbevölkerung, etwa dreiundvierzig Millionen Männer, ließen sich für die Wahl registrieren. Wahlbeobachter aus dem amerikanischen Konsulat stellten in den zwei Bezirken, wo sie aktiv waren, fest, dass sechzig bis siebzig Prozent der registrierten Wähler ihre Stimme abgaben.[111] Eine französische Wissenschaftlerin hielt in einer Studie fest, dass »die Wahlen wirklich eine nationale Befragung darstellten … Es gab vierzig Millionen registrierte Wähler … Die politische Debatte war offen und frei, und die Presse berichtete darüber. In vieler Hinsicht dürfte diese Wahl demokratischer und sinnvoller gewesen sein als alle folgenden.«[112] Bei dieser Parlamentswahl wurden achthundertsiebzig Abgeordnete gewählt, eine eindrucksvolle Gruppe hochgebildeter Fachleute aus den verschiedensten Bereichen.[113] Sie sollten Ende März zur Eröffnungssitzung des Parlaments nach Peking kommen.

Sun nahm an dem historischen Ereignis nicht teil, obwohl er nominell ein Führer einer Partei war, die einen heftigen Wahlkampf geführt hatte. Diese Partei, die Kuomintang oder Nationale Volkspartei Chinas, war von einem dreißigjährigen neuen Star gegründet worden, dem schnurrbärtigen Song Jiao-ren aus Hunan, einem Denker außergewöhnlichen Formats. Er glaubte an die Demokratie, hatte einen vollständigen Plan entwickelt, wie sie in China funktionieren konnte, und war an der Entwicklung der provisorischen Verfassung maßgeblich beteiligt gewesen. Er hatte Suns maroden und dysfunktionalen Schwurbund übernommen und ihn mit vier anderen Parteien zu der neuen verschmolzen. Die im August 1912 in Peking gegründete Kuomintang machte Sun zu ihrem Ehrenvorsitzenden, ihr wirklicher Führer jedoch war Song, ein geborener Organisator und brillanter Redner. Die Leute strömten scharenweise herbei, um ihm zuzuhören. (Später wurde sein Charisma mit dem des US-amerikanischen Präsidenten John F. Kennedy verglichen.) Unter seiner Führung trug die Kuomintang einen erfolgreichen Wahlkampf aus und gewann die Mehrheit im Parlament. Es schien kein Zweifel daran zu bestehen, dass Song der erste Ministerpräsident der neuen Republik werden würde und Yuan ihr Präsident. Für Sun Yat-sen war kein Amt vorgesehen.

Sun verkündete, er werde die Politik aufgeben und sich dem Aufbau eines nationalen Eisenbahnnetzes widmen. Die Leute freuten sich über dieses löbliche Vorhaben. Der Interimspräsident Yuan lud ihn nach Peking ein, dessen Name wörtlich »nördliche Hauptstadt« bedeutet. Da sie am Rand der Wüste Gobi liegt, wurde sie periodisch von Sandstürmen heimgesucht, und nach schweren Regenfällen verwandelten sich ihre Straßen in schlammige Bäche. Diese Naturkatastrophen taten der Pracht der Hauptstadt keinen Abbruch. In der Region wurden Kamele als Transportmittel eingesetzt, die ihre Lasten auf ihre würdevolle Art in langen Karawanen trugen. Die Straßen der Stadt waren nach einem Schachbrettmuster angeordnet. Alle großen Durchgangsstraßen führten zur Verbotenen Stadt, einem großen Palastbezirk, den eine majestätische Mauer vom Rest der Stadt trennte. Der letzte Kaiser Pu Yi wohnte gemäß des Abdankungsvertrags immer noch dort.

Gegen Ende der Mandschu-Dynastie wurde Peking modernisiert, wobei jedoch sein ursprünglicher Charakter im Kern bewahrt wurde. Einige Straßen wurden gepflastert, beleuchtet und sauber gehalten. Aber Kamele, Pferde und von Maultieren gezogene Karren waren neben Fahrrädern und Autos immer noch die wichtigsten Verkehrsmittel. Der Telefondienst der Stadt war relativ neu und auf dem besten Weg, den von Shanghai zu übertreffen.

In Peking erklärte Sun großzügig: »Lang lebe der große Präsident Yuan!« Und Yuan legte den roten Teppich für ihn aus. Aufmerksamen Beobachtern entging jedoch nicht, dass das Verhältnis zwischen den beiden alles andere als freundschaftlich war; tatsächlich war es sogar stark vergiftet. Anfang des Jahres hatte Yuan einen Mordversuch überlebt, als jemand aus einem Fenster im oberen Stockwerk eines Restaurants eine Bombe auf seine Kutsche geworfen und Männer und Pferde aus seinem Gefolge getötet hatte.[114] Yuan glaubte, dass der Mörder in Suns Auftrag gehandelt hatte, und Sun hatte Angst, dass Yuan sich rächen könnte. Zusätzlich zu den strengen Sicherheitsvorkehrungen, die Chen der Pate organisierte, beschäftigte Sun deshalb William Donald, einen australischen Berater, der sich stets in seiner Nähe aufhalten musste. Wie Donald vermutete, glaubte Sun, dass ein potenzieller Attentäter »wenn er den Ausländer Donald sah, über die internationalen Folgen [eines Attentats] nachdenken würde«.[115]

Sun machte aus seinem Rückzug aus der Politik eine große Sache und bekräftigte Yuan gegenüber, er wolle lediglich die uneingeschränkte Erlaubnis zum Bau von Bahnlinien haben. Kern des Projekts war, dass der chinesische Staat für sämtliche ausländischen Kredite bürgen sollte, die Sun auftreiben würde, und Sun die alleinige Verfügungsgewalt über die gewaltigen Summen haben sollte. Diese Forderungen machten Yuan misstrauisch. Tatsächlich schien es bei Suns Interesse am Bau von Eisenbahnlinien vorrangig um Geldbeschaffung zu gehen. Er zeigte kein Interesse an irgendeinem anderen Aspekt des monumentalen Projekts, nicht einmal daran, sich die grundlegenden Informationen zu besorgen. Er sprach über die Länge der Strecken, die gebaut werden sollten, doch die Zahlen stammten weder aus einer Studie noch aus Beratungen mit Experten oder Gesprächen mit irgendwelchen anderen Leuten.[116] Donald schrieb, Sun habe sich die Länge der Strecken offenbar einfach aus den Fingern gesogen. Eines Tages kam der Australier in einen Raum, wo Sun mit einem Schreibpinsel vor einer großen Chinakarte stand, auf der er überall schwarze Linien einzeichnete.

»›Oh‹, sagte Dr. Sun, die Wangen dick wie eine Putte, ›ich will, dass Sie mir mit dieser Eisenbahnkarte helfen ... Ich schlage vor, dass wir in zehn Jahren 200 000 *li* [100 000 Kilometer] Bahnstrecke bauen‹, erklärte er. ›Ich zeichne sie auf der Karte ein. Sehen Sie die dicken Linien, die von einer Provinzhauptstadt zur anderen führen? Also das sind die Hauptstrecken. Die anderen sind Nebenstrecken und weniger wichtige Verbindungen.‹«

Von Zeit zu Zeit nahm Sun »ein Stück Baumwolle, tauchte es in Wasser und wischte eine krumme Linie weg, um an ihrer Stelle eine gerade einzuzeichnen ... Der Doktor baute mit einem kräftigen Strich 100 Meilen Schienen hier und 1 000 da.«[117]

Yuan war überzeugt, dass der Bahnstreckenbau für Sun nur ein Trick war, um riesige Geldsummen anzuhäufen, mit denen er eine Armee aufbauen und nach der Macht greifen konnte. Er reagierte, indem er eine automatische Regierungsbürgschaft für das von Sun eingetriebene Geld verweigerte, Suns Eisenbahngesellschaft unter die Aufsicht des Transportministeriums stellte und Sun lediglich zum Bevollmächtigten für den Eisenbahnbau machte.[118]

Von Yuan ausgetrickst, reiste Sun am 11. Februar 1913 nach Japan. Er hatte einen Rückschlag erlitten, zeigte sich jedoch bester Laune in der Öffentlichkeit und erinnerte sich lachend an seine früheren heimlichen Reisen in das Land. Begrüßt von Scharen wohlwollender Zuhörer und ausführlich von der japanischen Presse gewürdigt, erklärte er, er sei nicht aus politischen Gründen in Japan, sondern um Geld für das chinesische Eisenbahnnetz aufzutreiben. Er beschaffte kein Geld, blieb aber dennoch vierzig Tage im Land.

Charlie und Ei-ling begleiteten Sun nach Japan. Charlie stand immer noch in seinem Bann und folgte ihm treu ergeben. Dabei vernachlässigte er sein Geschäft und ließ seine Frau in Shanghai zurück. Auch Ei-ling arbeitete weiter als Suns Assistentin.

Im März 1913 kam Mu-zhen mit der gemeinsamen Tochter Wan nach Japan, vielleicht um Sun von der schweren Krankheit ihrer anderen Tochter Yan zu berichten (die im Juni sterben sollte). Sun reiste im Land herum und traf seine Frau nur eine halbe Stunde in Osaka. Ei-ling erbot sich, Mu-zhen nach Tokio zu begleiten. In Tokio rammte das Auto der beiden einen Telegrafenmast, und sie wurden schwer verletzt. Freunde schickten sofort ein Telegramm, dass insbesondere Mu-zhens Zustand bedrohlich sei.

Charlie war außer sich vor Sorge. Da er mit der Organisation der Reise betraut gewesen war, ging er sofort zu Sun und fragte: »Was machen wir mit dem Gepäck?« Er dachte, Sun werde einen anderen Zug nehmen und nach Tokio fahren, um seine Frau und seine Tochter zu besuchen. Ein japanischer Freund in Suns Entourage erinnerte sich daran, dass Sun gerade fröhlich mit seinen Mitarbeitern plauderte, als Charlie eintrat. Sein Lächeln gefror, und er antwortete »sehr kühl«: »Was bringt es, nach Tokio zu fahren? Wir sind doch keine Ärzte.« Dann fiel ihm offenbar ein, dass er ja selbst Arzt war, und er fügte hinzu: »Selbst wenn wir fahren würden, wäre es zu spät, bis wir dort sind. Außerdem haben wir Termine in Fukuoka.« Selbst der vom Ideal der Samurai geprägte Japaner war über Suns Mangel an Mitgefühl befremdet.

Sun reiste nie nach Tokio, um nach seiner Frau und seiner Tochter oder nach Ei-ling zu sehen.[119] Ein paar Tage nach dem Unfall erhielt er die Nachricht von der Ermordung des Kuomintang-Gründers und -Führers Song Jiao-ren. Song hatte am Abend des 20. März mit einer Delegation seiner Partei von Shanghai nach Peking reisen wollen, um an der Eröffnung des Parlaments teilzunehmen. Doch an der Fahrkartenkontrolle im Bahnhof von Shanghai wurde ein Schuss auf ihn abgefeuert, er starb wenig später im Krankenhaus.

Sobald Sun die Nachricht bekam, gab er eine Erklärung heraus, in der er Yuan Shi-kai für den Anschlag verantwortlich machte. Und er eilte schon am folgenden Tag mit dem ausdrücklichen Ziel nach Shanghai, einen Krieg zum Sturz von Yuan zu beginnen.

Der Mörder, ein mittelloser Mann namens Woo, wurde schnell gefasst. Er war sofort geständig, starb aber kurz darauf aus ungeklärten Gründen in der Haft. Wer letztlich für den Mord verantwortlich war, ist auch heute, mehr als hundert Jahre nach dem Ereignis, noch umstritten. Sowohl Yuan als auch Sun sind verdächtig, und beide hatten ein Motiv: Yuans Position wäre bedroht gewesen, hätte er seine Macht mit Song teilen müssen; und Sun drohte, jede politische Bedeutung zu verlieren und völlig an den Rand gedrängt zu werden. Das Opfer selbst hegte keinen Verdacht gegen Yuan. Nach seiner Einlieferung ins Krankenhaus galten seine letzten Worte »Präsident Yuan«. Er appellierte an ihn, nicht zuzulassen, dass sein Tod einen Schatten auf die aufblühende parlamentarische Politik in China werfe.[120] Dagegen sandte er keine Botschaft an Sun, den Ehrenvorsitzenden seiner eigenen Partei.

Die meisten anderen Führer der Kuomintang hatten es keineswegs eilig, Yuan zu beschuldigen, sondern fragten Sun, welche Beweise er für seinen Vorwurf habe. Sun erklärte, er habe nur den Verdacht, dass Yuan »den Befehl zu dem Mord erteilt haben muss«, selbst wenn es keinen Beweis dafür gebe.[121]

Huang Xing, der zweitmächtigste Mann bei den Republikanern, vertrat die Ansicht, dass der Fall durch ein Gerichtsverfahren geklärt werden müsse, da es schließlich ein funktionierendes Rechtswesen gebe. Er war gegen Suns Kriegsaufruf, weil ein Krieg die junge Republik zerstören würde und außerdem auch verloren werden könnte. Er hatte neben Song an der Sperre gestanden, als der Schuss gefallen war, und wäre selbst ein mögliches Opfer gewesen, wenn die Kugel ihr Ziel verfehlt hätte. Sein Konflikt mit Sun, ob man einen Krieg beginnen sollte, führte zur Trennung der beiden Verbündeten. Sun beschimpfte ihn privat als »Schlange« und »sehr schlechten Mann«. (Huang starb drei Jahre später im Jahr 1916.)[122] Sun setzte seinen Plan um und befahl eine Serie von Aufständen gegen Yuan, um ihn zum Rücktritt zu seinen Gunsten zu zwingen. Im Gefolge des ersten Krieges in der jungen Republik wurden jahrzehntelange blutige innere Kämpfe entfesselt. Und der »Vater der chinesischen Republik« hatte den ersten Schuss abgefeuert.

Der Krieg gegen Interimspräsident Yuan hatte kaum Unterstützung in der Bevölkerung und brach schnell zusammen. Sun wurde aus der ausländischen Siedlung in Shanghai verbannt, wo er seine Basis hatte. Er floh im August 1913 nach Japan, aber diesmal als Vertriebener, den die japanischen Behörden nur duldeten, weil sie sich davon einen politischen Profit für später versprachen. Im Oktober wurde Yuan in Peking als Präsident Chinas in sein Amt eingesetzt und überall auf der ganzen Welt anerkannt und beglückwünscht. Trotz wiederholter Versuche hatte Sun es nicht an die Spitze geschafft. Doch er würde so schnell nicht aufgeben.

5

Die Hochzeiten von Ei-ling und Ching-ling

Ob seiner Verbindung zu Sun schien eine Rückkehr nach Shanghai auch für Charlie nicht ratsam, und so war er gezwungen, seinen Aufenthalt in Japan zu verlängern. Er vermisste die Stadt, sein Heim und seine Freunde fürchterlich. Eines Tages traf er Mrs. Roberts, die befreundete amerikanische Missionarin und Nachbarin, zufällig auf dem Tokioer Bahnhof. Er freute sich so, sie zu sehen, dass er sie ganz herzlich umarmte, obgleich Umarmungen bei Personen verschiedenen Geschlechts in der Öffentlichkeit damals in Japan nicht üblich waren. Als der Zug abfuhr, stand er, wie sie sich erinnerte, auf dem Bahnsteig und winkte »mit Tränen in den Augen. Nie habe ich es mehr gehasst, jemanden allein zu lassen.«[123]

Charlie verbrachte viel Zeit im lokalen Christlichen Verein Junger Männer (CVJM). Dort lernte er einen jungen Mann kennen, den er sehr mochte. H.H. Kung, ein pflichtbewusster, freundlicher und sanftmütiger Witwer, war ein paar Jahre älter als Ei-ling. Er stammte aus der Provinz Shanxi in Nordwestchina, und seine Familie war so reich, dass er ein angenehmes Leben führen konnte. Das große Haus der Familie im traditionellen chinesischen Stil hatte solide und elegante schwarze Dachziegel und vergitterte

Fenster, die auf mehrere Innenhöfe hinausgingen. H.H. hatte in den USA eine ähnliche Ausbildung wie Ei-ling genossen. Er hatte einen Abschluss am Oberlin College und einen Master in Yale (beide in Wirtschaftswissenschaften) gemacht. Vor allem jedoch war er ein frommer Christ. Man hatte ihn mit zwölf Jahren getauft, nachdem ihn ein Missionsarzt von einem Tumor geheilt hatte. In Tokio bezog er für seine Arbeit im CVJM ein Gehalt vom Oberlin College.

Bei einem Abendessen im Hause Soong, zu dem er eingeladen wurde, lernte H.H. Ei-ling kennen. Die beiden verliebten sich bald ineinander. »Wir gingen oft im Park spazieren«, schrieb Kung als alter Mann in seinen Memoiren. »Meine Frau liebt Gedichte. Sie hat am College im Hauptfach englische Literatur studiert ... Es ist wirklich Liebe gewesen!«[124]

Ei-ling hatte wegen Suns Verhalten inzwischen nicht nur persönliche, sondern auch politische Bedenken bekommen. Sie und H.H. waren mit Suns Krieg gegen den Präsidenten Yuan überhaupt nicht einverstanden. Als Sun den Mord an Song Jiao-ren als Argument für die Kriegserklärung heranzog, forderte ihn H.H., ein Bewunderer Songs, dazu auf, Yuans Schuld zu beweisen. Als Sun einräumte, dass er keinen Beweis habe, sondern nur einen Verdacht hege, war H.H. empört. In seinen Memoiren schrieb er, er habe das Gefühl gehabt, Sun habe mehr im Interesse Japans als im Interesse Chinas gehandelt: Einige »japanische Gruppen wollten Dr. Sun helfen, um China ins Chaos zu stürzen. Die Gruppe junger Offiziere wollte China in ihre Gewalt bringen. Sie versuchte, Dr. Sun zu helfen, um China zu spalten ... Ich war der Ansicht, dass sie sich Dr. Suns bedienen wollten.« Er »warnte« Sun »vor der Gefahr, von den Japanern benutzt zu werden«, und sagte ihm seine Meinung: »Meiner Ansicht nach blieb Yuan Shi-kai und Dr. Sun nichts anderes übrig, als zu kooperieren, damit China einig blieb und nicht gespalten wurde.« Auch Suns diktatorisches Verhalten fand er abstoßend. Als Sun nach seinem gescheiterten Krieg nach Japan floh, wollte er die Kuomintang kaltstellen, weil sie seinen Krieg nur widerstrebend unterstützt hatte. Er machte Anstalten, die neue Partei Zhonghua-geming-dang (»Chinesische Revolutionspartei«) zu gründen, und verlangte von den Mitgliedern der neuen Partei, ihm absoluten Gehorsam zu schwören. H.H. war entsetzt und hielt sich ab da von Suns Zirkel fern. Ein Freund schrieb, dass er sich »nie mit den Revolutionären identifizierte, obwohl ihm Angebote gemacht worden waren«. Tatsächlich »verachtete er sie« und war »ein loyaler Unterstützer der Regierung Yuan … um den Preis, dass er sich dadurch bei einigen der chinesischen Studenten unbeliebt machte«. Ei-ling teilte H.H.s Ansichten und ging ebenfalls taktvoll, aber unmissverständlich auf Distanz zu Sun.[125]

Die beiden beschlossen, zu heiraten und ihr eigenes Leben zu führen. Im September 1914 fand in einer kleinen Kirche auf einem Hügel in Yokohama mit Verwandten und engen Freunden die Hochzeit statt. Sun war nicht eingeladen. Ei-ling erinnerte sich gut an die Details jenes Tages – an ihre Hochzeitskleidung, Jacke und Rock aus hellrosa Satin, mit Pflaumenblüten in dunklerem Rosa bestickt. Und auch ihre Haare waren mit passenden Blüten geschmückt. Nach einem Hochzeitsfrühstück im Haus der Soongs fuhren die Frischvermählten in die Flitterwochen, Ei-ling in einem apfelgrünen, mit kleinen goldenen Vögeln bestickten Kleid. Das Wetter war an diesem Tag unstet, aber immer wenn sie sich im Freien aufhielten, machte der Regen hellem Sonnenschein Platz, sodass Ei-lings Kleidung und Frisur unversehrt blieben. Sie und ihr Bräutigam sahen in dem zur rechten Zeit erstrahlenden Sonnenschein »ein glückliches Omen«.[126]

Das junge Paar kehrte an H.H.s Geburtsort in Shanxi zurück, wo es einen Hausstand gründete. H.H. arbeitete als Leiter der dortigen Missionsschule, und Ei-ling unterrichtete an ebendieser Schule. Bald darauf wurde er Geschäftsmann und mit der Unterstützung seiner tüchtigen Frau sehr reich.

Sun verhehlte nicht, dass ihm die Ehe missfiel, war aber keineswegs untröstlich, hatte er doch inzwischen einen jüngeren und hübscheren Ersatz für Ei-ling gefunden. Ihre Schwester Ching-ling war im Jahr zuvor, Ende August 1913, direkt vom Wesleyan College in Macon nach Japan gekommen. Im Gegensatz zu der besonnenen Ei-ling war die jüngere Schwester leidenschaftlich und impulsiv. Sie war eine Schönheit mit einer Haut wie Porzellan, und sie hatte Ei-lings Aufgabe als Suns Assistentin für Englisch übernommen. Offenbar hatte ihr die stets zurückhaltende Ei-ling nicht erzählt, dass Sun um sie geworben hatte.

Die Mädchen, die zwischen 1908 und 1913 mit Ching-ling das Wesleyan College besucht hatten, erinnerten sich an »den besonderen Schnitt ihres Jacketts« und an »ihr Zimmer, in dem es immer nach orientalischem Parfüm duftete«. Sie war »sogar noch stiller als ihre ältere Schwester« und »extrem schüchtern und ›reserviert‹«. Doch sie hatte auch eine andere Seite. So berichtet eine Mitstudentin: »Ich kann mich noch an die Begeisterung erinnern, mit der [Ching]-ling auf die Nachricht reagierte, dass China eine Republik geworden war. Ich interessierte mich dafür, weil sie plötzlich so lebhaft wurde. Sie hatte immer so ruhig und reserviert gewirkt, und ich war überrascht, dass sie plötzlich so viel Leben zeigte.« Nicht nur Lebendigkeit, sondern auch politische Leidenschaft. In ihrem Zimmer hatte Ching-ling den Gelben Drachen, die chinesische Nationalflagge der Mandschu-Dynastie,

aufgehängt. Nun aber sah ihre Zimmerkameradin, wie sie
»auf einen Stuhl stieg und den chinesischen Drachen von der
Wand riss, als ihr Vater ihr die neue Fahne der Republik
schickte«. Ching-ling »warf die alte Fahne auf den Boden,
trat sie mit Füßen und schrie: ›Nieder mit dem Drachen!
Hoch die Fahne der Republik!‹«[127]

Sun Yat-sen war Ching-lings Held. Als sie zu ihm, und
ihrem Vater, nach Japan unterwegs war, schrieb sie an einen
Lehrer: »Ich bringe Dr. Sun von seinen hiesigen Bewunderern und Verehrern eine große Dose kalifornische Früchte
mit und bin auch die stolze Überbringerin eines Hand-
schreibens an den Doktor.«[128] Wegen der Verbindung ihrer
Familie zu Sun wurde die Zwanzigjährige von dessen Bewunderern gefeiert. Ching-ling, die einen Hang zur iro-
nischen Selbstüberhebung hatte, schrieb an ihre Lehrerin
Margaret Hall: »Ich … ging von einem Dinner und von
einem Theater zum nächsten, bis ich mich an das vornehme
Leben gewöhnt hatte … Ich war ›Ehrengast‹ bei dem Empfang für chinesische Studenten … Als ich an Bord ging,
stellte ich fest, dass meine Kabine mit Blumen dekoriert und
von Zeitungen, Magazinen und Früchten überschwemmt
war. Ich fühlte mich wirklich sehr wichtig.«[129]

Insgeheim nahm sich die junge Frau Jeanne d'Arc zum
Vorbild. Sie identifizierte sich mit Heldinnen, die für »eine
Sache« kämpften, und entwickelte ein positives Verhältnis
zur Selbstaufopferung. Auf einem Foto aus der damaligen
Zeit trägt sie einen trotzigen Ausdruck im Gesicht, als hätte
sie gegen ein enormes Unrecht zu kämpfen. Als sie mit Sun
zusammentraf, hatte seine politische Karriere den tiefsten
Punkt seit der Gründung der Republik erreicht. Sein Kampf
gegen Yuan war gerade gescheitert, er wohnte in einem winzigen kahlen Raum, einer Art Studentenbude, und lebte von
kleinen Spenden seiner japanischen Gönner. All das hätte

andere Frauen vielleicht abgeschreckt, bewirkte bei Ching-ling jedoch, dass sie ihn noch mehr bewunderte. Sie empfand sein Unglück als große Ungerechtigkeit und war der Überzeugung, dass er Opfer für die neue Republik brachte. Dieser Gedanke rührte sie. »Er war aus hartem Holz geschnitzt«, sagte sie mit zärtlicher Ehrfurcht.[130] Sie wollte für ihn da sein und die Lasten seines Lebens mit ihm teilen. Sie verliebte sich in ihn.

Das Leben mit Sun konnte auch glanzvoll sein und Spaß machen, denn auch wenn er ein Feind des chinesischen Präsidenten war, stand er als der ehemalige – erste – Interimspräsident doch gesellschaftlich hoch im Kurs. Ching-ling begleitete ihn auf viele Veranstaltungen und Ausflüge und durchlebte eine aufregende Zeit. In einem Brief an ihre amerikanische Freundin Allie Sleep beschreibt sie ihren Aufenthalt in einem berühmten Kurort mit heißen Quellen im »großartigsten Hotel der Welt« – und die glanzvolle Gesellschaft, zu der sie gehörte:»Ich muss Dir von jemandem erzählen, den Du meiner Ansicht nach unbedingt heiraten solltest. Er ist der Botschafter von Österreich & der bestaussehende Junggeselle der Welt. Die ganzen Leute von der Botschaft waren da.«

An einem anderen schönen Fleckchen Erde sahen sie »einen Miniaturobstgarten. Es war großartig: alle Arten zwergenhafter Bäume mit Äpfeln, Pfirsichen, Granatäpfeln, Kakipflaumen. Das Leben ist jetzt so enorm interessant. Wenn Du schöne Dinge liebst, musst Du bald kommen und den Osten besuchen. Ich spiele dann die Anstandsdame und drücke beide Augen zu, wenn Du die verbotenen Früchte pflücken musst.«[131]

Ihrer Meinung nach hatten sie und Sun viel gemeinsam. Sun war zwar getauft, aber nie ein echter Gläubiger geworden. Ching-ling stand Missionaren seit ihrer Kindheit skeptisch gegenüber und neigte dazu, sie mit Spott zu betrachten. Als sie sich für eine Tanzparty mit einer hawaiischen Band auf dem Schiff nach Japan begeisterte, fügte sie hinzu: »Selbst die Missionare machten mit – oh, nur als Zuschauer natürlich.« Sie tauschte mit Sun Witze über die Kirche aus. »Als ich ihm erzählte, dass wir in der Schule in Amerika am Sonntag alle zu verschiedenen Kirchen gefahren wurden und ich mich im Schrank hinter den Kleidern zu verstecken pflegte und erst herauskam und Briefe nach Hause schrieb, wenn alle Mädchen und Hausmütter weg waren, lachte er herzlich und sagte: ›Also kommen wir beide in die Hölle.‹«[132]

Sun war selig über die aufblühende Beziehung. Er war verliebt. Einmal, als Ching-ling in Shanghai zu Besuch bei ihrer Mutter war, schickte er einen Mann los, um herauszufinden, wohin er seine Liebesbriefe schicken konnte, die ihre Mutter nicht zu Gesicht bekommen durfte. Wenn er auf einen Brief von ihr wartete, konnte er vor Aufregung weder essen noch schlafen. Seine Wirtin erkannte sofort, dass er Liebeskummer hatte. Und er gestand ihr: »Ching-ling geht mir einfach nicht aus dem Kopf. Seit ich sie getroffen habe, habe ich das Gefühl, zum ersten Mal in meinem Leben die Liebe kennengelernt zu haben. Jetzt weiß ich, wie süß und wie bitter es sein kann, wenn man liebt.«[133]

Der vielleicht untrüglichste Beweis dafür, dass Sun verliebt war, mochte wohl der sein, dass der Mann, der sich selbst für »Chinas Retter« hielt und »den einzigen großen und edlen Führer«, dem »man uneingeschränkten Gehorsam schuldet«, in seiner Beziehung zu Ching-ling unsicher wurde und Angst vor Zurückweisung hatte. Der jungen Frau entging das nicht, und es machte ihr Spaß, ihn auf die Folter zu spannen: Sie verkündete, dass sie bald nach Amerika gehen werde, obwohl sie in Wirklichkeit nichts dergleichen plante.

Als sie einmal nach Shanghai reiste, behauptete sie, sie werde dort heiraten, und wenn er sie das nächste Mal sehe, werde sie einen Ehemann dabeihaben. Als es hieß, dass Präsident Yuan sich zum Kaiser ernennen wolle, sagte Ching-ling zu Sun, sie werde Yuan heiraten und »eine Kaiserin« werden oder eine kaiserliche Konkubine. Sun machte dies so verrückt, dass er an ihren Vater schrieb und ihn bat zu klären, ob das stimmte. Charlie war über die Anfrage verblüfft und antwortete: »Ich bin geneigt zu denken, dass es sich um einen Scherz von ihr handelt und nichts sonst«, »um kindliches Gebrabbel«, »glauben Sie nicht dem Gerede einer jungen Frau, die sich gern über sich selbst lustig macht«.[134] Charlie erkannte offenbar nicht, dass eine junge Frau solche Scherze nur mit einem Mann treibt, von dem sie weiß, dass er hoffnungslos in sie verliebt ist. Wenig später kehrte Charlie nach Shanghai zurück, als man ihm versicherte, dass es für ihn dort völlig sicher sei. Ching-ling war nun allein mit Sun in Japan, und ihre Liebe zu ihm blühte auf.

Im Sommer 1915 kam Ching-ling nach Shanghai und bat ihre Eltern um die Erlaubnis, Sun zu heiraten. Sie waren entsetzt und verweigerten ihre Zustimmung. Sehr viel sprach gegen diese Ehe, insbesondere der große Altersunterschied – Sun war achtundvierzig und Ching-ling Anfang zwanzig. Es gebe viele gute Christen, die sie heiraten könne, sagten ihre Eltern. Ein Yung und ein Dan seien schon oft im Haus gewesen. Warum nicht einen der beiden oder einen anderen Kandidaten, der besser zu ihr passte als Sun? Charlie hatte den Autounfall in Tokio und Suns kaltherzige Weigerung, seine schwer verletzte Frau zu besuchen, bestimmt nicht vergessen. Sun war vielleicht ein engagierter Revolutionär, aber kein guter Ehemann. Das größte Hindernis war jedoch, dass Sun schon Frau und Kinder hatte. Wenn er sich von seiner Frau scheiden ließ, war er »treulos gegenüber einer Frau, die in schweren Zeiten zu ihm gehalten hatte und deren Kinder älter« waren als Ching-ling. Wenn er sich nicht scheiden ließ, wäre Ching-ling seine Konkubine, und das brächte nicht nur Schande über sie und ihre Familie, sondern verstieße auch gegen christliche Prinzipien. In einem früheren Brief an Sun (nach Ching-lings Behauptung, sie werde Yuan Shi-kais Konkubine werden) hatte Charlie an Sun geschrieben, dass »wir eine christliche Familie sind und keine unserer Töchter die Konkubine irgendeines Mannes wird, sei er auch ein König, ein Kaiser, ein Präsident oder der Größte auf Erden«. Ching-ling selbst »verabscheut es sogar, mit einer Konkubine zu sprechen«, hatte ihr Vater hinzugefügt. Sie sprach grundsätzlich nicht mit einer »Nr. 2«. Auch die Große Schwester Ei-ling versuchte, ihr eine Ehe mit Sun auszureden, was Ching-ling sehr wütend machte. Mitten in einem heftigen Streit wurde sie ohnmächtig. Sie wurde in ihr Zimmer im Obergeschoss getragen und die Tür von außen verschlossen. In den folgenden Tagen gab es viele zermürbende Auseinandersetzungen.[135]

Während Ching-ling in Shanghai mit ihrer Familie kämpfte, kam Mu-zhen im September auf Einladung Suns nach Japan, um über die Scheidung zu reden. Sie war in Trauer, weil Suns Bruder Ah Mi, der all die Jahre ihre Familie unterstützt hatte, in jenem Jahr gestorben war. Sie hatte den Mann verloren, dem sie und ihre Kinder wirklich wichtig gewesen waren. Noch geschockt von dem Schicksalsschlag, akzeptierte sie mit Gleichgültigkeit, was ihr treuloser Ehemann verkündete. Sie kehrte nach Macau zurück und lebte dort noch weitere vier Jahrzehnte. Sie und Sun sahen einander nie wieder.

Allerdings bestand keine Möglichkeit, die Scheidung durch ein amtliches Dokument zu besiegeln. Sun und Mu-zhen hatten traditionell geheiratet, und bei einer solchen Ehe war für die Frau keine ehrenhafte Scheidung vorgesehen. Das Scheidungsdokument war üblicherweise »ein Brief, durch den die Frau verstoßen wurde« (*xiu-shu*). Sun wollte Mu-zhen nicht auf diese Art demütigen.

Er schickte einen Abgesandten nach Shanghai, der Ching-ling wieder nach Japan bringen sollte, und behauptete, dass er nun legal geschieden sei. In den frühen Morgenstunden einer Herbstnacht schlich sich die von Liebeskummer geplagte junge Frau aus dem Haus ihrer Eltern und bestieg ein Schiff nach Japan. Laut den Überwachungsunterlagen der japanischen Regierung holte Sun sie am 25. Oktober 1915 in Tokio am Bahnhof ab, und die beiden heirateten am folgenden Tag.[136] Die Trauung wurde im Haus eines gewissen Wada Mizu durchgeführt, und das Paar unterzeichnete drei Exemplare eines »Ehevertrags«, den Wada auf Japanisch aufgesetzt hatte. Ching-ling, die kein Japanisch sprach, dachte, Wada sei ein »berühmter Rechtsanwalt« und der Vertrag sei bei der Regierung in Tokio registriert und rechtlich bindend. Tatsächlich jedoch war Wada Mizu kein Anwalt, sondern Besitzer einer kleinen Handelsfirma, und in Tokio wurden Eheschließungen von Ausländern nicht registriert. Der »Ehevertrag« war nur ein Stück Papier, das Wada produziert und dann als »Trauzeuge« unterzeichnet hatte. Der Vertrag hatte keine rechtlichen Konsequenzen. Das Ganze war nur eine Schau für die Einundzwanzigjährige, die in einer Missionsschule erzogen worden war und auf eine rechtskräftige Trauung großen Wert legte.

Außer dem stets treuen und verlässlichen Liao Zhong-kai, der als zweiter »Trauzeuge« fungierte, lud Sun keinen seiner Freunde zu der Trauung ein. Liao brachte seine elfjährige Tochter Cynthia mit, die für die Braut übersetzte. Nach der Unterzeichnung des Vertrags gab es bei Wada ein kleines Abendessen für die Frischvermählten. Dann fuhren alle drei mit dem Auto weg, mit dem Sun gekommen war. Wada wurde zuerst abgesetzt, vor einem Geisha-Restaurant, wo er sein eigentliches Abendessen einnahm. Danach brachte der Wagen Sun und Ching-ling nach Hause. Sun wohnte inzwischen nicht mehr in einer Studentenbude, sondern in einem »versteckt zwischen Rotahornbäumen liegenden gemütlichen kleinen Haus«, das Ching-ling liebte. Sie sagte, die Hochzeit sei »so einfach wie möglich« gewesen, denn »wir hassen beide Feierlichkeiten und Ähnliches«.[137]

Einen Tag nach der Hochzeit standen ihre Eltern vor der Tür. Ching-ling hatte ihnen einen Brief hinterlassen, als sie sich aus dem Haus gestohlen hatte, und sie hatten das nächste Schiff nach Japan genommen. Jahre später schrieb Ching-ling ihrem Freund und Biografen Israel Epstein (den sie Eppy nannte), wie verzweifelt ihre Eltern versucht hätten, »mich dazu zu bewegen, meinen Ehemann zu verlassen und nach Hause zurückzukehren … Meine Mutter weinte, und mein Vater, der an der Leber erkrankt war, flehte mich an … Er wandte sich sogar an die japanische Regierung … mit dem Argument, ich sei minderjährig und zu der Ehe gezwungen worden! Natürlich konnte die japanische Regierung nicht intervenieren. Obwohl ich großes Mitleid mit meinen Eltern hatte – auch ich weinte bitterlich –, weigerte ich mich, meinen Ehemann zu verlassen. Tja, Eppy, obwohl dies vor mehr als einem halben Jahrhundert geschah, kommt es mir immer noch so vor, als sei es erst vor ein paar Monaten passiert.«[138]

Dass Charlie sich an die japanische Regierung wandte und Sun beschuldigte, ist ein Beweis für das Ausmaß seiner Verzweiflung. Er hatte Sun für einen »edlen« Mann gehalten, der niemals »Freunde betrügen« würde. Nun hatte ihn sein Idol zutiefst enttäuscht. »Ich bin in meinem ganzen Leben nie so verletzt worden«, gestand er seinem alten Freund, dem

Die drei Soong-Schwestern in Shanghai, um 1917, nach Abschluss ihres Studiums in den USA. Von links: Rote Schwester Ching-ling, Große Schwester Ei-ling, Kleine Schwester May-ling.

Links: Ei-ling in einem Fotostudio in Peking, 1912. **Mitte:** Ching-ling in North Carolina im Jahr 1912 mit ihrer Freundin Allie Sleep, mit der sie sechzig Jahre lang korrespondieren sollte. **Rechts:** May-ling, im Alter von zehn Jahren am Wesleyan College in Georgia. Ihre Eltern hatten sie bereits mit neun Jahren auf diese Schule geschickt; sie blieb ein Jahrzehnt in den Vereinigten Staaten.

Soong Charlie, der Vater der drei Schwestern, Anfang der 1880er-Jahre, North Carolina. Er war der erste Chinese in den Südstaaten, der zum methodistischen Glauben konvertierte, und kehrte später als Prediger nach China zurück.

Die Festsetzung Sun Yat-sens in der chinesischen Gesandtschaft in London im Jahr 1896 schuf einen internationalen Zwischenfall, hob Suns Ansehen und trug dazu bei, dass er zum »Vater von China« aufstieg. Auf dieser Skizze in einer britischen Zeitung ist Sun zu sehen (Mitte, mit dem Mantel über dem Arm), wie er, begleitet von einer Polizeieskorte, die Gesandtschaft verlässt. Er hält den Arm von Dr. Cantlie, seinem ehemaligen Lehrer, dem er seine Freilassung zu verdanken hat.

Sun (erste Reihe, sechster von links) war der »Interimspräsident«, als am 1. Januar 1912 die Republik ausgerufen wurde; er musste jedoch am 13. Februar zurücktreten, an dem Tag, an dem dieses Foto gemacht wurde. Huang Xing (erste Reihe, vierter von links) war damals der nach ihm einflussreichste Mann unter den Republikanern.

Sun mit seiner Familie im Jahr 1912: seine Frau Muzhen (sitzend, neben ihm), die Töchter Yan (stehend, ganz links) und Wan (stehend, ganz rechts) und sein Sohn Fo. Zu der Zeit umwarb er Ei-ling (stehend im dunklen Gewand), die als seine Assistentin für Englisch arbeitete.

Yuan Shi-kai, Chinas erster Präsident nach der allerersten allgemeinen Wahl des Landes im Jahr 1913.

Chen Qi-mei, der »Pate« der Shanghaier »Grünen Bande«, war maßgeblich an Suns Aufstieg beteiligt.

Song Jiao-ren, der 1912 die Nationale Volkspartei gründete, wurde 1913 ermordet, als er die Delegation seiner Partei zur Eröffnung des ersten chinesischen Parlaments führte. Sun Yat-sen nutzte diesen Mord, um den ersten Krieg in der noch jungen Republik zu beginnen.

Frau Soong Charlie (sitzend) mit ihren beiden älteren Töchtern Ei-ling (links) und Ching-ling (rechts), um 1913/14.

Angehörige der Familie Soong
bei Ei-lings Hochzeit mit
H. H. Kung in Japan, 1914.
Von links: T. L., Charlie,
T. A., Ching-ling, Frau Soong,
H. H. Kung, Ei-ling.

Die ganze Familie Soong war
1917 in Shanghai zum ersten
Mal seit zehn Jahren wieder
vereint. Von links, auf dem
Boden sitzend: Ei-ling, T. V.,
T. A., Ching-ling; Charlie
und Frau Soong; stehend:
T. L. und May-ling.

Michail Borodin (links), Moskaus Repräsentant bei Sun Yat-sen, hielt sich in Kanton auf, um Sun beim Sturz der Regierung in Peking zu unterstützen. Er ernannte Wang Jing-wei (rechts) zu Suns Nachfolger.

Moskau gründete für Sun die Whampoa-Militärakademie. Ching-ling (seit 1915 Madame Sun Yat-sen) nahm an der Gründungsfeier im Juni 1924 teil. Auf der Bühne von links: Liao Zhong-kai, Suns engster Mitarbeiter, Chiang Kai-shek, Direktor der Akademie (und später May-lings Mann), Sun und Ching-ling.

Ching-ling mit ihrem Mann 1924,
dem Jahr vor seinem Tod.

Sun Yat-sens Totenbahre beim Umzug
in sein gigantisches Mausoleum in Nanjing
im Juni 1929.

Ching-ling (erste Reihe, Mitte) war eine der höchsten Führer der Nationalen Volkspartei, als diese im März 1927 noch am stärksten leninistisch geprägt war. Zu ihrer Rechten Suns Sohn Fo; zu ihrer Linken ihr Bruder T. V. und Eugene Chen (neben T. V.). Mao Tse-tung, der spätere Führer des kommunistischen China, steht in der mittleren Reihe, dritter von rechts. Deng Yan-da ist in der letzten Reihe, dritter von rechts. Den Hintergrund bildet ein Porträt Sun Yat-sens, flankiert von der Fahne der Nationalen Volkspartei und des nationalistischen China.

Die drei Schwestern (von links: Ching-ling, Ei-ling, May-ling) um 1927, bevor Chiang Kai-shek die Kommunisten aus der Nationalen Volkspartei verdrängte. Es dürfte das letzte Bild der drei Schwestern sein, bevor sie öffentlich einander entgegengesetzte politische Lager befürworteten.

Die Hochzeit von May-ling und Chiang Kai-shek, Dezember 1927. Sie wurde zur First Lady Chinas, als Chiang im Jahr 1928 die nationalistische Regierung gründete.

Missionar Bill Burke. Und er sollte Sun nie vergeben. Wie Ei-ling und ihr Mann feststellten, war »sein Bruch mit Sun vollständig ... und aus der alten Freundschaft ist eine Feindschaft geworden«.

Die Nachricht von der Eheschließung drang an die Öffentlichkeit. Die Missionare fanden, dass Ching-ling in wilder Ehe lebte, und wollten, dass Charlie sie zurückbrachte. Suns Mitstreiter weigerten sich, sie als Ehefrau ihres Anführers anzuerkennen, und nannten sie nicht »Frau Sun«, sondern »Fräulein Soong«.[139]

Ching-ling schenkte alledem keine Beachtung und lebte im festen Glauben an die Rechtsgültigkeit ihrer Ehe. Sie war in ihr Glück eingesponnen, wie sie ihrer Freundin Allie ein paar Wochen später schrieb:

Ich bin so geistesabwesend zurzeit, dass ich nicht mehr sicher weiß, ob ich den Brief an Dich schon einwarf oder nicht. Um wirklich sicher zu sein, schreibe ich ein paar Zeilen, um Dir mitzuteilen, dass ich ganz besorgt [*sic;* sie schreibt »concerned« (besorgt) und meint »contended« (zufrieden)] & glücklich bin & froh, dass ich den Mut fand, meine Ängste und Zweifel zu überwinden & beschloss zu heiraten.

Ich habe das Gefühl, ich bin angekommen und heimisch geworden. Ich bin *vollauf damit beschäftigt,* meinem Mann bei seiner Arbeit zu helfen, seine Briefe zu beantworten, mich um alle Überseetelegramme zu kümmern und sie ins Chinesische zu übersetzen. Und ich hoffe, dass ich eines Tages den Lohn für all meine Arbeiten und Opfer bekomme und China aus der Knechtschaft eines Tyrannen und Monarchisten befreit wird und im besten Sinne des Wortes als Republik dasteht.[140]

Dass Ching-ling davon sprach, für ihre Ehe »Opfer« zu bringen, lässt vermuten, dass sie in ihrem Innersten wusste, dass ihre Ehe irregulär war. Sie akzeptierte dies mit der Begründung, dass ihr Verhalten einem höheren Zweck diene. Ihre Ehe war in jeder Hinsicht real, nur in der formellen nicht. Sun hielt seine Versprechen und blieb ihr treu; und sie war bereit, ihr Leben für ihn zu geben.

Unterdessen bekam Präsident Yuan, populär und fest im Sattel sitzend, Lust auf mehr. Er hatte schon immer nach der Krone gestrebt, und so verkündete er 1915, dass China zur Monarchie zurückkehren und er selbst Kaiser werden würde. Doch der Möchtegernmonarch hatte selbst gewisse Zweifel, was seine Legitimität betraf. Über dem Thron in der Verbotenen Stadt hing ein geschnitzter Drache an der Decke, der eine große silberne Kugel zwischen den Zähnen hielt. Die Leute glaubten, die Kugel werde auf jeden herabfallen, der sich zu Unrecht auf den Thron setze. Yuan hatte solche Angst, dass ihn die Kugel zerschmettern könnte, dass er den Thron von dem Platz unter dem Drachen wegbringen ließ.[141] Die Bevölkerung, die inzwischen seit mehr als einem Jahrzehnt frei ihre Meinung äußerte, sprach sich nun heftig dagegen aus, dass die Uhr zurückgedreht werde. Dasselbe galt auch für Yuans Standesgenossen und die Führer der Armee. Die Republik war offenbar nicht so leicht abzuschaffen. Am 22. März 1916, dreiundachtzig Tage nachdem Yuan seine Absicht, Kaiser zu werden, verkündet hatte, blies er das Ganze wieder ab. Er kam nie auf den Thron.*

---

* Im Juli 1917 gab es einen weiteren Versuch, die Monarchie wieder einzuführen: General Zhang Xun war der Mandschu-Dynastie treu geblieben und wollte wieder einen Mandschu-Kaiser auf den Thron setzen. Er und seine Truppen trugen immer noch den Zopf der Mandschu, und Zhang Xun hatte den Spitznamen der »Zopfgeneral«. Seine Armee besetzte

Mit dem erfolglosen Versuch, sich zum Kaiser zu erheben, hatte Yuan seinen Ruf ruiniert, und Sun Yat-sen brannte darauf, sich Yuans Verwundbarkeit zunutze zu machen. Seine Befürchtung war, dass Yuan als Präsident zurücktreten könnte und Vizepräsident Li Yuan-hong, wie von der Verfassung vorgeschrieben, automatisch sein Nachfolger würde. Dies hätte Sun eines diskreditierten und schwachen Gegners beraubt. Li hatte als populärer Chef der Armee an der Revolution von 1911 teilgenommen und sich inzwischen als fähiger und populärer Staatsmann erwiesen. Wenn Yuan zurücktrat, würde Sun keinen Grund haben, Li zu ersetzen. Deshalb kam alles darauf an, dass seine Männer sofort handelten, um Yuan zu stürzen. Aus Japan schickte Sun drängende Telegramme an seine Anhänger in China mit dem Befehl, sofort loszuschlagen. Dabei setzte er seine Hoffnungen insbesondere auf den Paten Chen, der in Shanghai sofort Aufstände organisieren sollte.[142]

Chen hatte inzwischen in Shanghai in den Untergrund gehen müssen. Er war nicht mehr der mächtige Pate, der er 1911/12 gewesen war, und konnte Suns Befehl nicht ausführen. Chen wurde nicht nur von der Regierung in Peking gesucht, sondern auch von den Behörden der Ausländersiedlungen. Sie hatten genug davon, dass er Shanghai in ein Schlachtfeld verwandelt und zu einem Paradies für Banditen gemacht hatte. Als er während der republikanischen Revolution die

Peking und setzte Pu Yi, den letzten Kaiser, wieder auf den Thron in der Verbotenen Stadt. Doch es gab kaum Unterstützung für die Restauration. Selbst die Höflinge, die in den kaiserlichen Palast beordert wurden, um kaiserliche Dekrete zu verfassen, waren so »irritiert und verstört«, dass sie das kaiserliche Mittagessen »nicht hinunterbrachten«. Die Zeitungsjungen, die die Dekrete verkauften, riefen: »Kauft Antiquitäten! Eine Antiquität für sechs Kupfermünzen! In ein paar Tagen ist das eine Antiquität!« Die Farce dauerte nur zwölf Tage.

Stadt kontrollierte, hatte er – im Gegensatz zu vielen anderen republikanischen Provinzchefs, die sich gegen ihre früheren Kumpane wandten – die Banden eher geschützt als bekämpft. In der Folge waren die Banditen scharenweise nach Shanghai geströmt und hatten es sich dort gut gehen lassen.

Nun jedoch hatten sich sogar die Verbrecherbanden von Chen abgewandt. Er hatte die Grenzen des normalen Verbrechertums überschritten und sich politisch engagiert – und war auf der Verliererseite gelandet. Damit war er kein mächtiger Pate mehr, sondern nur noch ein gescheiterter Revolutionär. Er konnte nicht nur keinen Aufstand mehr organisieren, sondern auch kein Geld mehr auftreiben. In seiner Zeit als Pate von Shanghai hatte er Banken und Geschäften riesige Summen abgepresst. Als der Shanghaier Manager der Bank of China die Ansicht vertreten hatte, dass er ihm das Geld der Bank nicht einfach übergeben könne, hatte ihn der Pate in Geiselhaft genommen, und die Bank hatte gezahlt. Nun konnte er von solchen einfachen Lösungen nur noch träumen. Er besaß nicht mehr die Mittel, um Aufstände oder Meutereien zu finanzieren – oder all die Morde, die er gern hätte ausführen lassen. Tatsächlich war Präsident Yuan in seine Fußstapfen getreten und bei den Killern ein sehr viel beliebterer Auftraggeber geworden.

Als Chen nicht vorankam und nur eine Kette von Fehlschlägen produzierte, wurde Sun Yat-sen ungeduldig und ärgerlich. Er war wütend, dass nun er den Paten finanzieren musste statt umgekehrt. Also reiste er illegal nach Shanghai, um die Sache selbst in die Hand zu nehmen – ein recht untypischer Schritt, der beweist, wie eilig er es hatte. Yuan, der unter enormem Druck stand, konnte jeden Augenblick zurücktreten. Sun traf sich mit Chen, hielt ihm eine ungeheuer verletzende Standpauke und ließ ihn völlig verstört zurück. Chens Gesundheitszustand war damals bereits so schlecht,

dass es ihm nicht mehr wichtig war, ob er starb oder weiter-
lebte. Auf die Leute in seiner Umgebung wirkte er »dürr und
mutlos wie ein Skelett«. Obwohl er gesucht wurde, wanderte
er immer noch allein ohne Leibwächter durch die Straßen.
Tatsächlich konnte er sich keinen Leibwächter mehr leisten.
Und dann, fast zufällig, geriet er in eine tödliche Falle.

Ein anderer Revolutionär, der zum Spitzel geworden war,
lud ihn eines Tages dazu ein, mit einem »Bergbauunterneh-
men« über ein »Geschäft« zu verhandeln. Das Geschäft versprach eine erhebliche Summe für Suns Kriegskasse ein-
zubringen, und so erklärte sich Chen mit einem Treffen einverstanden. Am 18. Mai 1916 ging er zu einem Haus, das oft für
Treffen mit »Unternehmensvertretern« genutzt wurde, und
setzte sich in einem Raum mit fünf dieser »Unternehmensver-
treter« zusammen. Dort wurde der Achtunddreißigjährige
durch einen Kopfschuss getötet. Chen hatte keine Leibwächter dabei, und man hatte die Mörder ins Haus gelassen, ohne
sie nach Waffen zu durchsuchen. Dies erscheint außerordentlich unvorsichtig, insbesondere da Chen – und auch Sun –
wusste, dass die »Bergbaugesellschaft« nur eine Scheinfirma
war. Chen dachte offenbar, »wenn ich Glück habe, kriege ich
das Geld für Sun, und wenn nicht, ist es ohnehin gleichgültig,
weil ich dann tot bin«.[143]

Nach Chens Tod forderte der Besitzer des Hauses, dass die
Leiche sofort weggebracht würde. In einem anderen Raum
tagten ebenfalls Genossen, aber keiner war bereit, die Aufgabe zu erledigen. Schließlich erfuhr der spätere Generalissimus Chiang Kai-shek von dem Mord. Er hatte auf Chens
Befehl Suns politischen Rivalen Tao Cheng-zhang getötet,
verehrte den ehemaligen Paten als seinen Mentor und liebte
ihn wie einen Bruder. Er raste zum Schauplatz des Verbre-
chens und nahm Chens Leichnam mit in sein eigenes Haus,
wo er ihn für die Trauergäste aufbahrte. Nur wenige kamen,

um Chen die letzte Ehre zu erweisen. Sun Yat-sen schwebte ebenfalls in Lebensgefahr und blieb fern. Der einst so furchterregende Pate war als einsamer Mann gestorben. Sein Leichnam wurde aufbewahrt, weil seine Familie sich kein ordentliches Begräbnis leisten konnte. Chiang Kai-shek war traurig und wütend. Er schrieb einen bitteren Nachruf, der größtenteils aus einer Schimpftirade auf Chens »Freunde« bestand. Ohne Sun namentlich zu nennen, deutete er an, dass dieser den Mann schäbig behandelt habe, der bei seinem Aufstieg so unersetzlich gewesen war, und dass dies bei Chens Tod eine Rolle gespielt habe.[144]

Als die Nachricht von Chens Ermordung in Japan eintraf, nahm Ching-ling das nächste Schiff und eilte nach Shanghai, um bei ihrem Mann zu sein. Sie hatte schreckliche Angst um ihn und war überzeugt, dass er nur mit ihr an seiner Seite in Sicherheit wäre. Sie kam früh am nächsten Morgen an. Als sie durch den lichter werdenden Nebel die Gangway hinunterging, sah sie Suns vertraute Gestalt am Ufer. Es war recht ungewöhnlich für Sun, auf ein Schiff zu warten, war er doch der »Big Busy Man«, wie ihn Ching-ling liebevoll nannte. Und dass er es tat, bedeutete zu diesem Zeitpunkt ein besonderes Risiko für ihn. Offenbar war er gerührt über Ching-lings Liebesbekundung und wollte zeigen, wie sehr er sie zu schätzen wusste. Sie war bewegt von seiner Geste und außerdem enorm erleichtert, dass er unverletzt war.[145]

Achtzehn Tage nach Ching-lings Ankunft starb Präsident Yuan mit sechsundfünfzig Jahren an Nierenversagen, ohne dass er zurückgetreten war. Vizepräsident Li wurde automatisch sein Nachfolger. Sun hatte seine diskreditierte Zielscheibe verloren. Er unterbrach den Krieg, den er begonnen hatte, und überlegte, wie er mit Li umgehen sollte und selbst Präsident werden konnte. Ching-ling dachte, ihr Mann sei von nun an in Sicherheit. Sie war sehr glücklich.

6

Madame Sun Yat-sen

Sun wusste aus Erfahrung, dass Präsident Li nicht den brennenden Ehrgeiz hegte, China zu regieren. Also gab er sich verhandlungsbereit in der Hoffnung, dass Li ihm die Führungsposition überlassen werde.[146] Li wollte keine weiteren Kriege und bot Sun den besonderen Titel des Obersten Regierungsberaters an. Sun lehnte empört ab und versuchte, einige nationalistische Mitglieder des Parlaments zu der Forderung zu überreden, ihn zum Präsidenten zu ernennen.[147] Da eine solche Forderung keine verfassungsmäßige Grundlage hatte, lehnten die Abgeordneten ab. Am Ende meinten einige vorsichtig, dass sie Sun vielleicht als Vizepräsidenten vorschlagen könnten. Als ein Bote Sun diese Nachricht überbrachte, bekam der einen heftigen Wutanfall und entließ den Abgesandten mit der Drohung: »Seid bloß vorsichtig. Ich beginne sofort einen Aufstand … Ich starte einen militärischen Feldzug. Seid besser vorsichtig.«[148]

Sun bereitete einen Krieg gegen die Regierung Li vor. Dafür brauchte er Geld. Durch den Ersten Weltkrieg bekam er seine Chance. Anfang 1917 brachen die USA die diplomatischen Beziehungen mit Deutschland ab und forderten China auf, dasselbe zu tun. Amerika war traditionell mit China verbündet und versicherte dem Land, dass es viel zu gewinnen habe, wenn es sich den Alliierten anschließe. Im Parlament wurde das Problem wochenlang debattiert, während Gesandte der Alliierten und Deutschlands auf der Galerie zuhörten. Am 10. März stimmte das Haus dem Abbruch der Beziehungen mit Deutschland zu. Dokumente aus deutschen Archiven beweisen, dass Deutschland versucht hatte, China zu bestechen und so von dem Beschluss abzuhalten. Dabei nahm Deutschland insbesondere den Ministerpräsidenten Duan Qi-rui ins Visier, einen früheren Soldaten, der sich stark für das Bündnis mit den Alliierten einsetzte. Die Deutschen hatten ihm eine Million Dollar zur privaten Verfügung angeboten, aber er hatte rundweg abgelehnt.[149] (Duan war ein früherer Protegé von Yuan Shi-kai und hatte auch eine tragende Rolle dabei gespielt, diesen zum Verzicht auf den Kaiserthron, von dessen Besteigung er geträumt hatte, zu zwingen.)

Nach dem gescheiterten Bestechungsversuch strebte Deutschland Duans Absetzung und eine Revision seiner Politik an. Es begannen Geheimgespräche mit Sun Yat-sen über dessen Verbindungsmann Abel Tsao. Der deutsche Generalkonsul in Shanghai, Hubert Knipping, berichtete nach Berlin, dass Sun gerne mit Deutschland zusammenarbeiten wolle und dafür »zwei Millionen Dollar verlange«. Der deutsche Reichskanzler war einverstanden, und Sun bekam 1,5 Millionen mexikanische Silberdollar (eine der Währungen, die damals in China in Umlauf waren)* – es war die erste große Unterstützung, die Sun aus dem Ausland erhielt.[150]

Sun wollte das Geld für den Aufbau einer Basis verwenden und entschied sich für Kanton, eine von niedrigen

---

* Das Geld wurde laut einem Bericht des amerikanischen Generalkonsuls P. S. Heintzleman durch die Holland Bank und die Bank of Taiwan überwiesen (Wilbur, C. Martin, S. 93 f., 113).

Bergen umgebene wohlhabende Küstenstadt im Süden Chinas mit einer Million Einwohnern. In seiner Jugend hatte Sun die Stadt wegen ihrer Altertümlichkeit gemieden. Nun jedoch war sie stark modernisiert – alte Gassen waren für den Autoverkehr verbreitert worden, auf den schlammigen, mit Schlaglöchern übersäten Boulevards verspritzten Autos den Dreck in alle Richtungen, und ihre Passagiere schaukelten heftig auf den satinbezogenen Sitzen. Für Sun war am wichtigsten, dass eine Gruppe Abgeordneter aus dem Pekinger Parlament in der Stadt weilte, die eine Basis des Rückhalts bilden konnten. Das erste Parlament Chinas hatte in den Berichten der freien Presse chaotisch und uneffektiv gewirkt, und es waren Petitionen für Neuwahlen eingereicht worden. Unter diesem Druck verkündete Präsident Li im Juni 1917 die Auflösung des Parlaments und setzte Neuwahlen an – ein Schritt der eigentlich verfassungswidrig war. Etwa hundert Abgeordnete verließen daraufhin aus Protest Peking, und Sun Yat-sen konnte mit dem deutschen Geld die meisten davon überzeugen, nach Kanton zu kommen und dort weiterzuarbeiten. Außerdem gelang es ihm, mit dem Geld die Flotte seines alten Freundes Cheng Bi-guang, die dringend finanzielle Unterstützung benötigte, an sich zu binden. Im August bildete er in Konkurrenz zu Peking eine eigene »Regierung« mit der Begründung, dass er die Verfassung verteidige.[*]

Von den in Kanton versammelten Abgeordneten verlangte Sun, ihn zum »provisorischen Präsidenten« Chinas zu küren. Die Abgeordneten weigerten sich zunächst mit dem Argument, dass sie die gemäß der Verfassung erforderliche Anzahl an Stimmen nicht erreichten, um ihn in das Amt zu

---

[*] Nachdem Sun das deutsche Geld genommen hatte, erklärte seine Regierung den Deutschen den Krieg, als ihre Niederlage abzusehen war.

wählen. Ohnehin wollten sie eigentlich nicht den Sturz der Pekinger Regierung, sondern lediglich eine Wiedereinsetzung des Parlaments erreichen. Sun bekam einen seiner immer häufiger auftretenden Wutausbrüche und belegte den Parlamentspräsidenten mit wüsten Beschimpfungen. Als Kompromiss wurde Sun der Titel »Großmarschall« verliehen (und für die Regierung in Kanton die Bezeichnung »Militärregierung« eingeführt). Sun ließ sich, angetan mit einer goldbetressten Uniform, einer roten Schärpe, einem Federbusch und einem Zeremonienschwert, mit großem Pomp zum Großmarschall küren.[151]

Danach begann er sofort einen Krieg gegen Peking. Seine Soldaten bekamen fünfzehn Yuan im Monat, wenn sie sich mit eigenen Waffen rekrutieren ließen, und zehn Yuan ohne eigene Waffen. Suns deutsche Mittel erschöpften sich schnell. Als Großmarschall hatte er nicht das Recht, Steuern zu erheben, und die Verwaltungsbeamten, denen er befahl, ihm Geld zu geben, versagten ihm den Gehorsam. Sun ließ wieder einmal eine seiner Schimpfkanonaden los und befahl der Flotte, das Verwaltungsgebäude zu beschießen. Die Flotte weigerte sich ihrerseits, diesen Befehl auszuführen. Sun ging an Bord eines Schiffes und feuerte selbst ein Geschütz ab, womit er freilich den Flottenchef Cheng Bi-guang[152] gegen sich aufbrachte. Wenig später wurde Suns alter Freund an einem Landungssteg erschossen. Laut einem Handlanger Suns, der in diesen und andere Morde verwickelt war, wurde der Mord von Suns Sekretär Zhu Zhi-xin in Auftrag gegeben. Sun soll später gesagt haben, Chengs Tod sei »eine Hinrichtung wegen Befehlsverweigerung« gewesen.

Die Abgeordneten waren entsetzt über Suns brutale »Diktatur«. Sie bedauerten, dass sie sich mit ihm verbündet hatten, und fanden einen Weg, ihn aus der Stadt zu vertreiben. Sie beschlossen per Abstimmung, das Amt des Großmarschalls abzuschaffen und stattdessen eine kollektive Führung von sieben Männern einzusetzen, der auch Sun angehören sollte. Sie rechneten damit, dass er sich mit einer geteilten Führungsposition nicht abfinden würde. Und tatsächlich trat er sofort zurück und verließ am 21. Mai 1918 die Stadt. Er war weniger als ein Jahr Großmarschall gewesen.

Menschen, die ihm damals begegneten, waren erschrocken, wie schwach er wirkte: ein Einundfünfzigjähriger mit dünnen ergrauten Haaren, hängenden Schultern und mutlosem Gesichtsausdruck. Ein Auge war entzündet und stark geschwollen, und eine Tränenspur zog sich über sein eingefallenes Gesicht.[153] Eine schwere Kränkung nagte an ihm. Er, der erste Mann, der ein republikanisches System befürwortet hatte, bekam nicht, was ihm zustand. Seine Größe wurde nicht respektiert und anerkannt, und das Präsidentenamt Chinas, das er verdiente, wurde ihm hartnäckig entzogen. Er fühlte sich »absolut allein und hilflos«, eine Lage, die, wie er sagte, nicht nur »mir selbst, sondern auch der Republik schadet«.[154]

Ching-ling verbrachte einen Großteil der Zeit, die Sun in Kanton weilte, in Shanghai. Im Juli 1917 kam die Kleine Schwester May-ling nach zehn Jahren Abwesenheit aus Amerika zurück. Kurz danach erkrankte Charlie Soong an Krebs und starb am 3. Mai 1918. Diese Ereignisse und der Umstand, dass Sun nicht in Shanghai war, brachten Ching-ling wieder mit ihrer Familie zusammen.

Als Sun aus Kanton vertrieben wurde, wollte er nach Shanghai ziehen, und Ching-ling besorgte beim französischen Konsul die Genehmigung, dass er mit seiner Frau in der französischen Konzession leben durfte. Die Suns wohnten in einem Herrenhaus europäischen Stils mit einem großen Garten. Es stand am Ende einer kurzen Sackgasse, in der sich nur wenige andere Häuser befanden, und war deshalb relativ leicht zu bewachen. An einer Wand des Wohnzimmers hing ein Bild von George Washington. Sun nahm es ernst, wenn die Leute ihn manchmal als George Washington Chinas bezeichneten.

Ching-ling wurde nach ihrer Heirat noch schöner, als sie ohnehin schon war. Julian Carr, Tabakmagnat aus North Carolina und alter Förderer ihres Vaters, besuchte Shanghai etwa zu diesem Zeitpunkt und sagte, Ching-ling sei »die bestaussehende junge Frau«, die er in China gesehen habe.[155]

Sie und Sun hatten häufig Gäste, und sie bezauberte sie alle. George Sokolsky, ein amerikanischer Journalist, der in ihrem Haus verkehrte, bemerkte, sie habe eine »so einnehmende und liebenswerte Persönlichkeit«, dass sie ihren Mann mit Leichtigkeit in den Schatten stelle. Ihre »Anwesenheit im Raum, ihr freundliches Lachen, ihre gepflegte Konversation hinterließen einen nachhaltigeren Eindruck als die Persönlichkeit des etwas mürrischen, stets verträumten politischen Führers«. Für jeden Besucher hatte Ching-ling »ein herzliches Willkommen, sanften Umgang, ein gutes Wort«, aber sie war auch »dafür da, dem Doktor Zeit und Energie zu sparen und seinen Frieden zu schützen«. Morgens spielte sie Tennis mit ihm. Nach dem Frühstück las und schrieb er, und sie schrieb seine Manuskripte ins Reine. Sie arbeitete als seine Sekretärin und blieb dabei völlig im Hintergrund. »Sie war immer zur Stelle; aber stets hinter dem Doktor, nicht neben ihm … bewachte den großen Mann … spielte sich nie in den Vordergrund, um auch nur einen Strahl vom Glanz ihres Mannes auf sich selbst zu lenken.«[156]

Mit ihrer Hilfe als Sekretärin schrieb Sun das Pamphlet *The Sun Theory* – ein *œuvre*, auf das er mächtig stolz war. Es hatte ein einziges Thema, nämlich »leichter getan als gesagt« *(xing-yi-zhi-nan)*, die Umkehr des alten Sprichworts »leichter gesagt als getan«. Er verkündete, das alte Sprichwort sei in

China die Quelle allen Übels und sein Aphorismus »der einzige Weg, um China zu retten« – und nicht nur China, sondern auch »die Wahrheit des Universums«. Als Beleg für seine These führte er zunächst einmal an, dass Nahrungsmittel wie Sojabohnenquark, Holunderpilze und Schweineinnereien wertvoll seien, gefolgt von einem Gedankenspiel über die große Bedeutung von Geld und eingestreuten Betrachtungen über die Sprache, Darwin, die Naturwissenschaften, japanische Reformen und die Notwendigkeit, die Wirtschaft weiterzuentwickeln. All diese Themen waren ohne jede erkennbare Ordnung zusammengeworfen, ohne Rücksicht auf Relevanz oder Zusammenhang.

Mit diesem Sammelsurium versuchte Sun, die Überlegenheit des Menschen zu begründen, der es zuerst »gesagt« hatte. Mit diesem Menschen meinte er sich selbst als den ersten Befürworter eines republikanischen Systems. Und er bestand darauf, dass einem solchen Mann zu gehorchen sei.[157] Der Gelehrte Hu Shih, der führende liberale Kopf der damaligen Zeit, erkannte, worauf Sun hinauswollte, und wies scharf darauf hin: Sun habe das Buch geschrieben, um »gehorcht mir« und »macht, was ich sage« zu verkünden. »Nach sorgfältiger Lektüre des Buches bleibt uns nur der eine Schluss, dass das die einzige Erklärung ist.«[158]

Ching-ling, die als Studentin eindrucksvolle argumentative Essays geschrieben und sich gern über Selbstgefälligkeit lustig gemacht hatte, verehrte Suns Werk. Ihre Schwester Mayling, die mit einer überlegenen intuitiven Intelligenz gesegnet war, schrieb dazu an ihre Freundin Emma Mills: »Weißt Du, ich habe festgestellt, dass die erfolgreichsten Männer in der Regel nicht Genies mit großen Fähigkeiten sind, sondern Männer, die ein so gewaltiges Vertrauen in sich selbst haben, dass sie stets andere hypnotisieren, genauso fest daran zu glauben.«[159]

Ching-ling jedenfalls war zweifellos von ihrem Mann in den Bann geschlagen. In einem Brief an Allie schrieb sie: »Ich bewundere ihn immer noch & und bin immer noch eine ebenso treue Verehrerin seines Charakters, wie ich es immer war ... Und das Beste, was ich mir für Dich wünschen könnte, liebe Allie, ist, dass Du bald Deine Ideale in einem menschlichen Ideal materialisiert findest, & dann wird bestimmt das Glück kommen. Natürlich bist Du auch jetzt schon sehr glücklich, doch das Glück eines Ehelebens ist anders & viel mehr wert.«[160]

Sun lebte mehr als zwei Jahre in Shanghai. In der Zeit, und zwar im Jahr 1918, fanden erneut allgemeine Wahlen statt. Sie führten dazu, dass Hsu Shih-chang Präsident wurde, ein »Gelehrter und Gentleman«, der wegen seiner Integrität großen Respekt genoss. Die Wahlen wurden durch fünf von Kanton beeinflusste Provinzen boykottiert, doch wurde die vom Rest des Landes gewählte Regierung international anerkannt. Präsident Hsu bot Kanton Frieden und eine Wiedervereinigung an. Daraufhin verließen viele Männer in Schlüsselpositionen die Stadt. Sun plante, nach Kanton zurückzukehren und seinen Krieg gegen Hsu fortzusetzen. Für ihn kam die Macht ausschließlich aus den Gewehrläufen. Als am 4. Mai 1919 eine nationalistische Studentendemonstration stattfand (ein Ereignis, das als Meilenstein der chinesischen Geschichte betrachtet wird), kamen einige der jungen Leute zu Sun und fragten ihn um Rat. Sun zeigte wenig Interesse an ihrer Bewegung, aber er meinte: »Ich gebe euch fünfhundert Gewehre, damit ihr euch um die Regierung in Peking kümmern könnt. Was sagt ihr dazu?«[161] Er schickte drei verschiedene Delegationen nach Deutschland, um die Deutschen zu einer Invasion in China und einem Angriff auf Peking zu veranlassen. In Deutschland hielt man ihn für

»verrückt«.[162] Er drängte Japan über den japanischen Konsul in Shanghai, ihn bei seinem Krieg gegen Peking zu unterstützen, und bot im Gegenzug die Mandschurei und die Mongolei an. Doch die Japaner ignorierten seine Anfragen.[163]

Mittlerweile war fast ein Jahrzehnt vergangen, seit in China erstmals eine Wahldemokratie funktioniert hatte. Die Gesellschaft erlebte eine Periode beispielloser Freiheit, und kluge, ehrgeizige Menschen entwickelten unkonventionelle Ideen, wie das Land regiert werden könnte, die sie in die Tat umzusetzen versuchten. Einer dieser Menschen war Ch'en Chiung-ming, ein Offizier der kantonesischen Armee. Er hatte vor seiner Karriere als Berufssoldat eine Ausbildung als Rechtsanwalt absolviert und war 1909 in die Provinzversammlung von Guangdong gewählt worden. Ch'en war der Ansicht, dass China zu groß sei, um von einer hochzentralisierten Regierung geführt zu werden, und hielt ein föderales System (wie etwa das der Vereinigten Staaten) für besser geeignet. Seiner Ansicht nach sollten die einzelnen Provinzen große Autonomie bekommen, um ihre eigenen Angelegenheiten zu erledigen. Um seine Vorstellungen chinaweit in die Realität umzusetzen, wollte Ch'en aus der Provinz Guandong und ihrer Hauptstadt Kanton durch den Bau von Schulen, Häusern, Straßen, Parks und anderen öffentlichen Einrichtungen ein Vorzeigeprojekt für seine Pläne machen. Sein Problem war nur, dass er als Offizier kein Mandat hatte, die Provinz zu regieren, und dass niemand auf ihn hörte. Er dachte an Sun Yat-sen und glaubte, er könnte dessen Namen für seine Zwecke nutzen. Sun ergriff die Gelegenheit, Kanton durch Ch'en wieder in die Hand zu bekommen, und traf im November 1920 selbst dort ein.

Ch'en bedauerte schon bald, dass er sich mit Sun zusammengetan hatte. Er hatte ganz andere Ziele als Sun, der Kanton lediglich als Basis nutzen wollte, um auf kriegerische

Weise die Herrschaft über ganz China zu erringen. Es kam schnell zu einem Konflikt zwischen den beiden, in dem sich Ch'en nicht lange behaupten konnte. In kürzester Zeit hatte Sun wieder einmal eine Gegenregierung zu Peking gegründet. Und dieses Mal ließ er sich am 7. April 1921, im Gegensatz zu 1917, als er es nur zum Großmarschall gebracht hatte, zum »großen Präsidenten der Chinesischen Republik« küren. So kam es, dass ausgerechnet der Vater Chinas das Land spaltete und einen abtrünnigen Staat errichtete, der im Gegensatz zu allen anderen Provinzen die gewählte, international anerkannte Regierung bekämpfte.

Der amerikanische Militärattaché Major Magruder äußerte, nachdem er Sun in Kanton besucht hatte, dieser sei »im Leben von einem einzigen Motiv getrieben, dem der Selbsterhöhung«. Er werde für dieses persönliche Ziel vor nichts zurückschrecken und ihm jeden Menschen opfern.[164] Magruders Nachfolger, Major Philean, machte dieselbe Beobachtung: »Seine Augen sind fest auf [Peking] gerichtet – seine Bestimmung. Er glaubt, dass ganz China ihm zu Füßen liegen wird … und das ganze Land ihm gehorchen wird.«[165]

Im Mai 1922 begann Sun eine militärische Kampagne gegen den Norden, um Präsident Hsu zu stürzen mit der Begründung, dass nicht in allen zweiundzwanzig Provinzen gewählt worden sei. Hsu wollte keinen weiteren Krieg und bot an, gleichzeitig mit Sun zurückzutreten, um den Weg für Neuwahlen zu öffnen. Er machte das Angebot unmittelbar nachdem er einen wichtigen diplomatischen Erfolg erzielt hatte. Die Japaner hielten seit dem Ersten Weltkrieg einen Teil der Provinz Shandong besetzt. Auf der Versailler Friedenskonferenz im Jahr 1919 war es China nicht gelungen, das besetzte Gebiet zurückzubekommen, was die nationalistischen Studentenproteste des 4. Mai ausgelöst hatte. Hsus Regierung jedoch schaffte es, die japanische Regierung durch geschickte Verhandlungen im Jahr 1922 zur Rückgabe des Gebiets zu bewegen. Als Hsu den Vertrag am 2. Juni in Peking ratifiziert hatte, trat er noch am selben Morgen von seinem Amt zurück und verließ die Hauptstadt am Nachmittag. (Sein diplomatischer Sieg ist aus den Geschichtsbüchern getilgt worden.)[166]

Sun hatte nicht damit gerechnet, dass Hsu seine Präsidentschaft so schnell aufgeben würde, und leichtfertig versprochen, ebenfalls zurückzutreten. Nun wollte die Bevölkerung, dass er sein Versprechen hielt und den Krieg beendete. Doch Sun handelte so, als hätte er das Versprechen nie gegeben. Ch'en und seine Truppen, die schon seit Langem Frieden wollten, hatten genug von diesem Verhalten. Sie machten deutlich, dass sie nicht für Sun kämpfen würden, und verlangten in einer Presseerklärung seinen Rücktritt. Er reagierte am 12. Juni mit einer Pressekonferenz, bei der er eine Schimpftirade auf Ch'en und seine Armee abließ. Drohend erklärte er: »Die Leute sagen, Sun Yat-sen sei eine ›eine große Kanone‹ [jemand, der laut angibt], ich werde ihnen zeigen, was eine große Kanone heutzutage wirklich ist. Ich werde mit Acht-Zoll-Kanonen Giftgas schießen … und die sechzig-plus Bataillone der Ch'en-Armee in drei Stunden in Staub verwandeln. Es stimmt schon, dass es zu gewalttätig und grausam ist, sechzig Bataillone Soldaten abzuschlachten und die Bewohner der ganzen Stadt in Angst und Schrecken zu versetzen; aber wenn ich es nicht tue, kommen sie nicht zur Besinnung.« Er forderte die Zeitungen auf, seine Drohungen zu veröffentlichen.[167]

Für Ch'en war diese Erklärung der Tropfen, der das Fass zum Überlaufen brachte. Er beschloss, Sun aus der Stadt zu vertreiben. In den folgenden Tagen ließ er rund um Suns »Präsidentenpalast«, der am Fuß eines Hügels lag, Soldaten aufmarschieren. Suns Privathaus stand auf halber Höhe des

Hügels und war mit dem Palast durch eine überdachte Galerie verbunden: eine elegante Villa in einem luxuriösen Garten mit einem weiten Blick auf die Straßen der Stadt und den Perlfluss dahinter. Aus diesem Haus bekam Sun mehrere Botschaften, die ihm dringend zur Flucht rieten. Er jedoch weigerte sich zunächst, diesen Rat zu befolgen.

Am 16. Juni, etwa eine Stunde nach Mitternacht, kam die Warnung, dass das Anwesen im Morgengrauen angegriffen würde, und Sun beschloss, nun lieber doch zu fliehen. Er zog einen Sommermantel aus weißer Baumwolle an, setzte eine Sonnenbrille auf und machte sich mit ein paar Leibwächtern in Zivil und den wichtigsten Geheimdokumenten davon. Sie flohen den Abhang hinunter und erreichten so rasch die Straßen von Kanton. Sie nahmen Rikschas zu einer Pier in der Nähe und mieteten ein Motorboot, das sie zu einem loyalen Kanonenboot brachte. Sun hatte sich innerhalb von knapp eineinhalb Stunden in Sicherheit gebracht. Aber seine Frau war nicht bei ihm.[168]

Im Morgengrauen griffen Ch'ens Soldaten, die nicht wussten, dass der große Präsident schon geflohen war, den Präsidentenpalast an. Da Ching-ling noch im Haus war, lieferte Suns Leibwache, die aus mehr als fünfzig Mann bestand, den Angreifern einen heftigen Kampf.

Ching-ling hatte selbst das Angebot gemacht, zur Tarnung von Suns Flucht zu bleiben. »Ich sagte mir … dass die Beteiligung einer Frau an der Flucht nur ein Hindernis darstellen könne, und bat ihn dringend, mich ruhig in unserem Hause zu lassen«, schrieb sie unmittelbar nach dem Ereignis für eine Zeitung in Shanghai.[169] An anderer Stelle schrieb sie, sie habe zu ihrem Mann gesagt: »China kann ohne mich auskommen. Ohne dich kann es nicht auskommen.« Sie liebte Sun und war bereit, sich für ihn zu opfern.

Was die junge Frau nicht wusste, war, dass ihr Mann, *selbst als er schon in Sicherheit war,* immer noch nicht wollte, dass sie ebenfalls floh. Er gelangte viele Stunden vor der Morgendämmerung auf das Kanonenboot, lange bevor der Angriff von Ch'ens Armee geplant war. Also hätte er sehr viel Zeit gehabt, um Ching-ling wissen zu lassen, dass er in Sicherheit war und sie die Residenz verlassen konnte. Doch das tat er nicht. Zwar schickte er tatsächlich einen Mann zum Präsidentenpalast zurück, aber nur »zur Aufklärung«, nicht um irgendetwas anderes zu tun.[170] Deshalb hatte Ching-ling keine Ahnung, dass ihr Mann schon längst über alle Berge war, und hielt tapfer die Stellung.

Im Morgengrauen begann der Angriff. Suns Männer kämpften mit »Maschinengewehren und Büchsen. Die Feinde begannen aus Feldgeschützen zu feuern ... Unser Badezimmer ... lag in Trümmern ... Gegen acht Uhr ging unsere Munition langsam zur Neige. Wir beschlossen, das Feuer vorläufig einzustellen und den noch übrigen Vorrat bis zum äußersten Augenblick aufzusparen.« Erst jetzt war Ching-ling bereit zu gehen und versuchte mit drei Begleitern, hinunter in die Stadt zu gelangen. Sie nahmen die Überführung, »auf welche der Feind sogleich sein Feuer verlegte. Die Kugeln pfiffen uns um die Ohren, mehrere streiften meine Schläfen, doch wurde niemand verletzt.«

Im Gegensatz zur reibungslosen Flucht ihres Mannes ging es bei der Ching-lings um Leben und Tod. »Von acht Uhr morgens bis vier Uhr nachmittags lagen wir im höllischen Feuer der Feldartillerie. Einmal krachte die Decke des Zimmers, das ich gerade verlassen hatte, hinter mir zu Boden.«

Einer von Ching-lings Begleitern wurde von einer Kugel getroffen und konnte nicht mehr weiter. Mit Suns Hut und seinem Regenmantel verkleidet, schaffte es Ching-ling mit den beiden anderen Leibwächtern hinunter auf die Straßen

Kantons. Überall liefen Soldaten herum, die völlig außer Kontrolle geraten waren und »Wahnsinnigen« glichen.

Ich war so erschöpft und von Kräften, dass ich meine Leibwächter bat, mich zu erschießen. Sie jedoch nahmen mich in ihre Mitte und schleppten mich mit ... Überall lagen die Leichen der Erschlagenen ... Zwei Menschen hockten zusammengekauert im Schutz eines Dachvorsprungs und starrten sich mit weit aufgerissenen Augen an. Sie waren tot, von Sprengstücken getroffen.

Ein Haufen von Marodeuren brach vor uns aus einer Seitengasse hervor. »Flach hinlegen ...! Tot stellen!«, flüsterte einer meiner Beschützer. Schon lagen wir, reglos, von niemandem beachtet, die Horde raste an uns vorüber. Als wir uns wieder erhoben und die Flucht fortsetzten, knallten hinter uns Flintenschüsse. »Nicht umschauen«, mahnten meine zwei Leute, »nicht die Toten ansehen!« Man wird sonst ohnmächtig. Nach einer halben Stunde hallten die Schüsse nur noch von fern.

Wir befanden uns vor einem kleinen, niedrigen Bauernhaus. Der Bauer versuchte, uns von seiner Schwelle zu weisen, aber die Ohnmacht, die mich plötzlich umfing, muss sein grausames Vorhaben vereitelt haben – als ich wieder zu mir kam, lag ich drinnen im Haus. Die Wachen hatten mich mit kaltem Wasser und Luft, die sie mir zufächelten, zu Bewusstsein gebracht.

Um die Möglichkeit des Weiterkommens zu erkunden, trat einer der beiden Gardisten vors Haus – da knallten Flintenschüsse, der zweite sprang heran, das Tor zu verrammeln, und sah seinen Kameraden, von einer Kugel getroffen, am Boden liegen. Das Feuer dauerte fort.

Wir beschlossen, uns zu verkleiden, der Soldat als ein Hausierer und ich als ein altes Bauernweib. So machten wir uns mit einem Tragkorb und etwas Gemüse auf den Weg zum Haus eines Freundes ... [Dort] blieben wir ... über Nacht. Das Schießen dauerte bis zum nächsten Morgen, an dem wir endlich mit einem Gefühl grenzenloser Erleichterung die Schiffsgeschütze vom Kanonenboot her vernahmen. Sie verkündeten Suns glückliche Rettung.

Ching-ling wusste also erst zu diesem Zeitpunkt, dass Sun in Sicherheit war. Deshalb war sie in der Residenz geblieben, als Ch'ens Armee ihr Haus angegriffen hatte. Sun hatte offensichtlich seine Frau als Köder benutzt, damit sich der Angriff zu einer blutigen Schlacht entwickelte, die er als Vorwand nutzen konnte, um Kanton mit seinen Kanonenbooten zu beschießen. Zahllose Vertreter der Stadt und des Auslands kamen zu ihm und flehten ihn an, den Beschuss einzustellen, und er brachte sie mit dem Verweis auf Ch'ens Angriff auf sein Haus zum Schweigen. In einer Presseerklärung behauptete er, der Angriff habe »mehrere Minuten nach« seiner Flucht begonnen und er habe »der Flotte befohlen, das Feuer zu eröffnen, weil ich empört bin und will, dass die Verantwortlichen zur Rechenschaft gezogen werden«.[171]

Als die Kanonen donnerten, zeigte Sun sich begeistert. Personen aus seiner Umgebung erinnerten sich, dass er »plauderte und lachte« und verkündete, dass »ich mit der Schlacht heute zufrieden bin!«[172]

Unterdessen hing das Leben seiner Frau an einem seidenen Faden. Nach zwei höllischen Tagen und Nächten gelang es ihr, einen Freund anzurufen, der ihr ein Boot schickte, das sie zu Suns Kanonenboot brachte. Die ganze Zeit, als sie in Lebensgefahr schwebte, hatte ihr Mann keinen Finger gerührt, um ihr zu helfen. Die beiden sahen sich nur kurz, dann fuhr sie zu ihrer Familie nach Shanghai.

Ching-ling hatte auf ihrer Flucht eine Fehlgeburt erlitten, und später sagte man ihr, sie könne nicht mehr schwanger werden – ein sehr schwerer Schlag für die junge Frau, die unbedingt Kinder hatte haben wollen.[173] Der Schmerz über ihre Kinderlosigkeit überschattete den Großteil ihres Lebens. In den folgenden Jahren bemerkten enge Freundinnen, dass sie immer »schmerzerfüllt« aussah und »das Thema wechselte«, wenn das Gespräch auf Schwangerschaft und Geburt kam. Ihre Reaktion sei »nahezu pathologisch« gewesen.[174] Später sollte ihre ungestillte Sehnsucht nach eigenen Kindern ihr Verhalten nachhaltig beeinflussen. Als sie unmittelbar nach den Ereignissen ihren Bericht schrieb, erwähnte sie ihre Fehlgeburt nicht. Der Schmerz war noch zu stark. Emma Mills, die amerikanische Freundin ihrer Schwester May-ling, bemerkte ihre Not. Emma war damals in Shanghai und erlebte, wie Ching-ling, inkognito und als Bäuerin verkleidet, in der Stadt ankam. »Klein, dünn, sehr blass und überhaupt das einsamste Ding, das ich je gesehen habe«, schrieb Emma in ihr Tagebuch. (Sie blieb zum Abendessen und half May-ling und der herbeigerufenen Schneiderin beim Zusammenstellen von ein paar Kleidern für Ching-ling.)[175]

Irgendwann begriff Ching-ling natürlich, was ihr Mann getan hatte. Sie war beinahe gestorben, sie hatte ihr Kind und darüber hinaus jede Hoffnung, je ein eigenes Kind zu bekommen, verloren. Dass Sun sie als Deckung für seine Flucht benutzt hatte, war vielleicht noch entschuldbar, aber dass er sie als Zielscheibe benutzt hatte, um einen Angriff des Feindes zu provozieren, und das in dem Bewusstsein, dass sie wahrscheinlich ums Leben kommen würde, das war zu viel. Ein solches Verhalten hätte die Liebe jeder normalen Frau zerstört, und auch Ching-lings Liebe zu Sun überstand diesen Verrat nicht. Später wurde sie von ihrem Freund, dem amerikanischen Journalisten Edgar Snow, gefragt, wie sie sich in

Sun verliebt habe. Snow notierte die Antwort. »›Ich habe mich nicht in ihn verliebt‹, sagte sie langsam. ›Es war Heldenverehrung aus der Ferne. Als ich ausriss, um für ihn zu arbeiten, war das der Einfall eines romantischen Mädchens ... Ich wollte helfen, China zu retten, und Dr. Sun war der eine Mann, der dazu imstande war, und so wollte ich ihm helfen.‹«[176]

Ihre gefühlvollen Briefe sprechen eine andere Sprache. Sie hatte Sun geliebt, aber ihre bedingungslose, tief empfundene Liebe war gestorben. Es war ihr wie Schuppen von den Augen gefallen, und sie hatte die hässliche Seite ihres Mannes gesehen. Er war nicht edler, nicht besser als sie, und er verdiente ihr Opfer nicht. In ihrer Beziehung zu ihm nahm Distanz die Stelle von Leidenschaft ein. Sie wollte ihn nicht verlassen, aber sie handelte ein Abkommen mit ihm aus. Und sie überlegte sich genau, was sie für sich verlangte: Sie wollte eine öffentliche Rolle als seine politische Partnerin spielen und nicht mehr nur eine Sekretärin sein, die im Hintergrund tippte, während Sun und seine Besucher ihre Gespräche führten. Sie würde sich an den Gesprächen beteiligen und an Suns Seite öffentlich auftreten. Diese Forderung hatte sie schon früher erhoben, aber Sun hatte mit der Begründung abgelehnt, dass die Bevölkerung nicht daran gewöhnt sei, dass die Frauen ihrer Führer in Erscheinung träten. Nun jedoch setzte sie sich durch. Vermutlich schrieb sie den Bericht über ihre Flucht für die Shanghaier Zeitung, um Sun und seinen Mitarbeitern vor Augen zu führen, was sie durchlitten hatte, und um ihnen klarzumachen, dass ihre Forderungen berechtigt waren.

Sun hatte Kanton durch den Beschuss nicht zurückgewonnen. Im August traf er sich mit Ching-ling in Shanghai und stimmte ihren Forderungen zu. Er war vielleicht nicht zu wahrer Liebe fähig, doch er hatte offenbar das Gefühl, seiner Frau etwas zu schulden. Von da an forderte er seine

Mitstreiter auf, sich um sie »zu kümmern«.[177] Diejenigen, welche zuvor dagegen gewesen war, dass Ching-ling als Suns Partnerin in der Öffentlichkeit auftrat, änderten ihre Meinung, so beeindruckt waren sie von ihrer Tapferkeit und ihrer Bereitschaft, sich für Sun zu opfern. Sie behandelten sie fortan mit Hochachtung.

Ab diesem Zeitpunkt trat Ching-ling als durchsetzungsfähige Frau in der Öffentlichkeit auf. Sie erwarb sich ein starkes eigenes Profil – und begründete dadurch die Praxis, dass die Frau eines führenden Politikers selbst eine öffentliche Figur ist. Am 15. September schrieb sie ihrer Freundin Allie: »Kannst Du mir einen großen Gefallen tun? Ich brauche ein paar Visitenkarten in der neuesten Mode. Kannst Du bitte bei Tiffany's oder sonst einem Geschäft mit guten Stahlstichen *sofort* zweihundert Karten für mich bestellen? Bitte wähle eine einfache, aber schöne Schrift. Nur der Name soll auf die Karte: Mrs. SUN YAT-SEN.«[178]

Später galt das einfache »Mrs.« nicht mehr als angemessen für die Ehefrau des Landesvaters. Es wurde durch die französische Respektsbezeichnung »Madame« ersetzt, und Ching-ling wurde als Madame Sun Yat-sen bekannt.

7

»Ich möchte dem Beispiel
meines Freundes Lenin folgen«

Nach Suns Vertreibung aus Kanton im Sommer 1922 begann die Sowjetunion in seinem und ebenso in Madame Suns Leben eine große Rolle zu spielen.

Sun hatte schon 1918 (als er Kanton zum ersten Mal verlassen musste) durch ein Telegramm an Lenin mit dem neuen bolschewistischen Staat Kontakt aufgenommen. Dieses Mal schickte er nach seiner Flucht auf das Kanonenboot im Juni einen Boten an die Vertreter Moskaus in Shanghai und gab ihm ein paar Zeilen mit, die er auf eine aus einem Schulheft herausgerissene Seite geschrieben hatte. Die Botschaft war an Georgi Wassiljewitsch Tschitscherin, den sowjetischen Volkskommissar für Auswärtige Angelegenheiten, adressiert und endete mit »besten Grüßen« an Lenin. Sun schrieb auf Englisch: »Ich leide unter einer schweren Krise, die [Ch'en Chiung-ming] herbeigeführt hat, ein Mann, der mir absolut alles verdankt.«

Moskau reagierte sofort. Die Sowjetunion konnte Sun damals gut gebrauchen, da ihre Verhandlungen über die Aufnahme diplomatischer Beziehungen mit Peking an einem toten Punkt angelangt waren – der Mongolei. Das große Land war chinesisches Territorium, aber von sowjetischen

Truppen besetzt. Die Regierung in Peking wehrte sich gegen den sowjetischen Versuch, die Mongolei zu annektieren, und verlangte von der Sowjetunion den Truppenabzug. Nun jedoch konnte Moskau die Karte Sun Yat-sen spielen.[179]

Der sowjetische Verhandlungsführer Adolf Joffe entsandte den niederländischen Kommunisten Henk Sneevliet, der unter dem Pseudonym »Maring« bekannt war, nach Shanghai, um mit Sun zu sprechen. Nach dem Treffen am 25. August schrieb Sun an Joffe, er sei damit einverstanden, dass »die sowjetische Armee [in der Mongolei] bleibt«. Außerdem schlug er vor, die Rote Armee solle den »historischen Weg« einer Invasion gehen und Peking erobern. Joffe berichtete nach Moskau, Sun rate der Sowjetregierung, zuerst »Xinjiang zu besetzen und dort eine Armee für ihn zu organisieren«; dann werde »er selbst nach Xinjiang kommen und dort irgendein annehmbares politisches System errichten, sogar ein sowjetisches«. Als Entscheidungshilfe informierte Sun die Sowjets, dass in Xinjiang »nur viertausend chinesische Soldaten stehen, also kann es keinen Widerstand geben«. Als weiteren Anreiz erinnerte er sie daran, dass die Provinz »reich an Bodenschätzen« sei, die sie abbauen könnten. Suns Preis für den ganzen Plan betrug »zwei Millionen mexikanische Dollar (was etwa zwei Millionen Goldrubel entspricht)«.[180]

Moskau fand Sun sehr nützlich und entschied sich, ihn zu unterstützen, insbesondere als sich die chinesische Regierung weiterhin weigerte, einer Annexion der Mongolei zuzustimmen. Joffe kam, nachdem seine diplomatische Mission in der chinesischen Hauptstadt gescheitert war, nach Shanghai und handelte ein Abkommen mit Sun aus, das am 26. Januar 1923 von beiden Männern verkündet wurde. Joffes Berichte wurden von der Sowjetführung einschließlich Lenin, Trotzki und Stalin diskutiert. Sun Yat-sen »ist *unser Mann*«

[Hervorhebung im Original], teilte Joffe seinen Vorgesetzten mit. »Ist das alles nicht zwei Millionen Goldrubel wert?«

Das sowjetische Politbüro stimmte dem Vorschlag zu, Sun jährlich zwei Millionen Goldrubel zu zahlen.[181] Damit erhielt Sun nach der Unterstützung durch das Deutsche Reich im Jahr 1917 das zweite Mal riesige Geldsummen aus dem Ausland. Diesmal jedoch war die Sache kein Einzelposten – Moskau hatte beschlossen, ihn auch künftig regelmäßig zu unterstützen.

Dank dieses enorm hohen garantierten Einkommens gelang es Sun, die Armeeführer benachbarter Provinzen zur Eroberung Kantons zu bewegen. Ch'en wollte keinen Krieg führen, bei dem Kanton zerstört werden konnte. Also gab er auf und zog ab. Im Februar kehrte der Vater Chinas triumphierend nach Kanton zurück und installierte erneut eine Gegenregierung. Und dieses Mal waren seine Aussichten besser als je zuvor.

Auf Stalins Vorschlag wurde der Weißrusse Michail Borodin, ein erfahrener Sowjet-Agitator, der schon in den USA, Großbritannien und Mexiko im Untergrund gearbeitet hatte, zu Suns politischem Berater ernannt. Der große Mann mit dem laut May-ling (sie lernte ihn später kennen) »löwenhaften Kopf und der sorgfältig frisierten, leicht gewellten dunkelbraunen Mähne, die ihm bis in den Nacken herabhing«,[182] war eine eindrucksvolle Gestalt. Er sprach »in einem volltönenden, klaren, geruhsamen Bariton« und »vermittelte den Eindruck großer Kompetenz und persönlichen Charismas«. Als er in Kanton eintraf, wurde er von Sun begeistert empfangen. Wie Borodin nach Moskau schrieb, »heftete er seinen Blick mehrere Sekunden auf mich, ohne auch nur einmal zu blinzeln« und »fragte bis in alle Einzelheiten nach Lenin, erkundigte sich wie ein Arzt nach seinem Gesundheitszustand«.[183]

Der hervorragende Organisator Borodin erklärte Sun, wie

er seinen Traum auf leninistische Art erfüllen könnte. Er reorganisierte die Kuomintang nach dem bolschewistischen Modell und plante für Januar 1924 einen ersten Parteitag sowjetischen Stils in Kanton. Moskau finanzierte und trainierte eine Armee für Sun und gründete auf Whampoa, einer hübschen Insel im Perlfluss, etwa zehn Kilometer von Kanton entfernt, eine Militärakademie.

Obwohl sich die Sowjets für Sun entschieden hatten, wussten sie, dass er kein überzeugter Kommunist war und sie damit rechnen mussten, betrogen zu werden. Sie befahlen deshalb Mitgliedern der Kommunistischen Partei Chinas (KPCh), einer winzigen Gruppe, die sie 1920 gegründet hatten und ebenfalls finanzierten,[184] in die Kuomintang einzutreten und sie gemäß den Befehlen aus Moskau zu steuern. Unter den Kommunisten, die in die Partei eintraten, war Mao Tse-tung, dessen offizielle Karriere in der Kuomintang begann, bevor er Führer der KPCh wurde.

Die Zukunft Chinas, die eigene Ideologie oder wer seine Verbündeten waren, das alles war Sun inzwischen gleichgültig. In einem Interview mit Fletcher S. Brockman, einem alten amerikanischen Bekannten, formulierte er es so: »Mir ist es egal, was sie sind, solange sie bereit sind, mich gegen Peking zu unterstützen.«[185]

Die Pekinger Regierung, für deren Sturz Sun die Unterstützung diverser ausländischer Mächte mobilisierte, hatte sich durchgehend für die Interessen Chinas eingesetzt. Nach der Rückeroberung des japanisch besetzten Shandong im Jahr 1922 zwang Peking 1924 die Sowjetunion, die Mongolei als chinesisches Territorium anzuerkennen (indem es erst danach diplomatische Beziehungen mit der Sowjetunion aufnahm). Insbesondere jedoch war die Pekinger Regierung die erste demokratisch gewählte in der chinesischen Geschichte.

Die Wahlen verliefen zwar nicht perfekt, aber im Ergebnis führten sie zu einem funktionierenden Parlament. Yuan Shikais Restaurationsversuch und diverse andere Rückschläge änderten nichts an dem demokratischen Charakter des Systems. Der berühmteste Skandal betraf den übermäßig ehrgeizigen Cao Kun, der die Stimmen einiger Abgeordneter kaufte und sich 1923 zum Präsidenten wählen ließ. Hunderte anderer Parlamentsmitglieder und die Öffentlichkeit jedoch griffen Cao Kun so heftig an, dass er nur ein knappes Jahr im Amt blieb. Unter der Pekinger Regierung erlebten sowohl die Rede- als auch die Pressefreiheit eine Blüte. Gleiches galt auch für mehrere miteinander konkurrierende Parteien. Es gab ein funktionierendes unabhängiges Rechtssystem, und das private Unternehmertum blühte auf. Zahlreiche literarische und künstlerische Giganten traten in Erscheinung, die Kreativität erreichte einen bis heute unübertroffenen Höhepunkt. Die moderne chinesische Sprache wurde geboren, wodurch erstmals auch Frauen und Männer aus dem Volk lesen und schreiben lernen konnten.* Präsident Hsu Shih-chang, der selbst Literatur studiert hatte, spielte bei der Förderung und Verbreitung der neuen Sprache eine wichtige Rolle, indem er ein Gesetz unterzeichnete, das alle Grundschulen dazu anhielt, einen Schwerpunkt auf den Erwerb der neuen Sprache zu legen. Auch die Frauenbefreiung, die (eingeleitet durch das Verbot des Füßebindens im Jahr 1902) schon mit der Kaiserinwitwe Cixi begonnen hatte, kam erstaunlich schnell voran. Innerhalb von zwei Generationen wurden die Frauen aus ihrer häuslichen Gefangenschaft befreit und konnten sich Arm in Arm mit Männern in der

---

* Die künstlerischen Leistungen der Periode werden später der »Bewegung des 4. Mai« zugeschrieben. Tatsächlich jedoch hatten sie mit der nationalistischen Demonstration am 4. Mai 1919 nur wenig zu tun.

Öffentlichkeit zeigen; auch waren sie nicht mehr von vorneherein zum Analphabetismus verurteilt, sondern erhielten die gleichen Bildungschancen wie die Männer. Die drei Schwestern gehörten zu der ersten Frauengeneration, die von Cixis Reformen profitierte: Ching-ling studierte mit einem Stipendium der Regierung in den USA und wurde zusammen mit anderen Stipendiaten nach Amerika begleitet. May-ling kam mit einer Regierungsdelegation in die USA.[186] Als die Schwestern nach China zurückkehrten, war ihr westlich geprägter Stil in der neuen Republik keineswegs ungewöhnlich.

Zu der Zeit herrschte bemerkenswert viel Toleranz für oppositionelles Verhalten: Sun Yat-sen, obwohl Führer einer Gegenregierung, wurde mit vornehmer Höflichkeit behandelt. Die von der Zentralregierung ausgeübte Herrschaft war entspannt und locker, und die Provinzen waren autonomer als zuvor. Mit zunehmender Macht und Aggressivität einiger Provinzfürsten wurde auch zu den Waffen gegriffen, um Streitigkeiten mit den Nachbarn zu klären. Einige führten auch Krieg, um in Peking Einfluss zu gewinnen, weshalb sie später als »Warlords« bezeichnet wurden. Sun jedoch galt nicht als Warlord, obwohl er Befehlshaber einer eigenen Armee war und Kanton besetzt hatte. Alle Warlords erkannten die gewählte Regierung in Peking an. Die Presse berichtete sehr ausführlich über ihre Konflikte, wodurch der Eindruck entstand, dass sich das Land in absolutem Chaos befand. Tatsächlich brachen nur sporadisch Kämpfe relativ geringen Ausmaßes zwischen den Warlords aus: Sie dauerten meist nur wenige Tage, und die Art, wie gekämpft wurde, wirkte auf westliche Beobachter eher halbherzig. Die Soldaten marschierten in ihren grauen Uniformen auf das Schlachtfeld, warteten eine Zeit lang und feuerten dann ein paar Schüsse ins Blaue ab. Gelegentlich kamen auch Kanonen zum Einsatz, die aber kaum je ihre Ziele trafen. Die Verluste waren gering. Einige Armeen mieteten Kulis als Sargträger, damit die Soldaten, die im Kampf den Tod fanden, ordentlich begraben werden konnten (was für einen Chinesen von größter Wichtigkeit war). Neben anderen unverzichtbaren Dingen führten die Truppen auch kleine Teekessel und Schirme aus Wachspapier mit sich. Beim ersten Regentropfen wurde der Kampf eingestellt, und die Schirme wurden geöffnet, wodurch sich das Schlachtfeld in eine Wiese voller bunter Pilze verwandelte. Derartige Truppen sollten später der von den Sowjets ausgebildeten Streitmacht Sun Yat-sens gegenüberstehen.[187]

Die Warlords und die Königsmacher in Peking konnten Sun weder in Bezug auf die Unbeirrbarkeit seines Machtstrebens noch in Bezug auf seine völlige Skrupellosigkeit das Wasser reichen. Der wichtigste Warlord war Marschall Wu Pei-fu, ein zartgliedriger ehemaliger Gelehrter, der Poesie über alles liebte und dessen Armee in Nordchina stand und auch das Gebiet um Peking beherrschte. Er galt jahrelang als der »starke Mann« Chinas. Sein Porträt schmückte im September 1924 die Titelseite des Nachrichtenmagazins *Time*. Und in der Zeitschrift *Life* hieß es: »Wenn ein Warlord alten Stils China hätte vereinigen können, hätte Wu es getan. Er war der einzige persönlich furchtlose und nicht korrumpierbare Akteur, der nie ein Bestechungsgeld anbot oder annahm. Der kleine, braunäugige, sanftmütige Mann hatte absolut keinen persönlichen Ehrgeiz.«[188]

Tatsächlich wies Wu sämtliche Vorschläge, ihn als Präsidenten zu nominieren, kategorisch zurück, weil er fürchtete, seine Anstrengungen, das Land zu vereinen, könnten sonst egoistisch erscheinen. Der Marschall hatte einen guten Ruf und gab sich alle Mühe, diesen zu bewahren. Er nahm sich keine Konkubinen, führte ein einfaches Leben, und auch seine

Soldaten waren diszipliniert. Im Westen wurde er respektiert, galt als »Chinas ehrenhafter Warlord« und als »Demokrat«.[189] Die Chinesen verehrten ihn wegen seines legendären Patriotismus: Obwohl er nicht fremdenfeindlich war und höflichen Umgang mit Ausländern pflegte, suchte er auch dann, wenn sein Leben bedroht war, prinzipiell kein Asyl in den ausländisch verwalteten Siedlungen von Städten wie Shanghai, weil diese China nach dem Opiumkrieg im 19. Jahrhundert aufgezwungen worden waren.* In Suns Krieg war Wu durch seine Prinzipientreue gelähmt. Der Pekinger Regierung fehlte es an Geld, doch es war mit Wus Prinzipien nicht vereinbar, ausländische Hilfe in Anspruch zu nehmen. Die Sowjets hatten ihn umworben, doch er hatte ihnen wegen ihrer Ziele in der Mongolei und aus ideologischen Gründen eine Abfuhr erteilt. Auch die Japaner waren an ihm interessiert und boten ihm ihre Hilfe gegen Sun an, doch er wies auch dieses Angebot zurück, weil er wusste, dass sie damit ihre eigenen Ziele verfolgten.

Derartige Skrupel waren Sun Yat-sen völlig fremd. Er nahm das Geld und die Waffen der Sowjets gerne an und befolgte ihre Befehle, als er in Kanton eifrig den Militärapparat aufbaute, der Marschall Wu letztlich schlagen und die Pekinger Regierung stürzen sollte.

Ching-ling war bei allen Treffen Suns mit Moskaus Männern dabei und geriet unter den Einfluss Borodins. Der Weißrusse und seine Frau Fanny hatten in den USA gelebt und sich dort Englisch mit dem Akzent des Mittleren Westens angeeignet. Ching-ling fühlte sich zu ihnen hingezogen und entwickelte ein enges Verhältnis zu ihnen. Die gemeinsame Sprache der

---

* Auch als ihn die Japaner im besetzten Peking 1939 zur Kollaboration bewegen wollten, weigerte er sich und starb an einer Vergiftung, für die allgemein die Japaner verantwortlich gemacht wurden.

kleinen Gruppe war Englisch, und Sun scherzte einmal, dass
»die Sprache der Kolonialisten ... sich als exzellentes Mittel
erwies, um die Erfahrungen der russischen Revolutionäre an
deren chinesische Genossen zu vermitteln«.[190]

Ching-ling interessierte sich schon seit ihrer Schulzeit für
Politik und stand nun im Zentrum der Ereignisse, was ihr
sehr gefiel. Der Leninismus faszinierte sie und brachte ihre
wilde, stahlharte Seite zum Vorschein. Sie wurde eine überzeugte Leninistin und Revolutionärin – im Gegensatz zu
ihrem Mann, der mehr daran interessiert war, die Sowjets für
seine eigenen Ziele einzuspannen.

Im Jahr 1924 revoltierten die Kaufleute von Kanton gegen
Sun. Sie litten schwer unter seinem Krieg und hatten das
Gefühl auszubluten. Eine Streikserie von Ladenbesitzern
kumulierte im August in einem Generalstreik. Sun beschloss,
gewaltsam gegen die Streikenden vorzugehen, die über eine
eigene bewaffnete Gruppe verfügten und die Sympathie von
Armeeeinheiten genossen, die sich Sun angeschlossen hatten. »Dr. Sun hat sich entschieden, sofort zu handeln«, schrieb
Ching-ling am 13. Oktober an Borodin. »[Seine Soldaten]
brauchen eine bessere Ausbildung im Straßenkampf, und er
hofft, Sie können Ihre Experten dazu veranlassen, sie in dieser Hinsicht besser zu trainieren ... Ziel dieses Kampfes ist
es, die verräterische Armee und die kaufmännischen Teilnehmer der Rebellion zu zermalmen.« Im leninistischen
Jargon schrieb sie an Borodin, »die Einwohner von Kanton
sind uns feindlich gesinnt«, deshalb könnten nur »Furcht
und eine Terrorherrschaft« Kanton retten.[191]

Damals verließen gerade sowjetisch ausgebildete Kadetten die Whampoa-Militärakademie. Sie spielten eine zentrale Rolle bei der Niederschlagung des Aufstands der Kaufleute und beschlagnahmten deren Geschäfte, Waren und
Häuser. Die Ladenbesitzer, die an dem Aufstand nicht beteiligt

waren, bekamen, unter Androhung der Todesstrafe, den Befehl, sofort ihre Geschäfte zu öffnen. Bei dem Militäreinsatz wurden Hunderte von Menschen getötet und Tausende von Häusern niedergebrannt. Der Angriff wurde allgemein verurteilt, sicherte aber Suns Stellung.

Aus Peking kam eine weitere gute Nachricht für Sun. Am 23. Oktober wurde Präsident Cao Kun, der zuvor bereits durch Stimmenkauf diskreditiert und stark geschwächt worden war, in einem Putsch abgesetzt. Führer des Putsches war der sogenannte christliche General Feng Yu-xiang, der seine Soldaten mit einem Feuerwehrschlauch zu taufen pflegte. Er hatte, genau wie Sun, riesige sowjetische Waffenlieferungen erhalten und forderte Sun nun auf, nach Peking zu kommen und »die Präsidentschaft über das Land« zu übernehmen.[192] Der Traum, dem Sun Yat-sen all die Jahre hinterhergejagt war, schien in greifbare Nähe gerückt, und er antwortete sofort, dass er kommen werde.

Borodin legte im Auftrag Moskaus die Regeln fest. Bevor Sun Kanton verließ, sollte er ein Manifest mit Parolen wie »Nieder mit den Imperialisten!« (den westlichen Mächten) herausbringen und den Westen überall dort, wo er Station machte, und in Peking selbst öffentlich verurteilen. Er sollte also offiziell als Protegé Moskaus nach Peking reisen.

Sun brachte das geforderte Manifest heraus. Kremlparolen verkündend, verließ er am 13. November in Begleitung Borodins Kanton und gelangte am 17. November nach Shanghai. Von dort aus waren es vierzig Stunden mit dem Zug nach Tianjin, der wichtigsten Hafen- und Handelsstadt Chinas an der Schwelle zur Hauptstadt Peking gelegen. In wenigen Tagen wäre Suns Traum erfüllt gewesen. Doch er ließ sich Zeit und machte einen dreizehntägigen Umweg über Japan.

Sun hatte nachgedacht. Borodin hatte dafür gesorgt, dass er sich einer strikt »antiimperialistischen« Rhetorik bediente.

Insbesondere in Shanghai hatte Sun den Westen extrem scharf kritisiert. Dort hatte er versprochen, im Falle seiner Machtübernahme, sofort die ausländischen Siedlungen abzuschaffen (obwohl er sein ganzes Leben lang, immer wenn er in Shanghai weilte, in den Siedlungen gewohnt und von da aus operiert hatte, weil er dort von den Gesetzen des Westens geschützt war). Zu seiner Begrüßung waren Veranstaltungen sowjetischen Stils abgehalten worden, deren Teilnehmer antiwestliche Parolen brüllten. Es war offensichtlich, dass er sich alle westlichen Mächte zum Feind machte, wenn er sich ausschließlich mit der Sowjetunion verband.

Das Gespenst des Kommunismus machte der breiten Öffentlichkeit in China und auch den meisten Anhängern der Kuomintang Angst. Dass Sun als ein Mann Moskaus wahrgenommen wurde, musste nicht nur die Ausländer, sondern auch die chinesischen Gegner des Kommunismus gegen ihn aufbringen. Wenn er sich weiterhin von Borodin kontrollieren ließ, bestanden Zweifel, dass er die Präsidentschaft übernehmen konnte (sosehr ihn der moskauhörige christliche General Feng auch fördern mochte). Und selbst wenn er es schaffte, würde er den Posten vielleicht nicht lange behalten. Dennoch war es undenkbar, gegen Borodins Anweisungen zu handeln. Da er von den Sowjets finanziert und seine Armee von ihnen bewaffnet und kommandiert wurde, war er völlig von ihnen abhängig. Seine einzige Alternative bestand darin, einen anderen mächtigen Verbündeten zu finden. So war er wieder auf Japan gekommen.

Borodin durchschaute ihn und hätte ihm, wie er dem Kreml mitteilte, den Umweg über Japan untersagen können.[193] Dennoch ließ er ihn reisen. Er war überzeugt, dass Sun der Sowjetunion zu sehr verpflichtet war, um in Japan etwas zu erreichen; die Reise würde nur seine Illusionen zerstören und seine Loyalität zu Moskau noch mehr festigen. Tatsächlich wies die japanische Regierung Suns ausdrücklichen Wunsch zurück, Tokio zu besuchen und mit Regierungsbeamten zu sprechen. Ein führender japanischer Diplomat erklärte Suns Boten, dass ihm Japan nur helfen werde, wenn er sich von der Sowjetunion distanziere.[194] Sun kam mit leeren Händen aus Japan zurück. Er war sehr niedergeschlagen und »es widerstrebte ihm sehr, über die Reise zu sprechen«, wie Borodin nach Moskau berichtete.[195]

Sun landete in Tianjin, wo er in der ausländischen Siedlung wohnte, die einer europäischen Stadt glich und in der Turban tragende Sikhs aus Britisch Indien als Polizisten patrouillierten. Inzwischen war es mehr als vierzig Tage her, dass der christliche General geputscht hatte, und er hatte sich während Suns Abwesenheit als unfähig erwiesen, die Lage unter Kontrolle zu bringen. Er war von dem angesehenen früheren Ministerpräsidenten Duan Qi-rui kaltgestellt worden, der einst saftige deutsche Bestechungsgelder abgelehnt und dafür gesorgt hatte, dass sich China im Ersten Weltkrieg mit den Gegnern Deutschlands verbündete. Duan bildete eine Übergangsregierung, und Borodin bemerkte, dass Sun auf diese Nachricht negativ reagierte. Duan war ein allseits bewunderter Mann. Menschen der verschiedensten Gesellschaftsschichten und auch Suns Schwager H.H. Kung, der Ehemann der Großen Schwester, respektierten Duan. Kung bezeichnete ihn als einen »guten Mann«, der versuche, »sein Bestes« für das Land zu tun.[196] Duan und andere wichtige Politiker hatten immer noch Achtung vor Sun, den sie als den Gründer der Republik betrachteten, und luden ihn wiederholt zu einer Vereinigungskonferenz für die Bildung einer neuen Regierung nach Peking ein. Es bestand immer noch Hoffnung, dass Sun Präsident werden würde.

Sun jedoch wusste, dass er dafür eine unüberwindbare Hürde hätte nehmen müssen. Um die Unterstützung der mächtigsten Politiker und der öffentlichen Meinung Chinas sowie seiner westlichen Verbündeten zu bekommen, hätte er sich von Moskau distanzieren müssen. Dies jedoch war unmöglich. Mit der faktischen Kontrolle über seine Armee, mit etwa tausend Agenten in Kanton und mit Borodin und seinen Männern in Suns direktem Umfeld hatte Moskau, um mit Borodin zu reden, den guten alten Sun fest im Griff.[197]

Unmittelbar nach seiner Ankunft in Tianjin am 4. Dezember 1924 traf sich Sun mit einem der wichtigsten Akteure, in den er große Hoffnungen setzte: Zhang Zuo-lin, der starke Mann der Mandschurei und auch der »alte Marschall« genannt. Zhang hatte als einfacher Soldat angefangen, war dann Bandit gewesen und hatte es schließlich zum Herrscher des riesigen, heftig umkämpften Gebiets gebracht. Er war ein ausgesprochen eindrucksvoller Mann mit einem wachen, pragmatischen und dennoch einfallsreichen Geist (einmal beauftragte er Denker damit, eine eigene politische Ideologie für ihn zu entwickeln). Nun hatte er die Mandschurei zu einer spektakulären Blüte geführt und gehörte in China zu den Königsmachern. Sun teilte er mit, dass er ihn unterstützen könne, aber nur, wenn er mit Moskau breche.[198] Das war ein schwerer Schlag für Sun, und er brach auch tatsächlich zusammen. Er musste sich heftig erbrechen, wand sich vor Schmerzen, die er im Bereich der Leber spürte, und schwitzte so heftig, dass er zwei große Handtücher völlig durchnässte. Auch am folgenden Morgen hörten die Schmerzen nicht auf, und er verpasste die Begrüßungsveranstaltung, die schon seit Wochen sorgfältig organisiert worden war und auf die er sich sehr gefreut hatte. Die Diagnose des Arztes lautete auf eine schwere Erkrankung der Leber und wurde von Borodin nach Moskau weitergemeldet. Die Nachricht von Suns Krankheit sickerte an die Öffentlichkeit durch, und viele vermuteten, dass seine Tage gezählt seien.[199]

Während Sun krank und mit schlimmen Schmerzen im Bett lag, schrieb Ching-ling am 10. Dezember an ihre Freundin Allie einen reichlich vergnügten und mitteilsamen Brief:

Liebste Allie,
seit ich Dir das letzte Mal geschrieben habe, bin ich von einem Ende des Landes zum anderen gereist. Ich war sehr glücklich, dass ich bei meiner Ankunft hier Deinen Brief lesen konnte … Es freut mich wirklich sehr, dass sich Dein Gesundheitszustand so wunderbar gebessert hat und Du wieder zugenommen hast.

Offensichtlich war Ching-ling durchaus empathisch, was Gesundheitsprobleme anging. Doch das schwere Leiden ihres Mannes schien sie nicht zu berühren. Sie schrieb nur über die Bewunderung, die er erfahren hatte, und über die gute Zeit, die sie deshalb selbst erlebt hatte:

Wir hatten einen wundervollen Empfang in Japan und in Tianjin. Mehr als 10 000 Menschen warteten am Pier und haben meinen Mann mit Transparenten und Hochrufen empfangen. Jetzt wohnen wir im Haus eines alten Monarchisten, das die Regierung als Residenz für uns hergerichtet hat. Es ist ein hübscher Ort voller interessanter Dinge. Alles ist neu und wunderschön, weil man 20 000 Dollar für die Inneneinrichtung ausgegeben hat. Ich frage mich, wie es wäre, in einem der Paläste in Peking zu wohnen! Aber ich sollte mich natürlich verwöhnt und demütig fühlen …
Vorgestern war ich Ehrengast im Haus von Expräsident Li Yuan-hong, weil mein Mann auch dort seine Aufwartung machen musste. Das Dinner fand im Ballsaal seines privaten Theaters statt, eines fantastischen Gebäudes, das

ihn 800 000 Dollar gekostet hat. Während des Dinners spielte ein Orchester von fünfzig Männern in samtenen Uniformen. Ich hab zum ersten Mal in meinem Leben mit goldenen Messern, Gabeln & Löffeln gegessen, die, wie mich der Expräsident informierte, eigens in England bestellt worden waren. Exotische Blumen und Früchte standen in goldenen Vasen und Etageren auf dem Tisch.

Und weiter ging es mit noch mehr Details über ein Essen, das für Sun eine Qual gewesen sein musste: An jenem Morgen waren seine Schmerzen so unerträglich gewesen, dass er an der großen Begrüßungsveranstaltung nicht hatte teilnehmen können. Davon offenbar ungerührt berichtete Ching-ling an Allie, sie sei »entzückt« und »freudig überrascht« über den Besuch einiger alter Freundinnen gewesen: »Was haben wir geplaudert während des einstündigen Besuchs.« Eine Freundin »reiste extra aus einer anderen Stadt an, um mich zu besuchen. Ich habe so viele Dinge über meinen Vater erfahren, darüber, was für kluge & geistreiche Dinge er sagte, als er noch ein Junge war, wie er den Lehrern in Nashville, Tennessee, Streiche spielte und mit welchen Argumenten er seinen Philosophielehrer beschämte.« »In einer Woche reisen wir alle nach Peking«, teilte sie Allie außerdem mit. »Für die Begrüßung meines Mannes werden große Vorbereitungen getroffen. Mehr als 150 000 Männer werden ihn mit einer Demonstration willkommen heißen.«[200]

Sun wurde am letzten Tag des Jahres 1924 auch zur ärztlichen Behandlung nach Peking gebracht. Die Ärzte in Tianjin hatten seine Krankheit für unheilbar erklärt. In der Hauptstadt wurde er operiert. Dabei stellte man fest, dass er unter weit fortgeschrittenem Leberkrebs litt. Seine Mitstreiter waren tief bestürzt – auch Ching-ling. Vielleicht wurde ihr erst jetzt klar, dass Sun im Sterben lag. Sie hatte diesen Mann einst so sehr geliebt, dass sie bereit gewesen war, für ihn zu sterben, doch er hatte sie im Stich gelassen. Nun hegte sie sicherlich widerstreitende Gefühle für ihn. In den Tagen vor seinem Tod im März 1925 soll sie viel geweint haben, und sie setzte sich stark für sein Wohlergehen ein.[201] Doch das von Suns Diener Lee Yung aufgezeichnete letzte Gespräch zwischen ihr und Sun lässt vermuten, dass ihr Mann genau wusste, dass sie kaum noch Liebe für ihn empfand. Als er sah, dass sie weinte, sagte er: »Sei nicht traurig, Darling. Alles, was ich habe, wird dir gehören.« Er dachte, sie weine aus Angst, dass er ihr nichts hinterlassen würde. Doch als er das sagte, zitterten ihre Lippen, und sie stampfte mit dem Fuß auf. Heftig schluchzend erwiderte sie: »Ich liebe nichts von den Sachen. Ich liebe nur dich.« Sun antwortete: »Das ist schwer zu sagen.« Ching-ling weinte hemmungslos. Bevor er starb, rief Sun: »Darling.« Als er seinen letzten Atemzug tat, weinte sie, bis sie ohnmächtig wurde. Und als sie wieder zu sich kam, schloss sie ihm sanft die Augen.[202]

Sobald Ching-ling klar war, dass Sun im Sterben lag, informierte sie ihre Schwestern in Shanghai, die sofort nach Peking aufbrachen. Die Bahnlinie zwischen den beiden Städten war damals wegen Problemen mit Banditen außer Betrieb (eine Bande hatte einen Zug überfallen und mehr als hundert Ausländer und Chinesen als Geiseln genommen). Auch war es nicht möglich, die Route mit dem Schiff über Tianjin zu nehmen, weil der Hafen der weit im Norden gelegenen Stadt zugefroren war. Doch die Schwestern wollten unbedingt kommen und traten eine 1.600 Kilometer lange Reise an, ohne dass sie sicher sein durften, dass sie ihr Ziel tatsächlich erreichen würden. Sie reisten mit vielen verschiedenen Verkehrsmitteln, darunter auch Kutschen, ohne Verpflegung und Heizung, und das mitten in einem Winter, der so kalt war, dass das Wasser in den Leitungen gefror. May-ling und Ei-ling hatten nie zuvor solche Strapazen erlebt. Letztlich jedoch erreichten sie Peking und kamen erschöpft und halb erfroren aus dem Bahnhof gestolpert.[203]

Ching-ling brauchte sie und weitere Mitglieder der Familie nicht nur zur moralischen Unterstützung, sondern auch zum Schutz ihrer Interessen. Suns mutmaßlicher Nachfolger und Borodins Stellvertreter Wang Jing-wei war ein Mann, dem sie nicht traute und den sie als »Schlange« bezeichnete. Er war unter anderem wegen seiner Verdienste um die republikanische Sache schneller aufgestiegen als andere alte Mitstreiter Suns. Der attraktive, weich und feminin wirkende Mann hatte seine Karriere als ein bekannter Attentäter begonnen. Er war unter der Mandschu-Regierung zu einer lebenslangen Haftstrafe verurteilt worden und hatte im Gefängnis gesessen, weil er versucht hatte, den Vater des letzten Kaisers zu ermorden. Entscheidend war jedoch, dass der kluge und taktvolle Wang Jing-wei auf Borodins Unterstützung zählen konnte. Ein Komitee, in dem Borodin die letzte Entscheidungsgewalt innehatte, bereitete für Sun ein »Testament« vor, als dessen tödliche Krankheit diagnostiziert wurde. Dieses Testament schrieb Wang.

Außer diesem politischen Testament schrieb Wang noch ein zweites, privates, in dem Sun seinen gesamten Besitz Ching-ling vermachte. Suns Kinder waren bei der Verlesung des Testaments anwesend und erhoben keinen Einspruch. Sie hatten nie eine Beziehung zu ihrem Vater gehabt und dachten nicht daran, sich um sein Erbe zu streiten. (Ching-ling wusste die Großzügigkeit von Suns Familie zu schätzen und hielt ihr ganzes Leben lang eine enge und liebevolle Beziehung zu ihr aufrecht.)

Wang las Sun am 24. Februar 1925 beide Dokumente vor

und bat ihn vorsichtig, sie zu unterzeichnen. Vier Verwandte des kranken Mannes waren dabei anwesend: sein Sohn Fo, seine Tochter Wan und seine Schwäger T.V. Soong und H.H. Kung. Sun nickte zustimmend, was den Inhalt beider Dokumente betraf, unterzeichnete sie aber nicht, sondern bat Wang, »in ein paar Tagen wiederzukommen«. Er hoffte immer noch, dass er sich vielleicht wieder erholen würde.[204]

Das unter Borodins Federführung verfasste Testament bestätigte dessen Politik. Der sterbende, aber geistig immer noch klare Sun Yat-sen erkannte dies, als es ihm vorgelesen wurde, und er sagte zu Wang: »Sie haben es sehr deutlich gemacht; das ist gefährlich. Meine politischen Feinde warten nur darauf, dass ich sterbe, um Sie weichzukochen. Dass Sie so kompromisslos und stur sind, wird Sie bestimmt in Gefahr bringen.« Darauf antwortete Wang: »Wir haben keine Angst vor der Gefahr. Wir werden unsere erklärten Ziele verfolgen.« Sun nickte: »Ich bin einverstanden.«

Als Borodin Suns starke Verbundenheit mit der Sowjetunion bemerkte, ging er noch einen Schritt weiter und ließ seinen Englischsekretär Eugene Chen in Suns Namen einen »Deathbed Letter to the Soviet Government« (Brief auf dem Totenbett an die sowjetische Regierung) verfassen. Eugene, der kantonesische und afrikanische Vorfahren hatte und als britischer Untertan in Trinidad geboren war, sprach kein Chinesisch. Dennoch sollte er nach Suns Tod Außenminister der Kuomintang-Regierung in Kanton werden. Er hatte in London eine Ausbildung als Rechtsanwalt absolviert und war durch den dort herrschenden Rassismus sehr verletzt worden. Diese Diskriminierungen waren auch ein Motiv für seine Beteiligung an der Revolution gewesen. Die chinesische Übersetzung seines Briefes wirkte auf Chinesen fremd: die langen, verschachtelten Sätze (die goldene Regel für einen chinesischen Text ist die Kürze), das ausländische Vokabular, der unübersehbar sowjetisch geprägte Stil. Selbst der Titel des Schreibens wirkte aufgebläht: »An das Zentrale Exekutivkomitee der Union der Sozialistischen Sowjetrepubliken«. Und der Schluss ging weit über das hinaus, was Sun gesagt hätte: »Indem ich Euch Lebewohl sage, liebe Genossen, möchte ich die leidenschaftliche Hoffnung zum Ausdruck bringen, dass der Tag bald kommen möge, an dem die UdSSR als Freund und Verbündeter ein starkes, unabhängiges China begrüßt und beide im Kampf für die Befreiung der unterdrückten Völker der Welt gemeinsam zum Sieg schreiten.«[205] Der Brief hätte direkt aus einer Moskauer Akte stammen können.

Am 11. März, als es so aussah, als ob Sun jeden Augenblick sterben könnte, versammelten sich weitere Zeugen an seinem Bett. Ching-ling führte seine rechte Hand beim Unterzeichnen des politischen und des privaten Testaments. Dann verlas der in Amerika ausgebildete T. V. Soong auf Englisch den Brief an die Moskauer Regierung, und Sun unterzeichnete auch ihn – ebenfalls auf Englisch. Wie viel er von dem Inhalt des langen Briefes noch mitbekam, war unklar. Doch es bestand kein Zweifel, dass er die Kernaussage verstand und unterstützte.[206] Er starb am folgenden Morgen, dem 12. März 1925, im Alter von achtundfünfzig Jahren.

Ei-ling und ihr Mann H.H. hatten für den Kommunismus nichts übrig und taten ihr Möglichstes, um zu verhindern, dass ihr Schwager als Kommunist in die Geschichte einging. Sie überredeten Ching-ling, in der Krankenhauskapelle einen christlichen Gottesdienst für Sun halten zu lassen, »zum Beweis, dass er kein Bolschewik war«, wie Ching-ling trocken kommentierte.[207]

Sun war tatsächlich kein Bolschewik gewesen. Er hatte die Bolschewiki nur im Tod gebraucht, wie er sie auch schon im Leben gebraucht hatte. Nur sie konnten ihn so unsterblich machen, wie er es wollte. Sie brachten nicht nur seine Partei an die Macht, sondern auch ihren Anhängern bei, ihn zum Gegenstand eines Personenkults zu machen. »Ich möchte dem Beispiel meines Freundes Lenin folgen«, hatte er der Partei durch Ching-ling mitteilen lassen. »Mein Leichnam soll einbalsamiert und in derselben Art von Sarg aufgebahrt werden.«[208]

Lenin war im Jahr zuvor gestorben. Sein einbalsamierter Leichnam war in einem eigens angefertigten gläsernen Sarg in einem Mausoleum aufgebahrt worden. Binnen weniger Wochen waren angeblich Hunderttausende an dem Sarg vorbeidefiliert und hatten ihm die letzte Ehre erwiesen. Ein gewaltiger Personenkult hatte die Sowjetunion ergriffen und Lenin in einen gottgleichen Status erhoben. Lenin-Porträts, Lenin-Plakate und Lenin-Büsten wurden an allen öffentlichen Orten obligatorisch. In Ämtern und Klassenzimmern, auf Straßen und in Parks, dem Volk stets die Botschaft vermittelnd, dass Lenin sein allmächtiger Retter sei.

Sun war zu dem Schluss gekommen, dass er sich das nach seinem Tod ebenfalls wünschte. Tatsächlich fertigten die Sowjets auch für ihn einen Glassarg ähnlich dem Lenins an. Der Haken war nur, dass er sich als unbrauchbar erwies. Der Glasdeckel war für die Sommerhitze in Nanjing offensichtlich ungeeignet, und so wurde Suns Leichnam nicht wie der Lenins zur Schau gestellt.

Seine anderen Wünsche jedoch wurden großzügig erfüllt. Die Kuomintang rief sofort einen leninartigen Personenkult aus. Der Titel »Vater Chinas« wurde zum ersten Mal gebraucht.[209] In den folgenden Jahren, insbesondere als die Nationalisten 1928 die Herrschaft über China errangen und sich zu ihrer Legitimation auf Sun berufen mussten, erreichte der Personenkult fantastische Dimensionen. Statuen Sun Yat-sens wurden in allen größeren Städten errichtet. Alles, was er je gesagt hatte, wurde, so banal es auch gewesen sein mochte, wie ein Evangelium behandelt, und niemand durfte sich despektierlich über ihn äußern. In der Sowjetunion ausgebildete Propagandisten der Kuomintang feierten ihn als den »Befreier der chinesischen Nation«, als »den größten Mann in der fünftausendjährigen Geschichte Chinas« und sogar als »den Retter aller unterdrückten Völker«.[210] Formulierungen, die Mao später für *seinen* Kult übernahm.

Größtes Symbol des Kultes war das Sun-Yat-sen-Mausoleum. Vor seinem Tod hatte Sun festgelegt, dass seine letzte Ruhestätte »auf dem Purpurgoldberg in Nanjing« erbaut werden sollte, »weil dort die Provisorische Regierung gegründet wurde«. Sie war die einzige Regierung, in der er sich, wenn auch nur für vierzig Tage, des Titels eines »Interimspräsidenten« erfreut hatte. Auf dem Purpurgoldberg befand sich auch die Grabstätte des ersten Ming-Kaisers Zhu Yuan-zhang. Sun Yat-sen hatte sich mit diesem Kaiser verglichen und betont, dass sich seine Grabstätte in der Nähe von der des Kaisers befinden, aber um einiges prunkvoller und größer sein müsse. Außerdem sollte sie so liegen, dass »niemand eine Grabstätte an einer höheren Stelle errichten kann«.[211]

Das Ming-Grab hat eine Fläche von 1,7 Millionen Quadratmetern und ist damit eines der größten Kaisergräber Chinas. Suns von den Nationalisten errichtetes Grab ist neunzig Meter höher, hat 392 Stufen und erstreckt sich über dreißig Millionen Quadratmeter, die einen großen Teil des Purpurgoldbergs umfassen. Um Platz für das Grabmal zu schaffen, wurden Dörfer zerstört und viele Tausend Bewohner gezwungen, ihr Land und ihre Häuser an die Regierung zu verkaufen. Bewohner des Gebiets reichten verzweifelt Petitionen ein: Sie »verloren das Dach über dem Kopf, wurden obdachlos und mussten im Freien schlafen; einige begingen sogar Selbstmord, weil sie lieber mit ihren Häusern untergehen wollten«, als diese zu verlassen. Jede Ankündigung einer neuerlichen Erweiterung der Stätte »versetzte Hunderte oder Tausende von Menschen, die ihre Häuser verlieren sollten, in eine solche Panik, als ob sie ihre Eltern verlieren sollten. Sie flehten den Himmel und die Erde an und hatten niemand sonst, an den sie sich wenden konnten.« Die Unterzeichner der Petitionen argumentierten, dass ihr Unglück im Widerspruch zu Suns auch heute noch bekanntem Motto stehe: »Alles unter dem Himmel ist für das Volk« (*tian-xia-wei-gong*). Doch die nationalistischen Regierungsbeamten antworteten lediglich: »Ihr müsst es zu eurem Lebensziel machen, euren gesamten Besitz« für den Vater Chinas zu opfern.[212]

Teil III

Die Schwestern und Chiang Kai-shek (1926-1936)

Shanghai-Ladys

Vor ihrer Rückkehr nach China im Juli 1917, im Alter von neunzehn Jahren, hatte die Kleine Schwester May-ling ein volles Jahrzehnt in den Vereinigten Staaten gelebt und war zu einer vergnügungssüchtigen und sorglosen jungen Dame herangewachsen, die sich so gut wie gar nicht für Politik interessierte. Nach ihrem Highschool-Abschluss an der Wesleyan in Macon, Georgia, ging sie an die Ostküste und besuchte das Wellesley College in Massachusetts. Dort studierte sie Englisch und Philosophie und belegte, neben einer Vielzahl anderer Veranstaltungen, auch Kurse über alttestamentliche Geschichte. Die kontaktfreudige und gesellige May-ling war viel stärker in das amerikanische Leben integriert als ihre beiden Schwestern. Zeitgenossen an der Wesleyan waren sich einig: »Sie war der liebenswürdige Typ, der scheinbar jeden mochte und sich für alles interessierte, immer froh und gesprächig war.« »May-ling kam immer in mein Zimmer und legte sich auf das kleine Babykissen auf meinem Bett, während sie redete.« Die als »pummelig« oder gar »dick« bezeichnete May-ling war »überaus lebhaft und hatte nichts als Flausen im Kopf«. Sie barst geradezu vor Tatendrang und »in der Regel wurde ihr mitten in der Französisch-Stunde erlaubt, rauszugehen und auf dem Campus herumzurennen, weil ihr rastloser kleiner Körper nicht so lange stillsitzen konnte«.

In Wellesley führte sie, wie die anderen Mädchen, ein »Beichtbuch«, und genau wie alle Mädchen zeigte sie es ihren Freundinnen. In einem Eintrag hieß es: »Meine eigene Leidenschaft: Kleider … mein Lieblingsmotto: Iss keine Süßigkeiten, nicht eine einzige … mein heimlicher Kummer: dick zu sein.« Sie musste ihr Leben lang sehr diszipliniert auf ihr Gewicht achten.[213]

Nach dem Examen fuhr sie zusammen mit ihrem Bruder T. V., der in Harvard und an der Columbia Wirtschaft studiert hatte, zurück nach Hause. Im Gegensatz zu seiner extrovertierten Schwester war T. V. schüchtern und trug einen distanzierten und abwesenden Gesichtsausdruck zur Schau, weshalb man ihm nachsagte, er sei hochnäsig. Er und May-ling waren einander sehr zugetan. Später erinnerte sich die Kleine Schwester zärtlich daran, »wie ich immer am frühen Morgen vor deinem Unterricht Kakao für dich gekocht habe«.[214]

Gemeinsam reisten sie im Sommer 1917 mit dem Zug quer durch Kanada nach Vancouver und gingen an Bord eines Dampfers nach China. In Vancouver schrieb sie ihrer Freundin Emma Mills: »Mein Bruder und ich gingen in das beste Geschäft, um ein paar Sachen zu kaufen; aber zu unserer Enttäuschung war das Kaufhaus furchtbar. Manche sagen, es gibt keine gut gekleideten kanadischen Frauen hier; ich dachte immer, das sei übertrieben. Inzwischen neige ich jedoch zu der Ansicht, dass ein Körnchen Wahrheit darin steckt. Die Frauen hier sehen fast alle wie Vogelscheuchen aus!«[215]

Mit der chinesischen Politik hatte sie nicht viel am Hut. Als sie damit konfrontiert wurde, reagierte sie instinktiv und oft ein wenig unerwartet darauf: »Wir sahen einen Zug voller chinesischer Kulis, die als Arbeitskräfte nach Frankreich gebracht wurden. Falls einer von ihnen dabei starb, bekam seine Familie 150 Dollar! Das ist der Preis für ihr Leben! Wenn ich jemals etwas zu sagen habe, werde ich dafür sorgen, dass keine Kulis aus China weggebracht werden, denn das Land braucht alle seine eigenen Männer, um die Minen zu erschließen.«

Ihren ersten Brief aus Shanghai schrieb sie drei Wochen nach der Rückkehr an Emma. Voller Begeisterung schwärmte sie von ihrem Haus:

Wir wohnen ganz weit oben. Je höher, desto ausgefallener. Es ist hübsch hier: Aber es ist so weit vom Einkaufsviertel und den Theatern und Gaststätten entfernt! Wir haben eine nette Kutsche und zwei Kutscher usw., aber Pferde sind so eine Plage. Man kann sie nur soundso oft verwenden. Nächste Woche werden wir ein Automobil bekommen, um durch die Stadt zu fahren, und lassen Mutter die Kutsche für ihren privaten Gebrauch. Wir haben einen schönen Garten, einen Rasen Tennis [sic], einen Krocketplatz. Das Haus ist eines der schönsten in Shanghai … Wir haben Veranden, Schlafplätze und was noch alles. Das Haus hat drei Etagen und sechzehn große Zimmer, die Küche, Bäder etc. nicht mitgerechnet … Übrigens kümmere ich mich gerade um das Haus. Wir haben fünf Hausmädchen und sieben Diener. Ich kann dir sagen, das ist kein Spaß! … Ich bin so müde vom Auf- und Abrennen, um das Haus zu inspizieren … Mutter kümmert sich immer noch um die finanzielle Seite, wofür ich sehr dankbar bin!

Manchmal ist es sehr lästig, weil ich mich vergesse und mit den Dienern Englisch spreche … Manchmal kann ich mich auf Chinesisch gar nicht ausdrücken; dann klingle

ich nach dem Butler, der als Dolmetscher einspringt! ...
Seit meiner Rückkehr kommt es mir so vor, dass ich ständig neue Kleider kaufe ... Ich bin bei richtig vielen Dinner- und Teepartys & anderen Veranstaltungen gewesen.[216]

Sie fand sich im Schoß ihrer Familie wieder. Ching-ling wartete in Shanghai auf sie (während Sun Yat-sen sich in Kanton aufhielt), und Ei-ling war mit ihren Kindern aus ihrem Haus in Shanxi im Nordwesten angereist. Die beiden älteren Schwestern überschütteten die Kleine Schwester mit Zuneigung. May-ling erzählte Emma, sie hätten ständig zu ihr gesagt: »Oh, wir haben ein überaus hinreißendes Kleid da und da gesehen. Du musst es dir unbedingt anschauen ... Es gefällt ihnen, mich einzukleiden, weil ich die Jüngste und die einzige Ledige bin.« Sie waren so glücklich zusammen, dass Ei-ling begann, über einen Umzug nach Shanghai nachzudenken, sogar Pläne machte, wie die ganze Familie unter einem Dach leben könnte. Sie sahen sich zusammen auch ein Herrenhaus an. Es war »ein Gebäude mit dreißig Zimmern (die Dienstbotenräume nicht mitgerechnet). Es ist wirklich ein gewaltiger Bau mit fünf Stockwerken sowie einem Dachgarten. Ehrlich gesagt ist es nicht mein Geschmack: Es ist zu riesig, und die Decken sind so hoch, dass ich mir darin verloren vorkomme. Es ist wie ein riesiges Hotel und sehr förmlich, wenn auch elegant. Es ist einfach ›zu viel‹ für ein Mädchen, das erst vor Kurzem in Wellesley seinen Abschluss gemacht hat, um darin zu leben! ... Ich hoffe sehr, dass wir nicht beschließen, an diesen riesigen Ort zu ziehen, über den sie nachdenken. Natürlich würde es mich freuen, wenn Schwester [Ei-ling] bei uns leben würde – gleichzeitig sind dreißig Zimmer kein Spaß! Ich bin in meinem Geschmack eher plebejisch – zumindest glaubt die Familie das!«[217] Sie kauften das Herrenhaus nicht, aber in verschiedenen Häusern zu wohnen, war für Ei-ling und May-ling kein Hindernis. Sie sahen sich auch so ständig.

Außerdem genoss May-ling jetzt die Gesellschaft ihrer beiden jüngeren Brüder T. L. und T. A. Ihre Zuneigung zu ihnen zeigte sich in den Behauptungen, dass sie streng zu den beiden sei:

Meine kleinen Brüder sind letztes Jahr beide durchgefallen, und die Familie ist wütend. Zu den armen Jungs kommen jeden Tag zwei Hauslehrer (einer für Englisch und einer für Chinesisch). Und glaub mir, sie arbeiten wirklich! Ich unterrichte sie auch in englischer Grammatik. Einer von den armen Jungs lernt die Satzzeichen & der andere lernt die Rechtschreibung, wobei ich sie jetzt beaufsichtige … Mutter ist so empört, dass sie mir die beiden gewaltsam in den Arm drückte. Es ist schwer, sie zu lenken, weil sie teuflisch schlau und gleichzeitig faul sind. Dem jüngeren habe ich schon mehrmals die Leviten gelesen & sie haben beide Angst vor mir. Du ahnst nicht, was für ein Zuchtmeister ich sein kann!

May-ling war ganz vernarrt in ihre Familie. »Es scheint so seltsam, eine Familie zu haben. Ich bin es so gewöhnt zu tun, wozu ich Lust habe, ohne irgendwen zu fragen, dass es mir eher schwerfällt, daran zu denken, dass ich nicht auf dem College bin und nicht mehr tun und denken kann, was mir gefällt. Natürlich bin ich trotzdem sehr glücklich zu Hause.«

Es gab auch schon Freier:

H. K. aus Peking ist hier gewesen und ein Herr Yang. Ich mag sie, aber das ist alles. O Emma, ich kann dir auch erzählen, dass ich an Bord des Schiffes mein Herz an einen Mann verloren habe, dessen Vater Holländer und Mutter Französin ist. Er ist Architekt und fuhr nach Sumatra. Er hat mich gefragt, ob ich ihn heiraten würde, und die Familie hier ist ziemlich aufgebracht! Es war nicht gerade angenehm für mich. Denk dran, dass das ein Geheimnis ist: Sage das keiner Menschenseele, um Himmel Willens [sic]! … Heute kommt ein Franzose, den ich auf dem Boot kennengelernt habe, zu mir. Wir reden nur auf Französisch miteinander … Und um Petri willen erzähle keinem Menschen, was ich dir erzählt habe …

Dieser muntere, schwatzhafte und überaus informative lange Brief endete schließlich mit folgenden Worten: »Übrigens würdest du bitte den *Literary Digest*, die Zeitschrift *Scribners* und eine Zeitschrift über Kinderpsychologie & darüber wie man sie großzieht usw., für mich abonnieren. Die zuletzt genannte ist für Frau Kung [Ei-ling], denn sie hat zwei heranwachsende Kinder im Alter von etwa zwei Jahren und einem Jahr. Aber schicke es auf meinen Namen & sag mir, wie viel alles zusammen macht & ich werde das Geld erstatten.« Die Bitten, amerikanische Zeitschriften zu kaufen und andere kleinere Besorgungen zu erledigen, entwickelten sich zu einem Hauptbestandteil ihrer Korrespondenz mit Emma.

Jeden Morgen hatte May-ling Chinesisch-Unterricht. Der alte Lehrer »unterrichtete mich, als ich acht war, und wenn ich mich recht entsinne, schlug er mir einmal mit dem Stock auf die Hand, als er herausfand, dass ich die ganze Zeit Bonbons gegessen hatte, während ich so tat, als wären es ›ausländische Teufels‹-Hustenbonbons. Jetzt verhält er sich jedoch so höflich mir gegenüber.« Sie lernte die Sprache schnell und hielt die hochkomplizierten klassischen Schriftzeichen für einfach. Den Rest des Morgens schlenderte sie meist durch das Haus, ging »in den Zimmern ein und aus, richtete die Blumen und hob hier und da ein Buch auf«.

Um die Mittagszeit läutete sie eine Glocke. Ein Diener kümmerte sich um das Stockwerk, das sie sich mit T. V. teilte.

Dessen einzige Aufgabe ist es, diese Zimmer in Ordnung zu halten und auf mein Klingeln zu antworten. Häufig nehme ich mein Mittagessen hier oben auf der Veranda ein. Mein Dienstmädchen habe ich entlassen: Ich habe festgestellt, dass ich sie einfach nicht brauche, weil Mutters Dienstmädchen meine ganzen Ausbesserungen macht und für mich die Kleider einsammelt, und es ging mir auf die Nerven, ein Dienstmädchen um mich zu haben, wenn ich meine eigenen Befehle in einer kürzeren Zeit ausführen konnte, als ich brauchte, um ihr zu erklären, was ich wollte. Siehst du, all die Jahre im demokratischen Amerika hatten eine Wirkung auf mich. Ich bin ganz zufrieden mit dem einen Diener, der sich um die Wünsche meines Bruders und um meine kümmert. Er putzt unsere Schuhe, wischt Staub, fegt und macht die Betten etc. … Der Nachmittag schließt in der Regel mit einem Tee irgendwo oder Tee zu Hause.

Auch was die abendlichen Vergnügungen anging, wusste sie einiges zu erzählen: »Ich hatte so viel zu tun. In den letzten beiden Wochen gab es nur einen Abend, an dem wir nicht entweder selbst ein Dinner gaben oder eingeladen waren!« Und nach dem Dinner: »Für gewöhnlich machen wir eine Spritztour im Wagen und in der Kutsche, oder wir gehen spazieren oder ins Theater.« »Wir haben ein russisches Opernhaus hier, und ich habe mir schon sechs oder sieben Aufführungen angeschaut.« Das chinesische Theater blieb ihr fremd, sie beschrieb es als »Geschrei mit aller Gewalt«.

Häufig ritt sie mitten in der Nacht noch aus. »Und selbstverständlich kehrten wir nie vor Mitternacht zurück. Ist es da ein Wunder, wenn ich müde bin?«

In diesem verhätschelten Dasein waren ihre größten Sorgen Angelegenheiten wie: »Wir haben unseren Buick bestellt – aber so ein Pech, die nächste Lieferung kommt erst in einer Woche an.« Einmal entdeckte sie eine Entzündung in ihrem Gesicht. Das war eine regelrechte Katastrophe: »Du kannst dir nicht vorstellen, wie sehr ich aus reiner Nervosität geheult habe ... Aber am Ende dieser Woche bin ich jetzt wohl imstande, zu einer Party zu gehen!« »Seit ich mich zu Hause eingeschlossen habe, ist das Leben öde geworden – öde, öde! Ich bekomme so unerklärliche und unvernünftige Wutanfälle, dass ich manchmal glaube, ich werde verrückt.«

Partys in Shanghai wurden im großen Stil gefeiert: ein Empfang für mehr als tausend Menschen, eine Hochzeit für viertausend. »Ich amüsiere mich enorm ... Nur manchmal plagt mich das schlechte Gewissen, wenn ich daran denke, wie wenig Zeit ich mit Mutter verbringe ... Du hältst mich wohl für einen regelrechten Schmetterling.«

Ein tragisches Ereignis trübte schon bald dieses heitere Bild, als Charlie, der an einer Nierenerkrankung litt, im Mai 1918 starb, nicht einmal zehn Monate nach May-lings Rückkehr. In den letzten Wochen seines Lebens kümmerte sich May-ling wie eine ausgebildete Krankenschwester und mit großer Zuneigung um ihn. Jeden Abend massierte sie ihn mit Olivenöl, weil seine Haut so trocken wie Pergament wurde. Im Krankenhaus leisteten ihre Mutter oder andere Familienmitglieder Charlie tagsüber Gesellschaft, doch May-ling verbrachte die Nächte bei ihm. Wenn sie sein aufgequollenes Gesicht im Schlaf betrachtete, hatte sie den Eindruck, das sei »fast mehr, als ich ertragen kann«.

Als die Ärzte erklärten, die Chancen, dass Charlie sich wieder erhole, lägen bei etwa zwanzig Prozent, nahm Frau Soong ihn gegen ihre Einwände mit nach Hause. Sie gehörte der Apostolischen Glaubensmission an, die an die Kraft des Gebets glaubte. Ihre Glaubensbrüder und -schwestern besuchten ihr Haus und beteten Tag und Nacht für ihren kranken Mann.

Nach Charlies Tod arrangierte seine Frau ein stilles und schlichtes Begräbnis, nur seine engsten Freunde wurden informiert. Er wurde auf dem neuen internationalen Friedhof beigesetzt, wo die Familie eine Parzelle kaufte, die für alle Familienmitglieder ausreichte. Charlie wurde als Erster auf einem Friedhof beerdigt, der später hohes Ansehen genoss. May-ling fand darin einen gewissen Trost: »Er war gerne der Erste in jeder Art von Wettbewerb; deshalb bin ich mir sicher, dass er, wenn er das wüsste, außerordentlich zufrieden wäre.«

May-ling trauerte lange um ihren Vater: »Mit Vaters Tod schien die Familie überhaupt nicht mehr real – wir vermissen ihn alle sehr: Er war ein so kameradschaftlicher Vater.« »Er war so ein wunderbarer Vater für uns! Und wir lieben ihn, auch wenn er nicht länger bei uns ist.«

Ihr Leben lang sollte May-ling bedauern, dass sie nur wenige Monate mit ihrem Vater hatte verbringen können, nachdem sie zehn Jahre weg gewesen war.[218] Dies und der Umstand, dass sie in ihren jungen Jahren ein Zuhause vermisst hatte, verliehen ihrer Liebe zur Familie eine besondere Intensität. Bereits mit Anfang zwanzig kam sie zu dem Schluss: »Freunde sind ja ganz nett, aber denk daran, dass die Familie, wenn man wirklich in eine schwierige Lage gerät, diejenige ist, die einem beistehen wird. Diese Aussage von mir, die ich einen größeren Teil meines Lebens Tausende von Meilen entfernt von meiner Familie verbrachte, mag altklug klingen. Aber ehrlich, du wirst feststellen, dass ich recht habe.«

Eine Cousine, die ebenfalls aus den Vereinigten Staaten zurückgekehrt war, fand das Leben mit ihrer Familie unerträglich. May-ling beobachtete, wiederum mit einer ungewöhnlichen Reife: »Ich denke, das ganze Problem liegt in Folgendem: Die Familie und sie erwarten zu viel voneinander … Was für eine ganz anders geartete Heimkehr ist dies im Vergleich zu meiner eigenen. Meine Familie nahm mich so, wie ich bin, gut und schlecht. Und auch wenn wir nicht immer einer Meinung waren, respektierten wir einander und schlossen Kompromisse.«

Ihrer Ansicht nach war es ihre Mutter, die ihre Familie so geformt hatte, wie sie war: »Nicht jeder hat das Glück, eine so gute Mutter wie ich zu haben. Wirklich, meine Mutter nimmt so große Rücksicht auf mich, dass ich mich jeden Tag für mich selbst und mein Benehmen schäme.«

Frau Soongs Liebe war die einer außerordentlich starken Mutter. Sie konnte ihre eigenen Gefühle hintanstellen, um ihre neunjährige Tochter ein volles Jahrzehnt lang einer besseren Ausbildung willen nach Übersee zu schicken; aber sie hatte ihre Tochter während dieser ganzen Zeit sehr vermisst. Als May-ling einmal Ei-ling in Shanxi besuchte, schrieb sie an Emma: »Mutter wollte in ihrem Innersten nicht, dass ich sie verließ, und doch wollte sie mir nicht im Weg stehen.« »Mutter hat so große Angst, dass Schwester mich dazu bringen wird, länger zu bleiben. Die Arme! Ohne mich wird sie einsam sein.« »Mutter ist so gut zu mir und stützt sich so sehr auf mich, dass ich den Gedanken, sie zu verlassen, wirklich hasse.« Als May-ling zusehends an Gewicht verlor, reagierte Frau Soong wie ein überaus traditionsbewusster Elternteil (die stets wollten, dass ihre Kinder ein ordentliches Gewicht haben): »Mutter weinte neulich am Abend, weil sie sagte, dass es ihr wehtue, wenn sie mich so blass & fahl sehe.« Tatsächlich war der Gewichtsverlust volle Absicht. Die Kleine Schwester, die sich Sorgen wegen ihrer Figur gemacht hatte, nahm innerhalb von wenigen Monaten elf Kilo ab; sie wog schließlich noch 48 Kilo und war nun eine schlanke Frau (sie war knapp 1,60 Meter klein, wirkte aber um einiges größer).[219]

Da May-ling eine tiefe Zuneigung zu ihrer Mutter empfand, richtete sie sich gerne danach, was diese von ihr erwartete. Auf Frau Soongs Protest hin gab sie das Tanzen auf, obwohl sie es auf dem College geliebt hatte. Frau Soong widmete wohltätigen Organisationen viel Zeit und spendete viel Geld. Um ihr zu gefallen, ging auch May-ling gemeinnützigen Tätigkeiten nach. Sie unterrichtete in der Sonntagsschule: »Mutter ist über meine Zustimmung so glücklich, dass es sich mit Worten gar nicht ausdrücken lässt. Es gibt so wenig, das ich für sie tun kann, dass ich unbedingt wenigstens das tun möchte, was ich kann.« Sie sammelte Spenden für die Young Women's Christian Association in Shanghai. Sie ging in die Slums: »Ich verabscheue wirklich üble Gerüche und hässliche Anblicke. Aber ich schätze, jemand muss den Schmutz erst sehen, wenn er jemals gesäubert werden soll.« Die Shanghaier Gesellschaft hielt May-ling für sozial gesinnt und tüchtig und geeignet für einen höheren Posten in einer großen Wohltätigkeitsorganisation.

Neben ihrer Mutter war die Große Schwester der Mensch, den May-ling am meisten schätzte. Sie teilte Emma mit: »Ich wünschte, du könntest sie kennenlernen, denn sie ist ohne Zweifel der brillanteste Kopf in der Familie, außerdem ist sie ungewöhnlich eifrig & schlagfertig, lebhaft, schnell und voller Energie. Sie ist überhaupt nicht der Typ, den ich für fanatisch halten würde; und dennoch ist sie tiefreligiös.«

Nach ihrer Rückkehr nach China im Jahr 1914 hatte Ei-ling mehrere Jahre lang unter einer Depression gelitten. Der Sinn ihres Lebens, den sie in der Arbeit für Sun Yat-sen gefunden hatte, hatte sich als eine Enttäuschung entpuppt. Sie war damals unzufrieden mit ihrem Eheleben in einer Provinzstadt. Da sie im Mittelpunkt des Geschehens aufgeblüht war, fühlte sie sich von dem Leben als einfache Lehrerin, Ehefrau und Mutter unterfordert. Zur Zeit der Geburt ihrer ersten beiden Kinder Rosamonde 1915 und David 1916 fühlte sie sich ruhelos und elend. Wie May-ling an Emma schrieb, hat sie »Phasen des Todeskampfes ... des Elends und Leidens durchgemacht«. Sie verlor sogar ihren Glauben an Gott, »leugnete gar die Existenz eines Gottes, und jedes Mal, wenn jemand in ihrer Gegenwart auf Religion zu sprechen kam, mied sie entweder das Thema oder sagte klipp und klar, das Ganze sei Altweibergeschwätz.« Obwohl sie ihrem Mann H.H. Kung half, ein Vermögen zu verdienen – und dabei ihr eigenes Händchen für finanzielle Angelegenheiten entdeckte –, empfand sie keine Befriedigung darin, weil sie die ganze Tätigkeit als sinnlos betrachtete.

Die Rückkehr der Kleinen Schwester ließ einen Sonnenstrahl in Ei-lings Leben leuchten: Fortan hatte sie eine enge Freundin und Vertraute, und das half ihr, den Kopf freizubekommen und ihr Gleichgewicht wiederzufinden. Sie erkannte, dass sie ihre Religion brauchte. Zu der Zeit, als sie ihr drittes Kind Jeanette 1919 erwartete, hatte die Große Schwester wieder zu ihrem Gott zurückgefunden und bedauerte, dass sie jemals an Ihm gezweifelt hatte. Als 1921 ihr jüngster Sohn Louis geboren wurde, sagte sie zur Kleinen Schwester, sie habe endlich »Trost im Leben und Glauben an den Sinn des Lebens gefunden«. May-ling schrieb an Emma: »Sie betet jetzt zu Gott, dass er ihr bei der Lösung ihrer Probleme hilft. Damit nicht genug, sie hat Frieden gefunden, einen Frieden, wie sie ihn nie gekannt hat.« Sie »ist einfach ebenso froh und geht auf Partys usw. wie früher«. Aber »auf die eine oder andere Weise hat sie sich verändert. Sie ist viel unkritischer, nachdenklicher und nicht so intolerant gegenüber den Fehlern anderer.«

Ei-ling versuchte, die Kleine Schwester zu einem mehr von Religion geprägten Leben zu überreden. In dieser Phase wehrte sich May-ling gegen ihr Ansinnen und erzählte Emma: »Weißt du, Dada [May-lings Kosename für Emma], ich bin kein religiöser Mensch. Ich bin viel zu unabhängig und vorlaut, um lammfromm oder demütig oder unterwürfig zu sein.« Sie dachte, dass Ei-ling »absichtlich ihren Verstand betäubte«, und ärgerte sich über sie, sagte ihr, sie solle »still sein«.

Während sie miteinander stritten, verflochten sich ihre Leben immer stärker ineinander. Die Kleine Schwester sah häufig nach Ei-lings Kindern und war absolut vernarrt in sie. Emma schrieb sie darüber: »Es ist sicherlich Arbeit, sich um sie zu kümmern. Sie haben von morgens bis spätabends trotz der Unmengen an Essen, das sie zu sich nehmen, Hunger. Da Schwester strenge Befehle erteilte, ihnen kein reichhaltiges Essen zu geben, denke ich, das ist der Grund dafür, dass sie die ganze Zeit das Bedürfnis und die hartnäckige Sehnsucht nach Süßigkeiten usw. verspüren. Unlängst habe ich ihnen jeden Tag eine Süßigkeit gegeben, und das scheint ihren ständigen Hunger nach Essen zwischen den Mahlzeiten zu besänftigen.«

Ching-ling war den beiden fremder, sowohl mental als auch körperlich. Aber jedes Mal, wenn sie vereint waren, verbrachten sie eine schöne Zeit. May-ling schrieb: »Meine Schwester Frau S. kam für zwei Wochen aus Kanton nach Shanghai. In dieser Zeit war das Leben ein ständiger Wirbelwind gesellschaftlicher Vergnügungen.« »Meine Schwester Frau Sun gibt einen sehr großen Empfang am 10. Oktober, der ein Staatsfeiertag zur Feier der Republik ist. Ich werde ihr dabei helfen. Ich bin ein bisschen müde.« Sie besuchte Ching-ling in Kanton und fand das Gehen in Stöckelschuhen auf den hügeligen Straßen der Stadt recht anstrengend.

In jenen Jahren in Shanghai beschäftigte sich May-ling in erster Linie mit ihren unzähligen romantischen Tändeleien, die detailliert in ihren Briefen an Emma dokumentiert sind. Angefangen bei dem Holländer auf dem Schiff von Amerika nach China, trat eine ganze Reihe von Freiern auf – und verschwand wieder. Ihre Familie erhob gegen jeden Ausländer Einspruch, und May-ling nahm bereitwillig Rücksicht auf ihre Gefühle. Es gab eine kurze Begegnung mit einem Herrn Birmeil: »Ich traf ihn einfach am Abend vor meiner Abreise aus Hongkong im Haus eines Freundes, und obwohl wir nur drei Tage an Bord des Schiffes zusammen waren, wurden wir sehr gute Freunde. Der Tag unserer Ankunft in Shanghai war sein Geburtstag; also verbrachte ich – trotz der Tatsache, dass ich diese Monate fern von zu Hause gewesen war – den Tag mit ihm ... Wir amüsierten uns großartig zusammen, und ich bin so froh, dass ich wenigstens einmal in meinem Leben so leichtsinnig war.« Die Familie reagierte voller Zorn und war »empört ... Sie waren auch deshalb wütend, weil er ein Ausländer war. Sie warfen mir buchstäblich vor, ich hätte ihn an Bord des Schiffes ›aufgegabelt‹ ... Seit er am Samstagnachmittag abgereist ist, habe ich zwei Funksprüche von ihm erhalten, in denen er mir sagte, wie sehr er mich vermisse. Die Familie versuchte, das Funkgerät von mir fernzuhalten, hatte aber keinen Erfolg damit ... In gewisser Weise bin ich froh, dass er nicht hier ist, denn ich weiß nicht, wie seine Anwesenheit auf mich wirken würde.« Doch Herr Birmeil wurde, genau wie der Holländer, schon bald vergessen – ohne allzu großes Herzeleid.

Ein anderer Mann, den sie nach eigener Aussage »mehr als Worte ausdrücken können« mochte, war kein Ausländer – aber verheiratet. »In den letzten Monaten haben wir uns beide zu elend zum Reden gefühlt … du weißt, wie meine Familie über Scheidung denkt, und außerdem ist an seiner Frau nichts auszusetzen, außer dass er sie nicht liebt … es ist schrecklich, jemanden so sehr zu lieben … Aber das Ganze ist hoffnungslos.« Und wiederum kam sie leicht über den Liebeskummer hinweg.

Die Kleine Schwester genoss ihre Eroberungen. Als ein Mann sagte, er habe seit Ewigkeiten nichts mehr von ihr gehört und sorge »sich zu Tode«, schrieb sie spöttisch an Emma: »Der [Erste Weltkrieg] kostete so viele Menschen das Leben, dass ein Toter mehr oder weniger keinen großen Unterschied macht, oder?« Sie stöhnte: »Oh, befreit mich von solchem Unglück! Ich wünschte, der Mann hätte genug Verstand, mich in Ruhe zu lassen oder sich aufzuhängen.« Oder sie schnaubte: Ein Mann habe sich »auf eine höchst lästige und ärgerliche Weise in mich verliebt und belästigt mich«. Und ein anderer »zeigte eindeutige Anzeichen, einen Antrag zu machen«, aber »ich nehme an, ich bin ihn ein für alle Mal losgeworden«. Die »Stadt Shanghai ist derzeit voller Gerüchte über meine Verlobung, jedes Gerücht spannt dabei einen anderen Mann ein … Was die Situation so komisch macht, ist der Umstand, dass kein einziger Mann die Gerüchte dementiert oder bekräftigt. Ich bin ziemlich empört.«

Die Kleine Schwester war zwar keine große Schönheit, besaß aber reichlich Charme und Anziehungskraft. Sie hatte andere, konkretere, sogar praktischere Vorzüge, über die sie selbst ganz offen sprach: »Ich bin auch dafür bekannt, ›intellektuell‹ und ›gescheit‹ zu sein, ziemlich stolz, aber sympathisch … ein guter Kumpel, aber wegen der Stellung meiner

Familie ein wenig abseits von der ›gewöhnlichen Herde‹, und wegen der Tatsache, dass ich mich sehr gut kleide, noch dazu in ausländische Kleider, in einem Automobil durch die Gegend fahre und nicht unterrichten muss, um meinen Lebensunterhalt zu bestreiten.«

Im Laufe der Zeit verlor das hektische gesellschaftliche und romantische Leben seinen Reiz. May-ling wurde allmählich immer unzufriedener: »Ich habe den ganzen Tag zu tun, aber es scheint so, als würde ich nichts zustande bringen.« »Ich langweile mich schrecklich und unsäglich.« Sie konnte sehen, dass es »in China so viel Übel gab … so viel Elend ist überall! Manchmal spüre ich, wenn ich mir die schmutzige, zerlumpte wuselnde Menschheit in unseren Slums ansehe, den Geschmack einer bitteren Vergeblichkeit, auf ein großartiges und neues China zu hoffen, und das Gefühl meiner eigenen Bedeutungslosigkeit. Dada, du kannst dir nicht vorstellen, wie hilflos man sich in so einer Umgebung fühlt. Der Anteil der Armen ist hier höher, als sich irgendjemand in Amerika vorstellen kann.«

Die wohltätige Arbeit befriedigte sie nicht. Das sei »keine echte Arbeit, es gleicht viel zu sehr einer Behelfslösung … Ich kann einfach nicht erkennen, dass ich irgendetwas erreiche.« »Wir plappern ohne Ende, aber ich sehe keine praktischen Ergebnisse. Oh, ich nehme an, wir tun etwas Gutes; gleichzeitig ist nichts Greifbares darunter.« Sie sehnte sich danach, »eine lebensgroße Arbeit [sic] zu haben und zu versuchen, eine gewisse Befriedigung im Leben zu finden«, und wollte unbedingt »etwas bewirken«.

Einmal kam ihr auch der Gedanke, in die Vereinigten Staaten zurückzukehren und dort Medizin zu studieren, aber daraus wurde nichts. Sie wollte ihre Mutter nicht verlassen, und die Familie konnte sich die Finanzierung ihres Studiums nicht mehr leisten. Im Jahr 1921 verlor ihre Mutter eine größere Summe an der Börse, was sich zwangsläufig auf den Lebensstil der Soongs auswirkte.

May-ling wollte heiraten und Kinder bekommen. »Ich denke, Frauen verlieren die Lust am Leben … wenn sie nicht heiraten … Und auch dann, worauf kann man sich denn freuen, wenn man keine Kinder hat?« Aber bei allen verheirateten Frauen, die sie kannte, war nicht eine Ehe nach ihrem Geschmack: »Ich kann nicht erkennen … dass sie zufriedener wären oder etwas Kostbareres vom Leben erlangt hätten. Sie wirken verkrampft, entweder gleichgültig, lustlos oder verbittert. Ihr Leben scheint so leer – leer.«

Sie wurde von Anfällen der »Todesqual« geplagt. Ei-ling bat sie, es noch einmal mit dem Glauben zu versuchen. May-ling schrieb an Emma: »Sie sagte zu mir, die einzige Möglichkeit für mich, diese Mattigkeit des Verstandes zu besiegen, sei es, religiös zu werden und wirklich mit Gott zu kommunizieren.« May-ling vertraute Emma an: »Jetzt versuche ich es mit ihrem Rat, und bislang kann ich nicht sagen, wie es ausgehen wird. Ich kann jedoch Folgendes sagen: Seit ich ihren Rat ausprobiert habe, fühle ich mich viel glücklicher – als würde ich nicht länger eine schwere Bürde allein tragen. Wenn ich jetzt bete, bin ich in einer empfänglichen Stimmung, gewissermaßen.«

Dennoch trübte eine Unzufriedenheit ihr Dasein. Sie war weiterhin »des Lebens so überdrüssig« und spürte »die Vergeblichkeit so akut«. Sie sehnte sich nach »jener pulsierenden Freude am Leben und am Dasein«. Ei-ling erkannte, was die Kleine Schwester brauchte: einen geeigneten Mann, jenen Mann, der ihr Sinn und Erfüllung bieten konnte.

Also hielt sie nach diesem Mann Ausschau. Im Jahr 1926 brachte Ei-ling ihre achtundzwanzigjährige Schwester mit Chiang Kai-shek zusammen, der mit seinen achtunddreißig

Jahren soeben zum Oberbefehlshaber der Armee der Nationalisten ernannt worden war. Für die Kleine Schwester tat sich eine ganz neue Welt auf.

9

May-ling lernt den Generalissimus kennen

Chiang Kai-shek, bekannt als Generalissimus, kam 1887 in einer hügeligen Stadt namens Xikou in der Provinz Zhejiang in der Nähe von Shanghai zur Welt. Seine Familie hätte sich kaum stärker von der May-lings unterscheiden können. Sein Vater, ein Salzhändler aus einer Kleinstadt, starb, als Chiang acht war, und seine verwitwete Mutter hatte ihre liebe Mühe, ihn und seine Schwester aufzuziehen. Chiangs Kindheit war von den Tränen seiner Mutter getränkt: über den Tod ihres jüngsten Sohnes im Säuglingsalter, über die fehlende Unterstützung von Verwandten bei der Versorgung ihrer jungen Familie aus eigener Kraft, über die offensichtliche Gleichgültigkeit der Menschen, als Wasserfluten drohten, ihr Haus zu zerstören, über einen verlorenen Prozess um ein Erbe – und über unzählige andere Unglücksfälle. Die vom Kummer geplagte Frau schuf in ihrem Sohn eine sehr starke Bindung – so stark, dass er als Teenager immer ganz verzweifelt war, wenn er das Haus verlassen musste. Seine Mutter musste ihn mit strengen Worten zur Tür hinausjagen, sogar mit einem Rohrstock schlagen.

Als er vierzehn Jahre alt war, arrangierte seine Mutter gemäß der Tradition eine Heirat für ihn, und zwar mit einer fünf Jahre älteren jungen Frau namens Fu-mei. Am Abend der Hochzeit ging das frischvermählte Paar nach der Zeremonie in Frau Chiangs Schlafzimmer, um ihr Tee zu bringen. Sie lag im Bett, kehrte dem jungen Ehepaar den Rücken zu, weinte und weigerte sich, den Tee anzunehmen. Chiang kniete vor dem Bett und heulte sich die Augen aus. Das sei einer der drei schlimmsten Weinanfälle seines Lebens gewesen, erinnerte er sich später. Weder die Mutter noch der Sohn hatten mit der Braut Mitleid, die einen so schlechten Einstand hatte. In der Ehe gab es viel Streit und Chiang, der auch eine gewalttätige Seite hatte, schlug seine Frau immer wieder. Manchmal zerrte er sie an den Haaren mehrere Treppen hinunter.

Frau Chiang konnte ihre Schwiegertochter nicht leiden, erlaubte den beiden aber nicht, sich scheiden zu lassen. Chiang nahm sich eine Konkubine, Zhi-cheng, der es kaum besser erging, weil seine Leidenschaft rasch in Abscheu umschlug, nicht zuletzt als Folge der ständigen Beschwerden seiner Mutter über Zhi-cheng. Nach dem Tod seiner Mutter empfand Chiang große Trauer und das Gefühl eines Verlustes, das ihn sein ganzes restliches Leben begleiten sollte. Er ließ an vielen Orten Pagoden zum Andenken an seine Mutter errichten und machte einen ganzen Hügel zu ihrem Mausoleum. Ihr Tod befreite Fu-mei aus der unglücklichen Ehe, denn Chiang ließ sich nun von ihr scheiden. Chiang versammelte enge Verwandte, auch Fu-meis Bruder, und bat sie um ihre Zustimmung zur Scheidung. Alle gaben sie bereitwillig. Darauf heiratete Chiang eine andere Frau namens Jennie, auf die er schon seit mehreren Jahren, seit ihrem vierzehnten Lebensjahr, ein Auge geworfen hatte. Chiang betrachtete sie allerdings als seine Konkubine, obwohl sie in der Öffentlichkeit als Frau Chiang angesprochen wurde.

Chiang war, wie er sogar selbst zugab, immer schon ein lüsterner Raufbold gewesen. In seiner Jugend war er häufiger

Gast in Bordellen und prügelte sich regelmäßig, vor allem, wenn er betrunken war. Die Nachbarn gingen ihm aus dem Weg, und Verwandte schämten sich für ihn, betrachteten ihn als Schandfleck der Familie. Tief getroffen von der Geringschätzung, die ihm von allen Seiten entgegengebracht wurde, beschloss Chiang, etwas aus sich zu machen, und schlug eine militärische Laufbahn ein. Im Jahr 1907 gewährte ihm das Armeeministerium der Mandschu-Regierung ein Stipendium für ein Studium zum Kadetten in Japan. Dort lernte er den Paten Chen kennen und folgte ihm in die Grüne Bande – und in die Reihen der Republikaner. Als im Jahr 1911 die republikanische Revolution ausbrach, kehrte Chiang nach China zurück, um sich aktiv daran zu beteiligen. Seine bemerkenswerteste Tat bestand darin, dass er auf Geheiß des Paten Tao Cheng-zhang, den Widersacher Sun Yat-sens, ermordete und Sun half, seine Stellung als Interimspräsident abzusichern. Nach Chiangs eigenem Dafürhalten bekam Sun dadurch einen positiven Eindruck von ihm.[220]

Nachdem der Mafiaboss Chen 1916 erschossen wurde, ging Chiang, der um seinen Mentor trauerte und über die Art und Weise, wie Sun Chen behandelt hatte, erbost war, auf Distanz zu Sun. Obwohl Sun ihn mehrmals um Unterstützung bat, reagierte Chiang nicht darauf, ungeachtet der Tatsache, dass er keine richtige Arbeit hatte (zu der Zeit betätigte er sich erfolglos als Börsenmakler).[221] Mit den Leuten in Suns Umfeld kam er ebenfalls nicht zurecht. Seine Übellaunigkeit und sein hitziges Temperament waren berüchtigt – er schlug Rikschafahrer, Diener, Wächter und Untergebene und überschüttete seine Kollegen mit Schimpfwörtern. (Immerhin hatte er so viel Verstand, seinen Zorn über Vorgesetzte nur seinem Tagebuch anzuvertrauen.) Ein derartiges Benehmen wurde allgemein verurteilt.

Allerdings hielt sich Chiang die Option offen, Sun zu

dienen. Nachdem man Sun im Juni 1922 aus Kanton vertrieben hatte, meuterte die Besatzung des Kanonenbootes, auf dem er sich befand. Sun war verzweifelt. Kaum erfuhr Chiang von Suns Notlage, da eilte er ihm zu Hilfe und bewies, dass er ein zuverlässiger Freund war. Sun war beim Anblick Chiangs so erleichtert, dass er in Tränen ausbrach und im ersten Moment kein Wort herausbrachte.

Im August begleitete Chiang Sun nach Shanghai. Im selben Monat brachte Sun seinen Handel mit Moskau unter Dach und Fach, und die volle Unterstützung Russlands, einschließlich der Gründung einer Armee, wurde wenig später bestätigt. Sun hatte allem Anschein nach eine vielversprechende Zukunft vor sich. Chiang entschloss sich, sein Schicksal mit dem Suns zu teilen, nachdem dieser ihm zugesagt hatte, ihn zum Armeechef zu machen. Sozusagen als Vorgeschmack wurde er 1923 zum Anführer einer Militärdelegation nach Russland ernannt.

Chiang war ein guter Beobachter und ein Mann mit eigenen Prinzipien. Während der Reise schreckte ihn die sowjetische Praxis des »Klassenkampfes« ab. Er war geradezu bestürzt über den Versuch des Roten Russland, China in ein kommunistisches Land zu verwandeln. Er beschloss, dass er sich daran nicht beteiligen wollte. Er zog auch in Betracht, Sun zu verlassen, und zögerte nach der Rückkehr aus Russland seinen Besuch in Kanton hinaus, obwohl Sun ihn schon mehrmals aufgefordert hatte zu kommen. Schließlich sprach Chiang seine Gedanken gegenüber Suns langjährigem engem Assistenten Liao Zhong-kai aus, der mit ihm in Suns Namen korrespondierte: »Nach meiner Beobachtung hat die russische Partei uns gegenüber keinerlei Aufrichtigkeit ... Ihr einziges Ziel in China ist es, die chinesische kommunistische Partei an die Macht zu bringen, und sie hat nicht die Absicht, die KPCh langfristig mit unserer Partei zusammenarbeiten zu lassen ... Russlands Politik gegenüber China besteht darin, die Mandschurei, die Mongolei, das muslimische Gebiet und Tibet allesamt zu Teilen der Sowjetunion zu machen; möglicherweise gelüstet es sie auch nach dem eigentlichen China ... Der sogenannte Internationalismus und die Weltrevolution sind nur andere Namen für einen Imperialismus nach Art eines Kaisers.«[222]

In seiner Antwort ging Liao nicht auf Chiangs Ansichten über Russland ein, sondern forderte ihn eindringlich auf, sich schleunigst nach Kanton zu begeben, da seine Verspätung Sun großes Leid bereite.[223] Die Botschaft schien klar: Obwohl Chiang also Russland ablehnte, wollte Sun ihn an seiner Seite, womöglich mehr denn je. Chiang fuhr nach Kanton und führte ein geheimes Gespräch mit Sun (dessen Inhalt niemals bekannt wurde). Ohne Zweifel fühlte sich Chiang bestätigt, dass Sun keineswegs anderer Meinung war als er. Sun versuchte allem Anschein nach lediglich, die Russen auszunutzen. Chiang blieb in Kanton und wurde im Jahr 1924 zum Direktor der Whampoa-Militärakademie ernannt, die die Russen gründeten, um dort Offiziere für Sun auszubilden. Sun legte Wert darauf, dass der antisowjetisch eingestellte Chiang seine Armee befehligte.

In den nächsten drei Jahren verheimlichte Chiang seine Ansichten und baute mithilfe der Russen die Nationalistische Armee auf. Die ganze Zeit über verfeinerte er seine Talente als Intrigant und wartete auf den Tag, an dem er Moskaus Macht über seine Partei durchbrechen konnte. Ebenso erfolgreich verbarg er sein eigenes politisches Geschick, indem er sich als apolitischer Soldat ausgab. In der Partei der Nationalisten bestand eine starke antirussische Fraktion, von der Chiang sich jedoch fernhielt. Michail Borodin holte naturgemäß Erkundigungen über ihn ein. Die chinesischen

Kommunisten meldeten: »Chiang ist ein einfacher Soldat; er hat überhaupt keine politischen Ideen.«[224] Und Liao, der Empfänger von Chiangs Brief, der dessen wahre Gedanken enthüllte, sagte Borodin, Chiang sympathisiere stark mit Russland und sei nach seinem Besuch in der Sowjetunion voller Begeisterung.* In der Folge vertrauten die Russen Chiang. (Liao wurde im August 1925 in Kanton ermordet. Bis heute ist nicht geklärt, wer den Anschlag verübte. Seine Witwe glaubte, Chiang steckte dahinter. Ob das nun zutrifft oder nicht, der Mann, der Chiangs wahre Ansichten kannte, schwieg nunmehr für immer.)[225]

Borodin ließ sich blenden, gestand er später. Chiang schien »so zugänglich, so fügsam, so bescheiden«. Er berichtete Moskau, Chiang sei »absolut vertrauenswürdig«.[226] Russland schickte reichlich Geld und Fachwissen nach Whampoa, dazu Waffen wie Kanonen und Flugzeuge. In einer Schiffsladung wurden Waffen im Wert von vier Millionen Rubel geliefert.

Im Januar 1926 kaperte Moskau de facto die Nationale Volkspartei auf deren zweitem Parteitag, der eine von Mitgliedern der KPCh und prorussischen Nationalisten dominierte Parteiführung hervorbrachte. Als Mitglied des Zentralen Exekutivkomitees zählte die Rote Schwester Chingling zur Führungsriege. (Mao war stellvertretendes Mitglied des Komitees.) Da sich seine Partei nunmehr fast vollständig in den Händen der Russen befand, gelangte Chiang zu dem Schluss, dass es für ihn an der Zeit sei zu handeln. Zunächst brachte er seine Gegner dazu, ihre Deckung zu vernachlässigen. Er stellte einen Antrag, nach Russland zu reisen zu dürfen, »um zu studieren, wie man eine Revolution macht«. Er notierte dieses Gesuch sogar in seinem Tagebuch. (Chiang

---

* Liao hatte diese falschen Informationen den Russen gegeben, bevor er Chiangs Brief erhielt; aber er korrigierte sie danach auch nicht.

führte siebenundfünfzig Jahre lang Tagebuch und war sich immer darüber im Klaren, dass jene es lesen könnten, die etwas über ihn in Erfahrung bringen wollten.) Er schrieb ferner einen angeblich privaten Brief, in dem er sich im Grunde zu einem Kommunisten erklärte und von dem er wusste, dass er in die Hände der Russen gelangen würde. Nach diesen Vernebelungsmanövern schlug Chiang am 20. März mit einem Überraschungsangriff zu. Unter einem Vorwand verhaftete er Dutzende von Kommunisten und entwaffnete die Garde der sowjetischen Berater, die ihrerseits unter Beobachtung gestellt wurden. Mit einem Handstreich hatte Chiang den Russen die Kontrolle über die Armee der Nationalisten entrissen.[227]

Nach diesem Quasi-Coup gelang es Chiang, die Russen im Irrglauben über seine Intentionen zu lassen. Sie glaubten, seine Aktion sei der Wutausbruch eines stolzen chinesischen Generals gewesen, der von gebieterischen russischen Beratern gekränkt worden sei, die versuchten, seiner Armee ein fremdartiges sowjetisches System aufzudrücken. Sie beschlossen, es sei das Beste, Chiang zu besänftigen – und zogen deshalb die russischen Berater ab. Die Russen waren zu der Zeit noch überzeugt, dass »Chiang Kai-shek mit uns zusammenarbeiten kann und auch zusammenarbeiten wird«, auch wenn sie sich bereits darauf einrichteten, »diesen General« zu einem bestimmten Zeitpunkt aus dem Weg zu räumen. Vor allem ließ Chiang sie in dem Glauben, dass Borodin, der sich damals nicht in Kanton aufhielt, alles richten könne, weil der sowjetische Repräsentant »wirklich außergewöhnlichen persönlichen Einfluss« auf ihn ausübe. Die Russen hatten keine Ahnung, dass der Putsch im Voraus geplant und Teil von Chiangs Kriegslist war. Als Folge wurde Chiang nicht etwa bestraft, sondern zum Oberbefehlshaber der Nationalistischen Armee befördert.[228]

Unterdessen blieb Wang Jing-wei, dem Chef der Kuomintang, nichts anderes übrig, als abzuwarten und zuzusehen, wie Chiang mit all seinen Manövern durchkam. Wang hatte Angst um sein Leben, tauchte unter und flüchtete wenig später ins Ausland. So stieg Chiang, der vollendete Intrigant, zum mächtigsten Mann in der Kuomintang auf.

Eine Frau nahm diese dramatische Wende der Ereignisse still zur Kenntnis und erkannte ihre potenzielle Bedeutung. Ei-ling hatte ein scharfes politisches Gespür, »viel, viel schärfer als ich, eine wirklich brillante Frau«, sagte die Kleine Schwester.[229] Die Große Schwester war eine glühende Antikommunistin und hatte sich gegen Suns sowjetische Politik ausgesprochen. Nach Suns Tod hatten sie und ihr Mann auf einem christlichen Begräbnis bestanden, um Suns bolschewistischem Image entgegenzutreten.[230] Ei-ling sah, dass Chiang eine ganze Schar sowjetischer Militärberater aus dem Land verjagt hatte, und spürte, dass der neue Oberbefehlshaber die Nationale Volkspartei veränderte. Sie war hocherfreut darüber. Ihre Schwester Ching-ling und ihr Bruder T. V. gehörten beide der nationalistischen Regierung an, er als Finanzminister. (Es gelang T. V., den Ärger der Einheimischen zu besänftigen, indem er halsabschneiderische Steuern abschaffte – sowohl dank des gewaltigen russischen Geldflusses als auch dank seiner Fähigkeiten.) Die Große Schwester hasste den Gedanken, dass ihre Geschwister unter Moskauer Kommando arbeiten mussten. Chiang Kai-sheks Vorgehen weckte in ihr neue Hoffnung und ihren Enthusiasmus.

Da kam ihr in den Sinn, dass der frischgebackene Oberbefehlshaber ein Heiratskandidat für die Kleine Schwester sein könnte, die inzwischen die Reserven der infrage kommenden Freier in Shanghai ausgeschöpft hatte. Auch wenn es eine »Frau Chiang« gab, so war sie für Ei-ling, die unbedingt einen

Gatten für die Kleine Schwester finden wollte, lediglich eine Konkubine, keine richtige Ehefrau, und konnte relativ problemlos aus dem Weg geräumt werden. Um mehr über Chiang herauszufinden, brachte Ei-ling im Juni 1926 ihre Schwester nach Kanton. Die subtropische Stadt litt damals unter einer heftigen Hitzewelle. Doch die Schwestern hatten ein Ziel. Der Manager von Standard Oil, der Urlaub in New York machte, stellte den Schwestern seine frei stehende, zweistöckige weiße Villa, im Schatten von Zedern gelegen und mit einem tropischen Garten, zur Verfügung. Am 30. Juni gab Ei-ling für Chiang eine Dinnerparty. Jennie, die damalige Frau Chiang, wurde ebenfalls eingeladen und spürte instinktiv, dass dieses Essen ihr Leben verändern würde.[231]

Chiang war furchtbar aufgeregt wegen der Einladung. Er sagte zu Jennie: »Ich habe eine Position, aber es fehlt mir an Prestige«, und es sei äußerst wichtig, »sich der Familie Soong anzunähern«. Wie Jennie schreibt: »Er redete, während er in großer Erregung im Zimmer auf und ab ging. Seine Kehle schien vor Nervosität zugeschnürt. ›Eine Einladung!‹, wiederholte er für sich. ›… endlich, nach dieser ganzen Zeit haben du und ich eine Gelegenheit, mit dieser großen Persönlichkeit zu speisen‹.« Chiang meinte damit Ei-ling, die als Grande Dame der Shanghaier Gesellschaft galt.[232] »Es ist wirklich zu schön, um wahr zu sein«, sagte er zu Jennie, die schrieb: »Er stolzierte wie ein Pfau über den Fußboden und lehnte es ab, sich zu setzen. So aufgewühlt benahm er sich selten.«

Jennie traf schon vor ihrem Mann ein, der aufgehalten worden war. Es war ein kleines Abendessen für nur sechs Personen. Die anderen beiden Gäste waren Frau Liao Zhongkai, deren Mann ein paar Monate zuvor ermordet worden war, wofür sie insgeheim Chiang im Verdacht hatte, und der Trinidader Eugene Chen, der Außenminister der Kantonesischen Regierung. Es gab unzählige Spekulationen um eine mögliche Verbindung zwischen Eugene und May-ling, doch »nach deren Verhalten im Salon zu urteilen war das Gerücht vermutlich unbegründet«, folgerte Jennie. Tatsächlich konnte May-ling Eugene nicht ausstehen. In einem Brief an Emma schrieb sie, er sei »bei einem der Dinner anwesend gewesen und saß neben mir. Er ist sehr klug und brillant, aber entsetzlich egoistisch und eitel. Er hat ein so furchtbares Achselzucken, das mich fast zum Wahnsinn trieb! Er wird mich diese Woche noch besuchen kommen: Und ich hoffe, ich bin nicht zu grob zu ihm.«[233]

Die junge und naive Jennie kam aus einer durchschnittlichen Familie und hatte keine kosmopolitische Erziehung genossen. Sie betrachtete die beiden Schwestern nicht ohne Eifersucht. Beide trugen ein schickes helles Cheongsam aus Seide, ihr Haar war, nach der Mode der 1920er-Jahre, in Wellen geformt und am Hinterkopf zu einem Haarknoten zusammengezogen. Sie wirkten wie Figuren aus einer Shanghaier Modezeitschrift.

Die Hitze und die Luftfeuchtigkeit machten allen zu schaffen. Obwohl drei elektrische Ventilatoren auf voller Kraft liefen, wedelte May-ling mit einem großen Fächer aus Seide und geschnitztem Elfenbein, und Ei-ling »tupfte mit ihrem Spitzentaschentuch den Schweiß von der Stirn«. Während sich die Kleine Schwester darüber beschwerte, dass es »so stickig und absolut unerträglich« sei, und sich bereits darauf freute, »nächste Woche auf der *Empress of Japan* wieder nach Shanghai zu fahren«, fragte die Große Schwester Jennie über ihren Mann aus. »Kai-shek ist für sein furchtbares Temperament bekannt. Hat er Sie noch nie beschimpft? ... Nein? Dann sind Sie wohl die personifizierte Geduld ... Laut Dr. Sun braust Kai-shek beim geringsten Anlass auf. Stimmt das? ... Erzählen Sie uns doch von der ersten Frau ... Und was ist mit der zweiten? ... Wie ist sie?«

Die Fragen mochten taktlos klingen. Aber Jennie wurde als zu schlichtes junges Mädchen angesehen, als dass man sie mit Takt hätte behandeln müssen – außerdem war Ei-ling nicht gerade bekannt für ihre Feinfühligkeit.

Chiang Kai-shek traf ein und wurde zwischen die Schwestern gesetzt. Auf der Dinnerparty erfuhr die Große Schwester viel über den neuen Oberbefehlshaber. Noch wichtiger: May-ling schien von ihm recht eingenommen. Er hatte ein soldatisches Benehmen, und sein schmales braunes Gesicht wirkte mitfühlend und aufmerksam. Die Kleine Schwester war von dem Gespräch bezaubert, das sich so sehr von dem üblichen Klatsch in ihrem Shanghaier Kreis abhob. Am Ende des Dinners gab sie Chiang ihre Adresse in Shanghai.[234]

Chiang registrierte May-lings Interesse an ihm und war hocherfreut. Seine Beziehung zu Jennie hatte eher auf Sex als auf tiefer Zuneigung gegründet, und er würde keine Sekunde zögern, sie fallen zu lassen. Jetzt hatte es den Anschein, dass sich ihm eine Gelegenheit bot, seinen Namen mit Sun Yat-sen zu verknüpfen – ganz zu schweigen von einer »großartigen Allianz« mit einer wunderschönen und gebildeten Dame, der Jennie in seinen Augen nicht das Wasser reichen konnte. Diese glückliche Wendung kam zu einem günstigen Zeitpunkt für ihn, da er kurz davor war, seine politischen Ambitionen in die Realität umzusetzen. Chiang war im Begriff, den Nordfeldzug zu starten, seinen Feldzug gegen die Regierung in Peking. Er war zuversichtlich, dass er den Sieg davontragen und eine eigene Regierung bilden würde. Eine Frau wie May-ling an seiner Seite würde den Glanz des künftigen Herrschers von China erheblich steigern. Sie könnte ihm auch dabei helfen, auf die westlichen Mächte zuzugehen, während er darauf hinarbeitete, sich von den Sowjets zu lösen.

Vor May-lings Abreise nach Shanghai schrieb Chiang in sein Tagebuch, dass er sie bereits vermisse.[235] Unmittelbar nach der Abreise schickte Chiang Boten an die Große Schwester Ei-ling und den älteren Bruder T. V. (den er ebenfalls persönlich kannte), um seine Heiratsabsichten zum Ausdruck zu bringen. T. V. war gegen Chiangs Antrag, aber die Große Schwester überstimmte ihn. Ei-ling beschloss, dass es der neue mächtigste Mann der Nationalisten mit Sicherheit wert war, als Ehemann für May-ling in Betracht gezogen zu werden. Doch vorerst blieb sie unverbindlich.[236]

Chiang hüllte sich immer noch in seine prorussische Tarnung und sandte widersprüchliche Botschaften aus. Ei-ling konnte nicht mit absoluter Sicherheit sagen, wofür er wirklich eintrat. Eine Neigung zu den Roten kam auf keinen Fall infrage. Darüber hinaus hatten sich die Große Schwester und ihr Mann H. H. Kung niemals mit Sun Yat-sens Kanton identifiziert, einem abtrünnigen Regime, das Sun nur deshalb und in Rivalität mit Peking gegründet hatte, weil er Präsident sein wollte. Die Regierung in Peking war demokratisch gewählt und international anerkannt und erfreute sich der Loyalität der Kungs. Als Sun sich ursprünglich 1921 in Kanton zum Präsidenten ganz Chinas erklärt hatte, hielt sich die Kleine Schwester zufällig bei den Suns auf, und sie hoffte, bei der Amtseinsetzung dabei sein zu können. Aber Ei-ling und ihre Mutter hatten drei dringende Telegramme geschickt und ihr befohlen, davon abzusehen und stattdessen sofort nach Shanghai zurückzukehren. Ein jüngerer Bruder wurde sogar nach Kanton geschickt, und er »schleifte mich buchstäblich nach Hause«, erzählte May-ling Emma.[237]

H. H. Kung hatte sich in Kanton immer »wie ein Fisch auf dem Trockenen« gefühlt und Suns Angebote, einen Regierungsposten zu übernehmen, stets abgelehnt. Er hatte Sun gesagt, er sei »für nationale Einheit«.[238] Er blieb ein Bewunderer der Führer in Peking. Über Marschall Wu Pei-fu sagte er: »Er war wirklich ein guter Mensch. Er war patriotisch, und er hatte Prinzipien.«[239] Präsident Hsu Shih-chang verstand sich gut mit den Kungs und lud sie zu Empfängen ein; außerdem hatte er H.H. in Staatsangelegenheiten um Rat gefragt.[240] Kung verbrachte einen großen Teil seines Lebens in Peking. Nachdem Ei-ling Chiang eingeladen und besser kennengelernt hatte, kehrte sie in die Hauptstadt zurück, und nicht nach Shanghai, und schickte ihre Kinder auf die amerikanische Schule dort.[241]

Jetzt könnte die Armee der Nationalisten die Pekinger Regierung besiegen. Die pragmatische Große Schwester musste sich mit dieser Realität anfreunden. Sie scheute sich davor, den Oberbefehlshaber abzuweisen, wollte aber auch abwarten, wie Chiang die Führer in Peking behandeln würde. Chiang vermutete ganz richtig, dass die Bedenken der Großen Schwester mit der Politik zu tun hatten. Also legte er sein Werben um May-ling auf Eis und wartete, bis seine wahren Absichten – und Fähigkeiten – zutage traten.[242]

In der Zwischenzeit führte er einen erfolgreichen Nordfeldzug gegen Peking und eroberte eine Reihe von Provinzen. Im November widmete die *New York Times* Chiang einen ganzseitigen Artikel unter der Schlagzeile: »Neuer starker Mann hält halb China besetzt.«[243] Am 21. März 1927 eroberte Chiangs Armee Shanghai. Im April brach er öffentlich mit den Kommunisten und mit der russischen Kontrolle und gab eine Fahndungsliste heraus, auf der Borodin ganz oben stand (und die auch Mao Tse-tung nannte). Borodin flüchtete durch die Wüste Gobi zurück nach Russland. Eines Nachts grübelte er im Zelt über seinen Fehler nach, Chiang vertraut zu haben. Der Generalissimus gab den Befehl, sämtliche von Kommunisten angeführten Aufstände niederzuschlagen. Es stellte sich heraus, dass die Kommunisten, nicht Peking, sein wahrer Feind waren. Die Geschäftsleute in Shanghai und westliche Bewohner, die in Panik gelebt und eine Herrschaft des Mobs und Lynchmorde befürchtet hatten, atmeten erleichtert auf. Allmählich neigten sie zu einer positiven Einstellung gegenüber Chiang und schätzten, ja bewunderten gar, was er tat. Erst jetzt, da er seine wahre politische Position zu erkennen gegeben, sich Referenzen verschafft hatte und unter May-lings Freunden zu einem Objekt der Bewunderung geworden war, nahm Chiang sein Werben um die Kleine Schwester wieder auf.

Ungeachtet ihres scharfen Verstandes hatte May-ling im Vergleich zu ihren älteren Schwestern eher vage politische Anschauungen. Das änderte sich im Winter 1926/27, bevor sich Chiang im April 1927 von den Kommunisten lossagte. Chiangs Armee hatte Wuhan, die strategisch wichtige Stadt am Jangtsekiang, erobert, und die kantonesische Regierung war dorthin umgezogen. Die Rote Schwester, eine Führerin der Nationalen Volkspartei, und T. V., der Finanzminister, hielten sich in der provisorischen Hauptstadt der Nationalisten auf. May-ling fuhr mit ihrer Mutter und der Großen Schwester zu ihnen und blieb drei Monate dort. Sie sah eine »Rote« Stadt. Ein offensichtliches Anzeichen waren die allgegenwärtigen riesigen Wandplakate, auf denen zu sehen war, wie chinesische Volksmengen fetten und hässlichen, auf dem Boden kauernden ausländischen Kapitalisten ihr Bajonett in den Bauch rammten, dass das Blut nur so spritzte. Andere unmissverständliche Hinweise waren unter anderem häufige Streiks, Massenkundgebungen und Demonstrationen sowie das Verhalten der Studenten und Gewerkschafter. Wie der Augenzeuge und linke Journalist Vincent Sheean beobachtete, ließ Letzteres auf eine »durchorganisierte sozialrevolutionäre Bewegung« schließen, »die sich jeden Moment der Produktionsmittel bemächtigen und die Diktatur des Proletariats ausrufen würde«. Der »Schaum über der brodelnden Tiefe« waren die vielen ausländischen Revolutionäre, die die Straßen füllten, weil Delegationen aus Europa, Amerika und anderen Teilen Asiens kamen, um sich das Rote Wuhan anzusehen und davon inspirieren zu lassen.[244]

Im Roten Wuhan machte die Rote Schwester die wohl aktivste und radikalste Phase ihres Lebens durch, begrüßte die Gewalt, die in und um die Stadt tobte. May-ling hingegen entsetzte das, was sie oft unmittelbar vor ihrem Fenster mit ansehen musste, genauso wie ihre Mutter und die Große Schwester. Keine Woche verging, »in der keine Demonstration von Tausenden und Abertausenden Arbeitern der kommunistisch kontrollierten Gewerkschaften stattfand, die Parolen brüllten wie nieder mit der und der Person, mit manchen Traditionen oder Sitten oder einem imperialistischen Land ... Stundenlang war zu hören, wie das ohrenbetäubende Geschrei Tausender einen Höhepunkt erreichte, während eine Einheit nach der anderen vorüberzog ... Die Kakofonie aus Lärm, der von Fanfaren, Trommeln, Gongs und Becken veranstaltet wurde, übertönte alles.« Sie war entsetzt über »willkürliche Verhaftungen, öffentliche Auspeitschungen, gesetzwidrige Durchsuchungen und Beschlagnahmungen, Scheingerichte und Hinrichtungen«. Sie war regelrecht empört: Menschen wurden »gefoltert und getötet, weil sie es wagten, die Kommunisten zu tadeln«, und wurden in »den ›offenen Prozessen‹ gegen Grundbesitzer, Beamte und sogar gegen ihre Angehörigen wie die eigenen Mütter terrorisiert«.[245]

Borodin, der Architekt des »Roten Terrors« nach sowjetischem Muster, hielt sich in Wuhan auf, ehe er durch die Wüste Gobi zurück nach Moskau flüchtete. May-ling fragte ihn, wie er denn all diese Gräuel rechtfertigen könne. Borodin hatte offensichtlich ein Auge auf May-ling geworfen. Ein Diener hatte in seinem Schlafzimmer einen Zettel auf seiner Schreibunterlage entdeckt, auf den er immer wieder geschrieben hatte: »Mayling, Liebling. Liebling Mayling«.[246] Um sie zu beeindrucken, womöglich gar zu bekehren, setzte er seine ganzen Qualitäten als Denker und Redner ein und hielt ihr lange Monologe. Er schritt in T. V.s Wohnzimmer auf und ab, gravitätisch oder leichtfüßig, je nachdem, wie es die Art seiner Argumente gebot; hier und da reckte er eine geballte Faust und streckte sie als ein Satzzeichen in die Luft, ehe er sie auf die linke Handfläche knallen ließ, um dem Gesagten Nachdruck zu verleihen. Die Kleine Schwester hatte lediglich den Eindruck, dass »mein Charakter und Instinkt, im Grunde mein ganzes Wesen und meine Überzeugungen vor dem zurückschreckten, was Herr Borodin von sich gab«.[247]

Nach der Rückkehr nach Shanghai im April stimmte May-ling allen Schritten Chiang Kai-sheks zu, um die Roten aus der Nationalen Volkspartei zu vertreiben. Angespornt von der Großen Schwester, war sie bereit, mit Chiang den Bund fürs Leben zu schließen. Als der Oberbefehlshaber ihr im Mai schrieb und ein Foto von sich schickte, antwortete sie wohlwollend. Von da an trafen sie sich häufig, redeten bis tief in die Nacht miteinander, fuhren aufs Land, wo sie in kleinen, stimmungsvollen Restaurants speisten, und unternahmen mit dem Auto mitternächtliche Spritztouren. Sie waren eindeutig ineinander verliebt, vielleicht nicht bis über beide Ohren, aber wie zwei reife Erwachsene mit gemeinsamen Ansichten, die wussten, was sie im Leben erreichen wollten, und hocherfreut darüber waren, dass sie in ihrem Partner Erfüllung fanden. Als Braut des künftigen Führers der Republik China meinte May-ling, dass sie mit ihrer grenzenlosen Tatkraft zumindest imstande wäre, etwas zu bewirken.

Chiang hatte sich bereits von seiner Frau Fu-mei scheiden lassen. Er traf jetzt Vereinbarungen mit seinen beiden

Konkubinen, denen nichts anderes übrig blieb, als der Trennung zuzustimmen. Er versprach, sie ihr Leben lang zu unterstützen. Jennie wurde auf ein Schiff nach Amerika gesetzt. An Bord sah man sie »modisch gekleidet«, aber unter Tränen.[248] Chiang inserierte drei Tage lang in der wichtigsten Zeitung Shanghais und erklärte in der Anzeige öffentlich, dass er ungebunden sei.

Am 27. September 1927 verlobten sich May-ling und Chiang Kai-shek im Haus der Großen Schwester, wo sie auch ihr Verlobungsfoto aufnehmen ließen.[249] Am nächsten Tag fuhr Chiang zu May-lings Mutter, die sich zu der Zeit in Japan aufhielt. Frau Soong hatte die ganze Angelegenheit offensichtlich Ei-ling überlassen, einen Blick auf ihren künftigen Schwiegersohn wollte sie dennoch werfen. Sie war zufrieden mit dem Aussehen und Benehmen des Oberbefehlshabers und gab ihm persönlich ihre Zustimmung. Chiang war hocherfreut. Kaum war er in seine Unterkunft zurückgekehrt, da nahm er einen großen Pinsel zur Hand und malte vier riesige Schriftzeichen: »Mit einem Handstreich tausend Heere erobern« (*heng-sao-qian-jun*).[250]

Frau Soong kehrte nach Shanghai zurück, um die Vorbereitungen der Hochzeit, die am 1. Dezember 1927 stattfand, zu beaufsichtigen. An jenem Tag veröffentlichte der Bräutigam einen Artikel in der Zeitung der Nationalen Volkspartei, in dem er seine Freude zum Ausdruck brachte, während die Braut Freunden gegenüber äußerte, sie fühle sich wie »betäubt«. Nach einer christlichen Zeremonie in ihrem Privathaus wohnten über tausend Gäste ihrer bürgerlichen Trauung im Hotel Majestic bei, einem prunkvollen, palastähnlichen Bau inmitten eines großen Parks. Es war die beste Adresse der ganzen Stadt, und »jeder, der etwas zu sagen hatte, war anwesend«, schrieb May-ling aufgeregt an Emma. »Es war die größte Hochzeit aller Zeiten in Shanghai!« Die

Presse berichtete über jedes kleinste Detail. Eine Zeitung beschrieb ihr Hochzeitskleid in europäischem Stil: »Die Braut sah richtig bezaubernd aus in einem wunderschönen Kleid aus Silber und weißem Georgette, an der einen Seite leicht drapiert und mit einem Gebinde aus Orangenblütenknospen verziert. Sie trug außerdem ein Kränzchen aus Orangenblütenknospen über ihrem Schleier aus herrlicher auserlesener Spitze, der lang angefertigt war und floss, sodass er über der weißen, mit Silber verbrämten Charmeuse, die von ihrer Schulter fiel, eine zweite Lage bildete. Sie trug silberne Schuhe und Strümpfe und hielt ein Bouquet aus blassrosa Nelken und Farnwedeln in der Hand.« Weil reines Weiß in China die Farbe der Trauer war, nahm May-ling in ihr Gewand viel Silber auf.[251]

Nach der Hochzeit führte Chiang statt mit seiner Frau mit der Großen Schwester lange Gespräche über die derzeitige Lage und darüber, was er vorhatte. Ei-lings Sympathie für die Regierung in Peking beeinflusste Chiangs Haltung ihr gegenüber.[252] Nachdem er Peking besiegt hatte, erwies er den Beamten Respekt und Wohlwollen und beschäftigte viele weiter. Den ehemaligen Ministerpräsidenten Duan Qi-rui bezeichnete er als seinen »Mentor« und pries Duan für seinen »unbestreitbar großen Beitrag«, den er für das Land leistete.[253] Für den Warlord Wu Pei-fu arrangierte er ein gigantisches Staatsbegräbnis.

Die Große Schwester trat nunmehr als Beraterin Chiangs auf. Und sie hatte den Eindruck, den Frischvermählten auf Trab halten zu müssen. Einmal ritt er den ganzen Nachmittag mit May-ling aus. Am selben Abend, als er Ei-ling einen Besuch abstattete, schimpfte sie mit ihm, weil er sich dem Vergnügen hingegeben und seine politische Verantwortung nicht ernst genommen habe. Chiang war gekränkt und schrieb in sein Tagebuch, dass die Große Schwester ihn unterschätze und sein rasch wachsendes Potenzial nicht gebührend würdige. Er beschloss, ihr seine Fähigkeiten zu beweisen.[254] Von da an hatte Ei-ling, wie nahestehende Personen äußerten, größeren Einfluss auf den Generalissimus als irgendjemand sonst.[255]

Verheiratet mit einem umstrittenen Diktator

Die Meinungsverschiedenheiten zwischen May-ling und ihrem Ehemann fingen schon bald nach der Heirat an. Ende Dezember 1927, noch im Monat ihrer Trauung, hatten die beiden Frischvermählten bereits einen heftigen Streit in Shanghai. Chiang kam tagsüber nach Hause und stellte fest, dass May-ling ausgegangen war. Er war daran gewöhnt, dass seine Frauen ihm jederzeit zur Verfügung standen, und war sehr verärgert. Als May-ling sich auch nach ihrer Rückkehr nicht entschuldigte, bekam er einen Wutanfall. Sie war verblüfft und zahlte mit gleicher Münze heim. Er hielt sie für unerträglich »arrogant« und ging ins Bett, um irgendwelche nicht näher genannten »Krankheiten« zu kurieren. Sie ignorierte ihn, rannte zum Haus der Soongs und teilte ihm mit, dass auch sie krank sei. Am Ende gab Chiang nach und kam abends zu May-ling – »trotz meiner eigenen Krankheit«. May-ling sagte zu ihm, sie sei »krank, weil sie ihre Freiheit verloren« habe, und riet Chiang anschließend, er müsse an seinem Charakter arbeiten. Sie versöhnten sich wieder. In jener Nacht war er zu aufgeregt, um schlafen zu können, und fühlte sein »Herz zittern und sein Fleisch beben«.[256]

Chiang Kai-shek hatte eine extrem willensstarke und unabhängige Frau geheiratet. Zum ersten Mal in einer

Beziehung war er derjenige, der sich entschuldigen musste. In der schlaflosen Nacht wurde ihm klar, dass er keine andere Wahl hatte, als May-ling entgegenzukommen. Er brauchte sie in mehrfacher Hinsicht, nicht zuletzt wegen ihrer Verbindung zu Sun Yat-sen, als dessen politischer Erbe er sich ausgab. Aber Chiang kam auch zu dem Schluss, dass er »ihr im Wesentlichen zustimmte« und dass er sein Benehmen ändern sollte.[257] Am nächsten Morgen stand er nicht wie gewöhnlich bei Sonnenaufgang auf, sondern blieb im Bett und vergnügte sich bis zehn bei anhaltenden Liebesspielen mit ihr.

May-ling war nur zu gerne bereit, versöhnlich zu reagieren. Sie war außerordentlich aufgeregt darüber, Frau Chiang zu sein, und dachte, wie sie sich später erinnerte: »Das ist meine Chance. Mit meinem Mann werde ich unablässig dafür arbeiten, China stark zu machen.«[258]

May-ling war überzeugt, dass Chiangs Sieg den internen Zwist beenden und dem Land Frieden bringen werde. Sie beschloss, ihm zum Sieg zu verhelfen und eine gute First Lady zu sein. Sie schloss ihre westlichen Kleider weg und legte das traditionelle Cheongsam aus Seide an. Mit aufgenähten Blumen, den Rock an beiden Seiten bis zum Knie geschlitzt, wurde dieses Kleid zu ihrer »Uniform«. Ihr Haar trug sie nach der damaligen chinesischen Mode glatt mit einem ordentlichen Pony. Als ihr Bruder T. V. von seinem Amt als Finanzminister in Chiangs Regierung zurücktreten wollte, überredete sie ihn, im Amt zu bleiben. Während sich Chiang an der Front des Nordfeldzugs aufhielt, kaufte sie Medikamente für verwundete Soldaten, beschaffte große Mengen an Kleidung und Bettwäsche und stellte Ärzte und Schwestern des Roten Kreuzes ein. Sie leitete Chiangs Botschaft an westliche Konsuln weiter und versicherte ihnen, dass die Nationalistische Armee ihre Kollegen im Kriegsgebiet beschützen werde. Sie war eine Art

Sonderrepräsentantin Chiangs, die Aufgaben erledigte, zu denen andere nicht fähig gewesen wären. Chiang schrieb in sein Tagebuch, er verdanke seinen Sieg zur Hälfte seiner Frau.[259] Nicht zu vergessen: May-ling führte in Chiangs Armee humanitäre Praktiken ein und hatte alles in allem einen mäßigenden Einfluss auf den Generalissimus. Sie war es auch, die eine Schule für die Kinder gefallener Soldaten und Offiziere gründete, ein Novum in der chinesischen Kriegsgeschichte. Sie widmete sich im Laufe der Jahre dem Wohlergehen dieser Waisen, und sie blieben bis ans Ende ihres Lebens ihre »Kinder«.

Chiang Kai-shek besiegte die Regierung in Peking und betrat am 3. Juli 1928 die nördliche Hauptstadt. Das Regime der Nationalen Volkspartei wurde gegründet, mit der Hauptstadt Nanjing. Der Generalissimus selbst wurde zum Vorsitzenden des Staatsrats und der Kuomintang.

Eine Epoche des Strebens nach Demokratie in China war vorüber. Diese Zeitspanne, von 1913 bis 1928, wird in den Geschichtsbüchern häufig abwertend als »Ära der Warlords« bezeichnet. In Wirklichkeit führten in diesen Jahren nicht die Warlords die längsten und wichtigsten Kriege, sondern, wenn auch mit Unterbrechungen, Sun Yat-sen, gefolgt von Chiang Kai-shek. Die Kämpfe zwischen den Warlords waren viel kürzer und begrenzter und lösten weit weniger Unruhen aus – das Leben ging für die Zivilisten wie gewohnt weiter, solange sie nicht gerade ins Kreuzfeuer gerieten. Vor allem gipfelten die Streitigkeiten unter den Warlords in neuerlichen Anstrengungen zur Errichtung einer parlamentarischen Demokratie. Chiangs letztes Angriffsziel, Marschall Wu Pei-fu etwa, war bekannt für sein Engagement für die Demokratie. Seine letzte Amtshandlung, bevor er von der politischen Bühne abtrat, bestand darin, dass er die Heimreisen für die Hunderte von Abgeordneten zahlte, die in der Hoffnung auf Wu Pei-fus Sieg und die erneute Einberufung des Parlaments in Peking geblieben waren. Chiangs Sieg beendete Chinas Reise auf diesem Pfad und legte einen neuen Kurs in Richtung einer unangefochtenen Diktatur fest.[260]

Obwohl Chiang eine Diktatur begrüßte und einige leninistische »Methoden des Kampfes« übernahm – Organisation, Propaganda und Kontrollmechanismen nach sowjetischem Vorbild –, wie Borodin es ausdrückte, lehnte er doch den Kommunismus ab und ging, im Gegensatz zu Mao, der ihn später stürzte, nicht so weit, einen *totalitären* Staat aufzubauen.[261] Das Regime des Generalissimus behielt viele Freiheiten aus der republikanischen Zeit bei. Auch wenn sich May-ling nicht politisch betätigte, so zeigte sich ihr Einfluss doch in den humaneren Entscheidungen des Diktators.

Chiangs größtes Problem war seine Legitimierung. Seine Vorgänger in der Republik waren allesamt gewählt worden, so fragwürdig manche Wahlen auch gewesen sein mochten. Mit seinen Siegen eroberte Chiang hingegen nicht die Herzen und Köpfe der Bevölkerung; er wurde auch nicht als Befreier angesehen. Als seine Soldaten durch die Straßen von Peking marschierten, wurden sie von ausdruckslosen Zuschauern mit »donnerndem Schweigen« empfangen, wie ein Beobachter feststellte.[262] Die Führer der Pekinger Regierung genossen alles in allem einen weit besseren Ruf als Chiang. Sein Sieg überzeugte die Bevölkerung auch nicht von seinem militärischen Genie. Viele glaubten, Peking sei von der sowjetischen Militärmacht besiegt worden, nicht von Chiang. Die Tatsache, dass Chiang den russischen Einfluss auf seine Partei gebrochen hatte, wurde nur zähneknirschend zur Kenntnis genommen. Andere Nationalrevolutionäre waren bereits gegen Moskaus Kontrolle vorgegangen, als Chiang noch vorgeblich prorussisch war. Für diese Männer war der Generalissimus ein Opportunist.

Chiang nahm für sich in Anspruch, der Erbe des Vaters des republikanischen China zu sein, und verlieh Sun einen geradezu gottgleichen Rang. Auf seiner eigenen Hochzeit hing ein riesiges Porträt Suns über der Tribüne, flankiert von der Fahne der Nationalen Volkspartei und der des Landes, das er in Kürze regieren sollte. Die Flagge Chinas war im Grunde eine Kopie der Parteifahne auf rotem Hintergrund, wodurch Suns Vision, dass seine Partei die Nation dominieren werde, symbolischen Ausdruck fand. Jeder Einzelne – das frischvermählte Paar und ihre über tausend Gäste – verbeugte sich drei Mal vor Suns Porträt und führte damit ein Ritual ein, das bei Zeremonien in ganz China künftig allgegenwärtig sein sollte.

In Wirklichkeit war Sun in den Gedanken des Generalissimus alles andere als gottgleich. Einmal unterhielt er sich mit May-ling und Ei-ling darüber, wie Suns Russlandpolitik zu einer kommunistischen Übernahme seiner Partei und des Landes geführt und beide zum Untergang verurteilt hätte, wenn nicht er, Chiang, die Situation durch eine Kriegslist gerettet hätte. Aus politischen Gründen jedoch brauchte er die Verherrlichung Suns.[263]

Auch brauchte er eine Ideologie Suns für sein Regime. Sun hatte so etwas wie eine Ideologie hervorgebracht, und zwar die Drei Prinzipien des Volkes (*san-min-zhu-yi*). Es handelte sich um eine Nachahmung von Lincolns »Regierung des Volkes durch das Volk für das Volk«. Mehr oder weniger entsprachen die Prinzipien der Volksgemeinschaft, dem Volk als Herrscher und dem Wohlergehen des Volkes. Sie waren ebenso vage und schwer zu fassen wie Suns wahre Überzeugungen. In ihren Auftritten vor laufender Kamera für eine dreiminütige englische Wochenschau äußerten Chiang, sein Dolmetscher und May-ling unterschiedliche Definitionen. Die First Lady sollte darüber reden, wie Suns Prinzipien die chinesischen Frauen befreit hätten. Dieses Thema war so schwer zugänglich, dass sie ihren Text auswendig lernen musste. Die Folge war, dass sie, nachdem sie fließend über die Rolle der Frauen in China in ihren Augen gesprochen hatte, den Faden verlor, als es um Suns angeblich größten Beitrag ging – ihr wollte einfach nicht einfallen, was sie sagen musste. Stockend sprach sie weiter: »Dr. Sun hat den Frauen wirtschaftliche … und … wirtschaftliche … und …« Dann brach sie ab. Verschämt, aber niedlich kichernd, wandte sie sich an ihren Mann, der sie mit sichtlicher Beunruhigung beobachtet hatte und ihr nun etwas ins Ohr flüsterte. Sie vollendete den Satz: » … hat den Frauen wirtschaftliche und politische Unabhängigkeit geschenkt.«[264]

Der Umstand, dass die »Ideologie« vage und für Interpretationen offen war, spielte im größeren Rahmen jedoch keine Rolle. Sie war harmlos und nützlich. Die Probleme fingen an, als Chiang sich um Präzision bemühte und ankündigte, dass das politische System unter ihm »politische Vormundschaft« (*xun-zheng*) sei – womit er die recht unverblümte Bezeichnung aufgriff, die Sun seiner Form der Diktatur gegeben hatte. Das chinesische Wort *xun* lässt im Kopf das Bild von einem höheren Menschen entstehen, der die niederen belehrt. Sun hatte gesagt, genauso müsse die Bevölkerung Chinas von ihm und den Nationalrevolutionären behandelt werden. Die Chinesen seien aus dem Holz der Sklaven geschnitzt und außerstande, zu den Herren des Landes aufzusteigen: »Folglich müssen wir Revolutionäre sie lehren«, »ihnen Vorträge halten«, »wenn nötig auch unter Einsatz von Gewalt«. Ein Propagandaplakat unterstrich Suns Worte: China wurde als Kleinkind dargestellt, das von Sun in einen höheren Daseinszustand erhoben wird. Dies war eine drastische Abkehr von der chinesischen Kultur, die es missbilligte, das einfache Volk offen mit Geringschätzung zu behandeln.[265]

Der Generalissimus ordnete an, dass es keinem Menschen gestattet sei, sich respektlos über Sun zu äußern. In Organisationen wie Schulen und Behörden wurden die Menschen angehalten, einmal wöchentlich gemeinsam Suns zu gedenken. Sie mussten drei Minuten schweigend stehen, Suns am Totenbett verfasstes Testament vorlesen und sich Belehrungen ihrer Vorgesetzten anhören. Das Ganze war für die Bevölkerung fremd und wirkte abstoßend. Derartiges hatten sie weder unter den Kaisern noch während der fast zwei Jahrzehnte, die sie in einer Version der Zivilgesellschaft mit einem politischen Mehrparteiensystem, einem einigermaßen fairen Rechtswesen und einer freien Presse gelebt hatten, tun müssen. Sie waren seinerzeit imstande gewesen, die Regierung in Peking öffentlich zu kritisieren, ohne Angst vor Vergeltungsmaßnahmen haben zu müssen. Im Jahr 1929 meldete sich eine Reihe prominenter Liberaler in einer Aufsatzsammlung mit dem Titel »Über Menschenrechte« zu Wort. Hu Shih, der damals führende Liberale, schrieb, seine Landsleute hätten bereits »eine Befreiung des Verstandes« durchgemacht, doch jetzt habe »die Zusammenarbeit der Kommunisten und der Nationalisten die Situation einer absoluten Diktatur geschaffen, und unsere Meinungs- und Redefreiheit sind verloren gegangen. Heute dürfen wir Gott verunglimpfen, aber Sun Yat-sen nicht kritisieren. Wir müssen nicht in den Sonntagsgottesdienst gehen, aber wir müssen an den wöchentlichen [Sun-] Gedenkfeiern teilnehmen und das Testament von Sun Yat-sen lesen.« »Die Freiheit, die wir begründen wollen, ist die Freiheit, die Nationale Volkspartei zu kritisieren und Sun Yat-sen zu kritisieren. Selbst der Allmächtige darf kritisiert werden, warum nicht die Nationalisten und Sun Yat-sen?« Und weiter: »Die Nationalregierung ist extrem unbeliebt, teils weil ihr politisches System weit hinter den Erwartungen der Bevölkerung zurückblieb, und teils weil ihre leichenstarre Ideologie nicht die Sympathie der denkenden Bevölkerung weckt.«[266] Diese Veröffentlichungen wurden beschlagnahmt und verbrannt. Hu Shih wurde gezwungen, von seinem Posten als Kanzler einer Universität zurückzutreten.

Es hätte schlimmer kommen können, stellte Hu Shih fest. Jeder konnte die Freiheit und den Besitz durch den Vorwurf verlieren, er sei »ein Reaktionär«, »ein Konterrevolutionär« oder »ein verdächtiger Kommunist«.[267] Privateigentum wurde nicht respektiert. Wellington Koo, der ehemalige Ministerpräsident der Regierung in Peking, besaß ein prächtiges Herrenhaus in Peking, das sein Schwiegervater, der als reicher chinesischer Geschäftsmann im Ausland lebte, gekauft hatte. Die Koos liebten dieses Haus.[268] Bei Sun Yat-sens letztem Aufenthalt in Peking wurde es ihm vermietet, und er starb dort. Nach ihrem Sieg beschlagnahmten die Nationalisten einfach das Haus und machten daraus einen Schrein für Sun – zum großen Schmerz der Familie Koo. Sie waren auch bestürzt darüber, dass die neuen Hausherren die ursprüngliche Farbe des Hauses – ein wunderschönes altes Rot – mit einem düsteren Graublau überstrichen, um zu demonstrieren, dass dies ein Ort der Trauer war.*

---

* Chiang stellte später Koo ein, einen herausragenden und umsichtigen Diplomaten. Jahrzehnte später, als er für ein Projekt der Oral History der Columbia University, New York, über diese Episode sprach, brach der nervöse Koo plötzlich das Interview ab und bat den Interviewer, den Rekorder auszuschalten. »Das sollte unter Verschluss bleiben. Es wirft einen Schatten auf die Kuomintang.« Danach wechselte er das Thema. Offenbar hatte er beschlossen, dass es klüger sei, sich zu bremsen. Siehe dazu Koo, V. K. Wellington, Columbia University Archives, Bd. 3, Part 2, Sect. H, J, S. 305.

Chiang betrachtete alles, was dem Land gehörte, als sein Eigentum. Er gründete mit Mitteln aus den staatlichen Steuereinnahmen eine große Bank, die Bauernbank.[269] Als er im Jahr 1934 sein Testament schrieb, ordnete er die Bank in die Rubrik »Familienangelegenheiten« ein, unter dem Absatz, in dem er seine Söhne anwies, May-ling als ihre leibliche Mutter anzusehen.

Als Diktator konnte sich der Generalissimus rühmen, in allen Lagern Feinde zu haben. Provinzpotentaten aus Ost, West, Nord und Süd lehnten sich gegen ihn auf. Das Gleiche galt für eine große Zahl seiner nationalistischen Parteifreunde von links, rechts und aus dem Zentrum. Sie hatten eines gemeinsam: Sie weigerten sich, Chiangs Autorität anzuerkennen. Manche griffen zu extremen Maßnahmen. Attentate, die unter den Mandschu eine Seltenheit gewesen waren, wurden zur gängigen Problemlösungsmethode der Republikaner. Sun und Chiang waren beide alte Hasen. Nunmehr hing das Schwert über dem Generalissimus – und May-ling.

Im August 1929 schreckte May-ling eines Nachts in ihrem Haus in Shanghai aus einem Albtraum hoch. Wie sie später schrieb, tauchte eine unheimliche, gespenstische Figur in ihrem Traum auf, ein Mann mit einem »harten und brutalen Gesicht« und »einem Ausdruck böser Absichten«. »Er hob die Hände, und in jeder befand sich ein Revolver.« Sie schrie, und Chiang sprang aus seinem Bett und rannte an ihre Seite. Sie sagte, es könnten Diebe unten sein. Chiang verließ ihr Schlafzimmer wieder und rief die Wache. Zwei Stimmen antworteten, da ging er beruhigt wieder zurück ins Bett, dachte jedoch, es sei ein wenig merkwürdig, dass zwei Männer antworteten, weil eigentlich nur ein Leibwächter Dienst haben sollte.

Ein paar Nächte nach diesem Vorfall schlichen sich die beiden Wächter auf Zehenspitzen ins Schlafzimmer und hatten

schon den Finger am Abzug, als Chiang sich im Bett um-
drehte und laut hustete. Verängstigt zogen sie sich wieder zurück. Unterdessen hatte der Wächter, der eigentlich keinen
Dienst hatte, den Verdacht des Taxifahrers erregt, der ihn zum
Wohnhaus gebracht hatte. Der Taxifahrer bemerkte, dass der
Mann versuchte, seine Militäruniform unter einem verbeulten
Hut und einem Regenmantel zu verbergen. Außerdem kam
ihm die Art, wie er am Tor begrüßt wurde, verdächtig vor. Der
Fahrer rief die Polizei, die sofort zum Haus kam. Die Wächter
wurden abgeführt. Sie waren zwei der ältesten und vertrautes-
ten Leibwächter Chiangs; dennoch hatten sie den Mordauf-
trag von einem der unzähligen Feinde Chiangs angenommen.

Als Folge dieser Mordversuche erlitt May-ling eine Fehlgeburt. Sie sei »unerträglich verzweifelt« und leide »extreme
Qualen«, schrieb Chiang in sein Tagebuch. Er wich siebzehn
Tage lang nicht von ihrer Seite und vernachlässigte, ganz
entgegen seiner sonstigen Art, seine Arbeit. Nach der Fehlgeburt teilte man May-ling mit, dass sie nie ein Kind bekommen könne. Wie ihre Schwester, Madame Sun, würde auch
Madame Chiang keine eigenen Kinder haben.[270]

May-ling lebte in ständiger Angst und litt unter einer extremen nervösen Anspannung. In einem weiteren Albtraum sah
sie einen Stein mitten in einem Fluss, der ganz von Blut um-
strömt wurde. Weil Chiang Kai-sheks Name das Wort für
»Stein« *(shek)* enthielt, wartete sie tagelang darauf, dass etwas
Schreckliches passierte. Wie sich zeigte, sagte sich die Nach-
barprovinz Anhui von Chiang los und nahm die Hauptstadt
Nanjing unter Artilleriebeschuss.[271]

Doch die Kleine Schwester blieb trotz der Gefahren und
ihrer Bedenken wegen seiner Vorgehensweise an der Seite
ihres Mannes. Im Jahr 1930 schlossen sich einige prominente
nationalistische Generäle und Politiker zusammen (darunter

Wang Jing-wei, der Mann, der Suns Testament auf dem Totenbett geschrieben hatte) und bildeten in Peking eine Gegenregierung. Chiang zog gegen sie zu Felde. Der Krieg um Zentralchina dauerte Monate. In der Zeit war May-ling fast täglich telegrafisch in Kontakt mit ihrem Mann und signalisierte ihm große Liebe und Unterstützung. Aus Sorge, dass sich Chiang an der Front womöglich nicht gesund ernährte, bot sie an, ihren Koch zu ihm zu schicken. Als es extrem heiß wurde, erkundigte sie sich, wie es ihm gehe. Da sie fürchtete, er könnte sich einsam fühlen, sandte sie ihren jüngsten Bruder T. A. mit Briefen und Geschenken zu ihm. Sie war einmal mehr Chiangs zuverlässigste Logistikdirektorin. Eine Lieferung, die sie zusammenstellte, umfasste dreihunderttausend Dosen Fleisch, Bambussprossen und Süßigkeiten, hundertfünfzigtausend Handtücher und große Mengen an Arzneimitteln für die Soldaten, die sie in einem Sonderwaggon schickte. Als T. V. von Chiangs endlosen Forderungen nach hohen Geldsummen die Nase voll hatte und seinen Rücktritt als Finanzminister einreichte, überredete sie ihn wiederum zum Bleiben.[272]

Ein Teil des Geldes floss still und unbemerkt durch ihre persönlichen Hände. Der starke Mann in der Mandschurei war jetzt Zhang Xue-liang, der Junge Marschall, der Sohn des Alten Marschalls Zhang Zuo-lin.* In diesem Konflikt beschloss der Junge Marschall, Chiang zu Hilfe zu kommen –

---

* Der Alte Marschall hatte im Juni 1927, in der letzten Phase des Nordfeldzugs von Chiang Kai-shek, vorübergehend das Sagen in Peking. Die Japaner boten ihm an, im Gegenzug für beträchtliche Vollmachten in der Mandschurei Chiangs Vormarsch zu stoppen. Der Alte Marschall teilte ihnen mit unzähligen Worten mit: »Ich verkaufe das Land nicht.« Die Japaner brachten an einer Eisenbahnbrücke Dynamit an und töteten ihn am 4. Juni 1928 in seinem Zug. Sein Tod vereinfachte Chiangs Sieg über die Regierung in Peking.

May-ling und Chiang in den Flitterwochen, der Beginn einer langen, ereignisreichen und außergewöhnlichen Ehe.

Ei-ling und ihr Mann H. H. Kung. Sie hatte so viel Einfluss auf Chiang Kai-shek wie niemand sonst; H. H. war viele Jahre Chiangs Ministerpräsident und Finanzminister.

Die Rote Schwester Ching-ling ging 1927 nach Russland ins Exil und verliebte sich in Deng Yan-da (zu ihrer Linken auf diesem Foto aus dem Kaukasus). Deng schickte sich an, eine dritte Partei zu gründen, und wurde 1931 von Chiang Kai-shek hingerichtet.

Oben: Chiang Kai-shek (zweiter von rechts) und May-ling (neben ihm) Ende Oktober 1936 in Nähe von Xian, vor dem Grabmal von König Wu (dem ersten König der Zhou-Dynastie, 1046–1043 v. Chr.). Der Junge Marschall Zhang Xue-liang (Mitte, mit Wickelgamaschen, lächelnd) war ihr Gastgeber. Kaum einen Monat später inszenierte er einen Putsch gegen Chiang und setzte ihn fest. General Yang Hu-cheng, sein Mitverschwörer, steht rechts außen in Habachtstellung.

Mitte: May-ling riskierte ihr Leben, um die Freilassung ihres Mannes zu erwirken, und die Chiangs flogen anschließend im Dezember 1936 nach Hause

Unten: May-ling besucht verwundete Soldaten. Nach dem Ausbruch des erbittert geführten Krieges gegen Japan 1937 führte Chiang das Land im Widerstand gegen Japan an.

Ching-ling (vordere Sänfte) und May-ling (hinten) werden 1940 zur Kriegshauptstadt Chongqing, der »Hauptstadt der Berge« hochgetragen.

In Chongqing im Jahr 1940 zeigten die drei Schwestern eine einheitliche Front und traten zum ersten Mal seit über zehn Jahren wieder gemeinsam in der Öffentlichkeit auf. Die Große Schwester (links) und die Kleine Schwester (Mitte) standen sich sehr nahe, die Rote Schwester (rechts) hingegen blieb ein wenig auf Distanz.

Die Schwestern mit Chiang Kai-shek auf einem Empfang in Chongqing 1940 (von links May-ling, Ei-ling, Chiang und Ching-ling). Ching-ling hielt immer ein wenig Abstand zu ihrem Schwager, den sie regelrecht hasste.

Die Schwestern beim Besuch eines Militärkrankenhauses in Chongqing, 1940.

Die Chiangs mit Captain Claire (links), dem Kommandeur der »Flying Tigers«, einer American Volunteer Group im Zweiten Weltkrieg. Chennault sagte über die Kleine Schwester: »Sie wird immer eine Prinzessin für mich sein.«

Für den amerikanischen General Joseph Stilwell war Ching-ling »die Sympathischste von den drei Frauen« (Anfang der 1940er-Jahre, Chongqing).

Chongqing 1942: May-ling (Mitte) bezaubert Wendell Willkie (zu ihrer Rechten), den persönlichen Vertreter Roosevelts, der sie in die Vereinigten Staaten einlud. Ching-ling (zweite von rechts) beschwerte sich im privaten Kreis, dass sie kein Wort mit Willkie habe wechseln können. H. H. Kung sitzt zwischen den Schwestern.

May-ling feierte 1943 einen triumphalen offiziellen Besuch in den Vereinigten Staaten. Der Höhepunkt war ihre Rede vor dem Kongress am 18. Februar.

May-ling (Mitte, mit Blumen auf dem Schoß) sprach 1943 in der Hollywood Bowl in Los Angeles zu etwa 30.000 Zuhörern. Sie nahm Ei-lings Kinder David (zweiter von links) und Jeanette (ganz rechts) auf die Amerikareise mit und präsentierte sie in vorderster Reihe. Der zweite von rechts ist der herausragende Diplomat Wellington Koo (der 1927 geschäftsführender Präsident von China gewesen war).

Die Chiangs mit Präsident Roosevelt und Premierminister Winston Churchill auf der Konferenz von Kairo, November 1943.

T. V. Soong (rechts), Chinas Außenminister während des Krieges, mit Präsident Roosevelt und dem US-Postminister James Farley 1942 in Washington. Am 7. Juli dieses Jahres wurde eine Gedenkbriefmarke anlässlich des fünften Jahrestages des chinesischen Widerstands gegen die japanische Aggression herausgegeben.

Die Soong-Brüder T. A. (ganz links), T. V. (Mitte) und T. L. (ganz rechts) mit ihren Ehefrauen zu Weihnachten in Washington, DC, 1942.

Die Chiangs beim Essen unter Chiangs Porträt, Anfang der 1940er Jahre.

allerdings hatte dies seinen Preis. Nach Geheimverhandlungen einigte man sich auf die gigantische Zahlung in Höhe von umgerechnet etwa fünfzehn Millionen Dollar. Die Summe war so hoch, dass sie über mehrere Jahre gestreckt werden musste, in denen der Junge Marschall gelegentlich nach Shanghai und Nanjing reiste, um die Teilzahlungen zu kassieren. Am 18. September 1930 überwies May-ling telegrafisch eine Million Dollar an den Jungen Marschall, samt dem Versprechen, die restlichen vier Millionen der ersten Teilzahlung in den nächsten Tagen zu schicken. Noch am selben Tag entsandte der junge Warlord Truppen aus der Mandschurei nach Süden, um zusammen mit Chiang einen Zangenangriff gegen die Rebellen zu führen. Das bedeutete das Ende der Rebellenarmee.[273]

In dieser Phase blieb May-ling bei Ei-ling und ihrer Mutter. Frau Soong unterstützte sie moralisch, doch die Große Schwester stand ihr mit konkreten Ratschlägen zur Seite. Chiang war beiden Frauen extrem dankbar und erkundigte sich fast täglich nach ihnen. Wie stets verhielt er sich Ei-ling gegenüber sehr ehrerbietig und sprach sie als »Große Schwester« an, obwohl er älter als sie war. Als er erfuhr, dass Frau Soong krank war, wollte er jedes kleinste Detail über ihren Gesundheitszustand wissen und wies May-ling an, sein Versprechen weiterzugeben: »Seien Sie bitte versichert, dass Ihr Schwiegersohn gewissenhaft Ihre Lehre befolgt und sich verantwortungsvoll benimmt.«

Als Zeichen der Dankbarkeit gegenüber Frau Soong und der Großen Schwester ließ sich Chiang nach Ende des Krieges taufen. Die Zeremonie fand am 23. Oktober 1930 im Haus der Soongs in Shanghai statt. Von da an hatten christliche Lehren zunehmenden Einfluss auf Chiang.[274]

Der Krieg war zwar vorüber, doch diejenigen, die sich gegen den Generalissimus auflehnten, hatten noch nicht aufgegeben. Sie verlegten ihre Basis nach Kanton und gründeten im darauffolgenden Jahr 1931 eine weitere Gegenregierung. Ihr gehörte auch Fo an, Sun Yat-sens Sohn. In Nanjing hingegen verachteten Suns alte Genossen Chiang weiterhin zutiefst und zeigten ihre Abneigung ganz offen. Chiang ließ einige von ihnen ins Gefängnis werfen, doch er musste so tun, als würde er sie nur deshalb einsperren, damit er auf ihren Rat hören könnte.[275]

Chiang fühlte sich wie in seiner Jugend von Boshaftigkeit umgeben und bedachte so gut wie jeden in seinem Umfeld mit Beschimpfungen. Seine Tagebücher wimmeln von Kommentaren wie: »Es gibt keine echte Freundschaft, geschweige denn Güte oder Liebe unter dem Himmel, die Beziehung zwischen Mutter und Sohn ist die einzige Ausnahme«; »Ich kann nicht aufhören, Zorn und Wut zu empfinden ... die meisten Menschen sind falsche Freunde ... und noch dazu selbstsüchtig ... Ich würde mich am liebsten von ihnen allen trennen«; »Die Herzen der Menschen sind alle hinterhältig und hässlich. Jene, die mich fürchten, sind meine Feinde; jene, die mich lieben, sind ebenfalls meine Feinde, weil sie mich nur für ihre Zwecke ausnutzen wollen ... Meine Frau ist der einzige Mensch, der mich liebt und aufrichtig unterstützt«; »Es ist die Natur des Menschen, dass keiner den anderen in gutem Glauben behandelt, außer den eigenen Eltern, der Frau und den Kindern«.[276]

Geplagt von diesen düsteren Gedanken, blieb der Generalissimus ein Einzelgänger und ein Einmannbetrieb. In seinen Augen hatte »China zu wenig Talente. Wenn man Menschen Verantwortung gibt, scheitern sie einfach«; »Von all den Menschen, die ich in all den Organisationen beschäftige, arbeitet fast kein Einziger zu meiner Zufriedenheit«; »Abgesehen von meiner Frau kann kein Mensch mir ein bisschen Verantwortung oder ein bisschen Arbeit abnehmen«; »Ich muss alles selber machen, sei es Innen- oder Außenpolitik … zivile oder militärische Angelegenheiten.« Tatsächlich unterhielt er in den entscheidenden Momenten, als China dringend internationale Unterstützung gebraucht hätte, wie im Vorfeld der japanischen Invasion von 1931, keine Botschaften in westlichen Ländern.

Chiangs engster Kreis bestand hauptsächlich aus dem erweiterten Kreis der Familie Soong. Was seine eigene Familie betraf, so hatte er seinen Halbbruder stets verachtet: »Wie ich ihn verabscheue und mich von ihm abgestoßen fühle.« Auch für seine Schwester hatte er nur Spott übrig. Eines Tages kam er vorbei und sah, wie sie mit May-ling und deren Gästen lautstark Karten spielte. Chiang »fühlte sich beschämt« und fürchtete, seine »Liebste« würde ihn wegen seiner Verwandten verachten.[277]

Durch seine starke emotionale Beziehung zu seinem Mentor, dem Paten Chen, erwuchs Chiang eine andere »Familie«. Chens beide Neffen Guo-fu und Li-fu gründeten und führten seinen Nachrichtendienst. Doch auch ihnen vertraute er nicht uneingeschränkt. Der Generalissimus befürchtete, dass sie zu mächtig werden könnten. Deshalb baute er einen zweiten Geheimdienst auf, um Guo-fus und Li-fus Einfluss zu begrenzen.[278]

Nur die Familie Soong genoss sein volles Vertrauen. Er konnte sich darauf verlassen, dass sie ihn nicht hinterging, und er war auf sie angewiesen, um die Lebensader seines Regimes, nämlich das Geld, zu verwalten. Er schuf eine Behörde für Chinas große Bankhäuser – das Vereinigte Amt der vier Banken – und machte Ei-lings Mann, H.H. Kung, zu deren Aufseher. Vor allem H.H., seinem gehorsamsten Diener, und seinem anderen Schwager, T.V., behielt Chiang die obersten Ämter vor: Finanzminister, Außenminister, Ministerpräsident. Kung blieb über ein Jahrzehnt, fast bis zum

Ende von Chiangs Regime, auf seinem Posten als Minister-präsident.*

Die Person, auf die Chiang am ehesten hörte, war die Große Schwester Ei-ling. Ihre Überlegungen zu politischen und finanziellen Angelegenheiten, die sie Chiang entweder persönlich oder über May-ling oder H.H. Kung mitteilte, fanden stets das Ohr des Generalissimus. Ihr Mann verdankte seine langjährige Amtszeit auf hohen Posten hauptsächlich dem Umstand, dass Chiang so große Stücke auf Ei-ling hielt.[279]

Außerhalb des kleinen Familienkreises vertraute der Generalissimus nur wenigen Menschen, geschweige denn hörte er auf sie. Es gab keine richtigen Debatten in der Chefetage. Die Sitzungen waren trostlose Angelegenheiten, bei denen sich Chiang unnahbar gab und seine Untergebenen und Kollegen schikanierte. Den zivilisierteren Mitgliedern seines Publikums fiel es schwer, ihn zu ertragen; nur aus Angst wehrten sie sich nicht gegen seine Attacken. Die weniger kultivierten Zuhörer folgten seinem Beispiel und behandelten ihre Untergebenen ähnlich schlecht und erzeugten so einen Unmut, der sich durch die ganze Befehlskette zog.

Unter so einem Regierungschef scherten sich die wenigsten Regierungsvertreter darum, einen Beitrag zur Entscheidungsfindung zu leisten. Sogar Chiangs höchste Beamte machten selten Vorschläge. Ei-ling, die den größten Einfluss auf Chiang hatte, war klug, besaß jedoch nicht den Kopf eines politischen Führers. Außerdem mangelte es ihr fatal

---

* In der Familienchronik des Konfuzius-Clans von 1930 wurde H.H. Kung als Nachfahr von Konfuzius geführt, dessen Familienname mit seinem übereinstimmte. Da er damals selbst an der Macht war und die Niederschrift der Chronik beaufsichtigte, zweifelten manche die Wahrheit dieser These an. Ching-ling bezeichnete ihn sarkastisch als »den Weisen«. Siehe Shou Chong-yi (Hg.), S. 42; Snow, Edgar, S. 125 f.

an jeglicher Empathie für das einfache Volk. Folglich versäumte Chiangs Regime es, eine Agenda vorzulegen, welche die allgemeine Bevölkerung begeisterte oder ihr zumindest Hoffnung machte. Dieses Fehlen einer inspirierenden politischen Linie war so schmerzlich offenkundig, dass sogar Hu Shih, der führende Liberale, Chiang aufforderte, »das Mindeste des Mindesten zu tun und von den autokratischen Herrschern zu lernen: Wenden Sie sich von Zeit zu Zeit an die Bevölkerung und laden Sie sie ein, selbst ihre Vorschläge zu machen!«[280]

An Chiang prallte dies jedoch alles ab. Damit nicht genug, er vermittelte den Eindruck, als verachte er die Bevölkerung in Wirklichkeit. Die Chinesen, sagte er einmal öffentlich, »haben keine Scham, keine Moral«; sie seien »faul, gleichgültig, korrupt, dekadent, arrogant, in Luxus verliebt, unfähig, eine Not zu ertragen, außerstande, Disziplin zu wahren, [hätten] keinen Respekt vor dem Gesetz, kein Schamgefühl, keine Vorstellung, was Moral ist«; »Die meisten sind halbtot-halb-lebendig, weder tot noch lebendig ... ›wandelnde Leichname‹.«[281]

Die Bevölkerung aus der Armut zu führen stand nicht auf Chiangs Agenda – ein verhängnisvoller Fehler, den er zu spät bedauerte, nämlich erst, als man ihn bereits vom Festland vertrieben hatte. Es gab den Vorschlag, die Pacht zu senken, die Bauern an die Grundbesitzer zahlen mussten, aber dies wurde nur in einigen Provinzen getestet und wieder aufgegeben, als der Versuch auf energischen Widerstand stieß. Die Kommunisten wollten unbedingt Kapital daraus schlagen und verkündeten, ihr Ziel sei es, den Menschen ein besseres Leben zu schenken. Der Einfluss der Roten wuchs ebenso wie das von ihnen beherrschte Gebiet. Mit der Rückendeckung Moskaus gründeten sie 1931 im Südosten Chinas, einem reichen Landstrich nicht weit von Shanghai, eine

»sowjetische Republik«. Auf dem Höhepunkt seiner Macht kontrollierte dieser abtrünnige Staat ein Gesamtgebiet von 150 000 Quadratkilometern mit einer Bevölkerung von zehn Millionen Menschen. Direkt vor seiner Nase erwuchs ihm eine massive Bedrohung.

In Anbetracht der Vielzahl gewaltiger Probleme, mit denen sich May-ling konfrontiert sah, verlor sie ihren ursprünglichen Optimismus, dass sie als Madame Chiang große Dinge erreichen werde. Im Jahr 1934 schrieb sie in ihr Tagebuch: »In den vergangenen sieben Jahren habe ich viel gelitten. Ich habe wegen der chaotischen Zustände in China tiefe Wasser durchschritten.«[282] Zu den unablässigen internen Streitigkeiten kamen noch weitere Katastrophen: Eine Dürre im Jahr 1929 in Shaanxi im Nordwesten führte zu einer Hungersnot, der Hunderttausende zum Opfer fielen, anhaltende Unwetter im Nordosten machten 1930 Millionen Menschen obdachlos, und 1931 kamen vierhunderttausend Menschen bei Hochwassern im Tal des Jangtsekiang und anderen Regionen um – zu guter Letzt ließ Japan entlang der Grenze aggressiv die Muskeln spielen. »Alle diese Dinge ließen mich meine eigene Unzulänglichkeit erkennen … Der Versuch, etwas für das Land zu tun, wirkte so, als würde man versuchen, einen großen Flächenbrand mit einer Tasse Wasser zu löschen … Ich stürzte in tiefe Verzweiflung. Eine furchtbare Niedergeschlagenheit erfasste mich.«

May-lings dunkelste Stunde schlug, als Frau Soong am 23. Juli 1931 an Darmkrebs starb. May-ling hatte sie während ihrer langen Krankheit gepflegt und blieb an ihrer Seite während ihrer letzten Tage in Qingdao, einem Kurort am Meer, wohin sie vor der erdrückenden Hitze in Shanghai geflüchtet waren. Die Kleine Schwester war untröstlich. Sie sagte, der Tod ihrer Mutter sei »ein furchtbarer Schlag für alle ihre Kinder« gewesen, »aber mich traf er wohl noch härter als die anderen, denn ich war ihre jüngste Tochter und hatte mich stärker an sie angelehnt, als mir selbst klar war«. Sie erinnerte sich insbesondere an einen Moment kurz vor Frau Soongs Tod: »Als ich mich einmal mit ihr unterhielt, kam mir ein Gedanke, der mir ziemlich klug erschien. ›Mutter, du bist doch so stark im Gebet, warum betest du nicht zu Gott, dass er Japan durch ein Erdbeben zerstört, damit es China nicht länger schaden kann?‹« Sie erinnerte sich noch gut, dass ihre Mutter »das Gesicht abwandte« und sich weigerte. Zu May-ling sagte sie, schon so einen Vorschlag zu machen sei unter ihrer Würde. Diese Sichtweise beeinflusste May-ling ihr Leben lang und steigerte noch ihre Bewunderung für die Mutter. Als Frau Soong starb, kam sie sich verloren vor: »Mutter war nicht mehr da, um mich mit ihren Gebeten durch meine persönlichen sowie anderen Schwierigkeiten zu tragen. Ich hatte ein Leben ohne sie vor mir. Was sollte ich nur tun?«[283]

An Frau Soongs Todestag entging May-lings Bruder T. V. knapp einem Anschlag auf sein Leben durch eine Gruppe linksgerichteter Nationalisten. Ihr eigentliches Ziel war Chiang Kai-shek, doch sie suchten sich T. V., Chiangs »Goldjungen«, für die Generalprobe aus. Sie hatten T. V.s Tagesabläufe studiert und wussten, dass er donnerstags regelmäßig aus der Hauptstadt Nanjing zu einem langen Wochenende nach Shanghai kam. An diesem besonderen Donnerstag warteten sie am Nordbahnhof von Shanghai auf ihn. In seinem schicken Anzug, mit seiner stattlichen Größe von einem Meter achtzig und einem Tropenhelm auf dem Kopf war T. V. eine auffällige und elegante Erscheinung. Als er sich, gefolgt von seinem Sekretär und Leibwächter, den Weg durch die Menge bahnte, riefen die Männer: »Nieder mit der Soong-Dynastie!« und eröffneten das Feuer. Kugeln prallten von den Wänden ab und durchschlugen Scheiben. T. V.s Sekretär, der neben ihm ging, wurde getötet. Ein Augenzeuge, der Besitzer einer Bude in der Nähe des Schauplatzes, sagte später den Zeitungen, dass die Attentäter »Sun Yat-sen-Anzüge in einem grünlichen Grau« getragen hätten. (Diese Kleidung war eine Abwandlung der japanischen Kadettenuniform, später »Mao-Anzug« genannt, und Sun war der Erste, der sie trug. Zur Zeit des Anschlags mussten sich auch die Staatsdiener der nationalistischen Regierung so kleiden.)

Nach den ersten Schüssen detonierten zwei Bomben. Laut dem Augenzeugen »wirbelte das viel weißen Rauch auf, sodass man Herrn Soong kaum noch sah. Ich versteckte mich unter meinem Ladentisch.« Den Rauch für sich nutzend, sprang T. V. hinter eine Säule und zog gleichzeitig seinen Revolver. Ein diensthabender Bahnpolizist rannte zu ihm und rief: »Werfen Sie Ihren Hut weg, Herr Minister. Ducken Sie sich, damit man Sie nicht so gut sehen kann, und folgen Sie mir. Ich bringe Sie in Sicherheit.« T. V. tastete sich durch die Rauchschwaden, wich den am Boden liegenden Körpern aus und folgte dem Polizisten in einen Sitzungssaal einen Stock höher. Als die Attentäter sahen, dass er nach oben ging statt nach draußen, gaben sie die Verfolgung auf. Nach mehreren Schusswechseln mit seinem Leibwächter ließen sie die Waffen fallen und tauchten in der Menschenmenge im Bahnhof unter, die schreiend in alle Richtungen davonlief. Sie entkamen – und heckten ein Komplott gegen ihr eigentliches Ziel, den Generalissimus, aus.[284]

Noch ehe diese Gruppe ihr Haus erreicht hatte, feuerten andere Schützen in einem Park auf Chiang. Sie verfehlten ihr Ziel, und Chiang blieb unverletzt. Da er May-ling nicht noch mehr beunruhigen wollte, telegrafierte er ihr, die Neuigkeiten seien nur ein Gerücht.[285] May-ling wusste genau, dass das nicht stimmte, und stand Todesängste aus. Ihr

Leben lang verfolgten sie Mordanschläge, noch im hohen Alter konnte sie nicht ruhig schlafen, wenn nicht im Nebenzimmer ein vertrauter Sicherheitsbeamter war.

Wie um all diesen Nöten die Krone aufzusetzen, ereignete sich eine nationale Katastrophe: Im September 1931 marschierte Japan in der Mandschurei ein und besetzte diesen riesigen und reichen Teil Chinas. May-ling stürzte, wie sie sich erinnerte, in »die Tiefen einer Verzweiflung«.[286]

Ching-ling im Exil: Moskau, Berlin, Shanghai

Während die Kleine Schwester alle Mühe hatte, mit den Gefahren ihres Ehelebens fertigzuwerden, lebte Ching-ling, die Rote Schwester, im selbst auferlegten Exil – und zwar zunächst in Moskau.

Sie fuhr nach Russland, nachdem Chiang Kai-shek im April 1927 das Bündnis mit den Kommunisten gebrochen hatte. Ihre Mutter und Schwestern brachten alle erdenklichen Argumente vor, um sie von der Reise abzuhalten, versuchten sogar, ihr die kommunistische Überzeugung auszureden. May-ling begab sich noch einmal mit einem Brief der Mutter nach Wuhan. Aber Ching-ling blieb die eigensinnige junge Frau, die zwölf Jahre zuvor weggerannt war, um Sun Yat-sen zu heiraten, und wollte nicht auf sie hören. Von Wuhan aus begab sie sich nach Shanghai und wartete auf ein Schiff, das sie nach Russland brachte. Es kam zu weiteren und noch heftigeren Auseinandersetzungen mit ihrer Familie. Schließlich verließ sie, in der Gesellschaft von Genossen und getarnt als arme Frau, heimlich Shanghai und ging an Bord eines russischen Dampfschiffes – der Beginn einer Reise zur »Hauptstadt des Weltproletariats«.

Ihr zweiunddreißigjähriger Bruder T.V. beschloss, sich an die Seite Chiang Kai-sheks zu stellen. T.V. hatte zwischen dem Anti- und dem Pro-Chiang-Lager geschwankt. Der Journalist Vincent Sheean, der damals mit T. V. bekannt war, sagte, er sei

… außerstande gewesen, sich zwischen den Schrecken des kapitalistischen Imperialismus und den Schrecken der kommunistischen Revolution zu entscheiden … in China war es unmöglich, das Haus zu verlassen, ohne auf allen Seiten Zeichen der brutalen und unmenschlichen Ausbeutung menschlicher Arbeit sowohl durch Chinesen als auch durch Ausländer zu entdecken. T. V. war zu empfindsam, um von derartigen Anblicken nicht berührt zu sein. Und doch hatte er eine ebenso große nervöse Furcht vor jeder echten Revolution. Menschenmengen machten ihm Angst, gewerkschaftliche Agitation und Streiks bereiteten ihm Unbehagen, und die Vorstellung, dass die Reichen jemals beraubt werden könnten, ließ in ihm die Alarmglocken läuten.[287]

Einmal drängte sich in Wuhan ein Mob gegen T.V.s Automobil, schrie bedrohliche Parolen und drückte eine Fensterscheibe ein. Das bescherte ihm eine lebenslange Abneigung gegen Menschenmengen – begrub allerdings keineswegs seine Sympathie für die Linke.

Ähnlich wie T.V. entschieden sich die meisten Nationalisten in Wuhan für Chiang. Die scheinbar riesige Woge der Bewegung für ein System nach sowjetischem Vorbild fiel ebenso rasch in sich zusammen, wie sie sich erhoben hatte. Ihre Popularität erwies sich als illusorisch. Ching-ling war am Boden zerstört. Sie hatte nicht gedacht, dass die Revolution so drastisch und gründlich scheitern würde. Sie hasste den Mann, dem sie die Schuld an alldem gab: Chiang Kai-shek. Noch vor ihrer Abreise nach Moskau gab sie eine Erklärung ab, in der sie Chiang aufs Schärfste verurteilte.

In Moskau kam sie am 6. September an. Vincent Sheean suchte sie wenig später auf:

Die Tür am Ende des dunklen Empfangszimmers im ersten Stock des Finanzministeriums öffnete sich, und eine kleine, schüchterne chinesische Dame in einem schwarzen Seidenkleid betrat den Raum. In einer ihrer feingliedrigen, nervösen Hände hielt sie ein Spitzentaschentuch … Wenn sie sprach, ließ ihre Stimme mich beinahe aufspringen: Sie war so weich, so sanft, so unerwartet süß … Ich fragte mich, wer um Himmels willen sie sein mochte. Hatte Madame Sun Yat-sen eine Tochter, von der ich nie gehört hatte? Es kam mir nicht in den Sinn, dass diese erlesene Erscheinung, so zerbrechlich und furchtsam, die Dame selbst sein konnte, die meistgefeierte Revolutionärin der Welt.[288]

Bezaubert von ihr und verblüfft über den »Kontrast zwischen ihrer äußeren Erscheinung und ihrem Schicksal«, wurde Sheean Mitglied einer kleinen Gruppe loyaler Freunde um Ching-ling in Moskau.[289] Die sowjetische Regierung behandelte sie königlich als Staatsgast. Diener wurden eigens beauftragt, sich um sie zu kümmern, und sonst kaum erhältliche Äpfel und Trauben aus dem Kaukasus wurden ihr serviert. Sie wurde im Metropol untergebracht, dem größten Hotel der Stadt – und Heim einer unüberschaubaren Zahl zufriedener Bettwanzen. Auch Borodin hatte hier ein Zimmer. Doch die einstigen Freunde mieden einander: Die Tage der glücklichen Begegnungen gehörten der Vergangenheit an.[290]

Eine Säuberung bahnte sich an. Stalin maß sich mit Trotzki in einem Machtkampf, in dem die Katastrophe in China eine große Rolle spielte. In der Phase bevor Stalin die Oberhand gewann, erlebte Ching-ling mit eigenen Augen die letzten Versuche Trotzkis und seiner Anhänger mit, ihm die Stirn zu bieten. Am Jahrestag der Oktoberrevolution wurde sie auf den Roten Platz eingeladen, um die Parade zu verfolgen. Es war einer der bitterkalten Tage des berühmten russischen Winters. Zusammen mit den sowjetischen Führern stand sie auf dem alten, ursprünglich aus Holz gebauten Mausoleum für Lenin – angetan mit dünnen Schuhen mit Ledersohlen unter Überschuhen aus Gummi, die bei Kälte und Schnee hart gefroren waren. Den Trick, Zeitungspapier unter die Füße zu schieben, damit sie warm blieben, kannte sie noch nicht. Vor der Rednertribüne in der Parade entfalteten einige chinesische Studenten Banner mit Parolen, die Trotzki priesen. Anschließend ging Ching-ling vom Roten Platz zum Hotel Metropol und sah Menschenmengen, die Rednern zuhörten. Die Polizei stürzte aus einer Gasse hervor, trieb die Zuhörer auseinander und führte die Redner ab. Trotzki und seine Kameraden im Widerstand gegen Stalin versuchten, die Moskauer Bevölkerung zu erreichen. Eine Woche später wurde Trotzki aus der Partei ausgestoßen, bevor er verbannt wurde, zunächst intern, dann ins ausländische Exil. Im Jahr 1940 wurde er schließlich in seinem Haus in Mexiko Stadt von Stalins Killer mit einem Eispickel ermordet.

Jeder, der in China gewesen war oder in irgendeiner Form mit der chinesischen Revolution zu tun gehabt hatte, war in Gefahr – abgesehen von Borodin, der sich als Mann Stalins in Sicherheit wiegen durfte. Nichtsdestotrotz spürte auch er, dass es nötig war, sich von den Chinesen, ausnahmslos von allen Chinesen, auch von Ching-ling, zu distanzieren. Andere hatten weniger Glück. Joffe, der Mann, der vier Jahre zuvor den ersten Deal mit Sun Yat-sen ausgehandelt hatte, war ein loyaler Anhänger Trotzkis. Er erschoss sich wenige Tage nachdem sein Freund aus der Partei ausgeschlossen worden war. Auf dem Nachttisch hinterließ er einen an Trotzki gerichteten Brief: »Du hast in politischer Hinsicht immer recht gehabt …« Karl Radek, der Rektor der Sun-Yat-sen-Universität in Moskau, die man eigens zu dem Zweck gegründet hatte, chinesische Revolutionäre auszubilden, wurde zusammen mit Trotzki aus der Partei ausgeschlossen und nach Sibirien verbannt. Der neue Rektor der Universität führte unter den Studenten eine Säuberung durch.

Eine derartige Atmosphäre würde wohl die meisten abschrecken, zumindest dann, wenn man die Wahl hatte. Doch Ching-ling war nicht zaghaft und entschied sich für ein Leben voller Risiken. Außerdem hatte das Leben im winterlichen Moskau, wenn man nicht gerade den Säuberungen zum Opfer fiel, durchaus seinen Reiz. Die Unterhaltungen drehten sich nicht um Geld oder Karrieren oder andere weltliche Angelegenheiten einer bürgerlichen Gesellschaft – vielmehr diskutierten Berufsrevolutionäre darüber, wie man die Welt verändern, die Gesellschaft neu organisieren und die Bevölkerung wie Lehm neu formen könnte. Zu guter Letzt sorgten die Revolutionäre auf der ganzen Welt für Wellen – auch wenn sie gelegentlich selbst von ihnen verschlungen wurden. Ching-ling befand sich in einer einzigartigen Position, die es ihr gestattete, die Welle zu reiten und das Hochgefühl zu genießen, ohne allzu große Gefahr, dabei selbst unterzugehen: Immerhin war sie Madame Sun Yat-sen, die Witwe des Vaters von China, und als solche war sie unantastbar, vorausgesetzt, dass sie klug und umsichtig handelte. Geschickt wich sie dem Bruch zwischen Stalin und Trotzki aus und verbarg ihre Sympathie für Letzteren. Studenten der Sun-Yat-sen-Universität wollten unbedingt ihre Anschauungen hören, aber nach einer Rede in den ersten Tagen ihres Exils lehnte sie es ab, jemals wieder den Campus aufzusuchen, und hüllte sich in Schweigen. Auf diese Weise schützte sie sich selbst, streunte acht Monate lang durch die russische Hauptstadt und genoss ihren Aufenthalt dort. Als sie später einmal nach Moskau zurückkehrte, schrieb sie einem Freund: »Es ist schön, wieder hier zu sein. Das Leben ist hier voller interessanter Dinge und Aktivität … Ich reise ungern wieder ab.«[291]

Da ihr Leben so sehr davon abhing, als Madame Sun wahrgenommen zu werden, geriet sie schon bei der geringsten Gefahr, diesen Status zu verlieren, in Panik. Während ihres Aufenthalts in Moskau brachten die *New York Times* und einige andere Zeitungen einen Artikel, der andeutete, dass sie den Trinidader Eugene Chen, den Ex-Außenminister der Nationalistischen Regierung, geheiratet habe: »Laut einer offiziellen sowjetischen Depesche wird das Paar die Flitterwochen in China verbringen und eine neue Revolution starten … die Rote Internationale hat demnach einen hohen Scheck überreicht, um die politische Tätigkeit des Brautpaars zu finanzieren.« Ausdrücklich erwähnte die Zeitung, dass Eugenes vorherige Gattin »eine Frau von Negerabstammung« gewesen sei. Der Artikel mochte nur kurz gewesen sein, doch er hatte eine »vernichtende Wirkung« auf Ching-ling. Ihre Freunde erlebten mit, wie er sie an den Rand »eines Zusammenbruchs« brachte. Drei Wochen lang verließ sie ihr Bett nicht mehr. Sie hatte Angst, die Zeitungsmeldung sei Teil einer List, sie von Suns Namen zu trennen.[292]

Ein weiterer Schlag folgte, als die Kleine Schwester Chiang Kai-shek heiratete und auf diese Weise Chiang indirekt mit ihrem verstorbenen Mann in Verbindung brachte. Ebenjener Mann, der ihr den Sieg ihrer Revolution geraubt hatte, schwor nunmehr, ihr den Besitzanspruch auf Suns Namen zu entziehen. Zu Freunden sagte sie, die Ehe gehe »bei beiden auf Opportunismus zurück, mit Liebe hat das nichts zu tun«.[293]

Zu all ihrem Kummer kam noch hinzu, dass Stalin offenbar nicht allzu viel von ihr hielt. Er traf sich nur einmal mit ihr, zusammen mit Eugene Chen, der ebenfalls in Moskau im Exil war. Das Treffen dauerte nur etwas länger als eine Stunde, in der Stalin kaum ein Wort sagte, sondern einen unergründlichen Blick durch den Raum schweifen ließ und seine Pfeife paffte. Als er dann den Mund aufmachte, teilte er ihr mit, dass sie möglichst bald nach China zurückkehren solle. Er hatte Ching-ling taxiert und war zu dem Schluss gelangt, dass sie nicht aus dem Holz geschnitzt war, aus dem man politische Führer machte. Er lehnte es ab, ihr eine ähnliche Unterstützung wie ihrem verstorbenen Gatten zu gewähren.[294] Ching-ling wurde gesagt, dass die Komintern (Kommunistische Internationale) – Moskaus Arm, der Revolutionen im Ausland steuerte – ihr über »ihre Kuriere in China« Anweisungen zukommen lassen werde.

Die Komintern hielt sogar eine Sondersitzung ab, um über Ching-lings künftige Rolle zu diskutieren. Ihr Vorschlag enthielt eine Reihe von Punkten, die mit der Wendung »Benutzt Soong Ching-ling …« begannen. Die Rote Schwester sollte benutzt werden, um für Russland Werbung zu machen, die hohen Tiere in der Nationalen Volkspartei anzulocken und Chiang unter Druck zu setzen, eine freundlichere Haltung gegenüber der Sowjetunion einzunehmen.[295] Sie konnte den chinesischen Kommunisten im Großen und im Kleinen helfen.

Ching-ling dachte daran, nach Shanghai zurückzukehren. Sie wollte auch ihre Mutter sehen. Sie hatte ihre Familie im Streit und verbittert verlassen, und Ching-ling hatte die Briefe ihrer Mutter ignoriert, die Frau Soong ihr geschrieben und in denen sie Ching-ling gebeten hatte zurückzukommen.[296] Jetzt sehnte sie sich danach, nach Shanghai zu reisen, um ihrer Mutter alles zu erklären und mit ihr Frieden zu schließen.

Während sie noch überlegte, was sie tun sollte, schrieb ihr im Februar 1928 ein Freund namens Deng Yan-da – ein linker Gesinnungsgenosse aus der Führung der Nationalisten und der ehemalige Leiter der Whampoa-Militärakademie – aus Berlin. Er war ebenfalls aus China geflohen und hatte sich in Moskau aufgehalten. Ching-ling gegenüber hatte er über die Gründung einer dritten Partei als Alternative zu den Nationalisten und Kommunisten gesprochen. Jetzt flehte er sie an, nach Berlin zu kommen, damit sie ihre Diskussion fortsetzen könnten.

Yan-da war etwas jünger als Ching-ling, hochgewachsen und breitschultrig. Alle waren sich einig, dass er ein »außerordentlich authentischer, offenherziger und bezaubernder« Mann war. Er hatte ein starkes Charisma. Sogar Mao spürte seine Anziehungskraft und erinnerte sich später, dass Yan-da »ein sehr netter Mann war, und ich mochte ihn sehr«. (Mao verwendete sonst nie solche Worte oder diesen Ton, um einen anderen Menschen zu beschreiben.) Die Menschen fühlten sich durch Yan-das Warmherzigkeit und sein Mitgefühl mit anderen zu ihm hingezogen, und auch seine Munterkeit und sein Sinn für Humor nahmen viele Menschen für ihn ein. Doch hinter dieser Fassade konnte man »eine extreme Härte und Willenskraft« erahnen. Die Kombination dieser Eigenschaften war so selten und mächtig, dass viele junge Menschen ihn als ihr Idol ansahen. Er wurde häufig als »geborener Führer« bezeichnet.[297]

Selbst Stalin, der einmal von acht Uhr abends bis zwei Uhr morgens mit Yan-da diskutierte, war von ihm beeindruckt. Nach dem langen Gespräch begleitete der Sowjetführer Yan-da bis zum äußeren Tor des Kremls – eine Geste, die als Zeichen des Respekts galt. Stalin war ebenfalls der Meinung, dass Yan-da Führungsqualitäten besaß, und schlug vor, ihn zum Chef der KPCh zu machen. Yan-da protestierte, er sei ja nicht einmal Mitglied, worauf Stalin erwiderte, das sei keine große Sache, die Komintern könne das regeln.[298] Aber Yan-da glaubte nicht an den Kommunismus, der in seinen Augen für »Zerstörung« und »gewaltsame Diktatur« stand und »die chinesische Gesellschaft ärmer und noch chaotischer machen« würde. Die dritte Partei, die er gründen wollte, würde einen »friedlichen Kampf«, »Aufbau« und »die rasche Gründung einer neuen geordneten Gesellschaft« anstreben. Sie würde auch »nationalistisch« sein und im Gegensatz zur KPCh keine Anweisungen von Moskau nehmen.[299]

Diese Ideen – sowie der Umstand, dass er Stalin einen Korb gegeben hatte – ließen Yan-da um sein Leben fürchten. Er setzte sich schleunigst aus Moskau ab und kam nach Berlin. Stalin wählte wenig später Mao zum Führer der KPCh aus.

Von Berlin aus schrieb Yan-da Ching-ling Briefe, aus denen sein leidenschaftlicher und warmherziger Charakter hervorging. Ob »Schwester Ching-ling«, seine »teure Genossin«, denn nicht kommen und über Angelegenheiten im Zusammenhang mit der Gründung einer dritten Partei diskutieren wolle? Denn ihm sei es unmöglich, nach Moskau zu kommen. Alles war immer »120-prozentig«, und es wimmelte nur so von Ausrufezeichen: »Ich muss diese Sache, die zu 120 Prozent wichtig ist, ausführlich mit dir besprechen«; »Natürlich werden alle Programme, politischen Maßnahmen, Parolen und organisatorischen Angelegenheiten 120-prozentig konkret sein«; »Ich wünsche mir, dass du 120-prozentig im Reinen und zufrieden bist und dass du deine Entschlossenheit und Courage dafür nutzt, deine teure Mutter zu trösten!«; »Es gibt so viele Dinge, die ich persönlich mit dir besprechen möchte; ich wünschte, ich hätte Flügel, damit ich noch diese Minute zu dir fliegen könnte!!!«[300]

Ching-ling kam Anfang Mai 1928 in Berlin an. Das war

die Zeit der Goldenen Zwanziger, also der mannigfaltigen Innovationen auf jedem Gebiet: Literatur, Film, Theater, Musik, Philosophie, Architektur, Design und Mode. Die Menschen in der Stadt waren freundlich, und man konnte, wie Ching-ling feststellte, dort sehr günstig leben. Sie mietete eine komfortable, aber keineswegs herrschaftliche Wohnung. Jeden Tag kam jemand zu ihr und half ihr bei den Hausarbeiten und dem Papierkram. Zum Mittagessen ging sie in der Regel in ein kleines Restaurant, das eine Mahlzeit aus Fleisch und Kartoffeln oder Reis und Gemüse zum Preis von einer Mark anbot. Das Abendessen bereitete sie sich zu Hause selbst zu. Sie lebte in Deutschland als private Bürgerin unter unauffälliger staatlicher Beobachtung.[301]

Einen Monat später setzte Chiang Kai-shek die Pekinger Regierung ab und gründete sein Regime in Nanjing. Die Nachricht hätte Ching-ling eigentlich erschüttern müssen, doch sie beeinträchtigte ihre Stimmung kaum. Sie blieb zufrieden und gelassen. Ein weiterer Schlag zur gleichen Zeit, der ebenfalls eine verheerende Wirkung hätte haben können, war der Umstand, dass ihre Mutter sie allem Anschein nach verstoßen hatte. In einem Brief vom Juni 1928 schrieb sie: »Liebe Mutter, ich habe so viele Briefe geschrieben, aber keine Antwort bekommen. Dies ist ein weiterer der Sorte ›Annahme verweigert‹ …«

Der Umschlag mit der Aufschrift »Zu Händen Madame Kung« und mit den Poststempeln aus Berlin und Shanghai wurde im Juli zurückgeschickt – ungeöffnet.[302] Frau Soong war extrem betrübt darüber, dass ihre Lieblingstochter den Kommunismus gewählt und sich entschlossen hatte, als Rote im Exil zu leben – deshalb wollte sie nichts mehr mit ihr zu tun haben. In dieser Phase ihres Kummers kamen ihr Ei-ling und May-ling näher als je zuvor, und die Große Schwester wurde zum Dreh- und Angelpunkt der Familie.

Trotz der ablehnenden Haltung ihrer Familie blieb Ching-ling ruhig und zufrieden. Später sagte sie, sie habe sich nie so sehr zu Hause gefühlt wie während ihres Aufenthalts in Berlin. Tatsächlich war sie dort ausgeglichener als jemals zuvor in Shanghai.[303]

Es war zweifellos Yan-das Nähe, die ihr diesen Frieden, den frohen Mut und die Stärke verlieh. In Berlin trafen sich die beiden jeden Tag, redeten stundenlang miteinander und machten lange Spaziergänge. Er war ihr Lehrer in Geschichte, Wirtschaftswissenschaften, Philosophie und in der chinesischen Sprache. Sie war eine eifrige Schülerin, angespornt von seinem Verstand und seiner Ausstrahlung.

Beide waren über dreißig, beide hatten ein leidenschaftliches Temperament und so viel Zeit allein verbracht, sie planten gemeinsam Aktionen für die Zukunft ihres Landes und bewunderten sich gegenseitig – sämtliche Zutaten für eine aufkeimende Liebe waren gegeben. Ching-ling war verwitwet, und Yan-da führte eine jämmerliche arrangierte Ehe, die er am liebsten beenden wollte. Ende 1928 schrieb er, der bereits in Berlin lebte, in einem Brief an einen Freund, dass er, obwohl er seine Frau gernhabe, seit Jahren von ihr getrennt lebe und die Ehe nur deshalb weiterführe, weil er Angst habe, sie könnte Selbstmord begehen, wenn er sie verlasse. »Ich bin fest überzeugt, dass chinesische Frauen – naturgemäß sie eingeschlossen – in Gefängnissen leben und Schmerzen aushalten, die für andere unerträglich wären. Wir sollten sie befreien und ihnen helfen ... Aus diesem Grund bin ich gegen all die ›modischen Männer‹, die ihre Frauen im Stich lassen, um ›modische Frauen‹ zu heiraten. Und aus diesem Grund habe ich Jahre der Leblosigkeit ertragen.«[304] Nachdem er sich lange gequält hatte, schrieb er schließlich seiner Frau und beendete ihre Beziehung. Sie war darüber traurig, brachte sich jedoch nicht um, und sie bewahrten zärtliche Gefühle füreinander.

Die Art und Weise, wie Yan-da seine Frau behandelte, war ungewöhnlich und stand in einem deutlichen Gegensatz zu Sun Yat-sens Verhalten. Es war die natürlichste Sache der Welt, dass er Ching-lings Herz erobern sollte. Nichtsdestotrotz konnte ihre Beziehung keine Früchte tragen – weil sie Madame Sun bleiben musste. Wenn sie oder Yan-da (der sie »das Symbol der chinesischen Revolution« nannte) eine politische Rolle spielen wollten, dann musste sie diesen Namen führen, dann war der Titel von alles beherrschender Bedeutung.

Gerüchte, dass sie ein Liebespaar seien, verbreiteten sich rasch. Also beschlossen sie allem Anschein nach, sich voneinander fernzuhalten. Ching-ling reiste im Dezember 1928 aus Berlin ab und kehrte erst im Oktober des nächsten Jahres zurück. Sie fuhr nach Moskau und dann nach China, um im Juni 1929 an Sun Yat-sens Beisetzung teilzunehmen. Das riesige Mausoleum für Sun in Nanjing war endlich fertiggestellt worden, und sein Leichnam wurde dorthin überführt, damit man ihn in einer prunkvollen Zeremonie bestatten konnte. Unmittelbar vor Ching-lings Rückkehr nach Berlin reiste Yan-da nach Paris und London, von wo aus er in Briefen ihre Diskussionen über die Gründung einer dritten Partei fortsetzte. Am Ende lehnte Ching-ling ab, sich der dritten Partei anzuschließen, weil Moskau diese verurteilte. Doch sie widersetzte sich auch Moskaus Anweisung, die Partei zu verunglimpfen.

Im Jahr 1930 kehrte Yan-da heimlich nach China zurück, um die dritte Partei zu organisieren. Vor seiner Abreise fuhr er nach Berlin, um sich von Ching-ling zu verabschieden. Auch wenn Gefahr und Tod ihm auf Schritt und Tritt folgten – er sagte zu ihr, dies könnten ihre letzten Tage zusammen sein –, verbrachten sie eine schöne Zeit miteinander.[305] Offenbar gingen sie ins Kino, um sich den Film *Der blaue*

Engel anzusehen, eine tragikomische Liebesgeschichte mit Marlene Dietrich, in der sie ihr berühmtestes Lied »Ich bin von Kopf bis Fuß auf Liebe eingestellt« singt.[306] Mehr als zwei Jahrzehnte später bat die Rote Schwester ihre deutsche Freundin Anna Wang darum, eine Aufnahme des Lieds für sie zu besorgen. Sie sagte Anna, das Lied habe eine besondere Bedeutung für sie.

Die Beisetzung Sun Yat-sens im Jahr 1929 war von Chiang Kai-shek inszeniert worden. Es war die große Show des Generalissimus, und Ching-lings Anwesenheit im Land steigerte nur noch seinen Glanz. Die Rote Schwester war wütend und boykottierte viele Veranstaltungen, doch ihr Fehlen wurde mit Gleichgültigkeit aufgenommen. Während Chiang sich öffentlichkeitswirksam zum Erben Suns machte, lebte sie de facto abgeschottet von allem in ihrem Haus in Shanghai in der Französischen Konzession.

Die Hoffnung auf eine Versöhnung mit ihrer Mutter erfüllte sich nicht. Nach zwei Jahren der Trennung fühlte sie sich stärker entfremdet als je zuvor. Ihre Familie saß nunmehr im Herzen des Regimes von Chiang. Ei-lings Gatte H. H. Kung war der Minister für Industrie und Handel, und T. V. war Finanzminister. Frau Soong wurde als »die Schwiegermutter des Landes« bezeichnet. (Als sie 1931 starb, wurde ihr Sarg mit der Flagge der Nationalisten drapiert, und zum Trauerzug gehörte auch eine vollständige Militärparade.)[307] Die Familie sah kaum etwas von Ching-ling. Die Polizei der Französischen Konzession, die sie streng überwachte, dokumentierte nur wenige Besuche von ihrer Mutter und den Schwestern.[308]

Frustriert und wütend, wie sie war, hätte Ching-ling am liebsten um sich geschlagen. In diesem Moment marschierte Sowjetrussland wegen eines Streites um die von Russen gebaute ostchinesische Eisenbahn in der Mandschurei ein. Während die nationalistische Leidenschaft hochkochte, plapperte Ching-ling öffentlich Moskaus Parteilinie nach und gab Chiangs Regierung die Schuld an der Invasion. Am 1. August 1929 veröffentlichte eine Tarnorganisation der Komintern in Berlin einen Artikel von ihr, der Chiang in beispiellos scharfen Worten attackierte: »Niemals hat sich der verräterische Charakter der gegenrevolutionären Kuomintang-Führer vor aller Welt so schamlos offenbart wie eben jetzt«; sie hätten sich »zu Werkzeugen des Imperialismus herabgewürdigt und versucht, einen Krieg mit Russland zu provozieren«.[309] Keine chinesische Zeitung wagte es, den Artikel zu veröffentlichen, aber er wurde auf Flugblätter gedruckt, die von den Dächern der Hochhäuser im Zentrum von Shanghai geworfen wurden.

Chiang Kai-shek war empört und schrieb – was nur selten vorkam – eine scharfe Antwort. Er wollte ganz mit der Roten Schwester brechen. Ei-ling riet zur Zurückhaltung und brachte politische wie auch persönliche Gründe vor. Chiang befolgte ihren Rat und schickte den Brief nicht ab (ließ ihn jedoch rahmen).

Die politische Haltung der Roten Schwester war seit Langem allgemein bekannt. Jetzt, da sie offen mit Russland gemeinsame Sache gegen ihr eigenes Land machte, wurde sie außerordentlich unbeliebt. Sie spürte die Spannung und sagte einmal, sie wünschte, sie wäre in einem Land, in dem es keine Chinesen gebe. Ihre gesamte Familie übte geschlossen Kritik an ihr. Die emotionale Belastung trieb sie im Oktober zurück nach Berlin.[310]

Ihr Aufenthalt dort war diesmal ein völlig anderes Erlebnis als der frühere. Yan-da war nicht da, um sie zu trösten und zu unterstützen, auch wenn sie ein paar wunderschöne Tage zusammmen verbrachten, als er kam, um sich zu verabschieden. Die deutschen Kommunisten kümmerten sich um sie, schickten ihr eine Haushälterin und richteten es so ein, dass Prominente sich mit ihr anfreundeten, unter anderen Bertolt Brecht. Doch die Goldenen Zwanziger waren vorbei. Die Arbeitslosigkeit stieg alarmierend an, Bettler klopften immer öfter an ihre Tür, die Anzahl der Raubüberfälle nahm dramatisch zu. Arbeitslose Schauspieler streunten durch die Straßen, und Geiger spielten bei Schnee und Frost für ein paar Reichspfennige vor den Kaffeehäusern. Wie ihre deutschen Genossen verfolgte Ching-ling voller böser Ahnungen, wie die Nazis immer größeren Zuspruch fanden, und schrieb im Februar 1931 in einem Brief, dass ein Sieg der Nazis »in der nahen Zukunft unvermeidlich« sei. In diesem Umfeld wurde ihr Engagement für den Kommunismus noch gestärkt.[311]

Im April bekam sie ein Telegramm von ihrer Familie mit der Nachricht, dass ihre Mutter schwer krank sei. Da sie ihren Familienangehörigen immer noch grollte, reiste sie nicht nach Hause. Sie sollte ihre Mutter – Frau Soong starb im Juli – nie wiedersehen. Keine der Schwestern nahm Kontakt mit ihr auf, sie waren ganz offenbar immer noch zornig auf sie, weil sie nicht zurückgekehrt war, um ihre im Sterben liegende Mutter noch einmal zu sehen. Ei-lings Mann schickte ein Telegramm, und ein paar Tage später auch T. V. Er bat sie: »Bitte komm sofort zurück.« Frau Soong sollte mit einer öffentlichen Zeremonie in Shanghai bestattet werden, und es sähe gar nicht gut aus, wenn sie daran nicht teilnähme. Ching-ling machte sich auf den Weg nach Hause, mit einem chinesischen Assistenten, der ein getarnter Kommunist war. Ihre erste Station war Moskau, wo Ching-ling einen Tag lang blieb und sich heimlich mit sowjetischen Führern traf. Als der Zug nach China einfuhr, wurde sie glanzvoll empfangen, und man stellte ihr einen Sonderzug zur Verfügung.

Ein Regierungsvertreter, der mit ihr verwandt war, kam eigens an die Grenze, um sie auf der Fahrt nach Süden zu begleiten. Er schilderte Ching-ling die Krankheit und den Tod ihrer Mutter. Erst da wurde ihr bewusst, dass sie zu spät gekommen war, und sie weinte bitterlich die ganze Nacht hindurch. Als sie das Haus erblickte, in dem ihre Mutter gestorben war, kamen ihr wieder die Tränen, und auch während der gesamten Begräbnisfeier weinte sie ununterbrochen.

Doch da sie die Missbilligung ihrer Mutter nicht länger belastete, kehrte sie nach Shanghai zurück. Sie verließ ihr freiwilliges Exil in Europa und begab sich in ein selbst auferlegtes Exil in ihrer Heimatstadt.

Einen Tag vor Frau Soongs Begräbnis wurde Yan-da, der inzwischen im Untergrund eine dritte Partei in China organisiert hatte, verhaftet. Er und Ching-ling hatten keine Gelegenheit, sich zu sehen. Von allen Gegnern Chiangs, zu denen damals auch Sun Yat-sens Sohn Fo zählte, ging von Yan-da die größte Gefahr aus. Er hatte nicht nur Charisma und Führungsqualitäten, er hatte auch ein sorgfältig durchdachtes politisches Programm, das Chiang fehlte. Yan-da war durch Europa und Asien gereist, um zu studieren, wie verschiedene Länder geführt wurden. Danach hatte er eine detaillierte politische Agenda vorgelegt, deren Kern die Linderung der bäuerlichen Armut bildete. Am meisten Kopfzerbrechen bereitete Chiang jedoch Yan-das Einfluss im Militär, wo er ganze Legionen von Bewunderern hatte. Chiang gab den Befehl, Yan-da am 29. November 1931 in aller Stille in Nanjing hinzurichten.

Die Nachricht sickerte durch. Ching-ling fuhr, sich an eine vergebliche Hoffnung klammernd, nach Nanjing zu Chiang und bat um Yan-das Freilassung. Es war das einzige Mal, dass sie ihren Schwager persönlich um etwas bat. Sie war zu dem Generalissimus so liebenswürdig, wie sie nur konnte, und sagte: »Ich bin gekommen, um deine Meinungsverschiedenheiten mit Deng Yan-da zu schlichten. Lass ihn holen, und wir können über alles reden.« Chiang schwieg einen Moment lang, ehe er nuschelte: »Es ist zu spät …« Ching-ling fuhr auf und schrie: »Du Schlächter!«[312] Der Generalissimus verließ schleunigst den Raum. Ching-ling reiste völlig verzweifelt nach Shanghai zurück. Sie verfasste eine Tirade gegen die Nationalisten und forderte, zum ersten Mal, öffentlich deren »Sturz«.[313] Zum ersten Mal sprach sie auch ganz offen davon, die Seiten zu wechseln und zu den Kommunisten überzulaufen. Der Artikel erregte große Aufmerksamkeit. Die *New York Times* widmete ihm zwei Seiten, und die Unterschrift zu einem Bild, das eine wehmütig dreinblickende Ching-ling zeigte, lautete: »Ich spreche für das revolutionäre China.« Eine einflussreiche Shanghaier Zeitung, der *Shen-bao*, veröffentlichte eine chinesische Übersetzung. Wegen dieser und anderer Protestaktionen gegen den Generalissimus wurde der geschäftsführende Direktor der Zeitung, Shi Liang-cai, ermordet.

Im Zuge des Todes von Yan-da trat Ching-ling an den heimlichen Repräsentanten der Komintern in Shanghai heran und bat um die Aufnahme in die kommunistische Partei. Sie arbeitete bereits für die Kommunisten: Die Komintern benutzte sie bereits wie geplant, folglich wäre es eigentlich gar nicht nötig für sie, in die Partei einzutreten. Genau genommen müsste sie sich als Parteimitglied den Befehlen und der Disziplin der kommunistischen Organisation unterwerfen und ginge ein viel höheres persönliches Risiko ein – sowohl mit Blick auf Chiang als auch bei innerparteilichen Auseinandersetzungen, wie sie sie persönlich erlebt hatte.

Aber sie war fest entschlossen und dachte nur noch daran, wie sie sich an Chiang rächen konnte. Sie sagte dem Komintern-Repräsentanten, sie sei bereit, »alles zu geben«. Außerdem sei ihr »vollkommen klar«, was die Untergrundarbeit in Shanghai nach sich zöge. Der Repräsentant zögerte, Ching-ling hingegen bestand darauf. Am Ende wurde ihr Wunsch erfüllt, was die Komintern wenig später für »einen großen Fehler« hielt: »Wenn sie einmal Parteimitglied war, verlöre sie ihren einzigartigen Wert.« Ching-lings Mitgliedschaft in der Partei wurde geheim gehalten.[314]

Dies zählt zu den am besten gehüteten Geheimnissen der modernen chinesischen Geschichte und wurde erst in den 1980er-Jahren, nach Ching-lings Tod, von Liao Cheng-zhi enthüllt, dem Sohn von Liao Zhong-kai, dem ermordeten treuen Gehilfen Suns. Liao junior war selbst ein verdeckter Kommunist. Im Mai 1933 kam Ching-ling einmal zu ihm ins Haus, wie Liao sich erinnerte. Unter einem Vorwand schickte sie, die sich auf kluge Schachzüge verstand, seine Mutter, die ihre beste Freundin war, aus dem Zimmer und sprach unter vier Augen mit ihm. Ihre ersten Worte lauteten: »Ich bin hier im Namen der Obersten Partei.« »Der Obersten Partei?« Er starrte sie verblüfft an. »Der Komintern«, erklärte sie. Liao hätte vor Fassungslosigkeit fast geweint. »Beruhigen Sie sich«, sagte sie. »Ich habe nur zwei Fragen an Sie. Erstens, kann unser verborgenes Netzwerk in Shanghai weiter funktionieren? Zweitens, ich möchte eine Liste mit den Namen der Verräter, die Sie kennen.« Sie sagte zu ihm, er habe zehn Minuten, um die Namen aufzuschreiben. Dann nahm sie eine Zigarette aus ihrer Handtasche, zündete sie sich an, stand auf und ging ins Zimmer seiner Mutter. Zehn Minuten später kam sie wieder, und Liao übergab ihr die Liste. Sie öffnete ihre Handtasche, holte eine weitere Zigarette heraus, entfernte ein wenig Tabak, rollte die Liste geschickt zu einer sehr dünnen Röhre zusammen und steckte sie in die Zigarette. Dann ging sie. Liao schrieb in seinen Erinnerungen:

»Obwohl inzwischen fast fünfzig Jahre vergangen sind, erinnere ich mich noch absolut klar an jede Minute dieser kurzen Begegnung von nicht einmal einer halben Stunde.« Ching-ling war sogar zur Geheimagentin ausgebildet worden.[315]

In den kommenden Jahren galt die Rote Schwester als prominenteste Dissidentin, die Chiangs Regime herausforderte, und das direkt vor Chiangs Nase in Shanghai. Sie ließ den chinesischen Kommunisten jede Hilfe zukommen, um die sie baten: Sie überwies hohe Geldsummen an die KPCh oder fand die geeignete Eskorte, um ihre Gesandten nach Moskau zu bringen. Als ihre Funkverbindungen zu Moskau gekappt wurden, schickte sie ihre Nachrichten über ihr eigenes geheimes Funkgerät. Darüber hinaus arrangierte sie es, dass der amerikanische Journalist Edgar Snow Mao Tse-tung und seine Genossen in dem Roten Gebiet interviewen durfte. Das Ergebnis war der internationale Bestseller *Red Star Over China* (deutsch: *Roter Stern über China),* der Mao dem Westen als außerordentlich liebenswerten Menschen präsentierte.

Ching-ling gründete in Shanghai die Chinesische Liga für Bürgerrechte, eine Tarnorganisation für die Komintern. Sie bestand aus einer Gruppe gleichgesinnter Radikaler, ausländischer ebenso wie chinesischer, ihre Freunde in der Isolation. Sie veranstalteten lange Sitzungen in ihrem Wohnzimmer und diskutierten beim Abendessen über ernste Themen. Die jungen Aktivisten verehrten sie. Harold Isaacs etwa schrieb später:

Ich war sehr ergriffen von dieser schönen, großartigen Dame, denn wer wäre das nicht gewesen, so schien es mir damals, und so scheint es mir noch heute … Ich war einundzwanzig … und extrem leicht zu beeindrucken; sie war um die vierzig und enorm beeindruckend als Frau und als Person. Wegen ihrer Schönheit, ihrer Courage, ihres königlichen Eintretens für die gerechte Sache verliebte ich mich in sie wie ein junger Ritter mit reinem Herzen. Im Gegenzug schenkte sie mir eine stets korrekte, doch herzliche persönliche Zuneigung. Man mache jetzt daraus, was man will, so war es nun mal.[316]

Ching-ling war ein Stachel in Chiangs Fleisch. Dessen Geheimagenten schickten ihr mit der Post Revolverkugeln, um sie einzuschüchtern und zum Schweigen zu bringen. Ihr enger Freund Yang Xing-fo, der Geschäftsführer der Liga für Bürgerrechte, wurde, ebenso wie sein Fahrer, nicht weit von ihrem Haus in einem Auto erschossen. Der fünfzehnjährige Sohn Yangs entging dem tödlichen Attentat nur knapp. Für Ching-ling war ein »Autounfall« im Gespräch und wurde sogar geprobt. Doch der Generalissimus legte am Ende sein Veto ein.[317] Bei allen Überlegungen war die Reaktion seiner Frau, unterstützt von der Großen Schwester, von überragender Bedeutung. Trotz allem blieb May-ling ihrer Schwester eng verbunden sowie der Familie Soong gegenüber absolut loyal. Ching-ling hatte sie nach Amerika mitgenommen, als sie neun war, und May-ling hatte viele schöne Erinnerungen an Ching-lings liebevolle Fürsorge. Die Kleine Schwester hatte Reis vermisst, da hatte Ching-ling eine Methode entwickelt, in ihrem Zimmer Reis zuzubereiten. Sie gab die Reiskörner in eine mit kochend heißem Wasser gefüllte Flasche, über Nacht garte der Reis langsam, und am nächsten Tag aßen sie ihn.[318] May-ling würde auf keinen Fall zulassen, dass man ihrer Schwester etwas antat, sosehr sie sich auch über sie ärgern mochte. Die First Lady empfand sogar einen gewissen Respekt davor, dass Ching-ling »allein war« und trotzdem der ganzen Welt die Stirn bot.[319]

May-ling konnte den unermüdlichen Hass ihrer Schwester auf Chiang nachempfinden, weil der Deng Yan-da ermordet hatte, jenen Mann, von dem sie wusste, dass Ching-ling ihn innig geliebt hatte. Man erzählte sich, Chiang habe Yan-da grausam gefoltert, bevor er ihn habe erschießen lassen. Der Generalissimus beteuerte seiner Frau, dass keine Folter angewandt worden sei, und May-ling glaubte ihm. Aber sie konnte ihre Schwester nicht überzeugen, die sich rigoros weigerte, Chiang zu vertrauen. May-ling wollte die ganze Welt wissen lassen, dass ihr Mann kein Folterknecht war. Noch gegen Ende ihres Lebens legte sie Wert darauf zu erklären, dass Yan-da vor seiner Hinrichtung nicht gefoltert worden sei.[320]

Dank der Protektion May-lings – und der Großen Schwester – konnte Ching-ling unbeschadet in ihrem inneren Exil weiterleben.

12

Mann und Frau als Team

Die japanische Invasion im September 1931 bescherte Chiang Kai-shek einen äußeren Feind und eine Gelegenheit, aus
seiner politischen Isolation auszubrechen. Er sprach sich für
die nationale Einheit aus und forderte seine Gegner auf, sich
seiner Regierung anzuschließen. (Die Einladung galt nicht
für die Kommunisten, die als »Banditen« angesehen wurden.) Einige ließen sich darauf ein – unter der Bedingung,
dass er als Vorsitzender der Regierung zurücktrat. Das tat
Chiang prompt – allerdings nicht, ohne dafür zu sorgen, dass
zwei politische Leichtgewichte zum Vorsitzenden und Ministerpräsidenten ernannt wurden. Letzterer war Sun Yat-sens
Sohn Fo, dem der Killerinstinkt seines Vaters völlig fehlte.
Chiang würde sich diese Posten später wieder zurückholen.
Vorerst hatte er als Oberbefehlshaber, als der Generalissimus,
das Sagen.
 Chiang lockerte die Repression und konnte viele Kritiker
auf seine Seite ziehen. Der führende Liberale Hu Shih wurde
eingeladen, das Amt des Bildungsministers zu übernehmen.
Auch wenn er ablehnte, hatte er doch künftig eine bessere
Meinung von Chiang. Der Generalissimus sei, so stellte
Hu fest, »erheblich toleranter gegenüber abweichenden Mei-
nungen als zuvor« geworden.[321] In diesem Wandel konnte

man den Einfluss May-lings und der Großen Schwester erkennen.

Die Rote Schwester Ching-ling half unbeabsichtigt, Hu in Chiangs Arme zu treiben. Hu war in ihre Liga für Bürgerrechte eingetreten, weil er ihr vorgebliches Ziel, den Kampf für Meinungsfreiheit und Menschenrechte, teilte. Im Jahr 1933 arrangierte die Liga einmal seinen Besuch in einem Gefängnis und veröffentlichte danach einen Brief implizit in seinem Namen, der die Regierung der Anwendung grausamer Foltermethoden beschuldigte. Bei Hu Shih klingelten die Alarmglocken. Er hatte weder Hinweise auf Folter in dem Gefängnis entdeckt, noch hatte er den Brief geschrieben. In einem Schreiben bat er Ching-ling um eine Richtigstellung, anschließend gab er der Presse freimütig Interviews. Ching-ling verunglimpfte ihn und schloss ihn aus der Liga aus. Hu Shih erkannte, dass die Liga eine Tarnorganisation für die Kommunisten war, die wiederum versuchten, ihn zu benutzen. Er gelangte allmählich zu der Ansicht, dass Chiang derzeit der einzige akzeptable Führer sei und dass die Nationalisten zudem das Potenzial hätten, von einer Diktatur zur Demokratie überzugehen. Seine Kritik an Chiang wurde merklich zurückhaltender.[322]

Aber einige unnachgiebige Dissidenten heckten nach wie vor Komplotte gegen den Generalissimus aus. Im Jahr 1933 wurde in der Küstenprovinz Fujian eine weitere abtrünnige Regierung ausgerufen. Chiang besiegte sie und führte darüber hinaus »Vernichtungsfeldzüge« gegen die »kommunistischen Banditen«, die große Landstriche im reichen Südosten Chinas hielten und die er im Jahr 1934 vertrieb.

May-ling war nach dem Tod ihrer Mutter 1931 in eine tiefe Depression gefallen. Ihr Mann wollte sie unbedingt daraus befreien und ließ 1932 ein besonderes Schmuckstück für sie anfertigen. Es war kein gewöhnliches Geschenk – es war eine »Halskette«, die aus einem Berg geformt worden war. Der Juwel des »Anhängers« ist tatsächlich eine wunderschöne Villa mit smaragdgrün glasierten Dachziegeln, die inmitten des Purpurgoldberges liegt. Die Glieder der »Halskette« sind lange Reihen französischer Platanen, die sich entlang der Auffahrt von der Villa zum Eingangstor ziehen. Ihre Blätter haben eine andere Farbe als der umliegende einheimische Wald, und im Herbst, wenn das Laub einen einzigartigen gelb-roten Farbton annimmt, ist der Kontrast besonders sehenswert. Auf einem Flug in einem Privatflugzeug konnte May-ling aus der Luft einen Blick auf ihr prächtiges Geschenk werfen, wobei die wunderschönen grünen Dachziegel ihrer Villa wie ein riesiger Smaragd glänzten und leuchteten.

Ein großer Teil des Purpurgoldberges, des Stolzes von Nanjing, gehörte jetzt zum Mausoleum für Sun Yat-sens sterbliche Überreste. Chiang ließ die Villa als »Wohnsitz für den Vorsitzenden der Nationalistischen Regierung« bauen – solange er Vorsitzender war, versteht sich. Nachdem er das Amt abgegeben hatte, beherbergte sie nicht etwa seinen Nachfolger, sondern stand weiterhin dem Generalissimus zur Verfügung. Als er sie May-ling schenkte, war die Villa mit Dutzenden geschnitzten Phönixen geschmückt, dem Symbol einer Kaiserin. Sie wurde unter dem Namen »May-ling-Palast« bekannt.[323]

Mit dieser »Halskette« hegte Chiang auch die Hoffnung, dass sich seine Frau häufiger bei ihm in Nanjing aufhalten würde. May-ling hatte gezögert und war lieber in Shanghai geblieben. Die Hauptstadt kam ihr wie »ein großes Dorf« vor, das eine »sogenannte Breite Straße« hatte. Die Häuser seien primitiv und »ohne jeden Komfort«.[324] Doch Chiang brauchte sie in der Hauptstadt und vermisste sie. Er sagte, dass er sich nur dann »beruhigt« fühle, wenn er mitten in der Nacht aufwache und sie neben ihm schlafe.[325]

Im Laufe der 1930er-Jahre verbrachte May-ling immer mehr Zeit bei ihrem Mann. Als Chiang 1934 die Roten aus ihrem Gebiet im Südosten Chinas vertrieb, fuhr sie mit ihm in einige erst kürzlich verlassene Gegenden. Die jahrelange Besatzung der Roten und deren Kämpfe gegen Chiangs Armee hatten ein riesiges Ödland geschaffen. Sie schrieb damals: »Tausende *li* fruchtbarer Reisfelder sind jetzt verwüstete Ruinen, Hunderttausende von Familien sind obdachlos geworden.« In den Dörfern sah man leer stehende Häuser, »die Tür sperrangelweit offen. Im Innern liegen beschädigte Möbelstücke wirr durcheinander. Die Wände waren von übereilten Versuchen, sie zu zerstören, angesengt und geschwärzt ... Alles, was nicht niet- und nagelfest war, war beschädigt worden. Verwüstung und Tod durchdrangen still die ganze Siedlung.« Einmal stieß sie mit dem Zeh an einen menschlichen Schädel. Ein andermal ging sie an einer kleinen Pagode vorbei und sah einen jungen Mann im Schatten liegen, die Augen weit geöffnet. Er sah krank und ausgemergelt aus. Sie schickte einen ihrer Wächter hin, um nachzusehen, wie sie ihm helfen könnten. Der Wächter kehrte zurück und sagte: »Er ist bereits tot!« In ihren Träumen wurde May-ling »von den verlassenen Höfen und verwüsteten Dörfern heimgesucht, die ich tagsüber gesehen hatte«.[326] Es kam zu weiteren schockierenden Szenen. Eines Tages umstellte Chiangs Armee einen Trupp der Roten, der den Befehl hatte zurückzubleiben, um einen Guerillakrieg zu führen. Die roten Soldaten boten die Kapitulation an, und um zu beweisen, dass sie es ernst meinten, enthaupteten sie ihren Kommandeur und brachten Chiang den abgeschlagenen Kopf.

May-ling sah dem Tod mehrmals ins Auge. Mitten in der Nacht in Chiangs Feldhauptquartier in Nanchang – der

Hauptstadt der Provinz Jiangxi, wo das Zentrum des roten Staatsgebietes gelegen hatte – wurde sie von Schüssen aus der Richtung der Stadtmauer geweckt. Kommunistische Guerillakämpfer hatten einen Überraschungsangriff inszeniert. Sie warf sich ihre Kleider über und fing an, »bestimmte Papiere« auszusortieren, »die auf keinen Fall in feindliche Hände geraten durften. Ich legte sie in Reichweite, um sie zu verbrennen, falls wir das Haus verlassen mussten. Dann nahm ich meinen Revolver, setzte mich hin und wartete ab, was passieren mochte. Ich hörte meinen Mann allen verfügbaren Wachen den Befehl erteilen, einen Kordon zu bilden, damit wir uns den Weg freischießen konnten, falls wir tatsächlich von den Kommunisten umzingelt würden.« Sie hatte keine Angst. »Ich hatte nur zwei Dinge im Kopf: die Papiere, die Informationen über Truppenbewegungen und Positionen enthielten, und die Entschlossenheit, mich zu erschießen, falls ich in Gefangenschaft geraten sollte.« Der Angriff wurde jedoch abgewehrt, »und wir gingen wieder schlafen«.

Die Kleine Schwester wurde schlagartig ins Leben zurückgeholt. Sie sehnte sich danach, ihrem Mann zu helfen, und suchte nach einer Antwort auf die Frage, was sie tun sollte. Sie hatte sich stets an ihre Mutter um Rat gewandt; die Große Schwester Ei-ling übernahm nach dem Tod ihrer Mutter nun diese Rolle.[327] Schon seit Jahren versuchte Ei-ling, May-ling zu überreden, frommer zu werden, manchmal sehr zum Ärger der Kleinen Schwester. Jetzt führte sie die wöchentlichen Gebetskreise ihrer Mutter im alten Haus der Familie weiter und ermunterte May-ling hinzuzustoßen, gewissermaßen als Weg, um den Tod der Mutter zu betrauern. Das Erlebnis hatte auf May-ling eine geradezu wundersame Wirkung. Sie schrieb: »Ich wurde zum Gott meiner Mutter zurückgetrieben. Ich wusste, es gab eine Macht, die größer als ich war. Ich wusste, Gott war anwesend. Aber Mutter war nicht mehr da, um für mich zu vermitteln. Es schien nun an mir zu sein, dem General spirituell beizustehen.« Sie beschloss, »von ganzem Herzen und Seele *und Verstand,* den Willen Gottes zu erfüllen«, und betete voller Inbrunst, »dass Gott mir Seinen Willen kundtun möge«. Und Gott – so spürte sie einmal – sprach zu ihr. »Gott hat mir ein Werk aufgetragen, das ich für China tun musste.«[328] Dieses Werk bestand darin, sich für die Bewegung Neues Leben einzusetzen.[329]

Auf diesen Gedanken war ihr Mann gekommen, als er durch das ehemals Rote Gebiet gereist war. Dort war die kommunistische Ideologie, insbesondere das Konzept des Klassenkampfes – das ihn bei seinem Besuch in Moskau vor einem Jahrzehnt so abgestoßen hatte – das Tagesgespräch. Den Armen hatte man gesagt, es sei richtig, die Reichen zu bestehlen; Arbeiter wurden dazu angehalten, ihre Arbeitgeber zu hintergehen oder gar zu töten; Kinder wurden gedrängt, ihre Eltern zu denunzieren. In Chiangs Augen widersprach dies »allen grundlegenden Prinzipien« der traditionellen chinesischen Ethik. Er setzte sich zum Ziel, die moralischen Grundsätze des alten China wiederaufleben zu lassen, in denen Loyalität und Ehre eine wesentliche Rolle gespielt hatten. Der Generalissimus gründete die Bewegung Neues Leben im Frühjahr 1934 in Nanchang.

May-ling stürzte sich mit ganzer Kraft in das Projekt, obwohl die Bewegung für sie eine andere Bedeutung hatte. Auf den Reisen mit ihrem Mann ins Hinterland sah sie zum ersten Mal in ihrem Leben das wahre China. Wie eine Westeuropäerin, die sich außerhalb der vergoldeten Schreine von Shanghai verirrt hatte, kam ihr alles dreckig, stinkend, chaotisch, primitiv und aggressiv vor. Männer liefen halb nackt herum. Jungen und sogar Erwachsene pinkelten an der Straßenecke. Wie so vielen Ausländern erschien ihr China »alt, schmutzig und abstoßend«.[330] May-ling fühlte sich, »als ich die überfüllten, dreckigen Straßen einer Innenstadt überquerte, stärker beunruhigt als von den Gefahren eines Flugs bei schlechter Sicht«.[331] Sie sehnte sich danach, ihr Land zu einem Ort zu machen, auf den sie stolz sein konnte. Für die Kleine Schwester ging es bei der Bewegung Neues Leben im Wesentlichen darum, der ganzen Bevölkerung gute Sitten beizubringen.

Mann und Frau setzten sich zusammen und waren sich einig, dass »die Bewegung beim Einfachen anfangen und dann zum Komplexen übergehen sollte, vom Praktischen hin zum Idealistischen«. Vor allen Dingen versuchten sie, der Bevölkerung zu sagen, wie sie sich benehmen sollte. May-ling erklärte: »Wenn ein Mann schlampig und nachlässig bei seinem persönlichen Äußeren, seinem Verhalten ist … dann ist er wohl auch ungeordnet im Denken.«[332]

Somit teilte der Generalissimus von den Trümmern des verwüsteten ehemals Roten Landes aus – von jenem Land, das so viel Terror und Gemetzel durchgemacht hatte – den Chinesen mit, dass eine bessere Zukunft von Aufforderungen wie den folgenden ausgehe: »Achte beim Trinken und Kauen darauf, kein Geräusch zu machen«; »Schreie und lache in Restaurants und Teehäusern nicht laut«; »Achte auf deine Haltung« und »Nicht spucken«. Den Kulis wurde untersagt, ihren Oberkörper frei zu machen. Und jeder sollte sein Hemd zuknöpfen. Fußgänger wurden angewiesen, »auf der linken Seite der Straße zu gehen« (worauf ein paar Witzbolde erwiderten: »Wäre die rechte Seite der Straße dann nicht leer?«)

Die Bewegung Neues Leben wurde zu Chiangs Lieblingsprojekt und zum Markenzeichen für die Innenpolitik des

Regimes. Sie wurde als Allheilmittel für alle Übel angepriesen, das dem Land eine glorreiche Zukunft garantiere. Diese großspurige Behauptung war offensichtlich falsch, auch wenn kein Mensch bestreiten würde, dass Äußeres, Ordnung und gute Manieren wesentliche Bestandteile einer zivilisierten Gesellschaft waren. Als Kommentar zu einem offiziellen Pamphlet, das vierundfünfzig Regeln und zweiundvierzig hygienische Anforderungen aufstellte, schrieb der Liberale Hu Shih, dass die meisten Punkte »eine allgemein vernünftige Lebensweise für einen zivilisierten Menschen [seien]; es gibt weder ein Patentrezept, um das Land zu retten, noch wird es eine Wunderkur geben, um die Nation wiederzubeleben«. Er wies darauf hin, dass viele schlechte Gewohnheiten »die Produkte von Armut« seien. »Der durchschnittliche Lebensstandard der Bevölkerung ist so niedrig, dass es ihr unmöglich ist, gute Manieren zu entwickeln.« »Wenn Kinder Müllhalden durchwühlten, um ein halb verbranntes Kohlestück zu finden oder ein Stück von einem dreckigen Lappen, wie konnte man ihnen Unehrlichkeit vorwerfen, wenn sie einen verlorenen Gegenstand einsteckten, den sie gefunden hatten?«, wollte Hu Shih wissen. (Eine Regel der Bewegung lautete: »Gebt verlorene Gegenstände, die ihr findet, zurück.«) »Die erste Verantwortung der Regierung ist es, dafür zu sorgen, dass der durchschnittliche Mensch ein anständiges Leben führen kann … Ihnen beizubringen, wie sie dieses sogenannte Neue Leben zu führen haben, kann lediglich der letzte Schritt sein.«[333]

Hu Shihs Stimme der Vernunft wurde von den Schmähungen durch Chiangs Propagandaapparat übertönt. May-ling widerlegte dieses Argument schon mit der, wie sie es nannte, »ganz offensichtlichen Tatsache, dass es für alle genug Essen gäbe, wenn jeder vom höchsten Staatsdiener bis hin zum untersten Karren-Kuli diese Prinzipien im Alltag gewissenhaft praktizieren würden«. Das war zwar reines Wunschdenken, doch Hu sah sich außerstande, dem etwas entgegenzusetzen. Er wurde auch nicht verfolgt. Die Kleine Schwester versteifte sich einfach entrüstet auf ihre Behauptung, die Bewegung sei »der großartigste und konstruktivste Beitrag« ihres Gatten »für die Nation«. Was sie selbst betraf, so wurde ihr Tun und Handeln von Gott gelenkt und durfte nicht infrage gestellt werden. »Ich suche nach Lenkung, und wenn ich mir sicher bin, dann mache ich weiter und überlasse die Ergebnisse Ihm.«[334] Voller Tatendrang wählte sie ausländische Missionare als Berater aus, schrieb Verordnungen und versuchte, sie durchzusetzen, »wie die Präsidentin eines wirklich erstklassigen, amerikanischen Frauenvereins«, kommentierte ein Amerikaner.[335] Ihr standen bezahlte Mitarbeiter und Hunderttausende von freiwilligen Helfern zur Verfügung. Die Anstrengungen des Paares lösten nur wenige konkrete und dringende Probleme und verliefen im Sand – auch wenn sie einige zivilisierende Effekte hatten.

Doch für May-ling veränderte die Bewegung ihr ganzes Leben: »Niedergeschlagenheit und Verzweiflung sind mir heute fremd. Ich blicke auf Ihn, der allmächtig ist.«

Dieses gemeinsame Projekt führte May-ling und ihren Mann enger zusammen, als sie es jemals zuvor waren, und sie empfanden eine neue Art der Zuneigung füreinander. Am Weihnachtstag des Jahres 1934 flogen sie über fünfhundert Kilometer nach Süden in die Provinz Fujian. Dort wurden sie auf einer neuen Militärstraße in die gebirgigste Region des Ostens von China gefahren. Tausende von Männern hatten mit primitiven Werkzeugen ganze Flanken von hohen Felswänden abgetragen. Manchmal steuerten sie »entlang der Kante eines Plateaus, wo der kleinste Schlenker uns bereits in den Abgrund gestürzt hätte«. Am Ende der Reise

»fing mein Mann an, sich Vorwürfe zu machen, weil er mich solchen Gefahren aussetzte«. May-ling versicherte Chiang, dass ihr die persönliche Gefahr nichts ausmache und dass sie von der Schönheit entlang der Route ganz eingenommen sei. Eine Bergkette nach der anderen war mit Nadelbäumen »in ihrem weihnachtlichen Grün« bedeckt, »hier und da erhellt von einem einzigen leuchtend roten Lichtnussbaum«. »Es war umwerfend – so etwas hatte ich noch nie gesehen.«

An Silvester ging das Paar in den Bergen spazieren. Sie machten eine Pause, um einen jungen Baum voller weißer Pflaumenblüten zu bewundern. In der chinesischen Literatur ist die Winterpflaume das Symbol für den Mut: Sie blüht in der kältesten Jahreszeit. Chiang brach behutsam ein paar Zweige voller Blüten ab und nahm sie mit. Am selben Abend, als die Kerzen angezündet waren und sie sich zum Essen setzten, hatte er die Zweige in einem kleinen Bambuskorb auf den Tisch gestellt. Im Kerzenschein zeichneten die Schatten der Zweige breite Streifen an die Wand, während die Blüten ihren feinen Duft verströmten. Chiang überreichte den Korb May-ling als Neujahrsgeschenk. Sie war gerührt und schrieb: »Mein Mann hat den Mut eines Soldaten und die feinfühlige Seele eines Dichters.«[336]

13

Die Befreiung von Chiangs Sohn aus den Klauen Stalins

In den Tagen nach seiner Taufe im Oktober 1930 war Chiang Kai-shek an seinen Geburtsort in Xikou gereist, um die Erweiterung des Grabmals seiner Mutter zu beaufsichtigen. Nachdem er ein riesiges Mausoleum für den Vater Chinas errichtet hatte, meinte er, nunmehr könne er seiner verstorbenen Mutter eine passendere Ruhestätte schenken. Das Mausoleum war zwar nicht annähernd so groß und prächtig wie Suns, umfasste aber doch einen ganzen Hügel und bot einen prächtigen Panoramablick über die ostchinesische Landschaft. Der Eingang befand sich am Ende eines Aufstiegs von fast 700 Metern durch Kiefernwald.

May-ling und Ei-ling begleiteten ihn. Am ersten Tag ihrer Reise sprachen sie ein Thema an, das Chiang sehr am Herzen lag: Wie konnte man seinen Sohn Ching-kuo wieder aus Russland zurückholen? Ching-kuo, der Sohn des Generalissimus mit seiner ersten Frau, wurde von Stalin seit fünf Jahren als Geisel festgehalten.[337]

Der am 27. April 1910 geborene Ching-kuo war fünfzehn, als Chiang ihn auf eine Schule in Peking schickte. Es war der Traum des jungen Mannes, Französisch zu lernen und dann in Frankreich zu studieren. Doch als der Stern seines Vaters bei der Nationalen Volkspartei aufging, wollten die Russen Ching-kuo unbedingt in ihre Hände bekommen. Botschaftsdiplomaten freundeten sich deshalb rasch mit ihm an. Laut Ching-kuos eigener Schilderung seines Lebens (die auf seinen Wunsch hin erst nach seinem Tod 1988 veröffentlicht wurde) »überredeten« sie ihn, »zum Studium nach Russland zu gehen«. Stalin hielt die Kinder ausländischer revolutionärer Führer in Russland als potenzielle Geiseln, während er ihnen zugleich eine Bildungschance bot. Der leicht beeinflussbare Junge wollte unbedingt nach Moskau. Und Chiang, der sich damals als prorussisch ausgab, konnte schlecht etwas dagegen sagen.[338]

Nur wenige Monate nach seiner Ankunft in Peking wurde Ching-kuo von einem Roten Maulwurf innerhalb der Kuomintang, Shao Li-tzu, nach Moskau gebracht. Shao war 1920 ein Gründungsmitglied der KPCh gewesen, hatte von Moskau jedoch die Anweisung erhalten, seine Identität geheim zu halten und als Nationalist zu arbeiten. Er brachte auch seinen eigenen Sohn mit, der im gleichen Alter wie Ching-kuo war.[339] Als Ching-kuo im April 1927 sein Studium an der Sun-Yat-sen-Universität in Moskau beendet hatte und darum bat, nach China zurückkehren zu dürfen, wurde ihm die Ausreise nicht gestattet. Sein Vater hatte soeben mit den Kommunisten gebrochen, und Stalin hielt den Sohn als Geisel fest. Moskau erklärte der ganzen Welt, der junge Mann weigere sich, nach Hause zurückzukehren, denn sein Vater habe »die Revolution verraten«.

Der siebzehnjährige Jugendliche wurde »von China völlig isoliert« und durfte »nicht einmal einen Brief schicken«. Er vermisste Tag und Nacht die Heimat: »Ich wusste nicht, wie ich aufhören sollte, an meine Eltern und mein Heimatland zu denken.« Er fühlte sich gefangen »im Sumpf der Verzweiflung und des Heimwehs«. Unzählige Male bat er um die Erlaubnis, nach Hause reisen oder wenigstens einen Brief schicken zu dürfen; die Bitte wurde jedes Mal abgelehnt. Manchmal schrieb er in fiebrigem Eifer Briefe an seinen Vater, nur um sie anschließend zu vernichten. Einen Brief bewahrte er auf und schaffte es, ihn heimlich einem chinesischen Landsmann zu übergeben, damit dieser das Schreiben nach China brachte (Ching-kuo hatte ein paar Habseligkeiten verkauft, um das Geld für die Reise zu beschaffen), doch der Mann wurde nahe der Grenze verhaftet.

In der Gefangenschaft und ohne Hoffnung auf eine Fluchtmöglichkeit entwickelte der junge Mann einen starken Willen und wartete seine Zeit ab. Er trat aus einer trotzkistischen Organisation aus, der er sich in seinen Studententagen angeschlossen hatte, und wurde freiwillig Mitglied der russischen kommunistischen Partei. Er wurde in die Rote Armee eingezogen und erwies sich als tapferer Soldat. Schließlich wurde ihm erlaubt, in der russischen Gesellschaft statt in einer Gefängniszelle zu leben, aber Moskau entschied, wo und wie er lebte.

Im Oktober 1930, um die Zeit, als May-ling und Ei-ling mit seinem Vater darüber sprachen, ihn zurückzuholen, wurde Ching-kuo als Arbeiter in ein Kraftwerk geschickt, in dem er tagtäglich schuften musste. Da er schwere Arbeiten nicht gewöhnt war, schwollen seine Arme an, sein Rücken schmerzte so sehr, dass er nicht aufrecht stehen konnte, und er litt unter ständigen Schmerzen und Erschöpfung. Lebensmittel waren äußerst knapp und sehr teuer, sein Lohn reichte nicht aus, um sich satt zu essen. Deshalb war er ständig halb verhungert. »Häufig ging ich mit leerem Magen zur Arbeit«, erinnerte er sich. Er musste einen Nebenjob annehmen, um mehr Geld zu verdienen, also verlängerte sich sein Arbeitstag bis 23 Uhr. Er biss die Zähne zusammen und sagte sich: »Harte Arbeit ist eine gute Methode, sich selbst zu disziplinieren.«

Nach der Arbeit im Kraftwerk wurde er zur »Arbeitsreform« in ein Dorf außerhalb Moskaus geschickt. Dort lernte er, wie man einen Acker pflügt, und schlief in einer Hütte, die sogar ein Bauer für zu primitiv gehalten hätte. Die Felder, auf denen er arbeitete, erinnerten ihn an die grünen Reisfelder um seine Heimatstadt, und Tränen »rollten über meine Wangen«.

Chiang Kai-shek vermisste seinen Sohn sehr, vor allem weil er wusste, dass das Leben in Stalins Klauen für ihn mit Sicherheit die Hölle war. Im Lauf der Jahre beschrieb er in seinem Tagebuch immer wieder seine Sehnsucht nach Ching-kuo. Er war Chiangs einziger leiblicher Nachkomme. May-ling konnte seit ihrer Fehlgeburt keine Kinder mehr empfangen, und obwohl Chiang mit Wei-go einen weiteren Jungen adoptiert hatte, war Ching-kuo doch sein wahrer Sohn und Erbe. Für einen Chinesen war es nach der Tradition außerordentlich wichtig, einen männlichen Erben zu bekommen. Einer der schlimmsten Flüche in China lautete: »Mögest du nie einen Erben haben!« Keinen Stammhalter zu bekommen (chinesisch kurz: *jue-hou)* galt außerdem als der größte Schmerz, den man seinen Eltern und Vorfahren antun konnte. Ob der leidenschaftlichen Liebe und Trauer Chiangs um seine verstorbene Mutter empfand er die Todesangst um seinen Sohn nur noch eindringlicher.

Als May-ling und die Große Schwester 1930 begannen, mit Chiang über Ching-kuos Freilassung zu sprechen, lagen China und Russland immer noch im Streit um die ostchinesische Eisenbahn. Das Thema war so heikel, dass Russland ein Jahr zuvor einmarschiert war und man die diplomatischen Beziehungen abgebrochen hatte. Ei-ling machte einen Vorschlag: Womöglich konnte sich Chiang im Gegenzug für die Freilassung seines Sohnes auf einen Kompromiss bei der Eisenbahn einlassen? Chiang war bewegt von der Fürsorge der Schwestern und schrieb am 1. November in sein Tagebuch: »Große Schwester und meine Frau hatten meinen Sohn Ching-kuo nicht vergessen. Ich bin so gerührt.«[340] Er entschied sich jedoch, den Rat nicht zu befolgen. Moskau verlangte etwas, das Chinas Souveränität beeinträchtigt hätte. In dem Punkt nachzugeben hätte einen öffentlichen Aufruhr ausgelöst. Allerdings keimte der Gedanke in ihm, sich mit Moskau auf einen Handel um seinen Sohn zu einigen. Er beschloss, darüber nachzudenken und alles sorgfältig zu planen. »Wir sollten diese Angelegenheit nach Möglichkeit nicht übereilt lösen«, schrieb er in sein Tagebuch.

Ein Jahr später schlug Moskau einen Tausch vor. Der Leiter der Komintern-Tätigkeit im Fernen Osten mit dem Decknamen Hilaire Noulens war zusammen mit seiner Frau in Shanghai verhaftet und ins Gefängnis gesteckt worden. Da die beiden wichtige Geheimnisträger waren, wollte Moskau sie unbedingt schnell aus dem Land holen. Eine ganze Schar internationaler Prominenter, darunter Albert Einstein, wurde mobilisiert, um Nanjing unter Druck zu setzen. Die Rote Schwester meldete sich ebenfalls zu Wort. Und sie überbrachte Chiang im Dezember 1931 auch Moskaus Plan für einen Geiseltausch. Chiang lehnte ab, der Austausch war völlig ausgeschlossen. Die Verhaftung der beiden Agenten war eine Angelegenheit, die großes Aufsehen erregt hatte. Sie waren öffentlich vor Gericht zum Tode verurteilt worden (begnadigt zu lebenslanger Haft). Jede Form eines Kuhhandels wäre entlarvt worden und hätte Chiangs Ansehen geschadet.[341]

Doch Moskaus Angebot löste beim Generalissimus eine Flut von Todesängsten aus. Nunmehr war klar, dass Chingkuo als Geisel gehalten wurde und nur zu einem extrem hohen Preis würde zurückkehren dürfen. Die Russen könnten in der Zukunft ebenso gut etwas anderes verlangen. Mal um Mal schrieb Chiang in sein Tagebuch: »In den letzten Tagen habe ich mich mehr denn je danach gesehnt, meinen Sohn zu sehen. Wie kann ich meinen Eltern gegenübertreten, wenn ich einmal sterbe?« »Ich habe von meiner verstorbenen Mutter geträumt und zwei Mal nach ihr gerufen. Nach dem Aufwachen vermisste ich sie so sehr. Ich habe eine große Sünde an ihr begangen.« »Ich bin respektlos gegenüber meiner Mutter und lieblos gegenüber meinem Sohn. Ich habe das Gefühl, ich bin ein wertloser Mann, und ich wünschte, der Boden würde sich auftun und mich verschlingen.«[342]

Um diese Zeit verlor der Rote Maulwurf Shao, der Ching-kuo nach Moskau gebracht hatte, wiederum *seinen* Sohn. Shao hatte ihn zusammen mit Ching-kuo in die Rote Hauptstadt gebracht. Sein Sohn war anschließend nach China zurückgekehrt und später nach Europa gereist. Man fand ihn erschossen in einem Hotelzimmer in Rom. Shao und seine Familie waren überzeugt, dass Chiangs Agenten ihn ermordet hatten.

Nach Chiangs Ablehnung des Angebots steckte Moskau Ching-kuo 1932 in ein Lager in Sibirien. In einer Goldmine erledigte er Schwerstarbeit, stets geplagt von Hunger und Kälte. Unter den Mitgefangenen waren »Professoren, Studenten, Adlige, Ingenieure, reiche Bauern und Räuber. Jeder hatte ein unvorhersehbares, unerwartetes Missgeschick erlitten, das ihn in die Verbannung geschickt hatte.« Zu seiner Linken schlief ein ehemaliger Ingenieur, der Ching-kuo vor dem Zubettgehen zu sagen pflegte: »Ein Tag ist vorüber. Ich komme der Wiedererlangung meiner Freiheit und der Rückkehr in mein Haus einen Tag näher.« Ching-kuo klammerte sich an die gleiche Hoffnung.

Im Dezember 1932 nahm Chiangs Regierung wieder diplomatische Beziehungen mit Russland auf. Dank Japan, des gemeinsamen Feindes beider Länder, führte kein Weg an freundschaftlichen Beziehungen vorbei. Japan hatte Shanghai angegriffen, der japanische Marionettenstaat Mandschukuo war in der Mandschurei gegründet worden, und die Japaner drängten weiter nach Süden. Ein ausgewachsener Konflikt schien unvermeidlich. China brauchte Russland, und Russland, der historische Rivale Japans im Fernen Osten, brauchte China. Am meisten fürchtete Stalin folgendes Szenario: Japan eroberte China und könnte anschließend dessen Ressourcen sowie eine überaus durchlässige 7000 Kilometer lange Grenze für einen Angriff auf die Sowjetunion nutzen. Er wollte, dass die Chinesen kämpften und die Japaner aufhielten, damit sie sich nicht gegen Russland wandten. Als aus den Feinden sehr zaghaft Freunde wurden, plante Chiang ernsthaft, seinen Sohn zurückzuholen. Er wusste, dass er den Russen etwas anbieten musste, das ihnen wirklich am Herzen lag – seine Gedanken wandten sich den chinesischen Kommunisten zu.

Damals führte der Generalissimus Kriege gegen den abtrünnigen Roten Staat im Südosten Chinas. Er hatte ihr Gebiet umzingelt und war entschlossen, sie auszumerzen. Jetzt überlegte er, dass er sie stattdessen nur aus dem reichen Südosten in der Nähe von Shanghai verjagen und nach Nordwesten in das öde und dünn besiedelte Nordshaanxi auf der Hochebene der Gelben Erde treiben könnte. Auf dem Weg könnte er sie dezimieren, wobei er jedoch darauf zu achten hätte, die kommunistische Führung zu erhalten. An ihrem Zielort könnte er sie einsperren, dem Tode nahe weiterschmoren lassen und dafür sorgen, dass sie sich nicht ausdehnen könnten. Er ging davon aus, dass sie sich nicht allzu lange halten würden. Sobald der Krieg mit Japan anfing, würden sie in den Kampf ziehen (Stalin würde das von ihnen verlangen), und dann bestanden gute Chancen, dass die

Japaner sie ausradierten. Unterdessen würde Stalin, dem sehr viel an den Kommunisten lag, zum Dank dafür, dass Chiang die chinesischen Kommunisten am Leben gelassen hatte, seinen Sohn freilassen.

Das war zumindest das Kalkül des Generalissimus.

Im Herbst 1934 vertrieb Chiang die Roten aus Chinas wohlhabendem Südosten. Ihre Flucht wird gemeinhin der Lange Marsch genannt. Es ist allgemein bekannt, dass die Roten besiegt wurden und flüchten mussten, doch den wenigsten ist klar: Die Tatsache, dass der Marsch überhaupt stattfand und dass die Roten es geschafft hatten, ihn zu überleben, war generell Chiang Kai-sheks Plan zu verdanken, seinen Sohn freizubekommen.

Der Lange Marsch dauerte über ein Jahr und erstreckte sich über mehr als 12 000 Kilometer (das war dank Maos Machenschaften auf dem Marsch viel länger und weiter, als Chiang vorgehabt hatte).* Die Marschierenden machten extreme Entbehrungen durch und wurden massiv dezimiert. Am Ende redete sich Chiang ein, dass die KPCh »Zeichen einer Bereitschaft zur Kapitulation zeigte« – dabei traf in Wirklichkeit das Gegenteil zu. In dem sehnsüchtigen Wunsch, seinen Sohn endlich zurückzubekommen, machte sich der Generalissimus selbst etwas vor.[343]

Chiangs Handel »Die Kommunisten gegen den Sohn« konnte nicht offen ausgesprochen werden, nicht einmal gegenüber Moskau. Also ließ Chiang den Russen implizite, aber unmissverständliche Signale zukommen. In jeder Phase des Langen Marsches, wenn die Roten ein wichtiges Ziel erreicht

---

* Ausführlicher zu Maos Machenschaften auf dem Langen Marsch siehe Jung Chang und Jon Halliday, *Mao. Das Leben eines Mannes, das Schicksal eines Volkes*, Kapitel 12–14.

hatten, ließ er Moskau wissen, dass er es war, der ihnen dies gestattet habe, und bat um die Rückkehr Ching-kuos. Unmittelbar vor dem Beginn des Langen Marsches schickte Chiang über diplomatische Kanäle das erste offizielle Gesuch, Ching-kuo freizulassen, das er am 2. September in sein Tagebuch eintrug.[344] Nachdem die Kommunisten mehrere Staffeln mühsam errichteter Blockaden überwunden hatten, fragte Nanjing erneut nach Ching-kuo. Im russischen Außenministerium gibt es viele Dokumente, die berichten: »Chiang Kai-shek bittet um die Rückgabe seines Sohnes.« Jedes Mal gab Moskau vor, dass Ching-kuo gar nicht heimkehren wolle. »Der abstoßende Betrug des russischen Feindes nimmt kein Ende«, schrieb Chiang in sein Tagebuch.[345]

Der Generalissimus erreichte über den Langen Marsch nebenbei ein weiteres Ziel. Westlich der geräumten Basis der Roten befanden sich die beiden Provinzen Guizhou und Sichuan, die eigene Armeen unterhielten und Nanjing lediglich nominell unterstanden. Chiang wollte sie unter seine Kontrolle bringen. Zu diesem Zweck musste er eigene Truppen vor Ort unterhalten, doch die Provinzen hießen diese nicht willkommen. Jetzt drängte der Generalissimus die Rote Armee in die Provinzen. Die Provinzchefs hatten Angst, dass sich die Roten in ihrem Gebiet niederlassen könnten, und ließen Chiangs Armee einmarschieren, um die Roten zu verjagen. So gelang es Chiang, die Provinzen fest in seine Hand zu bekommen. Vor allem Sichuan, dessen größte Stadt Chongqing während des Krieges als Hauptstadt diente, sollte Chiangs Basis im Krieg gegen Japan werden.

Dieser Plan war leicht zu durchschauen. Für den Fall, dass Moskau das ihm viel wichtigere Ziel nicht erkannt haben sollte, ließ Chiang die Roten entkommen, nachdem er die beiden Provinzen erobert hatte. Darüber hinaus ließ er sogar zu, dass sich Maos Gruppe im Juni 1935 mit einem anderen

Roten Ableger vereinte. Unmittelbar danach sprach Ei-lings Mann, H.H. Kung, der damals Stellvertretender Regierungschef war (Chiang hatte zwischenzeitlich das Amt des Regierungschefs wieder selbst übernommen), beim russischen Botschafter Dmitri Bogomolow vor und sagte ihm, dass Chiang seinen Sohn zurückhaben wolle. Der Besuch machte deutlich, welchen Kuhhandel Chiang im Sinn hatte.[346]

Am 18. Oktober 1935, an jenem Tag, an dem der Lange Marsch für die KPCh-Führung endete, suchte Chiang selbst Bogomolov zu einem freundschaftlichen Treffen auf.[347] Er erwähnte Ching-kuo mit keinem Wort, schickte aber unmittelbar danach Chen Li-fu, den Neffen des Paten Chen, mit zum Botschafter, um seine Bitte zu überbringen. Dass Chiang die Absicht hatte, die Roten gegen seinen Sohn einzutauschen, war damit so gut wie ausgesprochen.[348]

Weil der Handel immer noch unterschwellig angeboten (und nicht im Vorfeld vereinbart) war, stellte sich Moskau taub. Stalin kannte jetzt den Schwachpunkt des Generalissimus und gab die Geisel nicht frei. Er wollte mehr von Chiang. Bogomolow und jeder andere, mit denen Chiangs Gesandte Kontakt aufnahmen, hielten sich an die altbewährte Lüge, dass Ching-kuo Russland nicht verlassen wolle.

Unterdessen wurde Ching-kuo, dank seines unschätzbaren Wertes, besser behandelt. Er wurde aus dem Gulag entlassen und bekam einen Job als Techniker in einer Maschinenfabrik im Ural. Dort führte er ein mehr oder weniger normales Leben, lernte auf einer Abendschule Maschinenbau und stieg sogar zum stellvertretenden Direktor des Werkes auf. Er verliebte sich in eine russische Technikerin namens Faina Wachrewa. »Sie verstand meine Situation am besten und war immer da und fühlte mit mir und stand mir bei, wenn ich Schwierigkeiten hatte.« Sie heirateten im Jahr 1935.

Das erste ihrer vier Kinder wurde im Dezember desselben Jahres geboren, in die gleiche Gefangenschaft, die Ching-kuo immer noch erdulden musste.

14

»Das Weib wird den Mann schützend umgeben«

Im Oktober 1936 beendeten die drei Hauptstreitkräfte der Roten Armee mit Zehntausenden von Männern ihren Langen Marsch und sammelten sich in ihrer neuen »Heimat« im Nordwesten Chinas. Wiederum bat Chiang Moskau, ihm seinen Sohn zurückzugeben. May-ling sprach mit dem neuen chinesischen Botschafter in der Sowjetunion und wies ihn an, die Angelegenheit nachdrücklich vorzubringen.[349] Doch Ching-kuo blieb verschwunden. Der Generalissimus beschloss, den Druck auf Stalin zu erhöhen, und befahl der nationalistischen Armee, die Roten zu umzingeln, um seinen »Vernichtungsfeldzug« fortzusetzen. Für die Roten ging es jetzt wirklich um Leben und Tod. Sie befanden sich auf der Hochebene der Gelben Erde, wo der Löss, der am leichtesten erodierende Boden, eine öde Landschaft entstehen ließ. Einer großen Armee war es unmöglich, hier zu überleben, geschweige denn eine Basis aufzubauen.

Doch der Befehlshaber der lokalen nationalistischen Armee hatte eigene Pläne und weigerte sich, Chiangs Befehle auszuführen. Es handelte sich um Zhang Xue-liang, den Jungen Marschall und ehemaligen Warlord der Mandschurei. Als die Japaner 1931 in die Region einmarschiert waren, hatte er sich nach China zurückgezogen und zweihunderttausend Soldaten mitgenommen. Chiang hatte ihn und seine Soldaten in der Provinz Shaanxi stationiert, deren Hauptstadt Xian rund dreihundert Kilometer südlich von der Roten Armee lag.

Zhangs amerikanischer Privatpilot Royal Leonard schilderte ihn so: »Ich hatte den typischen Präsidenten eines Rotary Clubs vor mir: rundlich, wohlhabend, mit einer ungezwungenen, leutseligen Art ... Wir schlossen in fünf Minuten Freundschaft.« Er hatte den Ruf, ein Playboy zu sein, der »nichts für seine Soldaten tut. Er fliegt nur in seinem Privatflugzeug durch die Gegend.« Die Luxusmaschine von Boeing, die nur der Fliegende Palast genannt wurde, könnte er durchaus mit Chiangs Schmiergeld in Höhe von mehreren Millionen Dollar gekauft haben. (Das Schmiergeld hatte er dafür erhalten, dass er Chiang 1930 dabei geholfen hatte, seine Rivalen in der Partei auszuschalten.) Zu seinem Vergnügen steuerte der Junge Marschall die Maschine häufig selbst, das lange Gewand um die Knie hochgesteckt und die Mütze schief auf dem Kopf. Doch dieses alberne Aussehen maskierte einen Mann mit grenzenlosem Ehrgeiz und leichtfertigem Wagemut.[350] Wie so viele Provinzpotentaten hielt er nicht viel von Chiangs Fähigkeiten und glaubte, er könne die Sache besser machen. Er hatte die Absicht, den Generalissimus abzulösen, und die Ankunft der KPCh verschaffte ihm eine günstige Gelegenheit. Jeder, der »König« werden wollte, wusste, dass Stalin der »Königsmacher« war. Und der Weg zu Stalins Gunst führte über die KPCh. Der Junge Marschall nahm Kontakt zu den Roten auf, lieferte ihnen die dringend benötigten Lebensmittel und Kleidung und begann, mit ihnen Ränke gegen Chiang zu schmieden. Moskau förderte diese Machenschaften, um den Jungen Marschall zur Unterstützung der Roten Armee zu bewegen. Mao ging noch einen Schritt weiter und stachelte Zhang an, sich Chiangs zu entledigen. Der Junge Marschall wurde in dem Glauben gelassen, dass Moskau ihn statt Chiang unterstützen werde. In diesem Irrglauben heckte er einen Plan für einen Staatsstreich aus – in der Erwartung, dass Moskau, sobald es so weit war, seine Unterstützung für ihn öffentlich bekannt geben werde.

Der Junge Marschall lockte Chiang nach Xian, indem er dem Generalissimus sagte, die Soldaten würden seinem Befehl, die Roten in Shaanxi zu bekämpfen, nicht Folge leisten, weil sie stattdessen in ihrer Heimat Mandschurei gegen Japan kämpfen wollten. Er bat Chiang, sie persönlich zu überreden, und so machte sich der Generalissimus Anfang Dezember 1936 auf den Weg.

Im Morgengrauen des 12. Dezember, er hatte soeben seine Frühgymnastik beendet und wollte sich anziehen, hörte Chiang Schüsse. Rund vierhundert Soldaten des Jungen Marschalls griffen sein Lager an. Viele Wächter Chiangs wurden getötet, auch sein Sicherheitschef. Chiang gelang es, in die Berge zu entkommen. Er versteckte sich in einer Felsspalte, nur mit dem Nachthemd in der bitteren Kälte bekleidet, ohne Schuhe oder Socken. Er hatte Glück, noch am Leben zu sein, wurde jedoch von einem Suchtrupp aufgespürt. Der Junge Marschall erklärte öffentlich, dass er diesen Schritt unternommen habe, weil er Chiang zwingen wollte, gegen die Japaner zu kämpfen. Er telegrafierte Nanjing seine Forderungen, an erster Stelle die »Reorganisation der Regierung in Nanjing«. Er ging davon aus – Mao hatte ihm dies eingeredet –, dass die KPCh und Moskau ihn als Chef der neuen Regierung vorschlagen würden.[351]

Der Stellvertretende Regierungschef Kung hielt sich in Shanghai auf, als er die Nachricht von Chiangs Verhaftung erhielt. Er informierte sofort seine Schwägerin. Für May-ling war dies »wie ein Donnerschlag aus heiterem Himmel«. Sie begaben sich in das Haus der Kungs, um mit Ei-ling zu besprechen, was sie tun sollten. Das einzige Nichtfamilienmitglied bei dem Treffen war William Donald, Sun Yat-sens alter australischer Berater, der mittlerweile May-ling mit Rat und Tat zur Seite stand. Er hatte früher für den Jungen Marschall gearbeitet und dem Playboy geholfen, seine Opiumsucht zu überwinden. Zu den unzähligen bemerkenswerten Eigenschaften, die es Donald ermöglichten, sich in den Machtzentren Chinas zu bewegen, gehörten sein vernünftiges Urteilsvermögen und seine Fähigkeit, mit den Mächtigen offen und ehrlich zu reden, ohne sie vor den Kopf zu stoßen. Der Umstand, dass er bewusst nie Chinesisch gelernt hatte, wurde paradoxerweise als Vorteil angesehen, weil es deshalb unwahrscheinlich war, dass er sich mit Chiangs Kollegen verschwören würde. May-ling bat Donald, sich eilends nach Xian zu begeben und herauszufinden, was genau passiert war. Es lag für ihn auf der Hand, dass sie keinem Chinesen diese Mission anvertrauen wollte.[352]

May-ling, die Große Schwester, Kung und Donald nahmen den Nachtzug nach Nanjing und kamen um sieben morgens in der Hauptstadt an. Die vier frühstückten gerade, als der Kriegsminister General Ho Ying-ching erschien, um über den Ausgang einer nächtlichen Dringlichkeitssitzung auf höchster Ebene zu berichten. Die Teilnehmer an der Sitzung hatten das Eintreffen des Stellvertretenden Regierungschefs nicht abgewartet, weil er bei der Entscheidung für Chiangs Diktatur eine so nebensächliche Rolle gespielt hatte. Im Namen der Regierung von Nanjing hatte die Gruppe den Jungen Marschall öffentlich verurteilt, all seiner Posten enthoben und ihm eine schwere Strafe angekündigt. Sie drohten mit einem Krieg gegen Xian. May-ling war äußerst aufgebracht. Ein Krieg gegen Xian hieße de facto, dass Bomben auf ihren Mann abgeworfen würden. Seine Sicherheit hatte für sie oberste Priorität. Der Umstand, dass die hohen Regierungsvertreter die Entscheidung zum Angriff gefällt und bekannt gegeben hatten, bevor sie und Kung in Nanjing eingetroffen waren, steigerte nur noch ihren Zorn und ließ die schlimmsten Verdächtigungen aufkommen. Sie befahl Donald, nach Xian zu fahren und zuerst den Generalissimus zu treffen. General Ho, der Donald wegen seines Einflusses auf die Chiangs nicht mochte, protestierte gegen seine Entsendung. May-ling wischte den Protest beiseite und gab Donald einen Brief für ihren Mann mit. Darin hieß es, der Generalissimus solle auf sich aufpassen und sie über den Stand der Dinge informieren.

May-ling versuchte, sich zu beruhigen. Sie wollte nicht »als eine Frau angesehen werden, von der man nicht erwarten konnte, dass sie in so einer Situation vernünftig blieb«, aber sie schäumte vor Wut auf die obersten Regierungsvertreter in Nanjing. Sie war überzeugt, dass die unzähligen Feinde ihres Mannes sich die Krise zunutze machen würden, um ihn zu ermorden. Sie bestand darauf, nach Xian zu fliegen, um den Jungen Marschall zur Freilassung Chiangs zu überreden, doch die Führer von Nanjing hielten ihr Vertrauen in die eigenen Überredungskünste für eine Wahnvorstellung.

Und tatsächlich musste der Junge Marschall gar nicht überredet werden. Nur zwei Tage nach der Gefangennahme des Generalissimus erkannte er, dass er einen folgenschweren Fehler begangen hatte – und plante bereits selbst, Chiang freizulassen und sogar mit ihm nach Nanjing zu fahren. An jenem Tag, dem 14. Dezember, verurteilte Moskau seine Handlungen aufs Schärfste und warf ihm vor, den Japanern in die Hände zu spielen. Nachdrücklich stellte sich der Kreml hinter den Generalissimus. Moskau hatte erkannt, dass Chiang nach wie vor sehr großen Rückhalt in der Bevölkerung Chinas hatte. Die Menschen wussten wohl, dass Chiangs Truppen in diesem Moment erbitterten Widerstand gegen Japans Vordringen in Suiyuan im Norden Chinas leisteten. Sie erkannten, dass der Generalissimus ein hartnäckiger Gegner Japans war und dass sein Abtreten den Japanern die Eroberung erleichtern würde. Kein Mensch glaubte, dass der Junge Marschall in seine Fußstapfen würde treten können.

In seiner Funktion als geschäftsführender Regierungschef nahm Kung Kontakt zu einflussreichen Leuten im ganzen Land auf und bat sie um Hilfe – die meisten der Angesprochenen reagierten positiv auf Kungs Ersuchen. Zu den wenigen, die nicht kooperierten, zählte die Rote Schwester Ching-ling. Als Kung sie um Unterstützung bat, sagte sie ihm, sie sei hocherfreut, dass Chiang gefangen genommen worden sei, dass die Schritte des Jungen Marschalls absolut richtig gewesen seien. »Ich hätte an seiner Stelle genauso gehandelt. *Nur wäre ich noch weiter gegangen!*«[353] Allerdings äußerte sie diese Ansicht nicht öffentlich, denn Moskau hätte das gar nicht gefallen.

Kung schickte Stalin eine Nachricht, dass »das Gerücht kursiere«, die KPCh sei an diesem Putsch beteiligt. »Falls das Leben Herrn Chiangs in Gefahr geraten sollte, so würde sich der Zorn der Nation von der KPCh gegen die Sowjetunion richten.« Das könnte dazu führen, ließ er sehr deutlich durchblicken, dass das Land zusammen mit Japan gegen Russland vorginge. Stalin verurteilte den Jungen Marschall daraufhin lauter denn je und wies die KPCh an, sich für Chiangs Freilassung einzusetzen.[354]

Dem ehemaligen Warlord dürfte spätestens jetzt klar gewesen sein, dass das Spiel endgültig verloren war. Moskau hatte ihn angeschwärzt, und Mao hatte ihn ausgetrickst. Er musste einen Weg finden, seine eigene Haut zu retten, sodass ihm nichts anderes übrig blieb, als bei Chiang Kai-shek zu bleiben. Doch die Regierung in Nanjing wollte ihn mit Sicherheit erschießen lassen. Er hatte nicht nur einen Putsch inszeniert, er hatte dabei auch viele nationalistische Regierungsvertreter (und Soldaten) getötet, darunter hohe Beamte, deren Familien und Kollegen allesamt seinen Kopf fordern würden. Seine einzige Hoffnung war, dass der Generalissimus ihn verschonte, wenn er freigelassen wurde. Da er allerdings wusste, wie dickköpfig Chiang war, konnte sich der Junge Marschall nicht darauf verlassen, dass Chiang einem Handel zustimmen würde, und selbst wenn, konnte er nicht sicher sein, dass sich der Generalissimus an die Abmachung hielt. Die einzige Person, die im Namen Chiangs einen Deal schließen und dafür sorgen konnte, dass Chiang sich auch an die getroffenen Vereinbarungen hielt, war May-ling. Und der Junge Marschall glaubte, er könne ihr trauen. Da beide Englisch sprachen, waren sie richtig gut miteinander ausgekommen. Noch wichtiger aber war, dass sie geradeheraus und fair war und ihn nicht hintergehen würde. Nicht zuletzt wegen ihres christlichen Glaubens wäre sie dazu geneigt, ihm zu verzeihen, wenn er sich ihr als reuiger Sünder präsentierte.

Ab dem 14. Dezember schickte der Junge Marschall über Donald eine Reihe von Nachrichten an May-ling, in denen er sie anflehte, nach Xian zu kommen. Er gab an, er habe Chiang lediglich dazu drängen wollen, gegen die Japaner zu kämpfen, und inzwischen erkannt, dass das, was er getan habe, falsch gewesen sei, wenn es auch »mit den besten Absichten« geschehen sei. Er schwor, dass er nicht die Absicht habe, ihrem Mann ein Haar zu krümmen – vielmehr wolle er ihn freilassen und mit ihm nach Nanjing reisen. Aber zuallererst solle sie doch bitte kommen, damit sie die Sache besprechen könnten.[355]

Nanjing hielt die Worte des Jungen Marschalls für bizarr und nicht vertrauenswürdig. Die Regierung lehnte es ab, dass May-ling ihr Leben riskierte, indem sie zu ihm fuhr. Man teilte dem ehemaligen Warlord mit, er solle Chiang einfach freilassen, sonst werde Krieg herrschen. Doch May-lings untrüglicher Instinkt sagte ihr, dass der Junge Marschall ihren Mann in der Tat freilassen wollte, dass sie aber aus irgendeinem Grund dort sein müsste, damit es auch wirklich so weit kam. Die Regierungsvertreter in Nanjing waren immer noch nicht überzeugt: Es könnte eine Falle sein und sie womöglich einem Mob in die Arme laufen, und sie könnte dann letztendlich doch nichts tun, um ihren Mann zu retten. May-ling bestand jedoch auf der Reise nach Xian, und schließlich gab Nanjing nach. Am 22. Dezember ging die Kleine Schwester an Bord eines Flugzeugs mit Kurs auf Xian.

Donald war zurückgekehrt, um sie zu begleiten. Vom Flugzeug aus zeigte er ihr Xian. Als May-ling auf diese quadratische befestigte Stadt, umgeben von schneebedeckten Bergen, blickte, war sie tief ergriffen. Als sie sich dem Eingang des Tales näherten, das zu der Stadt führte, händigte sie Donald, bevor sie von Bord gingen, ihren Revolver aus. Er musste ihr versprechen, dass er sie »ohne zu zögern« erschoss, »wenn die Soldaten außer Kontrolle gerieten und mich ergreifen würden«.[356]

Als Chiang seine Frau das Zimmer betreten sah, wurde er von seinen Gefühlen überwältigt. »Du bist in die Höhle eines Tigers marschiert«, brachte er unter Tränen hervor. Danach sagte er seiner Frau, dass er heute Morgen die Bibel aufgeschlagen habe und ganz fasziniert von diesen Worten gewesen sei: »Denn der Herr hat etwas Neues im Lande erschaffen: Das Weib wird den Mann [schützend] umgeben. [Jeremia 31,22]« May-ling meinte, diese Worte enthielten eine doppelte Botschaft: dass sie kommen werde und dass »alles in Ordnung« sei. May-lings Worte stammten aus einem Gedicht von Robert Browning: »Gott sitzt im Himmel – / Alles ist in Ordnung mit der Welt«. Das ließ sie Hoffnung schöpfen, und ihr Optimismus tröstete wiederum ihren Gatten. Wie sie ihn so »verwundet und hilflos daliegen [sah], ein Schatten seiner selbst«, verspürte sie »eine unkontrollierbare Woge des Hasses gegen jene, die an diesem Elend schuldig waren«. Da er »aufgebracht und erregt« war, schlug sie die Bibel auf und las ihm Psalmen vor, bis er sich beruhigte und in den Schlaf fiel.[357]

Der Junge Marschall einigte sich mit May-ling und T. V., der einen Tag vor ihr nach Xian gekommen war, auf einen Deal. Der ehemalige Warlord behauptete, er habe aus einem Impuls heraus Chiang in Gewahrsam genommen: »Wir wollten etwas tun, von dem wir annahmen, es sei gut für das Land. Aber der Generalissimus wollte überhaupt nicht mit uns reden … Ich weiß, ich habe etwas Falsches getan, und ich versuche nicht, mich oder diese Aktion zu rechtfertigen.« Er versuchte, May-ling zu schmeicheln: »Sie wissen, dass ich immer große Stücke auf Sie hielt, und meine Bündnispartner bewundern Sie. Als sie die Papiere des Generalissimus durchsahen, ehe er inhaftiert wurde, fanden sie zwei Briefe von Ihnen an den Generalissimus, die sie veranlassten, noch größeren Respekt für Sie zu empfinden.« May-lings Worte hätten »uns berührt«, behauptete er, bevor er das entscheidende Argument vorbrachte, »insbesondere als Sie schrieben, dass es eine Gnade Gottes sei, dass nicht noch mehr Fehler als ohnehin schon gemacht wurden und dass Sie meinten, Sie müssten häufiger um göttliche Lenkung beten«.[358]

Als dem Jungen Marschall zugesagt wurde, dass ihm nichts geschehen werde, war er bereit, seinen Gefangenen freizulassen. Es gab nur noch eine letzte Hürde zu überwinden. Die

Kommunisten verlangten, dass Chiang mit ihrem Gesandten in Xian sprach, dem später berühmten Diplomaten Zhou En-lai, der sich schon seit einigen Tagen in der Stadt aufhielt.[359] Chiang weigerte sich kategorisch, Zhou zu empfangen, obwohl der Junge Marschall ihm sagte, dass er ohne diese Begegnung nicht abreisen könne. Die Wächter und die Soldaten in seinem Umfeld seien von den Roten massiv unterwandert worden. Für den Generalissimus war eine Begegnung mit Zhou ungefähr so, als müsste der heutige US-Präsident den Repräsentanten einer berüchtigten Terrorgruppe empfangen. Doch am Weihnachtstag betrat Zhou Chiangs Schlafzimmer. Er brachte eine gerade aus Moskau eingetroffene Botschaft mit: Ching-kuo, sein Sohn, werde nach Hause kommen. Moskau wusste, dass dies das Einzige war, wofür Chiang Kompromisse eingehen würde.[360]

Die Begegnung zwischen Chiang und Zhou war kurz: Der Generalissimus forderte Zhou auf, »zu direkten Verhandlungen nach Nanjing zu kommen«. Mit diesen Worten änderte sich jedoch der Status der KPCh. Von diesem Augenblick an waren sie nach offizieller Lesart keine Schar von Banditen mehr, die es auszumerzen galt. Stattdessen wurden sie als legitime und bedeutende politische Partei betrachtet. Es folgten Verhandlungen, die dazu führten, dass die beiden Parteien eine »Einheitsfront« von ebenbürtigen Partnern bildeten, als wenige Monate später der Krieg gegen Japan begann. Im Krieg machte Chiang der KPCh die verschiedensten Zugeständnisse, die es der Roten Armee ermöglichten, gewaltig zu wachsen, sodass sie nach dem Krieg imstande war, sich gegen Chiang zu wenden und ihn zu schlagen. Chiangs große Sehnsucht, Ching-kuo zurückzuholen, hatte zur Folge, dass er in verhängnisvoller Weise unterschätzte, wozu Stalin und Mao gemeinsam fähig waren. Der Generalissimus hatte einen hohen Preis für seinen Sohn gezahlt.

Doch es gelang ihm, Ching-kuo aus Stalins Klauen zu befreien. Die Geisel, die eine zwölfjährige Tortur überlebt hatte, sogar die Zwangsarbeit im Gulag, wurde freigelassen und verließ zusammen mit der Familie im März 1937 Russland in Richtung Heimat.

Am Weihnachtstag 1936, nach der Begegnung mit Zhou, flogen die Chiangs eilig mit dem Jungen Marschall ab, am Steuer saß dessen Pilot Royal Leonard. Sie mussten die Nacht in der Stadt Luoyang verbringen. Leonard dokumentierte den Augenblick, als seine Passagiere von Bord gingen:

Als ich landete, war das schmale, sandige Feld von Studenten und Soldaten übersät, die auf uns zurannten. Als sie Madame aus der Tür kommen sahen, bremsten sie in einer Wolke aus Staub ab und nahmen Haltung an. Sie salutierten, als sie den Fuß auf den Boden setzte, und zwei junge Offiziere traten vor, um ihr zu helfen. Der Junge Marschall folgte ihr. Als er den Boden betrat, richteten vier Soldaten ihre Gewehre auf ihn.
»Sollen wir ihn töten?«, fragte einer der Soldaten.
»Nein!«, sagte Madame nachdrücklich. »Lasst ihn in Frieden!«
Sie legte ihren Arm um ihn, und der Junge Marschall legte seinen Arm um sie ... Entsprechend Madames Befehl wurde er wie ein Ehrengast behandelt.[361]

Wieder zurück in Nanjing ließ der Junge Marschall seinen Charme bei Ei-ling spielen, von der er wusste, dass sie großen Einfluss auf den Generalissimus hatte. Er hatte bereits einen guten Draht zu ihr gefunden, indem er sie mit »Große Schwester« ansprach und ihr »gestand«, dass er ihr die »größte Hochachtung« zolle. Sogar eine Eheschließung zwischen ihren Kindern schlug er vor. »Bitte vergib mir«, flehte er nunmehr Ei-ling an, und sie ließ sich erweichen. Später sagte sie: »Ich wollte zwar, dass er für das, was er getan hatte, bestraft wurde, aber er war so bekümmert, der Arme … Wirklich, es war herzzerreißend.«[362]

Am Ende war die einzige Strafe des Jungen Marschalls ein komfortabler Hausarrest, unter dem er zugleich auch geschützt wurde. Mehr als ein halbes Jahrhundert später, nach dem Tod sowohl Chiangs als auch dessen Sohnes, wurde er freigelassen. Er zog nach Hawaii, wo er im Jahr 2001 im Alter von hundert Jahren in seinem Bett starb.

Chiangs Beliebtheit erreichte nach dieser persönlichen Qual ihren Höhepunkt. Als er auf dem Flugplatz Luoyang aus dem Flugzeug getragen wurde, sah Leonard, dass »alle, die gekommen waren, um ihn zu begrüßen, vor Begeisterung geradezu außer sich gerieten. Sie warfen ihre Hüte in die Luft … Manche hatten Tränen in den Augen.«[363] Als sein Auto in Nanjing einfuhr, sammelten sich spontan Menschenmengen am Straßenrand und jubelten ihm zu. Die ganze Nacht hindurch krachte Feuerwerk. Die Chinesen wünschten sich, dass Chiang den Kampf gegen Japan anführte. Die Zahl der Verschwörer und ihrer Aktionen gegen den Generalissimus wurde kleiner.

Diese nationalistische Begeisterung half Chiang auch dabei, einen starken, unterschwelligen Groll unter seinen Kollegen gegen ihn und seine offen sprechende Frau zu überwinden.

Nach der Rückkehr nach Nanjing war May-ling nach wie vor überaus empört darüber, dass hohe Regierungsvertreter mit Krieg gegen Xian gedroht hatten, solange ihr Mann sich dort aufgehalten hatte. Sie schrieb eine Schilderung des Ereignisses nieder, in der sich ihre Feindschaft direkt gegen die Beamten richtete, jedoch ohne ein böses Wort gegen den Jungen Marschall oder die Kommunisten. Das Bild, das sie zeichnete, vermittelte den Eindruck, dass Chiangs Kollegen die eigentlichen Bösewichte waren, die an dessen Missgeschick die Schuld trugen. Ihre Vorgehensweise sei »übereilt« und »nicht hinzunehmen« gewesen, überdies habe eine »ungesunde Besessenheit seitens der führenden Militäroffiziere« geherrscht. Das Verdienst für Chiangs Freilassung gebühre allein ihr – und das sagte sie auch ganz offen. Sie zählte nicht nur ausführlich die Schmeicheleien des Jungen Marschalls ihr gegenüber auf, die darauf hinausliefen, dass er Chiang aus Bewunderung für sie befreit habe. Sie zögerte auch nicht, ihre eigene Schlussfolgerung zu präsentieren: »Herr Donald hatte das Fundament gelegt, T.V. hatte die Wände errichtet, und ich war diejenige, die das Dach daraufsetzen musste.«[364]

Der Generalissimus ließ den Artikel seiner Frau zusammen mit seiner eigenen Schilderung der Ereignisse von Xian in einer Broschüre veröffentlichen, sodass ihre Anklagen gegen seine Kollegen mit seiner Billigung daherkamen. In einem Handstreich hatte das Paar es geschafft, so gut wie die gesamte Mannschaft von Chiang außerhalb der Familie Soong zu verletzen und gegen sich aufzubringen. Die Menschen duldeten May-ling: Immerhin war sie die Frau, die der Sicherheit des eigenen Mannes oberste Priorität einräumte, und sie hatte eine aufrechte Gesinnung. Chiangs Benehmen allerdings hielten sie für unverzeihlich. Als Führer der Partei und des Landes sollte er wissen, dass die harte Haltung Nanjings gegenüber dem Jungen Marschall die einzig mögliche Antwort der Regierung gewesen sei. Enge Vertraute wie Chen Li-fu schäumten noch jahrzehntelang vor Wut. Der größte Verlust für Chiang war, dass sich Dai Ji-tao, sein ehemaliger »Kumpel«, dessen unehelichen Sohn Chiang als seinen jüngeren Sohn Wei-go adoptiert hatte, von ihm distanzierte. Dai hatte ihm in all den Jahren viele wertvolle Ratschläge gegeben. Diesmal bekam er, einer der Hauptfürsprecher einer harten Haltung, die volle Wucht des Zornes von May-ling zu spüren. Wie andere auch sagte Dai kein Wort mehr, weil er das Misstrauen des Generalissimus spürte.[365] Chiang Kai-shek, der ohnehin nur eine Handvoll verlässliche Freunde und Ratgeber gehabt hatte, konnte sich nun auf noch weniger Menschen verlassen. Die schwache Loyalität ihm gegenüber wurde nun noch schwächer. Sobald die vonseiten der Japaner drohende Gefahr beseitigt war, würden ihn viele Kollegen verraten.

May-ling hatte jedoch recht, wenn sie meinte, dass die Krise dank ihres Eingreifens beigelegt worden war. Wäre sie nicht nach Xian geflogen, dann wäre der Junge Marschall weiterhin wegen seiner Sicherheit beunruhigt gewesen und hätte Chiang nicht freigelassen. Es wäre zu einem Krieg zwischen Nanjing und Xian gekommen, und Chiang wäre höchstwahrscheinlich getötet worden, wenn nicht von den Bomben Nanjings, so von dem Jungen Marschall – der dieses Szenario in Betracht gezogen hatte – und von den Roten. (Zhou En-lai hatte ein Expertenteam aus dem kommunistischen Sicherheitsapparat nach Xian mitgebracht, um dem Jungen Marschall dabei zu »helfen«, Chiang zu töten.)[366] China wäre in einen chaotischen Bürgerkrieg gestürzt worden, der für die japanischen Eindringlinge eine ungeahnte, willkommene Gelegenheit bedeutet hätte. May-ling rettete, könnte man sagen, nicht nur ihren Mann, sondern auch ihr Land.

Teil IV

Die Schwestern im Krieg
(1937–1950)

15

Tapferkeit und Korruption

Im Juli 1937 besetzte Japan Peking und Tianjin. Mitte August brach eine schwere Schlacht um Shanghai aus. Die chinesische Armee kämpfte tapfer, erlitt jedoch eine katastrophale Niederlage. Mehr als vierhunderttausend Mann wurden mitsamt der gesamten in der Entstehung begriffenen Luftwaffe des Landes und dem größten Teil seiner Kriegsschiffe vernichtet. In diesem kritischen Moment rief Generalissimus Chiang Kai-shek die Nation dazu auf, um jeden Preis gegen die Japaner Widerstand zu leisten.

Um ein Beispiel zu geben und die Moral der Truppen zu heben, gingen die Schwestern an die Front, hielten ermutigende Reden in der Öffentlichkeit und mobilisierten Frauen für die Ausbildung zu Krankenschwestern und zu Pflegerinnen für Waisen. Sie schrieben an die Auslandspresse, gaben den nach China strömenden Journalisten Interviews und lieferten Beiträge in perfektem Englisch nach Amerika.

Die Große Schwester Ei-ling konzentrierte sich auf die Einrichtung von Krankenhäusern. Eines davon war im Lido Cabaret, einem früheren Tanzlokal, das sie in ein gut ausgerüstetes Lazarett mit dreihundert Betten umwandelte. Außerdem schaffte sie auf eigene Kosten Krankenwagen und Lastwagen für den Transport der Verwundeten an.[367]

Zum ersten – und vielleicht einzigen – Mal vergaß die Rote Schwester Ching-ling ihre Verachtung für Chiang Kai-shek und forderte die Bevölkerung auf, sich um den Generalissimus zu scharen. Sie sei »außerordentlich begeistert, außerordentlich bewegt« und »zu Tränen gerührt« gewesen, als sie Chiangs Rede gelesen habe, in der er zur Vereinigung mit den Kommunisten aufgerufen habe, damit alle Chinesen gegen die Japaner kämpfen könnten. Sie versprach, »alle Beschwerden und allen Groll der Vergangenheit hinter sich zu lassen«.[368]

May-ling, die Kleine Schwester, besuchte eifrig verwundete Soldaten. Eines Tages war sie mit ihrem australischen Berater William Donald in einem offenen Auto auf dem Weg zu einem Krankenhaus. Die Fahrt war gefährlich, weil die Straßen mit Granattrichtern übersät waren und japanische Flugzeugpiloten Autos im Visier hatten, in denen sie zu Recht wichtige Leute vermuteten. May-ling trug blaue Hosen und ein Hemd und unterhielt sich angeregt mit Donald, als das Auto in ein Schlagloch geriet und ein Hinterreifen platzte. Es kam von der Straße ab, überschlug sich, und May-ling wurde über Donalds Kopf hinweg aus dem Wagen geschleudert. Sie landete etwa sechs Meter entfernt in einem Graben und verlor das Bewusstsein. Als sie wieder zu sich kam, war ihr schlecht, und sie klagte über Schmerzen in der Seite. »Wollen Sie weiterfahren und die Soldaten besuchen?«, fragte Donald. Sie überlegte kurz und sagte dann: »Wir machen weiter.« Dann besuchten die beiden mehrere Lager. Später stellten die Ärzte fest, dass May-ling eine gebrochene Rippe und eine Gehirnerschütterung davongetragen hatte.[369]

Mitte September eroberten die japanischen Truppen die Hauptstadt Nanjing und richteten dort ein Massaker an. Bald darauf nahm die japanische Armee alle chinesischen Seehäfen und die meisten wichtigen Städte entlang der Bahnlinien ein. Ihr eilte der Ruf voraus, brutal gegen die

Zivilbevölkerung vorzugehen, und fünfundneunzig Millionen Menschen ergriffen in Panik die Flucht – die größte Massenflucht der Geschichte. Chiang war gezwungen, seine Regierung zunächst 600 Kilometer den Jangtse hinauf nach Wuhan und dann weiter Richtung Westen bis nach Chongqing in die Berge der Provinz Sichuan zu verlegen. Umgeben von hohen Gipfeln mit dem Jangtse zu ihren Füßen, der an dieser Stelle nur noch von kleinen Booten befahren werden konnte, war die neue Hauptstadt des nicht besetzten China vor den Invasoren gut geschützt. Von hier aus sollte der Generalissimus in den folgenden sieben Jahren den Krieg führen.

Der Umzug der Regierung von Nanjing nach Chongqing ging erstaunlich reibungslos vonstatten. Unter ständigen Luftangriffen der Japaner legten Hunderttausende – Büroangestellte, Krankenhauspersonal, Hochschullehrer und Studenten – eine Strecke von 2000 Kilometern zurück, nachdem sie kostbare Ausrüstung, Maschinen und Dokumente sorgfältig in Kisten verpackt hatten. Die Güter wurden nur wenn es gar nicht anders ging und sofern überhaupt welche zur Verfügung standen, von den wertvollen Lastwagen oder auf Karren transportiert. Den größten Teil der Lasten jedoch mussten Arbeiter tragen. Maschinen wurden auf hölzerne Rollen gestellt und von Menschen auf Boote gezogen, die den Jangtse hinauffuhren. Ein Ausrüstungsgegenstand der Zentraluniversität wog sieben Tonnen, und es stand kein Kran zur Verfügung. Also bewegten ihn die Studenten Meter für Meter mit bloßer Muskelkraft und brachten ihn auf ein Boot. Die Boote mussten auf ihrem Weg die gefährlichen Jangtse-Schluchten passieren, wo der Fluss von senkrecht aufragenden Felswänden, die die Sicht auf den Himmel versperrten, durch einen engen Trichter gepresst wurde. Das Wasser brodelte und brüllte, wenn es an den unter der Oberfläche liegenden Felsen Strudel bildete. An manchen Stellen mussten die Boote mit übermenschlicher Anstrengung von Männern, die jeweils ein Seil um eine Schulter geschlungen hatten, die Stromschnellen hinaufgezogen werden. Um sich zu koordinieren und um durchzuhalten, sangen die Männer dabei hart und monoton klingende Lieder, die mehr einem Grunzen denn einem Gesang glichen.

Auf diese Weise gelang es der Universität, ihren gesamten beweglichen Besitz in die neue Hauptstadt zu verlegen, auch ihre beachtliche Bibliothek und zwei Dutzend Leichen für die Anatomiekurse. Die landwirtschaftliche Fakultät brachte von jeder Tierart in ihrem Besitz ein Exemplar auf ein Boot, das von den Studenten »Arche Noah« getauft wurde. Die anderen Nutztiere wurden von Angestellten der Universität nach Nomadenart über Land getrieben. Die Reise dauerte ein Jahr, da sich das kostbare aus Holland und Amerika eingeführte Hornvieh in seinem eigenen gemütlichen Tempo bewegte und gelegentlich protestierte, weil es Bambuskäfige mit Hühnern und Enten auf den Rücken tragen musste. Am Ende des Trecks war kein einziges Tier verloren gegangen, ja der Bestand hatte sich sogar noch vermehrt: Unterwegs war ein Kalb zur Welt gekommen.

Als die Studenten und Hochschullehrer nach und nach in Chongqing eintrafen, fanden sie bereits Unterkünfte und Seminarräume vor, die man aus der Flanke eines Berges gehauen hatte. Der neue Campus war binnen achtundzwanzig Tagen unter Anleitung von Professoren für Ingenieurwissenschaften von tausendachthundert Arbeitern aufgebaut worden, die man eingeflogen hatte.[370]

Die Leute ertrugen stoisch die große Umwälzung und die zahlreichen Entbehrungen, die der Krieg mit sich brachte, und sie unterstützten Chiangs Entscheidung zu kämpfen. Der Generalissimus war absolut unerschütterlich. Er wusste zwar nicht genau, wie der Krieg zu gewinnen war, verfolgte aber die Strategie, »den Feind zu überdauern«. Wegen der ungeheuren Größe Chinas und seines bergigen, nicht von Straßen erschlossenen Terrains war es den Japanern nicht möglich, das ganze Land zu besetzen, und Chiang Kai-shek hatte genug Raum, um sich zurückzuziehen und durchzuhalten. Der Widerstand war von einem starken Nationalismus getragen. Darüber hinaus war er zutiefst erschüttert über den Tod seiner ersten Frau, der Mutter von Ching-kuo, die bei einem japanischen Bombenangriff im Dezember 1939 getötet worden war.

Der lang gehegte Hass des Generalissimus auf Japan, wo er einen Teil seiner Kriegskunst gelernt hatte, saß sehr tief. Im Mai 1928 hatten ihn die Japaner auf seinem Nordfeldzug bei Jinan, der Hauptstadt der Provinz Shandong, aufgehalten. Nach erfolglosem Protest hatte er sich ihren Forderungen beugen und einen anderen Weg nach Peking nehmen müssen. In den Augen der Bevölkerung war er damals vor den Japanern eingeknickt. Von da an hegte er einen Groll gegen die Japaner, der er bis zu seinem Lebensende nicht aufgab. Seit jenem Mai im Jahr 1928 begann er jeden Tagebucheintrag mit den Worten »die Schande rächen« (*xue-chi*), eine Übung, die er mehr als vier Jahrzehnte lang praktizierte.[371] Nie wieder sollte er einen Kotau machen.

Nun jedoch erwarb er sich mit seiner kompromisslosen Haltung großes Ansehen. Im Geist der nationalen Einheit unterstellten alle Provinzen ihre Armeen seinem Befehl, damit er den Krieg mit einer vereinigten Streitmacht führen konnte. An diesem Punkt kam er einer Vereinigung des ganzen Landes nicht nur dem Namen nach, sondern auch in der Praxis am nächsten. Die einzige Streitmacht, die er nicht unter Kontrolle hatte, war die Rote Armee. Sie behielt ihr eigenes separates Kommando und nahm nur pro forma Befehle von ihm entgegen, was ihr Stalin ermöglichte. Er hatte unmittelbar nach Ausbruch des offenen Krieges mit Japan einen Vertrag mit Chiang geschlossen und war buchstäblich sein einziger Waffenlieferant geworden. Eine weitere Konzession Chiangs bestand darin, dass er der Roten Armee erlaubte, hinter den japanischen Linien einen Guerillakrieg zu führen, statt an der Front zu kämpfen. Diese Privilegien waren für die Kommunisten ungeheuer wichtig. Als der Krieg 1945 zu Ende war, hatten Chiangs Rivalen ihre Armeen im Kampf gegen die Japaner verloren, und lediglich Mao war als Rivale des Generalissimus übrig geblieben.

May-ling kam im Dezember 1938 mit Chiang in Chongqing an, nachdem sie zwei Monate lang landauf, landab Fronttruppen besucht hatte. Sie wurde ihrer Rolle als Präsidentengattin in der Kriegszeit voll gerecht und befasste sich mit unzähligen Angelegenheiten, oft erschöpft, aber angeregt. »Was für ein Leben!«, schrieb sie in einem Brief an ihre amerikanische Freundin Emma Mills. »Wenn der Krieg vorbei ist, werde ich wahrscheinlich weiße Haare bekommen haben, aber es gibt einen Trost: Ich arbeite so hart, dass ich nicht Gefahr laufe, ein schönes, fettes, weiches Sofakissen zu werden oder einen breiten Hintern zu bekommen.« In einem weiteren Brief hieß es erneut: »Was für ein Leben! Aber wir werden nicht aufhören, Widerstand zu leisten.«[372]

Chongqing war ein unangenehmer Ort. Wegen seiner drückenden Hitze und Luftfeuchtigkeit galt es allgemein als »der Backofen Chinas«. Der Dunst des Jangtse wurde in dem Kessel zwischen den Bergen eingeschlossen und umhüllte die Stadt wie ein erstickendes feuchtes Handtuch. In den langen Sommermonaten glich Chongqing einem Dampftopf, und selbst der Winter brachte wenig Erleichterung. Dann hing der schwere Nebel über der Stadt, dem Chongqing seinen zweiten Spitznamen »Stadt des Nebels« verdankte. Er war so dicht, dass man manchmal die Hand vor Augen nicht mehr sah. Wer sich in der Stadt bewegte, musste Hunderte steiler Steintreppen hinauf- und hinabsteigen. Wer es sich leisten konnte, ließ sich von Kulis in einer Sänfte tragen, denn es gab nur ein paar wenige neue Straßen im Zentrum der Stadt, wo man auch eine Rikscha nehmen oder mit dem Auto fahren konnte. Es mangelte an allem, und die gesamte Infrastruktur ächzte unter der Last von Millionen zusätzlicher Menschen, die sich plötzlich in der Stadt drängten. Krankheiten wie Durchfall und Malaria grassierten.

Im Mai 1939, als sich der Nebel über der Stadt lichtete, warfen die Japaner die ersten Bomben ab. Es gab nur primitive Luftschutzbunker, die man aus den Felsen gehauen hatte. Die Schutzräume waren so gut wie gar nicht belüftet, und bei einem langen Bombardement wurde die Luft sehr stickig. Eines Nachts stürmten nach einem stundenlangen Luftangriff Hunderte von Menschen aus einem überfüllten Tunnel nach draußen, als plötzlich eine weitere Flugzeugstaffel zahllose Bomben abwarf. Panisch versuchten die Leute, wieder in die Schutzräume zu gelangen, und fünfhundert Menschen verloren ihr Leben.

May-ling litt unter allergischer Nesselsucht, die sich durch die extreme Feuchtigkeit in Chongqing stark verschlimmerte. Stundenlang in einem Luftschutzraum zu sitzen war eine Folter für sie. »Ich habe überall Wasserblasen, und sie jucken wie die alten Wunden Hiobs!«, schrieb sie an ihren Bruder T. V.[373]

In ihrem Umfeld musste sie entsetzliches Leid mitansehen. Die Stadt war dicht mit Holzhäusern bebaut, die manchmal auf langen Pfählen am Rand von Felswänden standen. Jede Bombenexplosion löste eine Feuersbrunst aus, die oft stundenlang wütete. Eines Tages ging May-ling nach einem Bombenangriff in die Stadt und sah bei den Rettungsarbeiten zu. Große Bereiche der Innenstadt glichen »tobenden Infernos«, wie sie an Emma schrieb. Da es kaum offene Plätze gab, war es schwer, dem Feuer und dem Rauch zu entrinnen. Menschen versuchten, auf die alte Stadtmauer zu klettern, aber viele wurden von den Flammen eingeholt. Tausende starben. Verbrannte Leichen wurden aus schwelenden Trümmerhaufen gezogen. »Verwandte und Freunde graben immer noch fieberhaft«, schrieb May-ling.»Das Weinen und Schreien der Verwundeten und Sterbenden erfüllte die Nacht … der Gestank wird immer schlimmer und die Umgebung ist nicht mehr bewohnbar.«[374]

May-ling wurde selbst beinahe von einer Bombe getroffen. Damit sie geistig fit blieb, unterrichtete sie der belgische Priester Pater Weitz während der langen Wartezeiten im Luftschutzkeller in Französisch. Irgendwann sagte sie zu ihm, nachdem sie den größten Teil des Tages in dem Bunker zugebracht hatten: »Setzen wir den Unterricht draußen fort.« Minuten später gab es wieder einen Bombenalarm, und Chiang rief, sie sollten in den Bunker zurückkehren. Als sie den Tunnel zum Bunker betraten, fiel eine Bombe auf die Stelle, wo sie eben noch gesessen hatten. Sie wurden nach vorn geschleudert, landeten mit dem Gesicht auf dem Boden, und ihre Körper waren von Schutt bedeckt. Das französische Grammatikbuch, das May-ling draußen zurückgelassen hatte, war von einem Granatsplitter durchschlagen.[375]

Die Präsidentengattin kam viel mit Männern und Frauen aus dem Volk zusammen und begann, sie als »unsere Leute« zu bezeichnen. Als der Winter hereinbrach, sprach sie davon, dass er »das Leiden unserer heimatlosen und verwundeten Leute noch verstärkt«. Sie war bewegt und beflügelt von der guten Moral der Bevölkerung: »Es spricht sehr für unsere

Leute, dass sie sich nicht einschüchtern ließen. Nach jedem Bombenangriff kehrten die Leute nämlich, kaum dass die Entwarnung der Sirene verklungen war, zu ihren verbrannten Geschäften und Häusern zurück und retteten, was noch zu retten war. Wenige Tage später waren an den alten Standorten behelfsmäßige Hütten errichtet, und auf den alten Grundstücken begann der Wiederaufbau.« Und an anderer Stelle heißt es: »Unsere Frauen waren wundervoll. Sie hätten mit Recht hysterische Anfälle und Nervenzusammenbrüche bekommen können, aber sie hielten durch und blieben munter und unermüdlich …«[376]

»Wir werden weiterkämpfen«, schrieb May-ling an Emma.[377] Chiang Kai-sheks großes Ansehen war zu einem Großteil dem mutigen Engagement seiner Frau zu verdanken.

May-ling trug den hochtrabenden Titel »Generalsekretärin der Luftfahrtkommission«. Sie war Mitte der Dreißigerjahre am Aufbau der chinesischen Luftwaffe beteiligt gewesen. Damals hatte sie Captain Claire Chennault ausfindig gemacht und ihn 1937 nach China eingeladen, wo er die auch als »Flying Tigers« bekannte American Volunteer Group aufbaute, die Hunderte von japanischen Flugzeugen vernichtete. Chennault war ein hervorragender Kampfpilot, kühn und einfallsreich. Sein überragendes Können als Pilot war durch einen Stunt legendär geworden, den er in den frühen Zwanzigerjahren bei El Paso, Texas, dargeboten hatte. Eine große Menschenmenge hatte sich damals versammelt, um die Manöver am Luftwaffenstützpunkt Fort Bliss zu beobachten, als eine alte Frau in einem langen Kleid mit wehendem Kopftuch auf das Flugfeld stolperte. Über den Lautsprecher wurde durchgesagt, dass die achtzigjährige Grandma Morris unbedingt in einem Flugzeug mitfliegen wolle und man beschlossen habe, ihr den Wunsch zu erfüllen. Die Menge jubelte. Grandma

Morris wurde in das Cockpit eines Flugzeugs gehievt. Der Pilot schnallte sie an und startete den Motor. Sie winkte der Menge. Aber just als der Pilot in das Flugzeug steigen wollte, machte die Maschine einen Satz nach vorn, und der Pilot ging zu Boden. Entsetzt schrien die Leute, Grandma Morris solle aus der Maschine springen. Doch das Flugzeug begann zu rollen und erhob sich gleich darauf schwankend in die Luft, wobei es ein paar Hausdächer nur knapp verfehlte. Am Himmel stieg es hoch und runter und flog wilde Kurven, bis es schließlich in den Sturzflug ging. Die Menge brüllte und schrie. Die Maschine berührte kurz den Boden, erhob sich aber erneut in die Luft, flog einen Looping und drehte sich um die eigene Achse, bis sie schließlich abwärtstrudelte, am Ende jedoch eine perfekte Landung hinlegte. Aus dem Cockpit sprang Grandma Morris, nahm Kopftuch und Perücke ab und zog ihr Kleid aus. Darunter kam ein lachender Captain Chennault in Fliegeruniform zum Vorschein.[378]

Der Captain hatte ein ungemein zerfurchtes Gesicht, vermutlich weil er so viele Stunden im offenen Cockpit geflogen war. Winston Churchill soll bei seinem Anblick gemurmelt haben: »Mein Gott, dieses Gesicht – ich bin froh, dass er auf unserer Seite ist.«[379] Chennault hielt große Stücke auf May-ling. »Sie wird immer eine Prinzessin für mich sein«, schrieb er in sein Tagebuch. »Madame Chiang riskierte wiederholt ihr Leben, indem sie zum Flugplatz kam, stets ein Primärziel [für die Japaner], um den chinesischen Piloten, für die sie sich verantwortlich fühlte, Mut zuzusprechen. Die grimmige, hoffnungslose Stimmung, die herrschte, wenn die Männer mit immer schlechteren Aussichten aufbrachen, und die Rückkehr der blutenden, unter Verbrennungen leidenden, schlachterprobten Überlebenden, waren selbst für einen Mann starker Tobak. Auch May-ling nahmen diese Besuche bei den Kampfpiloten sehr mit, aber sie hielt es aus, sorgte dafür, dass heißer Tee bereitstand, und hörte sich die Geschichten von den Kämpfen an.«[380]

Auch die amerikanischen Flieger bewunderten sie. Einer von ihnen, Sebie Biggs Smith, erinnerte sich, wie er nach einem schweren Luftkampf zum Flughafen fuhr:

> Wir wollten aussteigen, um den Schaden zu begutachten, aber noch bevor wir aus dem Auto sind, sehen wir Madame Chiang um ein Flugzeug herumlaufen, das schwer beschädigt ist. Sie hatte es vor uns zum Flughafen geschafft. Ich muss es noch einmal sagen: Sie war eine mächtig tapfere Frau. Sie ging während des Krieges ständig Risiken ein, als ob sie selbst ein Soldat gewesen wäre. Offenbar eilte sie nach jedem Luftangriff zum Flughafen, um die Männer zu zählen, wenn sie wieder hereinkamen, sie bestand darauf, dass es Kaffee für sie gab, und sie tat ihr Möglichstes, um diesen tapferen Jungs das Leben leichter zu machen, die mit schlechten Chancen und ohne Ersatzleute kämpften und die jeden Morgen, wenn sie zum Flugplatz gingen, wussten, dass es das letzte Mal sein konnte.[381]

William Donald arbeitete eng mit May-ling zusammen. Gemeinsam entdeckten sie einen »Squeeze« mit exorbitanten Provisionen für den Kauf von Flugzeugen und Flugzeugausrüstung durch die Regierung. Ein Mittelsmann war der Amerikaner A. L. Patterson. Der amerikanische Botschafter Nelson T. Johnson schrieb in einem Vermerk nach einem Gespräch mit einem Mitglied seines Stabes: »Wing Commander Garnet Malley … war überzeugt, dass Patterson den Preis der amerikanischen Flugzeuge, die an die chinesische Regierung verkauft wurden, verdoppelt und in einigen Fällen verdreifacht hat.« In einem Fall betrug die geforderte Summe »das Vierfache des korrekten Preises«. May-ling war entsetzt und gab den Befehl, die Sache »aufs Gründlichste zu untersuchen«. Es stellte sich jedoch schnell heraus, dass die Große Schwester in die Sache verwickelt war. Ein »General Tzau wurde bei dem ›Squeeze‹ einige Zeit als Agent von Mrs. H. H. Kung beim Kauf von Flugzeugen erwähnt«, schrieb der amerikanische Botschafter in seinem Vermerk.[382]

Mitte Januar 1938 flog May-ling nach Hongkong, um die Verletzung behandeln zu lassen, die sie kurz zuvor bei dem Autounfall erlitten hatte, und auch, um mit ihrer älteren Schwester Ei-ling zu sprechen. Ei-ling lebte die meiste Zeit in Hongkong, wo sie in einem Haus auf einer Klippe mit Blick auf das Meer eine Vielzahl von Geschäften managte. Ihre Umgebung bestand aus terrassierten Gärten und gepflegten Tennisplätzen, und abends spielte sie oft Bridge. May-ling blieb länger als geplant. Sie telegrafierte ihrem Mann, dass Ei-ling gestürzt sei und sich verletzt habe, und dann musste sie selbst das Bett hüten. Chiang wünschte ihr besorgt gute Besserung und schrieb ausdrücklich, sie solle sich »wegen der Geschichte mit der Luftfahrtkommission keine Sorgen machen«. Mitte Februar jedoch schickte er zwei dringende Telegramme: »Ich vermute, du bist wieder gesund.« Und: »Die Luftfahrtkommission wird umorganisiert. Wichtig. Bitte komm sofort zurück.«[383]

Während ihres langen Besuchs hatte die Große Schwester May-ling davon überzeugt, dass ihre Geschäftspraktiken am Ergebnis des Krieges nichts ändern würden, aber für das persönliche und politische Wohl der Kleinen Schwester und ihres Ehemannes noch sehr wichtig werden könnten. Sie argumentierte, dass sie sich um die politischen Bedürfnisse des Generalissimus kümmern, für die Kleine Schwester sorgen und insbesondere für die erste Krise May-lings und Chiangs Vorsorge treffen müsse. Sie müsse für die Zukunft der ganzen Familie sorgen.[384] Nachdem der Krieg sich hinzog um die Jahre ins Land gingen, sollte May-ling erkennen, dass Ei-ling nicht ganz unrecht gehabt hatte. Im Moment war sie noch nicht überzeugt, beugte sich aber dennoch der Autorität ihrer großen Schwester. Nach ihrer Rückkehr in die Hauptstadt trat sie von ihrem Amt als Generalsekretärin der Luftfahrtkommission zurück. Und ihr Mann sorgte dafür, dass die Ermittlungen wegen des Skandals eingestellt wurden.

Der Verdacht, dass Ei-ling den Krieg nutzte, um in die eigenen Taschen zu wirtschaften, war damals schon weit verbreitet. Alle stimmten darin überein, dass sie der Kopf hinter den wichtigsten Entscheidungen ihres Mannes H.H. Kung war, der die Finanzen des Landes verwaltete. Wie Kung später im Rahmen des Oral History Project der Columbia University in New York berichtete, gab es zwei Personen, die über den eigentlichen Haushalt des Landes (den er als das »geheime Budget« bezeichnete) entschieden: ihn und Chiang Kai-shek: »Für den geheimen Haushalt wurden nur zwei Unterschriften gebraucht.« Diese Position verschaffte den Kungs einen enormen finanziellen Vorteil. Im Jahr 1935 führte Kung in China eine Währungsreform durch, bei der er den *fabi* einführte. Als zwei Jahre später der Krieg ausbrach, wusste seine Familie, dass eine Inflation bevorstand, und tauschte ihre gesamte Barschaft an *fabi* in Gold um. So rettete die Familie Kung ihr Vermögen, wohingegen das Vermögen der meisten anderen Chinesen massiv an Wert verlor. Während des Krieges, als die Regierung sehr viel Geld für Waffenverkäufe ausgab, kassierten die Kungs erhebliche Bestechungsgelder. H.H. ernannte seinen Sohn David, einen knapp über zwanzigjährigen Hochschulabsolventen, zum Vorstandsmitglied der Central Trust Company, die für die Regierung Güter einkaufte. Da die Zuwendungen für die Armee größtenteils in chinesischer Währung erfolgten und die Munition mit

Devisen bezahlt werden musste, war für die Käufe ein Geldumtausch nötig, mit dem David sehr viel Geld verdiente. Zusätzlich gründete der junge Mann die Yangtze Trading Corp., seine eigene Exportfirma, die in China für die wichtigsten westlichen Hersteller als Agent fungierte. Als die USA 1941 in den Krieg eintraten und amerikanischer Nachschub eintraf, fungierten die Kungs und ihre Helfershelfer als Mittelsmänner und erwarben ein Vermögen. Selbst die chinesischen Banknoten wurden von ausländischen Firmen gedruckt, die H. H. Kungs Ministerium ausgewählt hatte und die den Kungs Provisionen zahlten.

»Sie ist selbst eine erstklassige Finanzmanagerin und hat ein grimmiges Vergnügen an geschäftlichen Manipulationen und Unternehmungen«, mit diesen Worten beschrieb der amerikanische Journalist John Gunther 1939 Ei-ling. »Die Entstehung des gewaltigen Vermögens der Soongs wird größtenteils auf ihre Schlauheit und ihr finanztechnisches Können zurückgeführt.« »Es gibt das Gerücht, dass Leuten Geld abgepresst wird. Anstrengungen zur Bekämpfung der Korruption von Amtsträgern werden bisweilen unerklärlicherweise vereitelt. Die Kungs sind sehr wichtig für den Generalissimus, und sie wissen das. Und er weiß es auch … sie kontrollieren die nationalen Finanzen.«[385]

Dieser und ähnliche Berichte verärgerten Ei-ling so sehr, dass sie, um sich von den Vorwürfen reinzuwaschen, der Schriftstellerin und Journalistin Emily Hahn trotz ihrer Öffentlichkeitsscheu gestattete, ihre Biografie zu schreiben. (»Madame Kungs Stimme bebte«, als sie über Gunther sprach, berichtete Hahn.[386]) Ei-ling berichtete ihrer Biografin von ihren Beiträgen zu den Kriegsanstrengungen: Sie hatte drei Krankenwagen und siebenunddreißig Militärlastwagen für die Armee angeschafft und der Luftfahrtkommission (als diese von May-ling geleitet wurde) weitere zwanzig Lastwagen gespendet und fünfhundert Ledermäntel für die Flieger bezahlt. Mit ihren eigenen Finanzmitteln hatte sie im Lido Cabaret ein Feldlazarett mit dreihundert Betten eingerichtet und außerdem ein Kinderkrankenhaus mit hundert Betten aufgebaut. Es gab noch weitere karitative Projekte, doch sie alle fielen kaum ins Gewicht im Vergleich zu den enormen Summen, die Ei-ling durch ihre »Quelle« eingenommen hatte. Letztlich dürfte sich das von den Kungs angehäufte Vermögen auf mindestens hundert Millionen Dollar belaufen haben.[387]

Die Leute wussten von der gewaltigen Korruption im Zentrum der Macht, auch wenn sie keine Details kannten. Sie brachten den Sachverhalt sogar auf den Begriff »ein Vermögen aus der nationalen Katastrophe machen« (»*fa-guo-nan-cai*«). Die Kungs standen unter dem ständigen Beschuss von Presse, Öffentlichkeit, amerikanischer Regierung und Granden der Kuomintang. Doch Chiang Kai-shek ließ seinen Schwager als »Finanz-Zar« im Amt und weigerte sich, etwas zu unternehmen. H.H. tat viel dafür, dass die Finanzen des unbesetzten China dem monumentalen Druck des Krieges standhielten, durch den es praktisch von all seinen Geldquellen abgeschnitten war. Er hatte mit Recht das Gefühl, dass er »Wunder bewirkt hatte, um den Krieg weiterzuführen und die Währung stabil zu halten«.

Wie er in seinen Memoiren enthüllte, bestand sein wichtigster Schachzug darin, dass er »die Bodensteuer von einer provinziellen in eine nationale umwandelte« mit dem Ergebnis, dass »die Einnahmen mehr als fünfzig Prozent der Ausgaben deckten«. Indem er das traditionelle Einkommen der Provinzen in die Kassen der Zentralregierung umleitete, aus denen sich seine Familie bedienen konnte, machte er dem Regime viele erbitterte Feinde unter den Führern der Provinzen. Ein Sachverhalt, über den H.H. Kung sich ungeniert hinwegsetzte: »Einige Provinzen waren natürlich schwieriger als andere. Dies beruhte entweder auf Eigennutz oder blanker Unwissenheit.« Tatsächlich jedoch spielte das alles den Russen in die Hände – Feinde, die er sich in jener Zeit machte, halfen später den Kommunisten, Chiang Kai-shek zu stürzen.

Für den Generalissimus war H.H. ein treuer und gehorsamer Diener und außerdem ein praktischer Blitzableiter. Der Zorn über die Korruption konzentrierte sich auf Kung, während Chiang den Ruf eines spartanischen Soldaten genoss. In Wirklichkeit war das Geld in Kungs Taschen auch Geld für die Chiangs. Der Großen Schwester war sehr viel am Wohlergehen der Kleinen Schwester gelegen. Die Präsidentengattin hatte zwar keine Angst vor dem Tod, konnte aber nur schwer auf Luxus verzichten. Sie hielt den Mangel in den ersten Kriegsjahren einigermaßen aus, aber ihr Durchhaltevermögen wurde auf eine harte Probe gestellt, und so floh sie möglichst oft in die wohlhabenderen Gefilde Hongkongs oder Amerikas, wo sie jedes Mal mehrere Monate blieb. Einmal wohnte sie monatelang im Presbyterian Hospital in New York und belegte ein ganzes Stockwerk für ihr Personal. Der chinesische Staat konnte ihre Ausgaben nicht vollständig bezahlen, und Ei-ling übernahm einen Teil der Rechnung. May-ling blieb für den Rest ihres Lebens finanziell abhängig von ihrer Schwester. Nach Chiangs Tod, den sie mehr als drei Jahrzehnte überlebte, residierte sie in New York und wurde unter anderem von den Kungs reichlich mit Geld versorgt.

Sie war ihrer Großen Schwester dankbar und verteidigte sie vehement. William Donald, der May-ling nahestand, erhielt einmal einen Anruf vom Präsidenten einer Missionsuniversität. »Jemand muss den Soongs und den Chiangs sagen, dass sie mit diesem Unsinn aufhören sollen«, sagte der

Anrufer. »Einige bekannte Mitglieder der Familie scheffeln Geld auf dem Devisenmarkt. Mein Gott, haben die denn nicht einen Funken Anstand im Leib?« Donald beschloss, der Präsidentengattin ins Gewissen zu reden. Eines Tages im Jahr 1940 nahm er sanft ihren Arm, ging mit ihr im Garten spazieren und bat sie, wegen der Kungs etwas zu unternehmen. May-ling reagierte mit einem heftigen Wutanfall und sagte ihm unmissverständlich: »Donald, Sie können die Regierung und so ziemlich alles andere in China kritisieren, aber an einigen Personen dürfen selbst Sie keine Kritik üben!« Ihre Reaktion veranlasste Donald, seine Stellung bei den Chiangs zu kündigen und sich von dem Land zu verabschieden, in dem er siebenunddreißig Jahre lang gelebt und gearbeitet hatte.[388]

May-ling hatte eine ganz besondere Verbindung zu der Großen Schwester und ihrer Familie. Ei-lings Haus war für sie fast wie ihr eigenes, und sie fühlte sich dort entspannter als bei Chiang. Ei-ling sorgte dafür, dass ihre Kinder eine möglichst innige Beziehung zu May-ling entwickelten, teils sogar enger als ihre eigene Beziehung zu den ihren. Zwei von Ei-lings Kindern, David und Jeanette, waren tatsächlich eine Art Ersatz für die Kinder, die May-ling selbst nicht haben konnte. Sie nannten sie *niang* (»Mutter«) und sorgten als Erwachsene dafür, dass ihr jeder noch so kleine Wunsch erfüllt wurde. Sie waren ihr außerordentlich ergeben. Beide heirateten nie, und ihr ganzes Leben drehte sich um die Tante. Ei-ling hatte der Kleinen Schwester eine Familie geschenkt und einen Mangel beseitigt, der ihr (wie es bei der Roten Schwester lange Zeit der Fall war) vielleicht einiges an Lebensfreude genommen hätte.

Ei-lings Tochter Jeanette führte May-lings Haushalt und wurde vom Personal mit »Direktorin« angesprochen. Sie war grob und herrisch und bei den Angestellten unbeliebt. Mayling, die Wert auf gute Manieren legte, drückte ein Auge zu, was rüdes – und noch schlimmeres – Verhalten seitens ihrer Nichte betraf. Eines Nachts in Chongqing, die Stadt war verdunkelt, fuhr Jeanette zum Landhaus ihrer Eltern. Laut den Verdunkelungsvorschriften mussten alle Autos langsam fahren, Jeanette aber fuhr schnell. Als ein Verkehrspolizist auf die Straße trat, um sie anzuhalten, beschleunigte sie noch einmal, raste direkt auf ihn zu und schrie: »Verpiss dich!« Das Auto schoss knapp an dem Polizisten vorbei, der verletzt auf der Straße liegen blieb. Jeannettes persönlicher Assistent stieg aus und sorgte dafür, dass der Mann ins Krankenhaus gebracht wurde, während sie selbst offenbar ungerührt im Auto sitzen blieb.

Jeanette hatte einen sehr starken Willen. Sie war lesbisch und stellte dies trotzig zur Schau, indem sie stets einen männlichen Haarschnitt und Männerkleidung trug – ein in der damaligen Zeit sehr ungewöhnliches Verhalten. In ihrem westlichen Anzug oder in traditioneller chinesischer Männerkleidung, bei der das weiße Seidenfutter der langen Ärmel nach außen geschlagen war, und mit einem Männerhut schräg auf dem Kopf sah sie wie ein junger Mann aus. Sie machte auch dann keine Zugeständnisse an ihr Erscheinungsbild, als sie mit ihrer Tante zu einem offiziellen Besuch nach Washington fuhr, mit der Folge, dass Präsident Roosevelt sie mit »mein Junge« ansprach. Von mindestens zwei Frauen wusste man, dass sie als Partnerin mit ihr zusammenwohnten. Allerdings stellte sie sie ihrer Tante nie vor, und May-ling sah darüber hinweg und brachte das Thema nie zur Sprache.)[389]

David stand im Zentrum der Korruptionsvorwürfe, die gegen die Familie Kung erhoben wurden. Doch die Wut auf ihn war nicht nur finanziell motiviert. Weder er noch sein jüngerer Bruder Louis waren auch nur in die Nähe eines chinesischen Schlachtfelds gekommen, was sie freilich mit den meisten Kindern der Elite gemeinsam hatten. Dass die Reichen und Mächtigen sich weigerten, in den Kämpfen ihr Leben aufs Spiel zu setzen, war eine stete Quelle von Groll und Abscheu. Als eines Tages auf einer Dinnerparty ein Toast auf die »Alten Hundert Namen« (das einfache Volk, das die Hauptlast des Krieges trug) ausgebracht wurde, fasste der amerikanische Botschafter Johnson, der bei der Party anwesend war, die allgemeine Haltung und seine eigene Reaktion darauf folgendermaßen zusammen: »Lasst uns bis zum letzten Blutstropfen der Kulis kämpfen«, während »die Familie Soong weiterhin ihre Geschäfte und ihre Intrigen pflegt, was mich manchmal wirklich anwidert.«[390] Eine beliebte Reaktion von Ausländern, die in Hongkong um Hilfsgelder gebeten wurden, lautete: »Die vielen jungen Leute, die man in den Badeanstalten und Kinos sieht – tun die denn nichts für ihr Vaterland?«[391] Präsident Roosevelts persönlicher Vertreter Lauchlin Currie beschwerte sich bei der chinesischen Regierung über die Kinder der Familie Kung.[392]

Louis war Absolvent der Militärakademie in Sandhurst und hatte in der britischen Armee den Rang eines Captains. Als der Krieg gegen Nazideutschland ausbrach, wäre er fast an die Front gekommen. Aber H. H. schickte ein Telegramm an den chinesischen Botschafter in London und befahl ihm, mit der britischen Regierung zu sprechen. In Kungs Memoiren heißt es dazu: »Ich teilte ihm mit, dass ich nicht an die Sicherheit meines Sohnes dächte, sondern an die der siebenhundert Mann in seiner Obhut. Er war recht jung. Ich machte mir Sorgen, weil er das Kommando über siebenhundert Mann übernehmen musste. Ich schrieb, dass es mir lieber sei, wenn sie ihm eine andere Aufgabe geben würden … Später wurde er mit der Ausbildung von Soldaten in England betraut.«[393]

Das beliebteste von Ei-lings Kindern war ihre älteste Tochter Rosamonde, die zu einer stillen und sanften Frau heranwuchs. Sie verliebte sich in einen Mann, den Ei-ling ablehnte, weil ihr sein Vater, der die Band eines Tanzlokals leitete, nicht vornehm genug war. Das junge Paar ging nach Amerika und heiratete dort. Ei-ling akzeptierte die Ehe mit Verspätung und schickte dem jungen Paar per Luftfracht als Rosamondes »Mitgift« ganze Berge luxuriöser Kleider. Das Flugzeug stürzte ab, die Seidenkleider wurden gefunden, und Ei-ling sah sich wegen ihres allgemein als Verschwendungssucht und Korruption wahrgenommenen Verhaltens wieder einmal einem Sturm der Entrüstung ausgesetzt.[394]

Im Lauf der Jahre gelangte Ei-ling zu der Überzeugung, dass es ihre Lebensaufgabe sei, sich um ihre berühmten Schwestern und insbesondere um die Kleine Schwester zu kümmern und für sie zu sorgen. Dies war ihre gottgewollte Bestimmung, so glaubte sie. Und ein Vermögen anzuhäufen war der Weg, wie sie diese Aufgabe erfüllte. Diese Überzeugung verschaffte ihr einen Grund dazu, ihr Vermögen ständig zu mehren und rüstete sie gegen die unaufhörlichen Vorwürfe. Später, kurz vor dem Zusammenbruch von Chiang Kai-sheks Regime auf dem chinesischen Festland, wurde sie krank und glaubte, sie werde bald sterben und dass Gott sie zu sich rufe, weil sie auf Erden nichts mehr für ihn tun könne. Sie hatte ihren Frieden gefunden und war bereit zu sterben.[395]

16

Die Frustration der Roten Schwester

Bevor die britische Kronkolonie Hongkong 1941 an die Japaner fiel, war sie die bevorzugte Zuflucht für all jene, die nicht in China bleiben wollten und die Mittel hatten, das Land zu verlassen. Ching-ling wollte auf keinen Fall in Chiang Kai-sheks Kriegshauptstadt Chongqing leben und ging, als sie Shanghai verließ, ebenfalls nach Hongkong. Madame Suns Entscheidung, außerhalb ihres Landes ein sicheres und angenehmes Leben zu führen, während ihr Land in einen brutalen Krieg verwickelt war, löste einiges Stirnrunzeln aus. Viele waren der Ansicht, dass die Fackelträgerin des Vaters der Republik wie eine Heldin den Bomben hätte trotzen sollen. Auch in der japanischen Presse wurde sie verhöhnt. Sie selbst jedoch hatte ein absolut reines Gewissen. Aus ihrer Sicht ging es bei ihrer Entscheidung darum, dass sie nicht in derselben Stadt wie Chiang leben wollte.

Ihr Abscheu vor dem Generalissimus hatte im Lauf der Jahre nicht abgenommen. Aber als 1937 der Krieg ausbrach, war sie aus Patriotismus und weil Moskau den strengen Befehl erlassen hatte, mit Chiang zu kooperieren, vorübergehend nett zu ihrem Schwager gewesen. Doch ihre Komplimente waren selbst dann noch vergiftet, wie etwa: »Man muss General Chiang Kai-shek dazu gratulieren, dass er mit der Fortsetzung des Bürgerkriegs aufgehört hat.«[396] Alle, die sie kannten, wussten, dass sie Chiang immer noch verabscheute.

In Hongkong gründete sie ihre eigene Hilfsorganisation, die China Defense League. Diese machte Werbung für die Kommunisten, sammelte Geld für sie und kaufte und transportierte Nachschub für ihre Stützpunkte. Ihre Organisation war klein: eine Gruppe Freiwilliger mit zwei oder drei bezahlten Mitarbeitern, die nur einen Grundlohn erhielten. Die praktische Wirkung des Hilfswerks war unerheblich, aber es stellte für Ching-ling ihre eigene Organisation dar. Sie kümmerte sich um alle Details, unterschrieb alle Spendenquittungen, so klein die Beträge auch sein mochten, und schickte den Spendern persönliche Dankesbriefe. Sie war zufrieden mit ihrem bescheidenen Werk. Dies verblüffte den US-Marine Major Evans Carlson, der als stellvertretender Marineattaché in China diente. Er schrieb, sie habe »eine große Gemütsruhe, eine absolute Selbstgewissheit, ohne jeden Egoismus«.[397] Tatsächlich strebte sie weder nach Macht für sich selbst, noch machte sie sich Illusionen über ihre begrenzten Fähigkeiten.

Innerhalb der Organisation pflegte sie eine kameradschaftliche Atmosphäre. Israel Epstein, ein freiwilliger Mitarbeiter, der ihr lebenslanger Freund und Biograf wurde, schildert seine Erfahrungen: »Ihr Umgang mit Mitarbeitern hohen wie niederen Ranges war herzlich und demokratisch, sodass sich alle gleichberechtigt und entspannt fühlten. Die wöchentlichen Besprechungen der Organisation in unserem überfüllten Hongkonger Hauptquartier in der Seymour Road 21 fanden im kleinsten Kreis statt, informell und zwischen mit Arbeit überhäuften Schreibtischen sowie Bergen von Versorgungsgütern, die sich zum Sortieren auf dem Boden stapelten. Wir waren unterschiedlicher Nationalität und unterschiedlichen Alters und hatten unterschiedliche Positionen. Ich war mit dreiundzwanzig der Jüngste. Soong Chingling leitete das Gespräch und hielt niemals Vorträge.«[398]

Die Mitarbeiter mochten ihren Sinn für Humor. Eines Tages kam die Nachricht, dass der britische Politiker Sir Stafford Cripps (später ein Mitglied von Churchills Kriegskabinett) in Hongkong sei und sie sprechen wolle. Sie lud ihn zu sich nach Hause zum Abendessen ein. Ein kleines Bankett wurde vorbereitet. Unmittelbar bevor der illustre Gast eintreffen sollte, erfuhr sie, dass er Vegetarier war. Also musste der Koch noch einmal von vorn beginnen. Dann kam die Zusatzinformation, dass der Gast Rohkostvegetarier sei. Ching-ling warf die Hände in die Luft und sagte: »Dann müssen wir ihn eben zum Grasen hinaus in den Vorgarten schicken!«

May-ling flog im Februar 1940 nach Hongkong, um wegen eines Nasennebenhöhlenproblems eine Kauterisation vornehmen zu lassen. Sie wohnte bei Ei-ling in deren Herrenhaus über dem Meer. Ching-ling zog ebenfalls dort ein, und die drei Schwestern verbrachten mehr als einen Monat lang jeden Tag zusammen, was sie seit vielen Jahren nicht mehr getan hatten. Dank der im Krieg bestehenden Einheitsfront konnten sie vorübergehend ihre politischen Meinungsverschiedenheiten vergessen und sich ganz ihrer schwesterlichen Zuneigung hingeben.

Ching-ling hatte früher Ei-lings Methoden des Gelderwerbs kritisiert, auch gegenüber dem Journalisten Edgar Snow: »Ei-ling ist sehr clever. Sie geht nie ein Risiko ein. Sie kauft und verkauft nur, wenn sie … im Voraus über irgendwelche Änderungen in der staatlichen Steuer- und Geldpolitik informiert worden ist … Amerika kann sich vielleicht reiche Leute leisten … aber China nicht. Man kann hier unmöglich ein Vermögen anhäufen ohne kriminelle Täuschung und Missbrauch politischer Macht, gestützt durch das Militär.« Nun jedoch schwelgte sie in der überbordenden Zuneigung der Großen Schwester und hörte auf, sie zu kritisieren. Auch über May-ling äußerte sie sich positiv. Und laut Edgar Snow, der damals in Hongkong weilte, »änderte [sie] auch ihre Meinung über May-lings Ehe ein wenig«. Zuvor hatte sie gesagt, »die Ehe gehe bei beiden auf reinen Opportunismus zurück, mit Liebe habe das nichts zu tun«. Nun jedoch sagte sie: »Anfänglich war da keine Liebe, aber ich glaube, das hat sich geändert. May-ling liebt Chiang jetzt von Herzen, und er sie. Ohne May-ling wäre er vielleicht noch viel schlimmer gewesen.«[399]

In jenem Monat besuchten die Schwestern die heißeste nächtliche Veranstaltung in der Stadt: das Tanzdinner im Hong Kong Hotel. Es war vielleicht das einzige Mal, dass sie so etwas taten. Solche Orte galten als nicht ganz schicklich. Wie die Mitglieder einer Königsfamilie beschränkten die Schwestern ihren gesellschaftlichen Umgang sonst auf offizielle Veranstaltungen oder private Partys. An diesem Abend jedoch saßen sie, gekleidet in herrliche Cheongsams, mit dem Rücken zur Wand und sahen zu, wie die glamourösen oder lasterhaften Hongkonger tanzend an ihnen vorüberglitten. Ching-ling, ganz in Schwarz, hatte einen amüsierten Ausdruck im Gesicht. Sie tanzte tatsächlich gern, insbesondere Walzer, doch ihr Status hinderte sie schon seit Langem daran, eine Tanzfläche zu betreten. Viele Tänzer riskierten einen verstohlenen Blick, um sich zu vergewissern, dass da wirklich die drei Schwestern saßen, und sie spekulierten flüsternd, welche politische Botschaft sich wohl hinter ihrem gemeinsamen Essen verbarg.

Emily Hahn kam mit einem Offizier der Royal Air Force in das Lokal. Ei-ling hatte ihrer Biografin wegen des Dinners einen Tipp gegeben. Zwar stand die Große Schwester nicht gern im Rampenlicht und hielt sich lieber im Hintergrund, aber sie verstand sich darauf, Signale zu senden. In diesem Fall lautete die Botschaft, dass die Einheitsfront solide war. Und außerdem bot sich den drei Schwestern endlich einmal die Gelegenheit, guten Gewissens ihren Spaß zu haben.[400]

In Wirklichkeit stand die Einheit damals auf dem Spiel. Wang Jing-wei, der zweite Mann der nationalistischen Regierung, der Sun Yat-sens Testament geschrieben hatte, war in das von den Japanern besetzte Territorium übergelaufen und stand im Begriff, in Konkurrenz zu Chongqing eine Marionettenregierung aufzubauen. Er war schon lange ein Rivale des Generalissimus. Im Jahr 1935 hatte ihn bei der Eröffnung des Parteikongresses der Kuomintang, während sich die Parteiführung für ein Pressefoto versammelte, ein Attentäter angeschossen und schwer verletzt. Der Täter hatte es eigentlich auf Chiang Kai-shek abgesehen gehabt, der sonst immer in der Mitte der vordersten Reihe saß. Doch der Generalissimus hatte seinem ausgezeichneten sechsten Sinn vertraut und war dem Fototermin ferngeblieben. Also hatte der Attentäter alle Kugeln in seiner Pistole auf den zweithöchsten Mann der Parteiführung abgefeuert, bevor er selbst tödlich verwundet wurde. Alle hatten Chiang als Auftraggeber im Verdacht, weil sie sich seine kurzfristige Absage nicht anders erklären konnten. Chiang tat sein Bestes, um seine Parteigenossen von seiner Unschuld zu überzeugen, indem er eine rigorose Untersuchung durchführte, bei der auch gefoltert wurde. Dennoch blieben Zweifel.

Wang war pessimistisch, was den Ausgang des Krieges betraf. Außerdem machte er Chiang für die Niederlagen verantwortlich und behauptete, der Verlust Shanghais und anderer wichtiger Städte sowie eines riesigen Territoriums in entsetzlich kurzer Zeit sei das Ergebnis von Chiangs »korrupter und finsterer ... Ein-Mann-Diktatur« gewesen. Wang sah in Chiang einen Politiker, der ein krankhaftes Misstrauen gegen seine Rivalen hegte und sie unfair behandelte. Diese Ansicht wurde von vielen geteilt. Joseph Stilwell, der US-amerikanische Militärattaché, schrieb 1938 in Chongqing, dass Chiang »alle seine Untergebenen im Dunkeln lassen wollte, weil er ihnen nicht traute ... Dasselbe alte Misstrauen hinderte ihn daran, seine Armee effizient aufzustellen.«

Wangs Ansicht nach konnte man China nur erhalten, wenn man versuchte, mit den Japanern »Frieden« zu schließen. Ende 1938 verließ er Chongqing heimlich und reiste über Hanoi nach Shanghai. Dabei überlebte er mehrere Mordversuche von Chiangs Agenten. (Die Schusswunden, die er bei diesen Attentaten davontrug, sollten sechs Jahre später zu seinem frühen Tod führen.) Zunächst jedoch wurde im März 1940 im japanisch kontrollierten Nanjing ein Marionettenregime unter seiner Leitung eingesetzt.

Wang war ursprünglich der Nachfolger Sun Yat-sens gewesen, und Sun hatte bereits den »Panasiatismus« propagiert, die offizielle Parole der japanischen Besatzer. Dies ermöglichte Wang, sich als authentischer Erbe Suns zu präsentieren – und es stellte für Chiang Kai-shek eine beispiellose Herausforderung dar. Deshalb verlieh der Generalissimus, um seine eigene Legitimität zu festigen, Sun offiziell den Titel »Vater Chinas« – was bei Lichte betrachtet bizarr war, da Sun die aggressiven Absichten der Japaner gegen China eher unterstützt als zurückgewiesen hatte.[401]

An dem Tag, als Wang in Nanjing vereidigt wurde, traf Ching-ling die spontane Entscheidung, nach Chongqing zu reisen und ihre Solidarität mit dem Generalissimus zu demonstrieren. Die Kleine Schwester schlug die Reise vor, die

Große Schwester war von der Idee begeistert, und die Rote Schwester wollte beiden gefallen und außerdem der Welt demonstrieren, dass Sun Yat-sens Witwe das Wang-Regime ablehnte. Schon am folgenden Tag flogen die drei in die Kriegshauptstadt.

Die Rote Schwester wurde wie eine Königin, eine Göttin und ein Filmstar auf einmal empfangen. Die Schlagzeile der einflussreichen *Ta Kung Pao* lautete »Willkommen, Madame Sun«. Eine weitere Zeitung begeisterte sich für Ching-lings schwarzes Cheongsam und ihre graublauen Schuhe mit den niedrigen Absätzen, die – so wurde gehaucht – ihre erleuchtende Eleganz und Schönheit unterstrichen. Angeblich »dürsteten Zehntausende von Frauen danach, Madame Suns fantastisches Erscheinungsbild zu betrachten und zu bewundern«. In den folgenden sechs Wochen machten die Schwestern eine große Rundreise, auf der sie zerbombte Wohnviertel, Hilfsprojekte und Häuser für Kriegswaisen besuchten. Sie sahen alle drei glücklich aus, als sie sich an die alten Zeiten erinnerten. Emily Hahn, die mit ihnen reiste, schrieb später: »Ich war ganz gerührt, als sie kicherten und scherzten und daran dachten, wie sie vor langer Zeit in jener Schulstadt in Georgia gelebt hatten.« Ching-ling äußerte sich wie Ei-ling erstaunt darüber, was die Kleine Schwester in den vergangenen drei Jahren alles geleistet und dass sie durchgehalten hatte und immer »noch nicht tot und begraben« war. May-ling und Ching-ling lobten die Große Schwester überschwänglich für ihre karitative Arbeit. Reporter, Fotografen und ein Filmteam begleiteten sie und dokumentierten die historischen Augenblicke.[402]

Zu Chiang Kai-shek jedoch wahrte Ching-ling sorgfältig Distanz und achtete darauf, nicht einmal zu lächeln, wenn er in der Nähe war. Auf einer ziemlich typischen Fotografie steht sie mit verkniffenem Mund neben einem strahlenden Chiang und wirkt sehr reserviert. Auf einer Teegesellschaft stand Chiang wie ein Fahnenmast mehr als zehn Minuten neben ihr – in der eindeutigen Absicht, dass sie sich ihm zuwenden und mit ihm sprechen sollte, damit die Gäste sähen, wie liebenswürdig sie miteinander umgingen. Ching-ling jedoch blieb beharrlich abgewandt. Ihrer guten deutschen Freundin Anna Wang, die damals in Chongqing weilte, sagte sie, sie fühle sich von Chiang benutzt und wolle unbedingt bald zurück nach Hongkong.[403]

Unterdessen ging die Einheitsfront zwischen den Kommunisten und der Kuomintang langsam in die Brüche. Chiang hatte die Rote Armee damit beauftragt, hinter den japanischen Linien einen Guerillakrieg zu führen. Im selben Gebiet operierten auch Kräfte der Kuomintang. Der Gedanke, dass sich beide Guerillas gegen den gemeinsamen Feind vereinigen könnten, erwies sich als illusorisch. Sie kämpften in immer größeren Schlachten erbittert gegeneinander, wobei die Roten häufig den Sieg davontrugen. Im Januar 1941, einige Monate nachdem Ching-ling nach Hongkong zurückgekehrt war, kam es am Jangtse zu einem besonders brutalen Zusammenstoß, und die Fassade der Einheitsfront wäre fast zusammengebrochen.

Ching-ling hätte die Gelegenheit gerne dafür genutzt, ihre ganze Frustration loszuwerden und Chiang einen schmerzhaften Seitenhieb zu verpassen, weil er seinerseits ihre Reise nach Chongqing für sich genutzt hatte. Doch sie konnte ihm nur ein offenes Telegramm schicken, in dem sie ihn aufforderte, »mit der Unterdrückung der Kommunisten aufzuhören«.[404] Mehr erlaubte ihr Moskau nicht, und schon gar keinen Angriff, in dem Chiangs Name genannt wurde. Ihre Frustration vertiefte sich im November noch, als sich Deng Yan-das Tod zum zehnten Mal jährte. Der Mord an dem Mann, den sie so heftig, aber hoffnungslos geliebt hatte, war der wahre Grund für ihren unerschütterlichen Hass auf den Generalis-

Chiangs Porträt am Tor des Himmlischen Friedens in Peking nach Chinas Sieg gegen Japan, 1945/46.

May-ling (Mitte, im Blumenkleid) in Chongqing, unmittelbar nach der Rückkehr aus New York am 5. September 1945. Da Chiang mit Mao Friedensgespräche führte, wurde sie von Ching-ling (zu ihrer Linken) vom Flughafen abgeholt. H. H. Kung geht neben Ching-ling; Kungs Tochter Jeanette zur Rechten May-lings.

Drei Schwestern (von links: Ching-ling, Ei-ling, May-ling), möglicherweise in Ei-lings Haus in Chongqing während des Zweiten Weltkrieges. Wenig später sollten die drei durch den Bürgerkrieg zwischen Kommunisten und Nationalisten auseinandergerissen werden und sich niemals wiedersehen.

Chiang Kai-shek feierte seinen Geburtstag 1946 in Nanjing. (Das große Schriftzeichen im Hintergrund – zhou – bedeutet Langlebigkeit.) Er und May-ling sitzen, seine beiden Söhne stehen hinter ihnen: Ching-kuo (links); Wei-go (dritter von links). Zwischen ihnen steht Ching-kuos Frau Faina Wachrewa; das Paar hatte sich in Russland kennengelernt und geheiratet, als Ching-kuo dort von Stalin als Geisel festgehalten wurde. Ihre vier Kinder sind ebenfalls auf dem Bild, das kleinste auf May-lings Schoß.

Ein niedergeschlagener Chiang Kai-shek bei seinem letzten Besuch des Ahnentempels, bevor er 1949 Festland-China verließ, mit seinem Sohn und Erben Ching-kuo (vorne mit Hut). May-ling war in diesen letzten Tagen nicht bei ihrem Mann.

In Taiwan im Jahr 1956: Die Große Schwester Ei-ling war Chiangs Ehrengast bei seinem Geburtstagsessen.

Chiang holte 1959 May-ling am Flughafen in Taipeh ab, als sie aus New York zurückkehrte. Sie waren in Hochstimmung, weil sich die USA als Antwort auf Maos Säbelrasseln stärker verpflichteten, Taiwan zu beschützen.

Die Rote Schwester wurde die Stellvertretende Vorsitzende des kommunistischen China. Hier besucht sie als Maos Stellvertreterin 1957 Moskau. Der Führer nach Mao, Deng Xiao-ping, sitzt auf der anderen Seite Maos (ganz links).

Ching-ling mit Mao auf dem Tor des Himmlischen Friedens im Oktober 1965. Von rechts: Mao, Prinzessin Monique (die Frau von Prinz Norodom Sihanouk von Kambodscha), Ching-ling und Ministerpräsident Zhou En-lai.

Ching-ling (die kleinste in der Reihe hoher Parteiführer, siebte von rechts) bei der Gedenkfeier auf dem Platz des Himmlischen Friedens für Mao, der am 9. September 1976 starb.
Bei der Gedenkfeier am 18. September war die Viererbande – Madame Mao und drei
weitere Mitarbeiter – noch anwesend. Kurz danach, als dieses Foto veröffentlicht wurde,
waren die vier jedoch bereits verhaftet und ihre Bilder wegretuschiert worden, sodass
unübersehbare Lücken entstanden.

Ching-ling zusammen mit ihrer
Adoptivtochter Yolanda (erste
links) und Gästen in ihrem Haus
in Peking in den 1970er-Jahren.

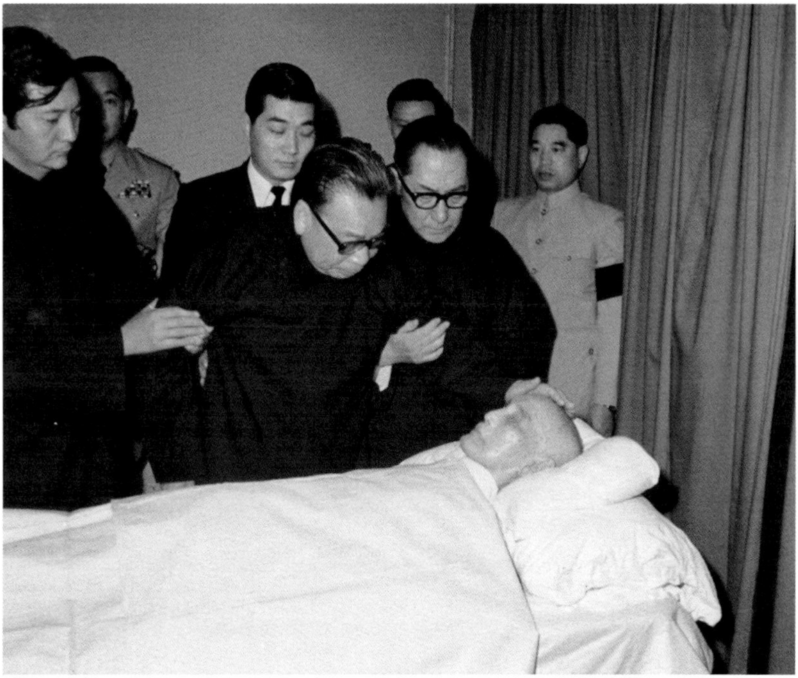

Ching-kuo streichelt die Stirn seines verstorbenen Vaters Chiang Kai-shek, Taiwan, 1975. Er sollte das Vermächtnis seines Vaters umgestalten und Taiwan in Richtung Demokratie führen.

Ching-kuo und seine Frau Faina Wachrewa, eine ehemalige russische Technikerin, die er in Russland kennenlernte, als Stalin ihn als Geisel festhielt.

simus. Trotzdem konnte sie in ihrem Gedenkartikel für Yan-da nur in einer dunklen Andeutung auf ihr Reizthema eingehen. Vielleicht war ihr Artikel gerade deshalb nicht wie ihre anderen öffentlichen Äußerungen vom Hass oder vom kommunistischen Jargon verzerrt, sondern von ungewohnt persönlichen Äußerungen geprägt. Yan-da war in ihrem Artikel »die letzte schöne Blume, die unsere Revolution geziert hat«.[405]

Am 7. Dezember 1941 griffen die Japaner Pearl Harbor an und bombardierten anschließend auch Hongkong. Als die Flugzeuge bedrohlich dicht über die Stadt flogen, kletterte Ching-ling hastig mit einer Bambusleiter über eine alte Mauer in den Garten des Nachbarhauses, wo sich ein Luftschutzbunker befand. Die Bombenangriffe, schrieb sie danach an T.V., »machten mir extrem Angst. Ich war ganz krank in der ersten Woche.« Und dann fügte sie mit der üblichen Selbstironie hinzu: »Die Haare gehen mir büschelweise aus – bald bin ich kahl, fürchte ich.«[406]

T.V. sympathisierte mit Ching-ling und hatte ihrer China Defense League als deren Präsident seinen Namen geliehen. Chiang Kai-shek war darüber sehr zornig und hatte ihn in mehreren Telegrammen aufgefordert, von dem Posten zurückzutreten. T.V. hatte dies mit diversen Ausreden hinausgezögert, bis er sich mit einem Ultimatum konfrontiert sah. Schließlich gab er den Posten in Ching-lings Organisation auf, was jedoch der Liebe zu seiner Roten Schwester keinerlei Abbruch tat, und auch Ching-ling blieb ihrem Bruder eng verbunden.

An dem Tag, als Hongkong bombardiert wurde, war T.V. als Chiangs persönlicher Vertreter bei Präsident Roosevelt in den Vereinigten Staaten. »Dringend. An Mme Chiang«, telegrafierte er an May-ling. »Hongkong gefährlich. Wäre es möglich, in der Nacht ein Flugzeug zu schicken, um die

Zweite Schwester aus der Gefahrenzone zu bringen? Bitte um Antwort.«[407]

Chongqing entsandte ein Flugzeug, aber Ching-ling weigerte sich hartnäckig, die Stadt zu verlassen. Sie wollte lieber im japanisch besetzten Hongkong leben als in derselben Stadt wie ihr Schwager, den sie so sehr verabscheute. Ei-ling, die sich ebenfalls in Hongkong aufhielt, versuchte, Ching-ling zu überreden, und als sie damit scheiterte, drohte sie, ebenfalls in der Stadt zu bleiben. Ching-ling gab in letzter Minute nach.[408] Sie hatte für die Evakuierung keine Vorbereitungen getroffen, und so raffte ihr Hausmädchen in dem verdunkelten Haus ein paar alte Kleider zusammen, und sie rasten zum Flughafen. Am 10. November, unmittelbar bevor die Japaner die Stadt einnahmen, flogen die Schwestern nach Chongqing.

Der Empfang in der Kriegshauptstadt fiel ausgesprochen feindselig aus, ganz anders also als ein Jahr zuvor. Ching-ling war überrascht und schrieb empört an T. V.: »Die *Ta Kung Pao* hat uns mit einem verleumderischen Leitartikel empfangen, in dem sie behauptete, wir hätten tonnenweise Gepäck sowie sieben milchgefütterte Pudel und ein Gefolge von Dienern mitgebracht«, obwohl sie in Wirklichkeit »nicht einmal meine Dokumente und andere unschätzbar wertvolle Dinge mitbringen konnte, von meinen Hunden und Kleidern ganz zu schweigen … Als jemand, der jeden Tag schreibt, hatte ich nicht einmal einen Stift dabei … Ich wollte auf den Leitartikel antworten … aber man riet mir, würdevolles Schweigen zu bewahren.«[409]

Tatsächlich war Ching-ling von der Kritik überhaupt nicht betroffen. Die Große Schwester und ihr Mann H. H. Kung, der nicht einmal im Flugzeug gesessen hatte, bekamen allen Ärger ab. In mehreren Städten gingen Studenten auf die Straße und demonstrierten, für Kriegszeiten ungewöhnlich, gegen das Paar. Die Vorwürfe lauteten unter anderem: »Als Hongkong fiel, schickte die Regierung ein Flugzeug, das Regierungsbeamte in Sicherheit bringen sollte, doch es brachte nur Madame Kung mit sieben Hunden und zweiundvierzig Koffern.« Die Demonstranten schrien: »Nieder mit H.H. Kung, der das Flugzeug für den Transport ausländischer Pudel verwendet hat! … Henkt H.H. Kung!«[410]

Obwohl völlig klar war, dass die Anschuldigungen nicht der Wahrheit entsprachen und Ei-ling wehtaten, tat Ching-ling nichts, um ihrer Schwester beizuspringen. Hätte sie sich exponiert, wäre das Prestige einer Heiligen, das sie bei den Studenten genoss, gefährdet gewesen, also hielt sie still.

Ähnlich bedeckt hielt sie sich auch, als sie zu Anfang ihres Aufenthalts in Chongqing im Haus der Kungs wohnte, das mit seinen hohen roten Säulen und riesigen Fenstern über dem Fluss aufragte. In dem Haus, so ging das Gerücht, werde Ching-ling von ihrer bösen Schwester gefangen gehalten. Zhou En-lai, der Vertreter der Kommunisten in Chongqing, meldete Mao nach Yenan, dass Ching-ling »keine Besucher empfangen kann; außerdem zwingen [die Kungs] sie mit der Begründung, dass Wohnungsmangel herrscht, das Zimmer mit einer anderen Person zu teilen, die sie in Wirklichkeit überwachen soll«.[411] In Wirklichkeit bewohnte Ching-ling ein ganzes Stockwerk und konnte empfangen, wen immer sie wollte. »Die Schwestern sind wirklich lieb zu mir«, schrieb sie ihrem Bruder T.V.[412] Aber öffentlich nahm sie zu den Gerüchten nicht Stellung.

Ei-ling verlangte auch keineswegs, dass sie für sie eintrat, sondern erleichterte ihr das Schweigen, indem sie zu ihr sagte, sie lege »keinen Wert darauf, Gerüchte zu korrigieren«.[413]

Ching-ling zog schon bald in eine eigene Unterkunft in Chongqing. Sie traf sich immer noch mit ihren Schwestern, mied jedoch Veranstaltungen, wo sie auf Chiang Kai-shek hätte treffen können.

Das Leben in Chongqing war hart im Vergleich zu dem in Hongkong. Ching-lings Personal kaufte auf dem Markt ein, wo Grundnahrungsmittel wie Zwiebeln, Zucker und sogar Salz knapp und durch die Hyperinflation astronomisch teuer waren. Nirgends konnte man Strümpfe oder Schuhe kaufen, und ein normales Cheongsam, das vor dem Krieg in Shanghai acht Yuan gekostet hatte, wurde nun für mehr als tausend Yuan verkauft. Monate vergingen, ohne dass Ching-ling ihr Lieblingsgetränk Kaffee bekam, und an einen offiziellen Empfang war ihre beste Erinnerung, dass es dort Wassermelonen und Kartoffelsalat gegeben hatte. Freunde brachten ihr eine Dose Sardinen, ein paar Äpfel oder Strümpfe als Geschenk. Und im Sommer setzte sie sich in eine mit kaltem Wasser gefüllte Badewanne.

Ganz ähnlich wie in Hongkong war sie von dem üblichen kleinen Zirkel junger loyaler und linker Freunde umgeben. Da es nur ein kleiner Kreis war, gab es viel Rätselraten um sie. Sie wurde eine Art »Touristenattraktion«, und viele Besucher der Stadt baten um eine Audienz bei ihr. Meistens lehnte sie derartige Anfragen ab.[414]

Ihre Organisation setzte ihre Arbeit fort, und ihr wichtigstes Anliegen bestand darin, amerikanische Hilfe in die kommunistisch kontrollierten Gebiete zu bekommen. Zu diesem Zweck freundete Ching-ling sich mit amerikanischen Diplomaten und Journalisten an und ließ nie eine Gelegenheit aus, den Generalissimus anzuschwärzen. Sie sagte zu den Amerikanern, Chiang sei »nichts als ein Diktator«, und behauptete sogar, es bestehe »enger Kontakt zwischen den Vertretern der Marionettenregierung und der Regierung [in Chongqing]«. Die Amerikaner registrierten ihre »tiefe Abneigung« und dass sie »bei ihrer Kritik an dem Generalissimus kein Blatt vor den Mund nahm«. Viele hatten Verständnis für ihre Haltung. Aber zu ihrer enormen Frustration musste Ching-ling sie bitten, ihre Äußerungen »streng vertraulich« zu behandeln.[415]

General Joseph Stilwell, damals Stabschef des Ober-kommandierenden des chinesischen Kriegsschauplatzes (also Chiang Kai-sheks), harmonierte nicht gut mit dem Genera-lissimus und fand die Rote Schwester wundervoll. Er diente seit den Zwanzigerjahren mit Unterbrechungen in China, kannte das Land gut und war ein Mann des Volkes. Eine No-tiz, die er über seine Reisen in China schrieb, bietet einen gu-ten Einblick in seine Persönlichkeit. An einem Imbissstand auf dem Land sah er, wie der Koch Nudeln in eine Schale schöpfte, »die unmittelbar vorher von einem anderen Gast benutzt wurde und die er säubert, indem er sie mit einem dubiosen Gegenstand auswischt, der einem Scheuerlappen nicht unähnlich ist. Er reibt ein paar Essstäbe an seiner Hose ab, steckt sie in die Schale und gibt sie dem Bedienungsboy, der sie dem Gast mit großer Geste serviert.« Stilwell ist nicht angeekelt wie viele andere Westler, sondern bittet darum, seine Essschale und seine Essstäbchen auf seine eigene Art reinigen zu dürfen. Er nimmt dafür kochendes Wasser und tut so, als wolle er es dem Koch über den Kopf schütten, was allgemeines Gelächter auslöst. Dank diesem Scherz »gilt er den Anwesenden sogleich als ein toller Kumpel mit einem prachtvollen Sinn für Humor und darf von da an tun, was er will, sogar die Essstäbchen mit dem Federmesser abkratzen, bevor er sie benutzt«.[416]

Stilwell schrieb in seinem Tagebuch über Ching-ling: »Madame Sun ist die sympathischste von den drei Frauen und vermutlich die Tiefgründigste. Sie ist sehr zugänglich und liebenswürdig, ruhig und selbstsicher, aber ihr entgeht nichts.« Als er von Roosevelt abberufen wurde und sich von ihr verabschiedete, »weinte sie«, wie er in sein Tagebuch schrieb, »und war ganz verstört ... wollte unbedingt in die USA, um FDR [in Bezug auf Chiang] über die Tatsachen zu unterrichten ... Sie will, dass ich FDR über den wahren Charakter von CKS [Chiang Kai-shek] informiere. ›Er ist ein Papiertiger. ... Warum weisen ihn die USA nicht in die Schranken?‹«[417]

Andere Amerikaner hatten andere Ansichten über die Rote Schwester. So schrieb der amerikanische Diplomat John Melby nach einer Begegnung mit ihr in sein Tagebuch: »Ihr berühmter Charme war da, dennoch scheint sie mir eigentlich eine kalte, harte, skrupellose Frau zu sein, die weiß, was sie will, und wie sie es kriegen kann.«[418]

Auch konnte sie an Glanz und Status nicht mit der Kleinen Schwester, Chinas Präsidentengattin, konkurrieren. Im Jahr 1943 unternahm May-ling eine triumphale Tour durch die Vereinigten Staaten, was die Rote Schwester einigermaßen eifersüchtig machte. In einem Brief an einen Freund lässt sie, kaum verborgen hinter der Maske von Fairness und Zurückhaltung, einem beißenden Sarkasmus freien Lauf:

May-ling sieht so Fifth-Avenue-mäßig aus und benimmt sich so »400-mäßig*«, dass wir finden, dass sie eine große körperliche Veränderung durchgemacht hat ... Aber wie dem auch sei, sie hat der chinesischen Sache größte Publizität verschafft, oder wie sie selbst zu einer Schar von Bewunderern gesagt hat: »Ich habe den Amerikanern gezeigt, dass China nicht nur aus Kulis und Wäschern besteht!« Vermutlich muss China ihr dafür dankbar sein ... Die Crew ihres Flugzeugs berichtete, wie viele Koffer sie dabeihatte und wie viele Konservendosen usw.

---

* Eine berühmte Liste von Mitgliedern der New Yorker Gesellschaft während des 19. Jahrhunderts.

Ich aber habe keine einzige Dose Baked Beans und ... kein einziges Paar Schuhe. Angeblich hat sie keinen Platz für sie [ihr Gepäck], deshalb kommen meine Schuhe mit ›dem nächsten Flugzeug‹. Hurra! ... nach dem Krieg, schätze ich.[419]

May-ling schenkte ihr einen kleinen Plastikspiegel, einen Gegenstand, den man in Chongqing nicht bekommen konnte. Aber Ching-ling wünschte sich sehnlichst Nylonstrümpfe. Eines Abends sagte sie, nachdem sie auf ihrem Fußknöchel eine Stechmücke erschlagen hatte, lächelnd zu einem Gast: »Keine Strümpfe, wie Sie sehen. Ich breche die Regeln der Bewegung Neues Leben, aber ich kann nicht wie meine kleine Schwester, die Kaiserin, Nylons aus Amerika kriegen.«[420] 1944 flogen Ching-lings Schwestern nach Brasilien, und sie kam zum Flughafen, um sich von ihnen zu verabschieden. Sie war sehr beeindruckt von dem Flugzeug, das die beiden gechartert hatten: »Ich hatte noch nie so ein großes Flugzeug gesehen. Es war wie ein Pullman [der luxuriöse Eisenbahnwagen].« Amerikanischen Freunden sagte sie, ihre Schwestern seien vor dem Krieg in China »davongerannt«, was sie nicht tun werde.[421]

Ching-ling beschränkte den Sarkasmus über ihre Schwestern strikt auf den privaten Bereich und gab sich große Mühe, in der Öffentlichkeit Einigkeit zu demonstrieren. Ihre enge Freundin Anna Wang sagte dazu: »Sie machte sich keine Illusionen über die Rolle der ›Soong-Dynastie‹ – verachtete das diktatorische Verhalten Chiang Kai-sheks und wusste genau Bescheid über die Spekulationsgeschäfte Madame Kungs und über Madame Chiangs Sucht nach Luxus. Von guten Freunden machte sie bissige Bemerkungen über diese Dinge. Aber dank ihres erstaunlichen politischen Geschicks und der Selbstbeherrschung, die sie im Lauf vieler Jahre gelernt hatte, ging sie mit ihren Ansichten nicht zu früh an die Öffentlichkeit.«[422] Tatsächlich wartete Ching-ling voller Groll und Entschlossenheit, bis der Krieg gegen Japan zu Ende war und der Krieg der Kommunisten gegen den Generalissimus begann. Und sie hoffte auf die gründliche Zerstörung des Chiang-Regimes, selbst wenn dies für ihre Familie und ihre Schwestern eine Katastrophe bedeuten sollte.

Triumph und Elend der Kleinen Schwester

Im Oktober 1942 besuchte Wendell Willkie, der republikanische Präsidentschaftskandidat von 1940, als persönlicher Vertreter Roosevelts die Stadt Chongqing. Er war der bis dahin wichtigste Besucher der Kriegshauptstadt und wurde zu einer Frontbesichtigung eingeladen. Ihm gefiel, was er sah, und besonders angetan war er von May-ling. In der Folge lud er sie mit einem Feuerwerk von Komplimenten zu einer Amerika-Tour ein, um für die chinesische Sache zu werben: »Mit ihrem Verstand, ihrer Überzeugungskraft und moralischen Stärke, mit ihrem Witz und ihrem Charme, ihrem großmütigen und verständnisvollen Herzen, ihrer Schönheit, ihrem graziösen Auftreten und der Leidenschaft ihrer Überzeugung ... wäre Madame der vollkommene Botschafter.« Am Abend vor seiner Abreise bat er May-ling, »morgen« mit ihm nach Washington zu fliegen.[423] (Für das Gerücht, dass die beiden eine Affäre gehabt hätten, gibt es bis heute keinen Beweis.)

Die Begeisterung eines Mannes, der dem Weißen Haus nahestand, führte dazu, dass May-ling sich zu einem Besuch in den Vereinigten Staaten entschloss. Sie hatte schon in den ersten Wochen des Krieges mit diesem Gedanken gespielt, allerdings gezögert, und das nicht, weil sie fürchtete, von den

Amerikanern nicht genug Aufmerksamkeit zu bekommen, sondern weil sie im Gegenteil ein Übermaß an Aufmerksamkeit fürchtete. »Ich stelle mir vor, was passieren wird«, schrieb sie an Emma Mills. »All die Freunde, die ich habe, all die Tausende von Leuten, die Briefe geschrieben und Geld gespendet haben, und die Hunderttausende von Neugierigen, ganz zu schweigen von den Tausenden von Zeitungsleuten und wichtigen Personen, die entweder mit mir sprechen wollen oder wollen, dass ich mit ihnen spreche, sie alle würden mich schon in den ersten Stunden nach meiner Ankunft überwältigen.« Sie fürchtete, dass sie nicht gut zurechtkommen (sie hatte schwer gearbeitet und das Gefühl, »keine Reserven mehr zu haben«) und dadurch sowohl das amerikanische Volk als auch ihr Land im Stich lassen würde. Wie sie Emma mitteilte, hatte sie »Angst vor der Sympathie und dem guten Willen der Amerikaner«. Als Emma nicht glaubte, dass sich die Amerikaner so verhalten würden, meinte May-ling: »Emma, Du kennst Deine eigenen Leute nicht.«[424]

May-ling hatte einen sehr herzlichen Empfang vorausgesehen, und dennoch übertraf seine Intensität alle ihre Erwartungen. Ihr Brief an Emma stammte von 1939, aus der Zeit vor Pearl Harbor. In der Zwischenzeit war die amerikanische Sympathie für China ins Unermessliche gestiegen. Das arme und rätselhafte Land hatte in den viereinhalb Jahren zuvor allein gegen Japan, einen furchterregenden und bösen Feind, gekämpft. May-ling war die Vertreterin einer heroischen Nation. Sie war eine schöne Frau, und sie war *amerikanisch*, abgesehen von ihrem Gesicht mit einer Haut »wie Seide und Elfenbein«. Der Empfang war umwerfend. Als sie ihren offiziellen Besuch im Februar 1943 in Washington begann, holte Mrs. Roosevelt sie auf dem Bahnhof ab, nahm ihren Arm und führte sie zum Präsidenten, der in einem Auto des Weißen Hauses vor dem Bahnhof auf sie wartete. May-ling hielt Reden vor siebzehntausend Menschen im New Yorker Madison Square Garden und vor dreißigtausend in der Hollywood Bowl in Los Angeles, und sie wurde in jeder Stadt von begeisterten Menschenmassen begrüßt. Als sie am 18. Februar die große Ehre hatte, vor dem Kongress zu sprechen, war allein schon ihr Anblick Ehrfurcht gebietend, wie sie klein und zart in ihrem traditionellen, verführerischen Cheongsam zwischen all den großen Männern in dem imposanten Raum mit der hohen Decke stand. Und ihre Rede, in makellosem amerikanischem Englisch gehalten, rührte so manchen mächtigen Mann zu Tränen. Der stehende Applaus hielt mehrere Minuten an.

May-ling kostete all dies beträchtliche Anstrengung. Die Perfektionistin schrieb und feilte bis zur Erschöpfung an ihren Reden.[425] Auf einigen Veranstaltungen war sie so ausgelaugt, dass sie beinahe ohnmächtig wurde. Als ihr Mann eine Wochenschau sah, die sie in der New Yorker Chinatown zeigte, war er besorgt, weil sie krank und überfordert auf ihn wirkte.[426] Sie hatte schon vor der Reise Gesundheitsprobleme gehabt: hohen Blutdruck und Magenprobleme mit einem Krebsverdacht (der sich nicht bestätigte). Um ihre Leiden vor dem offiziellen Besuch zu kurieren (und sich ein bisschen verwöhnen zu lassen), war sie schon drei Monate früher in die USA gekommen und hatte das Presbyterian Hospital in New York aufgesucht. So gelang es ihr, für die amerikanische Öffentlichkeit hervorragend auszusehen, deren Sympathie zu gewinnen und die amerikanische Regierung zu einer Verdoppelung ihrer Hilfe zu bewegen. Die Reise war ein Triumph.

Dennoch gab es auch Kritik, unter anderem vom Personal des Weißen Hauses. May-ling hatte ihre eigenen seidenen Betttücher mitgebracht, die sie jeden Tag oder, wenn sie einen Mittagsschlaf machte, sogar zweimal am Tag wechseln ließ. Der Grund für dieses Vorgehen war freilich, dass sich ihre Nesselsucht mit stets frischem Bettzeug besserte.[427] Die Amerikaner, die mit ihren Begleitern Kontakt hatten, waren außerdem empört über die schlechten Manieren ihres Neffen David und ihrer Nichte Jeanette, die sie als Assistenten mitgebracht hatte. Emma zum Beispiel bezeichnete David als »eklig« und Jeanette als »verrückt«. Das Personal im Weißen Haus empfand die beiden als aufbrausend, und die für May-ling zuständigen Leibwächter ärgerten sich über ihre rüden Forderungen. Doch die beiden waren ihrer Tante treu ergeben und sorgten für sie, wenn niemand sonst es konnte. May-ling verließ sich auf sie.

David war an ihrer Seite, als sie anlässlich des offiziellen Besuchs in Washington aus dem Zug stieg. Er war, obwohl kein Regierungsvertreter, auf vielen Pressefotos zu sehen. Der korpulente und entschieden unansehnliche junge Mann war keineswegs der flotte Neffe, den eine Tante gerne vorgezeigt hätte. Dennoch wurde er als ihr »Sekretär« vorgestellt und unterzeichnete sogar Telegramme mit Danksagungen an hochrangige Persönlichkeiten, so etwa an den Generalgouverneur von Kanada, dessen Gast May-ling gewesen war. Dass ihr Neffe und nicht sie selbst diese Art von Korrespondenz unterzeichnete, verstieß gegen das Protokoll und war unhöflich, was die chinesischen Diplomaten sehr störte. Aber May-ling ignorierte ihre Einwände. Sie baute auf ihren Lieblingsneffen und ihre Lieblingsnichte und wollte außerdem Ei-ling eine Freude machen, in deren Schuld sie zu stehen glaubte. Die Große Schwester zahlte einen Großteil der Rechnungen für die Reise, obwohl sie damals wegen Korruption öffentlich angegriffen wurde. Da auch David unter Beschuss stand, demonstrierte May-ling Solidarität mit ihrer Schwester und ihrer Familie, indem sie ihn ins Rampenlicht rückte.[428]

May-lings Amerikareise war nicht nur für China ein großer Erfolg, auch sie selbst genoss die Zeit in dem Land, wo sie sich am meisten zu Hause fühlte. Sie blieb acht Monate dort und kehrte erst im Juli 1943 nach Chongqing zurück, obwohl ihr Mann sie zuvor schon wiederholt beschworen hatte, nach Hause zu kommen.

Chiang hatte ihr geschrieben, wie sehr er sie vermisse: wie traurig er gewesen sei, als sie ins Flugzeug gestiegen sei, und wie einsam er sich sowohl am westlichen als auch am chinesischen Neujahrstag gefühlt habe.[429] Am Tag ihrer Rückkehr lag sie (mit einem steifen Hals) im Bett, als er nach Hause kam; ihre Schwestern und seine zwei Söhne waren ebenfalls da. Er sagte, er habe sich über die seltene Familienidylle gefreut. Als die anderen gegangen waren, berichtete ihm Mayling, was sie auf der Reise erreicht hatte, und er war wunschlos glücklich.[430]

Bald jedoch wurde die Wiedersehensfreude stark getrübt. Die Präsidentengattin hörte das Gerücht, dass sich ihr Mann, als sie in den USA weilte, mit anderen Frauen getroffen habe, insbesondere mit seiner Exfrau Jennie, die sich ebenfalls in Chongqing niedergelassen hatte. Menschen schworen, sie hätten Jennie öfter im Pool der Militäruniversität schwimmen sehen, während Chiang Kai-shek am Rand gesessen und zugeschaut habe. May-ling floh empört in das Haus der Großen Schwester. Es dauerte mehrere Monate, bis sie sich wieder beruhigt hatte und Chiangs Beteuerungen glaubte, dass das Gerücht jeder Grundlage entbehre. Was tatsächlich stimmte, war allenfalls, dass Chiang, wie er selbst gestand, sich während der Trennung von seiner Frau nach Sex gesehnt hatte.[431]

May-lings schlechte Stimmung dauerte an, und sie entwickelte eine ganze Reihe von Krankheiten, von der Ruhr bis zu einer schmerzhaften Regenbogenhautentzündung, die sie lichtempfindlich machte. Im feuchten Nebel von Chongqing verschlimmerte sich auch ihre Nesselsucht, und sie bekam rote Schwellungen im Gesicht und am Körper. Wenn sie nachts einen Anfall hatte, unterdrückte sie verzweifelt das Bedürfnis zu kratzen und fand nur noch minutenweise im Schlaf etwas Erleichterung.

Es ging ihr immer noch schlecht, als sie ihren Mann zu einer Konferenz mit Präsident Roosevelt und Premierminister Churchill begleiten musste, die vom 22. bis 26. November 1943 in Kairo stattfand. Auf der Konferenz wurden nicht nur Entscheidungen getroffen, die Asien während und nach dem Krieg betrafen, vielmehr stellte sie Chiang auch sichtbar auf eine Stufe mit den Regierungschefs von Amerika und Großbritannien. May-ling musste für ihren Gatten die Verhandlungen führen, für ihn dolmetschen und Kontakte pflegen, da er kein Englisch sprach. Im Flugzeug nach Kairo war ihr Gesicht stärker geschwollen denn je, und wegen des Juckreizes fand sie kaum Schlaf. Sie stand anscheinend kurz vor dem Zusammenbruch, und Chiang war sehr besorgt. Wundersamerweise jedoch ging die Schwellung wohl dank einer Mischung aus Glück und Willensstärke zurück, bevor das Flugzeug landete.[432] Dennoch musste ihr Arzt ihr die Pupillen erweitern. Und wie sie später ihrer Freundin Emma schrieb, hatte sie in Kairo »eine besonders schwere Zeit«.[433]

Als einzige Frau in einer großen Versammlung mächtiger Männer erregte sie viel Aufmerksamkeit. General Alan Brooke beschrieb sie in seinem bekanntermaßen »indiskreten, gemeinen und wahren« Tagebuch als »nicht gut aussehend mit einem flachen mongolischen Gesicht mit hohen Wangenknochen und einer flachen, nach oben gebogenen Nase, deren große dunkle Nasenlöcher wie zwei schwarze Löcher aussahen, die in ihren Kopf führten«. Doch der

General lobte ihren »großen Charme und ihre Eleganz. Jede kleine Bewegung von ihr schlug den Betrachter in ihren Bann und erfreute das Auge.« Auf den offiziellen Fotos plauderte sie, eine elegante Erscheinung in dem dunklen Cheongsam, dem weißen Jackett und den mit hübschen Schleifen geschmückten Schuhen, anmutig mit Roosevelt und Churchill. Sie wirkte völlig entspannt, zeigte nicht die geringsten Anzeichen wie auch immer gearteten Stresses. Das ständige Jucken veranlasste sie nur, während der langwierigen Gespräche ihre Füße etwas häufiger umzustellen, da ihr das stundenlange Sitzen schwerfiel. Die Bewegung, die ihre wohlgeformten Beine enthüllte, wurde von einigen so interpretiert, dass sie absichtlich geschah, um von der kläglichen Vorstellung ihres Mannes abzulenken. »Es verursachte ein Knistern unter den Konferenzteilnehmern«, schrieb Brooke, »und ich meinte sogar, ein unterdrücktes Wiehern aus einer Gruppe jüngerer Teilnehmer zu hören!«[434]

Der künftige britische Premierminister Anthony Eden, der als Churchills Stellvertreter in Kairo weilte, hatte einen angenehmen Eindruck von ihr: »Madame überraschte mich. Sie war freundlich, ein bisschen königinnenhaft vielleicht … aber eine fleißige und ernsthafte Dolmetscherin und weder aufdringlich noch empfindlich, wie man mir vorher zu verstehen gegeben hatte.« Eden war auch von Chiang Kai-shek beeindruckt. »Er lässt sich schlecht kategorisieren und sieht nicht wie ein Krieger aus. Er hat immer ein Lächeln auf den Lippen, doch seine Augen lächeln nicht so leicht und fixieren einen mit einem durchdringenden, unbeirrbaren Blick … Er hat die Stärke einer Stahlklinge … Ich mochte sie beide, besonders Chiang, und ich würde sie gern besser kennen.«[435]

Zusammen erreichten die Chiangs viel. Die Kairoer Erklärung gilt als »Triumph für Chiang Kai-shek«. Tatsächlich heißt es darin ausdrücklich, dass »alle Territorien, die Japan den Chinesen raubte, einschließlich der Mandschurei, Formosas [Taiwans] und der Pecadores, der Republik China zurückgegeben werden müssen«. Dies hatte auf Chiangs Wunschliste gestanden, die May-ling Präsident Roosevelt bereits bei ihrem Amerikabesuch übergeben hatte.

Am letzten Tag der Konferenz schrieb Chiang Folgendes in sein Tagebuch:

> Heute Morgen hatte meine Frau mit Roosevelt ein Gespräch über Wirtschaftsfragen. Sie kam um elf zurück und redete mit Hopkins [Roosevelts Vertrautem Harry Hopkins]. Als er heute Abend ging, hatte sie in zehn Stunden praktisch keine einzige Minute Pause gehabt und sich total auf alle Themen der Diskussion konzentriert. Sie sprach jedes einzelne Wort mit voller Konzentration. Um zehn Uhr abends konnte ich sehen, dass sie völlig erschöpft war. Dass sie mit ihrem schlimmen Augenproblem und dem stets präsenten Juckreiz überhaupt arbeiten konnte, ist wirklich eine Leistung. Kein Durchschnittsmensch wird jemals sein wie sie.[436]

Eines Abends kam Churchill auf einen Besuch vorbei, und Chiang sah, dass seine Frau lachte und sich angeregt mit ihm unterhielt. Später fragte er sie, worüber sie gesprochen hätten. Sie erklärte, Churchill habe zu ihr gesagt: »Sie müssen mich für den denkbar schlimmsten alten Mann halten, nicht?«[437] (Wenn dies tatsächlich gesagt wurde, dürfte es sich darauf beziehen, dass Churchill auf Chiangs Forderung, Hongkong zurückzugeben, »Nur über meine Leiche« geantwortet hatte.)[438] Laut Chiangs Tagebuch gab May-ling dem großen britischen Premier folgende Antwort: »Sie müssen sich selbst fragen, ob Sie ein schlimmer Mann sind.« Und Churchill soll geantwortet haben: »Ich bin nicht böse.«

Chiang kam zu dem Schluss, dass seine Frau Churchill ordentlich die Leviten gelesen hatte. Egal, ob diese Version des Gesprächs der Wahrheit entspricht, May-ling hatte Chiang große Ehre gemacht, und er war stolz auf sie.

Er kam ganz begeistert aus Kairo zurück und machte mit seiner Frau Picknicks in den winterlichen Bergen um Chongqing. »Was für eine Freude«, schrieb er am Silvesterabend 1943 in sein Tagebuch.[439]

May-ling dagegen war nicht so glücklich. Ihre Nesselsucht wurde schlimmer, und so hatte sie in Kairo Dr. Moran, Churchills Arzt, konsultiert, der die Meinung vertrat, dass sie keinen Befund habe. »Es wird Ihnen erst besser gehen, wenn der Stress in Ihrem Leben weniger wird.«[440] Doch der Stress wurde immer schlimmer. Ein unmittelbares und großes Problem war die Beziehung ihres Mannes zu General Stilwell, wichtigster Amerikaner in Chongqing. Er machte Chiang für die Katastrophen auf dem Schlachtfeld verantwortlich. »Der chinesische Soldat ist ausgezeichnet, aber eine stupide Führung vergeudet und missbraucht seine Fähigkeiten«, schrieb er nach Washington. Stilwell trug wegen seines aufbrausenden Temperaments durchaus zu Recht den Spitznamen »Vinegar Joe«.* Er hatte sehr oft Streit mit Chiang und weigerte sich offen, seine Befehle zu befolgen.[441]

May-ling und die Große Schwester versuchten, die Beziehung zu kitten, aber ohne Erfolg. Stilwells tief sitzende Antipathie gegen Chiangs Regime ließ sich nicht mit

---

* Über sein Temperament erzählte Stilwell selbst eine Geschichte: Ein chinesischer Kaufmann verbeugte sich und grüßte ihn: »Guten Tag, Herr Missionar.« »Warum sprechen Sie mich als ›Missionar‹ an?«, fragte Stilwell mit finsterem Blick. »Weil Sie wie einer aussehen«, antwortete der Mann, um dann zu erläutern: »Wegen Ihres ruhigen und wohlwollenden Ausdrucks, Sir.«

337

Charme auflösen. Vinegar Joe empfand auch nicht viel Sympathie für die beiden Frauen, er zog die Rote Schwester vor.

Ein kritischer Punkt war im April 1944 erreicht, als die Japaner unter dem Codenamen ICHIGO eine große Offensive starteten, die den von ihnen besetzten Norden Chinas mit dem besetzten Süden verband. Chiang Kai-sheks Stellungen, darunter einige mit seinen besten Truppen, brachen wie ein Kartenhaus zusammen. Die Amerikaner waren wieder einmal bestürzt, dass Chiang offenbar weder Pläne noch Fähigkeiten besaß, um den japanischen Vormarsch aufzuhalten. Das Missfallen über den Generalissimus erreichte einen neuen Höhepunkt. Roosevelt – inzwischen der Ansicht, dass die Lage in China kritisch und eine radikale und sofortige Gegenmaßnahme erforderlich war – schrieb am 6. Juli an Chiang und befahl ihm rundheraus, das militärische Kommando an Stilwell abzutreten. Er verlangte, dass »wir Stilwell zum Befehlshaber über alle chinesischen und amerikanischen Streitkräfte machen und ihn mit der uneingeschränkten Verantwortung und Autorität für die Koordination und die Leitung der Operation ausstatten, die erforderlich sind, um die Angriffswelle des Feindes aufzuhalten«. Chiang Kai-shek war dazu nicht bereit, selbst wenn es, wie er ausdrücklich sagte, den Bruch mit Amerika bedeuten sollte.[442]

May-ling konnte nichts unternehmen. Sie hatte Albträume, die allesamt eine unheilvolle Zukunft verhießen, und wollte nur noch weg. Sie beschloss, China aufgrund ihres schlechten Gesundheitszustands zu verlassen.[443] Insider interpretierten dies »als einen Versuch, sich abzusetzen«.[444] Aus Rücksicht auf die öffentliche Meinung ließ Chiang sie nicht abreisen. May-ling war verzweifelt, und als der amerikanische Vizepräsident Henry Wallace nach China kam, wandte sie sich an einen Mann aus seiner Delegation und ersuchte ihn,

Wallace zu bitten, dass er ihrem Mann gegenüber ihre gesundheitlichen Probleme zur Sprache bringe. Sie zog sogar ihre Strümpfe hinunter und zeigte ihm die von der Nesselsucht hervorgerufenen roten Flecken auf ihren Beinen.[445]

Schließlich erlaubte Chiang May-ling doch, das Land zu verlassen, und sie flog Anfang Juli mit Ei-ling, Jeanette und David nach Rio de Janeiro. Kurz vor ihrem Abflug sagte sie unter Tränen zu ihrem Mann, sie habe Angst, dass sie sich vielleicht nicht wiedersehen würden. Sie sagte, dass sie ihn liebe und ihn nie auch nur einen Augenblick vergessen werde und dass er nie an ihrer Liebe zweifeln dürfe.[446] Er schrieb in sein Tagebuch, er sei so traurig gewesen, dass er nicht gewusst habe, was er hätte sagen sollen.

Chiang gab eine Abschiedsparty für seine Gattin, auf der er eine bizarre Rede hielt. Vor mehr als siebzig chinesischen und ausländischen Würdenträgern und Journalisten schwor er, dass er May-ling nie untreu gewesen sei. Diese öffentliche Erklärung war peinlich, doch er und May-ling hielten sie für notwendig. Die Gerüchte über Chiangs angebliche Untreue waren immer lauter und schriller geworden und hatten sich in der Stadt des Nebels zum gängigen Gesprächsstoff für Tee- und Dinnergesellschaften entwickelt. Dass May-ling schon wieder eine Reise ohne festen Termin für ihre Rückkehr unternahm, schien zu bestätigen, dass die Ehe der Chiangs am Ende war, wenn es nicht ausdrücklich dementiert wurde. May-ling hielt auf dem Fest ebenfalls eine Rede, in der sie ihrem Mann ihr absolutes Vertrauen aussprach.[447]

May-lings Reiseziel weckte sowohl Interesse als auch Misstrauen. Eine freundliche Interpretation lautete, dass sie nach Brasilien fahre, um dort wegen ihrer Hautprobleme einen angesehenen Arzt zu konsultieren, eine andere, die auch von dem künftigen amerikanischen Präsidenten Harry S. Truman vertreten wurde, besagte, dass die Familie Soong amerikanische Hilfsgelder gestohlen und diese in brasilianische Immobilien investiert habe. Weder für die eine noch für die andere Behauptung wurden jemals irgendwelche Beweise gefunden.[448] Gut möglich ist auch, dass die Schwestern Rio als Ziel wählten, weil es damals die angenehmste und glanzvollste Stadt war, in der man sein konnte. Wegen des in den USA angeschlagenen Image der Kleinen Schwester wäre es unklug gewesen, ein weiteres Mal dorthin zu reisen. Die US-amerikanische Presse lobte sie nicht mehr wie noch ein Jahr zuvor in den höchsten Tönen, sondern konzentrierte sich nun mit sehr viel weniger Sympathie auf »ihren unschätzbar wertvollen Mantel und Muff aus Zobel, geschmückt mit Jade und Diamanten, mit denen man das Lösegeld für einen König zahlen könnte«.[449]

May-ling weilte zwei Monate in Rio, bevor sie schließlich doch nach New York weiterreiste. Dort wohnte sie in der Villa der Kungs und verhielt sich möglichst unauffällig. Zu Emma sagte sie, sie habe das Gefühl, »die Qualen der Verdammten zu erleiden«. Mit der Zeit jedoch begann sie, das Leben wieder zu genießen, und hatte großen Spaß. Sie verbrachte viel Zeit mit Emma und »Frauengesprächen«. Einmal fuhren die beiden nach dem Abendessen auf den Broadway und schauten sich einen Film an, bewacht von zwei Männern des Secret Service, die das Kino durch einen Ausgang betraten. Sie besuchten inkognito den Zoo in der Bronx und die Pandas, die May-ling New York als Dank für die amerikanische Unterstützung im Krieg geschenkt hatte. May-ling tat sich an Eiscreme-Sodas gütlich, die sie, wie sie gestand, schmerzlich vermisst hatte. Eine weitere Quelle des Vergnügens war die (vermutlich von der Großen Schwester bezahlte) Packard-Limousine, mit der sie in New York herumfuhr. Das Autofahren hatten ihr Männer des Secret Service beigebracht.[450]

Die Präsidentengattin war mehr als ein Jahr lang weg aus ihrem Land und von seinem Krieg. Chiang blieb ihr treu ergeben. Er schrieb ihr oft, erkundigte sich nach ihrer Gesundheit und berichtete fast kläglich, wie sehr er sie vermisse – an ihrem Geburtstag, an ihrem Hochzeitstag, an Weihnachten und bei jeder anderen denkbaren Gelegenheit, wie etwa dem Jahrestag ihrer Abreise nach Rio. Er flehte sie an, bald heimzukommen. Und sie antwortete mit der üblichen Auflistung ihrer Krankheiten.[451]

Chiang war abhängig von May-ling, allerdings nicht, weil er sie für ein gutes Verhältnis zu Amerika gebraucht hätte. Denn dieses nahm während ihrer langen Abwesenheit tatsächlich eine Wendung zum Besseren: Im Oktober 1944 berief Präsident Roosevelt Joseph Stilwell ab. Sein Nachfolger General Wedemeyer und der neue Botschafter Patrick J. Hurley kamen beide gut mit dem Generalissimus zurecht und unterstützten ihn.

Am 12. April 1945 starb Roosevelt an einer massiven Gehirnblutung. May-ling fuhr zu seinem New Yorker Anwesen Springwood in Hyde Park und besuchte seine Witwe Eleanor. Auch Roosevelts Nachfolger Harry S. Truman hatte ein freundschaftliches Verhältnis zu Chiang. Er schenkte ihm ein Flugzeug, eine elegante, bequem ausgestattete silberne Douglas C-47. Chiang taufte das Flugzeug *May-ling* – wenngleich es ihm seine Frau nicht zurückbrachte.

May-ling war damals sehr wütend auf ihren Ehemann, weil er ihrer Ansicht nach H.H. Kung, den Mann der Großen Schwester, schlecht behandelt hatte. H.H. Kung war Mitte 1944 mit einem offiziellen Auftrag als Vizepremier und Finanzminister nach New York gekommen und hatte seinen Aufenthalt mit der Begründung verlängert, dass er medizinische Behandlung in den USA brauche. Im Frühjahr 1945 kam es zu einem Korruptionsskandal um Wertpapiere im Wert von mehr als zehn Millionen Dollar. H.H. wurde beschuldigt, mehr als drei Millionen des Gesamtbetrags in die eigene Tasche gesteckt zu haben. Die Basis der Kuomintang war außer sich vor Empörung, und Chiang wurde gezwungen, eine Untersuchung anzuordnen. Er schickte H.H. eine ganze Serie von Telegrammen, die immer dringlicher wurden, und forderte ihn auf, für eine Aussage nach China zu kommen. Im Juli konnte H.H. seine Rückkehr nicht mehr hinauszögern, wurde seiner Ämter enthoben und musste einen Teil des veruntreuten Geldes zurückerstatten.[452]

Nach Kungs Entlassung machte Chiang seinen Schwager T.V. Soong zum Ministerpräsidenten, was die Beziehung zwischen T.V. und der Familie Kung stark belastete. Von diesem Zeitpunkt an nutzte H.H. jede Gelegenheit, um sich verächtlich über T.V. zu äußern, und Ei-ling versöhnte sich erst in hohem Alter wieder halbwegs mit ihrem Bruder.

Sie war sehr wütend auf Chiang Kai-shek wegen der schäbigen Behandlung, die er ihrer Ansicht nach ihrem Ehemann und damit auch ihr selbst hatte angedeihen lassen. Hinter verschlossenen Türen sprach sie zornig mit der Kleinen Schwester über das Thema. Emma spürte die schlechte Stimmung im Haus. Wie die meisten mit China verbundenen Amerikaner hatte sie eine Abneigung gegen die Familie Kung. Sie schrieb in ihr Tagebuch, dass May-ling »zu stark unter dem Einfluss von Mrs. Kung steht. Ich wünschte, sie hätte so ziemlich jede andere Person um sich.«[453] May-ling ergriff rückhaltlos Partei für ihre Schwester. Auch sie war sehr zornig auf ihren Mann und ignorierte seine Telegramme. Emma gegenüber erwähnte sie ihn fast nie.

Am 6. August und am 9. August 1945 ließen die Vereinigten Staaten über Hiroshima und Nagasaki Atombomben abwerfen. Am 8. August erklärte die Sowjetunion Japan den

Krieg, und am 10. verkündete Japan seine Absicht zu kapitulieren, was rund um den Erdball gefeiert wurde. May-ling war immer noch in New York, und sie eilte nicht zurück nach China, um den Moment des Sieges mit ihrem Mann zu teilen. Vielmehr fuhr sie zum Times Square, wo sie in einer ausgelassen feiernden Menge stecken blieb und den Leuten zusah, wie sie unter Freudenschreien amerikanische Flaggen schwenkten. Sie fühlte sich an diesem Ort zu Hause und hatte nicht den Wunsch, nach China zurückzukehren. Wenn sie die Wahl hatte, wollte sie lieber mit der Großen Schwester in New York bleiben.[454]

Der Sturz des Chiang-Regimes

Am 10. August 1945 erfuhr Chiang Kai-shek in Chongqing auf ungewöhnliche Art von der japanischen Kapitulationsbereitschaft. Tokio gab seine Absicht zu kapitulieren in einer englischen Radiosendung bekannt. Und da sich May-ling in New York befand, hatte Chiang niemand mehr um sich, der Englisch sprach und die Radionachrichten verfolgen konnte (was zeigt, wie isoliert er war). Laut seinem Tagebuch hörte er gegen 20 Uhr lauten Jubel, und gleich darauf explodierten auf dem Gelände des amerikanischen Armee-Hauptquartiers in der Nähe seiner Residenz Feuerwerkskörper. Er schickte einen Boten (einen Verwandten) hinüber und ließ anfragen, »worum es bei dem Lärm geht«,[455] und so wurde der Oberkommandierende der chinesischen Streitkräfte über das historisch bedeutsame Ereignis informiert.

Chiang reagierte nicht etwa mit Begeisterung, sondern mit extremer Anspannung auf die Nachricht. Der Augenblick war gekommen, in dem sein Kampf mit Mao um die Herrschaft in China begann. Stalin hatte gerade auf einer riesigen Front, die sich über mehr als 4600 Kilometer erstreckte, 1,5 Millionen Soldaten in den Norden Chinas geschickt. Das Territorium, das sie besetzt hatten (es war am Ende größer als das gesamte Gebiet, das die Sowjetunion in

Zentral- und Osteuropa besetzt hielt), konnte Maos Leuten übergeben werden, wenn Chiang nicht sofort handelte. Maos Armee war vor dem Krieg klein gewesen, aber jetzt bestand sie aus einer Million Soldaten und hatte damit fast ein Drittel der Größe von Chiangs Streitkräften. Der Generalissimus wollte sofort Truppen entsenden. An jenem Abend war der mexikanische Botschafter bei ihm zu Gast, und er ärgerte sich sehr, weil sich der redselige Gast nicht sofort verabschiedete, damit er endlich seinen Kommandeuren telegrafieren konnte.[456]

Amerika wollte Frieden in China und zwang Chiang, Mao zu Friedensgesprächen nach Chongqing einzuladen. Mao, der Chiangs Erfolgsbilanz bei der Ermordung politischer Gegner nur allzu gut kannte, war keineswegs erpicht darauf, Chiangs Territorium zu betreten. Stalin jedoch bestand darauf, dass er bei dem Verhandlungsspiel mitmachte: Er war sich nicht sicher, ob Mao Chiang mit militärischen Mitteln besiegen konnte, und schickte seinem Verbündeten drei Telegramme, in denen er ihm befahl, nach Chongqing zu reisen. Am 28. August verließ Mao widerstrebend seine Basis in Yenan und flog in einem US-amerikanischen Flugzeug, begleitet von Botschafter Hurley, nach Chongqing. Die Amerikaner hatten außerdem seine Sicherheit garantiert. Chiang freute sich, dass Mao »wie bestellt gekommen war«, wie er es in seinem Tagebucheintrag vom 31. August formulierte.[457] Er schrieb, Maos Ankunft seiner »moralischen Autorität und machtvollen Aura« und außerdem »Gottes Willen« zu und war zuversichtlich, dass er mit ihm fertigwürde.

Chiang hatte ein Flugzeug nach New York geschickt, das seine Frau zurückbringen sollte. May-ling wollte dies eigentlich nicht und sagte zu Emma: »Ich bin eigentlich noch nicht bereit zu gehen, aber mein Mann braucht mich in der bevorstehenden Krise mit den Kommunisten. Ich hoffe und bete, dass das Land einen bewaffneten Konflikt vermeiden kann und zu nationaler Einheit findet. Ich werde dich vermissen. Und ich werde dich vielleicht nie wiedersehen. Die Kommunisten könnten mich ›kriegen‹.«[458] Die Präsidentengattin schien damals schon die Niederlage zu ahnen. Dennoch landete sie am 5. September in Chongqing, und Chiang holte sie vom Flughafen ab. In seinem Tagebuch brachte er, ganz anders als nach früheren Amerikareisen seiner Frau, über das Wiedersehen nach vierzehnmonatiger Trennung keinerlei Gefühl zum Ausdruck.

Chiang war selbstverständlich ganz von seinem Treffen mit Mao in Anspruch genommen. Der kommunistische Führer lief in Chongqing herum und rief: »Lang lebe Generalissimus Chiang!«, doch er war fest entschlossen, Chiang durch einen Krieg zu stürzen. Tatsächlich hatte Mao unmittelbar vor seinem Aufbruch nach Chongqing eine Offensive gegen Chiangs Truppen geplant. Diese fand im September und Oktober statt, während er selbst in Chongqing weilte. Die Schlacht in Shangdang in der Provinz Shanxi war damals das Vorspiel zum Bürgerkrieg zwischen der KPCh und der Kuomintang. Chiang, der sich darauf vorbereitete, seine Herrschaft mit Zähnen und Klauen zu verteidigen, ließ seinen ganzen Hass auf Mao in die Seiten seines Tagebuchs fließen. In der ganzen Zeit, die Mao in Chongqing verbrachte, lud er ihn nie ein, May-ling zu treffen. Der Generalissimus hatte offenbar beschlossen, dass Mao nicht in den Genuss des Charmes seiner Frau kommen sollte.

Nachdem Mao fast einen Monat in Chongqing gewesen war, hatte Chiang das Gefühl, seinen Gast nicht mehr länger ertragen zu können, und fuhr mit May-ling nach Xichang, in eine abgelegene Region in Sichuan am östlichen Ende des Himalaya. Diesen Ort hatte er als nächste Hauptstadt vorgesehen gehabt, falls Chongqing an die Japaner gefallen wäre. 1800 Meter über dem Meeresspiegel befand sich dort ein

Flughafen, man hatte einen schmalen Streifen flaches Land gerodet und eine Gruppe von Häusern gebaut.

Chiangs plötzliche Abreise versetzte Mao in Panik, weil er glaubte, dass sie Teil der Vorbereitungen auf einen Mordanschlag sei. Deshalb schickte er Zhou En-lai in die russische Botschaft und ließ fragen, ob er dort wohnen könne. Er war wütend, als seine Bitte abschlägig beschieden wurde. Tatsächlich hatten Personen aus Chiangs Umfeld ihn dazu gedrängt, Mao umzubringen, doch Chiang hatte sich dagegen entschieden, weil er fürchtete, sonst die amerikanische Unterstützung zu verlieren.[459]

Chiang und seine Frau blieben eine Woche in Xichang, einem Ort von eigenwilliger Schönheit. Häufige Erdbeben hatten die felsigen Berge in der Umgebung auseinandergerissen, wodurch sie wie die gebleckten Zähne eines Riesen aussahen. Zwischen den wilden Schluchten lag still wie ein gewaltiger Spiegel ein See. Chiang Kai-shek und May-ling entspannten sich auf Liegestühlen auf einem Boot unter dem hohen, kristallklaren Himmel in der blendenden Sonne und der trockenen, frischen Luft, die sich so wohltuend von der feuchten, dumpfen Luft Chongqings unterschied. In den sieben Tagen entspannte sich Chiang völlig, und er rasierte sich nicht einmal, was für ihn sehr ungewöhnlich war.[460] Bei seiner Rückkehr am 10. Oktober unterzeichnete er ein Abkommen mit Mao. Keiner der beiden Männer hatte die Absicht, es einzuhalten, und beide beschleunigten die Vorbereitungen für einen großen Krieg.

Mao gab die ersten Gefechtsbefehle, sobald er am 11. Oktober wieder in Yenan angelangt war. Seine Armee war nicht nur viel kleiner, sondern hatte auch nicht in schweren Schlachten mit den Japanern die Erfahrungen gesammelt, über die Chiangs Soldaten verfügten. Maos Truppen hatten nur gegen schwache regionale Einheiten der Kuomintang Kämpfe gewonnen. Nun aber standen sie der Elite aus Chiangs erfahrenen, von den Amerikanern ausgebildeten Streitkräften gegenüber. Und Mao musste zu seiner großen Enttäuschung schon sehr bald feststellen, dass seine Armee viel schlechter abschnitt als erhofft, und dass Stalin, der ihn heimlich unterstützte, sich offensichtlich alle Optionen offenhielt. Nach einer Serie von Niederlagen erlitt Mao Ende November 1945 einen Nervenzusammenbruch und musste mit kaltem Schweiß auf der Stirn und von Krämpfen geschüttelt das Bett hüten.[461]

Während Mao krank im Bett lag, tourte Chiang als siegreicher Kriegsherr durch das Land. Sein Einzug in Städte wie Peking und Shanghai oder in seine alte Hauptstadt Nanjing »war, als käme Julius Caesar nach Rom«, wie Augenzeugen berichteten. Er wurde von Zehntausenden empfangen, die dem Mann zujubelten, der den Krieg gegen Japan gewonnen hatte. Die Atmosphäre war berauschend, und Chiang genoss seinen Ruhm und teilte am Ende die Ansicht der Massen, dass er die Japaner besiegt hätte. Der große, majestätisch wirkende Generalissimus vermittle voll und ganz den Eindruck, dass er »unfehlbar wie Gott« sei, kommentierte sein persönlicher Pilot diese Auftritte. Wer Chiang gut kannte, den überkam das Gefühl, dass er ernsthaft verblendet war.[462] Aber niemand redete offen und ehrlich mit ihm.

In seiner triumphalen Stimmung gönnte sich Chiang ein neues Präsidentenflugzeug: eine hochmoderne Douglas C-54. Eine solche Maschine war 1944 gechartert worden, um Mayling und Ei-ling nach Rio zu bringen, und hatte damals allgemeine Bewunderung geweckt. Nun bestellte Chiang ein solches Flugzeug für sich, obwohl das Privatflugzeug von Truman erst ein knappes Jahr im Dienst war. Die neue Maschine hieß *China–America* und wurde unter der Leitung von Menschen ausgestattet, die Chiangs Geschmack kannten.

Die Kosten von 1,8 Millionen Dollar wurden widerstrebend vom chinesischen Finanzministerium beglichen. Wer eine solche Verschwendung im Angesicht der akuten Krise unangemessen fand, behielt seine Einschätzung für sich.[463]

Die nationalistischen Regierungsbeamten, die die Herrschaft in zuvor von den Japanern besetzten Städten übernahmen, orientierten sich offenbar an ihrem Führer und erlegten sich ebenfalls keinen Zwang auf. Sie hatten jahrelang Mangel gelitten, nun aber rissen sie sich Häuser, Autos und andere Vermögenswerte unter den Nagel. Jeder, der das Pech hatte, Dinge zu besitzen, die sie haben wollten, konnte zum »Kollaborateur« erklärt und enteignet werden. Die Regierungsbeamten fühlten sich als Sieger. Sie behandelten die Einheimischen oft mit Verachtung und nannten sie »Sklaven ohne eigenes Land«, nur weil sie unter ausländischer Besatzung gelebt hatten. Menschen in großen Teilen Chinas, die die Beamten der Kuomintang-Regierung noch Tage zuvor als »Befreier« willkommen geheißen hatten, verfluchten sie nun als »Räuber« und »Heuschrecken«. In sehr kurzer Zeit lösten sich die Begeisterung und Bewunderung für Chiang Kai-shek und sein Regime in nichts auf und wichen einem immensen Abscheu. »Das Verhängnis des Sieges« nannte die einflussreiche *Ta Kung Pao* die Machtübernahme. Chiang hielt sich nur kurz auf dem Gipfel seiner Popularität, dann begann sein Absturz.[464]

Im Krieg hatte er mehr Erfolg. Mehr als ein Jahr lang gewann seine Armee an fast allen Fronten. Der schwierigste Kriegsschauplatz war die Mandschurei an der Grenze zur Sowjetunion – wenn die Kommunisten das Grenzgebiet einnahmen, konnten sie lebenswichtige Waffen und militärische Ausbilder aus der Sowjetunion bekommen. Im Juni 1946 standen Chiangs Truppen kurz davor, die Roten aus der Mandschurei zu vertreiben, als dem Generalissimus ein tödlicher

Fehler unterlief. Er stoppte die Verfolgung des Feindes und ordnete einen Waffenstillstand von vier Monaten an – unter dem Druck von General George Marshall, der nach China gekommen war, um den Bürgerkrieg zu beenden. Dank dem Waffenstillstand konnte Mao an der Grenze zur Sowjetunion und zu den sowjetischen Satellitenstaaten Nordkorea und Äußere Mongolei in einem Gebiet, das größer als Deutschland war, eine solide Basis aufbauen.* In der Folge konnte er von Stalins unschätzbar wertvoller Unterstützung profitieren, die auch, was sehr wichtig war, die Reparatur von Bahnlinien umfasste, auf denen der schnelle Transport schwerer Waffen und großer Truppenkontingente möglich war. Chiangs katastrophale Entscheidung war ausschlaggebend für das Ergebnis des Krieges. Bis zum Frühjahr 1947 hatte sich das Blatt zu seinen Ungunsten gewendet.

Chiang machte diesen und andere entscheidende Fehler, weil er keine klugen Köpfe um sich hatte, die ihn bei seinen Entscheidungen beraten hätten. Mao verfügte über zwei fähige Helfer, den Strategen Liu Shao-qi und den erstklassigen Administrator und Diplomaten Zhou En-lai. Chiang dagegen traf alle Entscheidungen allein. Er konnte damals nicht einmal mehr auf die Große Schwester als Ratgeberin zählen, weil er sie durch die Enthebung ihres Mannes aus allen seinen Ämtern gegen sich aufgebracht hatte.

Mit seinem neuen Ministerpräsidenten T. V. Soong beriet sich Chiang nie über militärische Angelegenheiten, T.V. war nur für die Wirtschaftspolitik zuständig. Aber obwohl er an der Harvard University und an der Columbia University Wirtschaftswissenschaften studiert hatte und obwohl er ein

---

* Chiang hatte die »Unabhängigkeit« der Äußeren Mongolei in der vergeblichen Hoffnung anerkannt, dass Stalin ihm und nicht Mao die Mandschurei und andere sowjetisch besetzte Gebiete überlassen würde.

ausgezeichneter Diplomat war, entwickelte sich die chinesische Wirtschaft in seiner Regierungszeit miserabel. Er war mit einer unlösbaren Aufgabe konfrontiert: In China tobte ein gewaltiger Bürgerkrieg. Und seine persönlichen Schwächen verschärften die Misere sogar noch: Er war ein Fremder im eigenen Land, hatte den größten Teil seines Lebens entweder im Ausland oder, eingesponnen in einen Kokon aus Privilegien, zu Hause verbracht, und er hatte nie versucht, mit Durchschnittschinesen ins Gespräch zu kommen. Obwohl er seinem Land gegenüber ein starkes Pflichtgefühl empfand, wusste er wenig über das wirkliche China. Seine Wirtschaftspolitik sah auf dem Papier vielleicht gut aus, doch in der Praxis war sie undurchführbar.

Anstatt sich anzustrengen, um seine Schwächen zu überwinden, trug er seine Willkür und Arroganz beinahe stolz zur Schau. Nach der japanischen Kapitulation gab Wellington Koo, der chinesische Botschafter in Großbritannien, in London einen großen Empfang, um das Ereignis zu feiern. Unter den Gästen waren der damalige britische Premierminister Clement Attlee und die Außenminister vieler wichtiger Länder einschließlich des amerikanischen und des sowjetischen Außenministers (James F. Byrnes und Wjatscheslaw Molotow), die damals in London auf einer Konferenz weilten. Das gesamte diplomatische Korps war anwesend. Auch T. V., damals chinesischer Ministerpräsident, befand sich in der Botschaft. Doch er weigerte sich, an dem Empfang teilzunehmen. Botschafter Koo und der chinesische Außenminister Chen-Shieh Wang versuchten mit allen Mitteln, ihn dazu zu bewegen, ins Erdgeschoss herunterzukommen, doch er lehnte dies strikt ab und ließ sich nicht einmal entschuldigen. Koo, ein Gentleman und Diplomat alter Schule, war begeistert gewesen, als er die Nachricht von der japanischen Kapitulation erhielt, und hatte sofort angeordnet, die chinesische Flagge vor der Botschaft zu hissen. Er schrieb in sein Tagebuch: »Endlich ist der Tag gekommen, auf den ich mich gefreut, von dem ich geträumt und für den ich gearbeitet habe.« Er konnte das Verhalten seines Ministerpräsidenten nicht begreifen und brachte seinen Ärger in seinen Memoiren mit folgenden Worten zum Ausdruck: »Es muss etwas peinlich erschienen sein, dass Dr. Soong der Veranstaltung fernblieb.« Ein anderer, weniger zurückhaltender Diplomat schrieb sarkastisch: Der Ministerpräsident »war vermutlich erschöpft, weil er zu hart gearbeitet hatte«.[465]

Noch bemerkenswerter war, dass T. V. schon nach etwa einem Jahr Bürgerkrieg das Vertrauen in Chiang Kai-sheks Regime verlor. Am 29. Dezember sagte er sehr ernst und offenbar aufgewühlt dem amerikanischen Berater John Beal seine Meinung: »Wir sind in eine Sackgasse geraten … Hier ist es nicht wie in Amerika, wo man sagen kann: ›Okay, sollen halt die Republikaner eine Weile das Land regieren.‹ Hier ist der Kommunismus die Alternative. Wenn China zusammenbricht, übernehmen die Kommunisten die Macht.« Er überlegte, ob es eine Alternative zu Chiang gäbe, und fragte Beal, wie Amerika zu einem möglichen »liberalen Block« stehe. Doch aus dem Projekt wurde nichts. Anfang 1947, als die Öffentlichkeit seinen Rücktritt forderte, gab er sofort nach.*

---

* Es gab Vorwürfe, dass sich T. V. massiv bereichert habe. Doch im Vergleich zu den Vorwürfen gegen H. H. fehlte es bei denjenigen gegen T. V. an Details, und auch Mitarbeiter von Finanzinstitutionen waren an den Vorwürfen gewöhnlich nicht beteiligt. Dennoch besaß T. V. laut eigener Aussage im Jahr 1943 mehr als fünf Millionen Dollar, und das hatte viel mit seinen privilegierten Posten zu tun. (Professor Wu Jing-ping, in *Sun zhongshan soong chingling yanjiu dongtai* [*News in the Studies of Sun Yat-sen and Soong Ching-ling*], 2006, Ausgabe 5, S. 21 ff.; Shou Chong-yi (Hg.), S. 44, 61, 92–96, passim; Wu Jing-ping und Kuo Tai-chun, 2008a, S. 150).

Er wurde als Provinzgouverneur nach Kanton versetzt. Dort führte er im Verborgenen Gespräche mit Oppositionellen in der Kuomintang, die Chiang stürzen wollten, weigerte sich jedoch letztlich, mit ihnen zusammenzuarbeiten, weil sie mit Mao kooperieren wollten. »Wir können nicht mit den Kommunisten arbeiten«, sagte er.[466]

Ei-ling war von Anfang an besorgt, was den Ausgang des Bürgerkriegs betraf. Sie kannte Chiang Kai-shek gut und glaubte nicht, dass er Erfolg haben würde. Bis zum Frühjahr 1947 war sie so verzweifelt, dass sie das Gefühl hatte, todkrank zu sein. Sie dachte, sie hätte Krebs, und obwohl ihr die Ärzte versicherten, dass es dafür keinerlei Anzeichen gebe, war sie davon überzeugt, bald sterben zu müssen. Im Juni schrieb sie einen wie ein Testament formulierten Brief an die Rote Schwester, die nach der japanischen Niederlage wieder nach Shanghai gezogen war. Sie schrieb Ching-ling, dass sie sie sehr lieb habe – mehr als je zuvor. Ei-ling rechnete offenbar mit einer kommunistischen Machtübernahme, und weil sie glaubte, dass das Leben unter den Kommunisten selbst für Madame Sun hart sein könnte, traf sie materielle Vorkehrungen für sie. In ihrer Rolle als »Versorgerin« ihrer Schwestern, für die sie sich von Gott auserwählt glaubte, hatte sie, wie sie sagte, den Piloten May-lings auf einem Flug nach Shanghai gebeten, ein Paket mit Shampoo und anderen Artikeln des täglichen Bedarfs für Ching-ling mitzunehmen – Artikel, die ihrer Schwester, wie sie hoffte, lange Zeit reichen würden. Sie schrieb Ching-ling, dass sie sich jede Nacht, wenn sie im Bett liege, mit der Frage beschäftige, ob sie auf dem Festland alles Notwendige für ein angenehmes und glückliches Leben habe. »Wenn mir etwas geschieht«, schrieb sie, »denk bitte daran, dass ich Dich sehr lieb habe.«[467] Andere Boten Ei-lings brachten Ching-ling Augenbrauenstifte,

Kleider, schicke Jacken, Handtaschen und Schmuck wie etwa goldene Ohrringe. Auch Sprays, die den Haarwuchs fördern sollten, fehlten nicht. Außerdem schrieb die Große Schwester der Roten Schwester, sie solle sie sofort wissen lassen, wenn sie Geld brauche.[468]

Unter dem Einfluss der Großen Schwester hatte auch May-ling schon recht bald böse Vorahnungen. Während Chiang unmittelbar nach dem Krieg gegen Japan seine Siegestouren genoss, fühlte sie sich eher erschöpft als beschwingt. »Die letzten paar Monate waren nichts als Reisen, Reisen und noch einmal Reisen«, schüttete sie Emma ihr Herz aus. »Eben sind wir von meinem zweiten Besuch in der Mandschurei zurückgekommen. Es ist schon seltsam, dass ich trotz all der Jahre mit Flugreisen nie immun gegen die Luftkrankheit geworden bin.«[469]

Sie verhielt sich im Bürgerkrieg ganz anders als im Krieg gegen Japan. Im ersten Krieg hatte sie Frontbesuche gemacht, Verwundete getröstet, leidenschaftliche Reden gehalten und mit großem Erfolg die Werbetrommel für die chinesische Sache gerührt. »Sie hatte vor dem Kongress eine Rede gehalten«, erinnerte sich John Beal, »und jeden, dem sie begegnete, mit ihrem Charme für sich eingenommen. Sie sprach fließend Englisch und diskutierte mit den Senatoren und Abgeordneten des Repräsentantenhauses im Plauderton über den Krieg und die Probleme der Nachkriegszeit. Für die Amerikaner war sie eine lebendige, anmutige, unwiderstehliche Präsenz.« Nun aber stellte Beal fest, dass May-ling überhaupt nichts mehr tun wollte. Er sprach am 1. Juli 1946 mit ihr darüber, »was für eine lausige Presse« die Regierung ihres Mannes bekam. Sie stimmte ihm zu, sagte aber sofort: »Ich weiß, was Sie von mir wollen. Sie wollen, dass ich mit dabei bin [bei Chiangs Pressekonferenz] und dolmetsche. Ich habe das während des Krieges getan, und ich habe genug davon und werde es nicht mehr tun.« Beal schrieb in sein Tagebuch, dass May-ling »so hastig das Weite suchte, dass ich ziemlich überrascht war, insbesondere da ich gar nicht an diese Rolle für sie gedacht hatte, wenngleich es ein guter Ansatz gewesen wäre«.[470]

Das Einzige, wonach sich die Kleine Schwester sehnte, waren »das gute alte New York« und ihre amerikanischen Freunde. Ein Brief an Emma war ganz nostalgisch: »Stell Dir bloß vor, erst vor einem Jahr war ich in New York, und wir hatten solchen Spaß zusammen.« In einem anderen Brief drängt sie Emma, ihr zu schreiben: »Was machst Du und wie kommst Du zurecht? Schreib mir und erzähl mir alle Neuigkeiten.« Sie sehnte sich nach ihrer Freundin: »Dies ist nur eine kurze Notiz, um Dir zu sagen, dass Du mir weiter schreiben sollst, obwohl ich Dich weiß der Himmel wirklich schlecht behandle, weil ich Dir nicht angemessen antworte.« Mitten in einem blutigen Bürgerkrieg bemühte sie sich um hübsche Geschenke für ihre Freundinnen auf der anderen Seite des Ozeans: »Ich schicke Dir [Emma] einen Kimono und noch ein paar Kimonos für verschiedene andere Freundinnen. Ich lege eine Liste mit ihren Namen bei. Kannst Du sie bitte adressieren und sie mit der Post schicken oder liefern lassen? ... Ich profitiere wieder von Deinem guten Charakter, aber Du bist immer so gut zu mir und so lieb, dass Du Dinge für mich erledigst, dass ich weiß, dass es Dir nichts ausmacht, Dich darum zu kümmern.« »Ich schicke Dir einen Scheck über US-$100,00 für den Alumnae Fund und den Class Reunion Fund. Bitte verteile das Geld, wie Du es für richtig hältst.«[471]

Einen Gefallen tat May-ling ihrem Ehemann gern. Ende 1947 lud sie die Rote Schwester zu einem Ausflug in das nahe gelegene, malerische Hangzhou ein. Dort fragte sie Chingling bei einem Spaziergang an dem großen friedlichen See der Stadt ganz offen, welche Mindestbedingungen die Kommunisten für eine Friedensregelung stellen würden.[472] Die offene Frage überraschte Ching-ling. Die Schwestern hatten es immer vermieden, über ihre politischen Differenzen zu sprechen. Während die Rote Schwester ihr Bestes tat, um Mao zum Sieg zu verhelfen, schickte sie gleichzeitig Delikatessen wie etwa Süßwassergarnelen an die Frau des Generalissimus, die sich ihrerseits mit Ingwerkuchen und Käsegebäck revanchierte. Sie bot Heilmittel für Ei-lings Augenprobleme an und schickte per Luftpost Bücher für T. L.s Tochter, als spielten die tobenden Schlachten um sie herum in ihrem Leben keine Rolle.[473] May-lings Frage jedoch rückte die schlimme Realität ins Blickfeld. Mehr noch, Ching-ling hatte den Schein gewahrt, nur eine unabhängige Sympathisantin und nicht Mitglied einer Partei zu sein, die die anderen Soongs als feindliche Organisation betrachteten. Nun signalisierte May-ling mit ihrer Frage, dass dieser Anschein nicht mehr gewahrt zu werden bräuchte: Alle Brüder und Schwestern wussten, dass Ching-ling ein wichtiges Mitglied einer Organisation war, die sie alle vernichten wollte. Chingling jedoch wahrte ihre alte Fassade und antwortete hastig, dass sie mit den Kommunisten nichts zu tun habe und nicht wissen könne, wie deren Friedensbedingungen lauteten. Sie verließ ihre Schwester und nahm den nächsten Zug nach Shanghai, wo sie sofort die KPCh über das Gespräch informierte. Sie wollte nicht, dass die Partei glaubte, sie würde heimlich irgendwelche Vereinbarungen mit ihrer Familie schließen.

Dass Chiang seine Frau nach den Friedensbedingungen des Feindes fragen ließ, zeigte deutlich, wie verzweifelt er war. Tatsächlich hatte er in den Jahren 1947/48 eine Serie katastrophaler Niederlagen erlitten. Sein wichtigster amerikanischer Militärberater, General David Barr, machte ihn allein für die unselige Lage verantwortlich. Er schrieb am 18. November 1948 in seinem Bericht: »Keine Schlacht wurde ... wegen Mangel an Munition oder Kriegsgerät verloren. Für die militärischen Katastrophen verantwortlich sein können meiner Ansicht nach nur die schlechteste Führung der Welt und viele andere die Moral untergrabende Faktoren, die zu einem totalen Verlust an Kampfeswillen führen.«[474] Am schlimmsten für die Moral waren vermutlich einige spektakuläre und unerklärliche Siege, die die Kommunisten auf entscheidenden Kriegsschauplätzen wie der Mandschurei und der Region, in der sich Maos Hauptquartier befand, errangen. Maulwürfe hatten Chiangs Vertrauen gewonnen und führende Posten in seiner Armee bekommen. Diese Verräter lieferten seine Soldaten den Roten ans Messer, die sie entweder in kleinen Gruppen oder massenweise vernichteten. Chiang Kai-shek vertraute nur selten einem anderen Menschen, aber wenn er es tat, war sein Vertrauen manchmal absolut fehl am Platz, was ein sehr schlechtes Licht auf seine Menschenkenntnis und Urteilsfähigkeit wirft.

Im Sommer 1948 begann der Generalissimus, seinen »Umzug« nach Taiwan vorzubereiten, eine Insel von 36 000 Quadratkilometern mit einer Bevölkerung von sechs Millionen Menschen. Er plante, so viel Gold, Silber und Devisen wie möglich mitzunehmen. Die Beschaffung lief unter dem Vorwand einer »Währungsreform«: Allen Bürgern wurde befohlen, ihr flüssiges Kapital gegen das neue Papiergeld »Gold-Yuan« umzutauschen. Auf Nichtbefolgung stand die Todesstrafe. Während in der Provinz kleine Beamte von Tür zu Tür gingen und versuchten, die Menschen so sehr einzuschüchtern, dass sie sich von ihren gesamten Ersparnissen trennten, wurde Chiangs Sohn Ching-kuo nach Shanghai entsandt. Dort machte er die Geschäftsleute für die Hyperinflation und die allgemeine Wirtschaftskrise verantwortlich und befahl ihnen, all ihre Vermögenswerte registrieren zu lassen – sozusagen das Vorspiel zur Beschlagnahme. Geschäftsleute, die nicht kooperierten, wurden als »Tiger« bezeichnet und in als »Tigerschlagen« bezeichneten Operationen schikaniert, verhaftet und manchmal sogar hingerichtet.[475]

Um die Geschäftsleute zur Kooperation zu zwingen, verhaftete Ching-kuo den Sohn eines der größten Gangster von Shanghai, Du Yuesheng (»Großohr-Du«). Nachdem das Foto des als Geisel genommenen Sohnes auf der Titelseite des nationalistischen Sprachrohrs *Zhongyang Ribao* erschienen war, musste sein Vater tagelang das Bett hüten. Er hatte sich immer als Freund Chiang Kai-sheks betrachtet und fand, dass er so etwas nicht verdient hätte. Und so wehrte er sich. Kurz darauf begann die Presse, die Yangzi Jianye Corporation anzuprangern, das Unternehmen, das Ei-lings Sohn David gehörte. Er wurde beschuldigt, illegal importierte Waren zu horten, und die Polizei durchsuchte und versiegelte sein Lagerhaus. David drohten gewaltige Bußgelder und sogar eine Gefängnisstrafe. Tatsächlich hatte er die Waren (die ohnehin nur einen Bruchteil seines Vermögens ausmachten) dank seiner Insider-Verbindungen und des finanztechnischen Geschicks seiner Mutter registrieren lassen und deshalb streng genommen keine Gesetze gebrochen. Dennoch war die Empörung in der Öffentlichkeit groß. Selbst *Zhongyang Ribao* verdammte »Kapitalisten mit staatlicher Macht« mit Formulierungen, die normalerweise als kommunistische Propaganda betrachtet wurden. Ching-kuo hatte das Gefühl, in einen Tornado geraten zu sein. Wenn er den Bürgern weiter ihre Habseligkeiten abpressen wollte, musste er an seinem Cousin ein Exempel statuieren. Und er war nicht abgeneigt, dies auch zu tun.

David aber wandte sich an seine Tante May-ling, die empört Partei für ihn ergriff. Sie bestellte ihren Mann zu sich, der gerade die Front im Norden inspizierte, und stellte ihm praktisch ein Ultimatum: Sie werde für die Familie Kung und gegen ihn Partei ergreifen, sollte er die Familie opfern. Ton und Inhalt ihrer Worte waren so unmissverständlich, dass Chiang sofort nach Shanghai flog und seinem Sohn befahl, David nicht anzurühren. Ching-kuo verließ die Stadt, und das »Tigerschlagen« hörte auf. Sein Auftrag wurde und wird bis heute als Korruptionsbekämpfung von Vater und Sohn Chiang Kai-shek dargestellt, obwohl es sich tatsächlich um ein groß angelegtes Erpressungsmanöver des Vaters gehandelt hatte.[476] Dank May-lings entschlossener Intervention zum Schutz ihres Neffen lief die Aktion aus, und der chinesische Mittelstand konnte das noch verbliebene Vermögen behalten (vorerst jedenfalls – Mao sollte ihm schon bald noch den Rest abnehmen). Aber auch Chiang hatte der Bevölkerung eine Menge abgepresst, und dieses Geld und die Goldreserven der Regierung halfen der Kuomintang nach ihrer Flucht, die erste Zeit in Taiwan zu überstehen.

In den Augen der breiten Öffentlichkeit war die Antikorruptionskampagne des »Tigerschlagens« wegen May-ling gescheitert, und die Wut der Leute richtete sich gegen sie. Im November vermerkte Chiang mehrfach in seinem Tagebuch, dass »alle Mitglieder der Kuomintang« und die Gesellschaft insgesamt seine Frau und die Familien Kung und Soong für das Scheitern der Kampagne verantwortlich machten. Er erwähnte auch einen Angriff auf ihn selbst und seinen Sohn, beeilte sich jedoch hinzuzufügen, dieser sei nur passiert, weil »wir wegen der Verbindung mit Kung senior und Kung junior angreifbar sind«.[477]

May-ling war zuvor schon wegen des bevorstehenden Zusammenbruchs des Regimes zutiefst deprimiert gewesen, und nun war sie zusätzlich sehr zornig darüber, dass ihre Familie für alle Missstände verantwortlich gemacht wurde. Besonders schlimm fand sie, dass auch ihr Mann und sein Sohn bereit waren, ihre Familie zum Sündenbock zu machen und sogar ihren Neffen ins Gefängnis zu stecken. Hemmungslos weinend und schreiend, stellte sie ihren Mann zur Rede, der ganz verblüfft war, weil er sie noch nie so außer sich erlebt hatte. Er versuchte, sie zu beruhigen, doch sie war untröstlich und wollte nur noch weg von ihm und dem Chaos, in dem sich das Land befand. Am 28. November 1948 verließ sie China Richtung New York. Und sie stellte sich darauf ein, ihren Mann nie wiederzusehen.[478]

Wie sie bald erfahren sollte, hatte Präsident Truman das gleiche katastrophale Bild von ihr und ihrer Familie. Er sollte später zu der Schriftstellerin Merle Miller sagen, das ganze »Geld, das wir für ihre [Chinas] Unterstützung ausgaben … zu einem Gutteil ist es in den Taschen von Chiang und der Madame und den Familien Soong und Kung gelandet. Sie sind alle Diebe, jeder verdammte Einzelne von ihnen.«[479]

May-ling war überzeugt, dass ihre Familie nicht der Grund für den Sturz des Regimes war. »Die Zeit und Gott werden sie rehabilitieren«, daran glaubte sie felsenfest.[480]

Am 21. Januar 1949 wurde Chiang gezwungen, zugunsten von Vizepräsident Li Tsung-jen als Präsident zurückzutreten. Er ging in seiner Geburtsstadt Xikou »in den Ruhestand«. Dort wohnte er in der Nähe der gigantischen Grabstätte, die er für seine Mutter errichtet hatte. Am 23. April eroberte die kommunistische Armee Nanjing und beendete dadurch de facto die zweiundzwanzigjährige Herrschaft der Kuomintang auf dem Festland. Am 19. Mai traf Chiang in Taiwan ein. Während der letzten Monate auf dem chinesischen Festland war seine Frau nicht mehr bei ihm gewesen, obwohl er sie wiederholt zur Rückkehr aufgefordert hatte. Sie zögerte ihre Abreise immer wieder mit Ausflüchten hinaus, die von den üblichen

Gesundheitsproblemen bis zu der Behauptung reichten, in Washington arbeiten zu müssen. Ching-kuo schrieb ihr, dass sein Vater den schwersten Moment seines Lebens vor sich habe und ihre Unterstützung brauche. Sie antwortete: »Ich wünschte, ich könnte wie ein Pfeil zurückfliegen. Aber im Augenblick würde meine Rückkehr die schwierige Lage nicht verbessern. Also bleibe ich noch eine Weile hier. Ich bin sicher, dass das für die Partei und das Land von Nutzen ist.«[481]

In jener Phase war der knapp vierzigjährige Ching-kuo täglich bei seinem Vater. Die beiden entwickelten eine extrem starke Bindung. Als May-ling (vorschnell, wie sich bald herausstellen sollte) vorschlug, dass Ching-kuo nach Amerika kommen solle, um sie über die genaue Lage in China zu informieren und mit ihr zu besprechen, was sie in Amerika tun könne, antwortete Ching-kuo, dass er seinen Vater unmöglich allein lassen könne.[482] Diese innige Vater-Sohn-Beziehung wurde allmählich zum Ersatz für Chiangs Verbindung mit seiner Frau.

Der Ton seiner Telegramme an May-ling wurde zunehmend distanzierter und geschäftsmäßiger. Da sie die Kälte ihres Mannes spürte und sich schuldig fühlte, weil sie in dieser »Krisenzeit« nicht an seiner Seite war, verhielt sie sich so liebenswürdig wie seit Langem nicht mehr. Sie erkundigte sich sehr besorgt nach seiner Sicherheit und seinem Wohlbefinden, berichtete über ihre Lobbyarbeit in Amerika und machte zaghaft den Vorschlag, er möge zu ihr kommen und mit ihr eine Weltreise unternehmen. Chiang jedoch weigerte sich strikt, ins Ausland zu gehen, und schwor, er werde in Taiwan leben oder sterben. Fast grob befahl er May-ling, zu ihm auf die Insel zu kommen. (»An welchem Tag hast du vor, nach Taiwan aufzubrechen?«)[483]

Ei-ling riet der Kleinen Schwester, nicht nach Taiwan zu fliegen. Sie erhob jedes Mal »Protest«, wenn May-ling vorschlug, New York zu verlassen. Ihrer Ansicht nach hatte Chiang ihre und May-lings Loyalität nicht mehr verdient nach allem, was er ihrer Familie angetan und nachdem er sich als so schrecklich inkompetent erwiesen hatte. Vor allem jedoch machte sich Ei-ling Sorgen um ihre Schwester und wollte nicht, dass sie in den sicheren Tod flog. Die Kommunisten schmiedeten Pläne für die Eroberung Taiwans und könnten mit Stalins Hilfe und dank strategisch gut platzierter Maulwürfe auf der Insel durchaus Erfolg haben. Der Generalissimus weigerte sich hartnäckig, Taiwan zu verlassen, und Ei-ling wollte nicht, dass die Kleine Schwester mit ihm starb. Dennoch war ihr schmerzlich bewusst, dass es schlechter Stil war, wenn eine Frau ihren Mann in der Not im Stich ließ. Außerdem wusste sie ganz bestimmt auch, dass Chiang seiner Frau nie verzeihen würde, wenn sie ihn verließ – und sie dann das Schicksal der vielen anderen teilte, denen er nicht verzieh. Die sonst so selbstsichere Ei-ling war in diesem Fall ungewöhnlich uneins mit sich selbst.

Und auch May-ling war innerlich zerrissen. Sie fühlte sich schon schuldig, weil sie auch nur daran dachte, ihren Mann an diesem kritischen Punkt zu verlassen, und sie wusste, dass sie den Kommunisten dadurch zu einem Propaganda-Coup verhelfen würde. Wenn sie ihn verließ, würde sie sich das nie verzeihen.[484] Am 1. Dezember 1949 telegrafierte ihr Chiang, es tue ihm leid, dass sie ihren 22. Hochzeitstag nicht gemeinsam feiern könnten.[485] Die Erwähnung ihrer Hochzeit löste bei May-ling offensichtlich eine Flut von Erinnerungen an ihr gemeinsames Leben mit dem Generalissimus aus. Sie dachte daran, wie »ich meinen Mann auf seinen Feldzügen begleitet hatte. Wir hatten in Lehmhütten, auf Bahnhöfen, in Zügen in den heißen steinigen, sandigen Landschaften des Nordwestens, in primitiven Baracken und in Zelten gewohnt ... Ich hatte Schulen, Waisenhäuser, Krankenhäuser und Entzugskliniken für Opiumsüchtige eingerichtet ... und sogar als ›Generalsekretärin der Luftwaffe‹ Militärdienst geleistet.« Ihr erfülltes und spannendes Leben wäre ohne die Ehe mit Chiang Kai-shek nie möglich gewesen. Sie fragte sich: »Wie konnte ich zulassen, dass mein Mann den größten Rückschlag seines Lebens erlitt, ohne dass ich ihm zur Seite stand?«[486]

Sie fand weder tagsüber noch nachts zur Ruhe. Sie versuchte, mit Ei-ling zu reden, um einen klaren Kopf zu bekommen. »Du musst weiter beten und Geduld haben«, meinte die Große Schwester. »Ich bin mir sicher, dass Er dir einen Weg weisen wird.« May-ling betete damals schon seit Monaten regelmäßig und hatte das Gefühl, dass »meine Gebete irgendwie mechanisch und monoton geworden waren«. Dennoch betete sie weiter. »Dann, eines Tages in der Morgendämmerung, ich wusste nicht, ob ich schlief oder wach war, hörte ich eine Stimme – eine ätherische Stimme. Sie sagte sehr deutlich: ›Alles ist in Ordnung.‹«

Die leichte Abwandlung von Brownings Vers war May-ling schon einmal begegnet. Im Dezember 1936, als Chiang Kai-shek entführt wurde, war sie nach Xian geflogen, um sein Schicksal zu teilen. Bei dieser Gelegenheit hatte Chiang ihr gesagt, Gott habe ihm ihre Ankunft durch einen Bibelabschnitt, den er gelesen habe, angekündigt. Sie hatte diese bemerkenswerte Geschichte so interpretiert, dass Gott ihrem Mann die Botschaft »Alles ist in Ordnung« gesandt habe. Indem Gott nun dasselbe zu ihr sagte, schien er einen Vergleich zu 1936 zu ziehen und ihr zu sagen, dass sie zu ihrem Mann zurückkehren solle.

»Nach diesen Worten war ich hellwach, stand sofort auf und ging in das Zimmer meiner Schwester. Sie blickte aus dem Bett zu mir hoch. Sie war nicht überrascht über diesen frühen Besuch, da ich in jenen schwierigen Tagen unter

Schlaflosigkeit litt und sie oft störte – bei Tag und Nacht.«
Ei-ling sah, dass May-lings Gesicht »strahlte«, und verstand
sofort. »Ich sagte ihr, dass Gott zu mir gesprochen habe …
[und] verkündete, dass ich mit dem ersten verfügbaren Flugzeug heimkehren würde. Sie half mir beim Packen, ohne
noch einmal Protest zu erheben.«[487]

May-ling traf am 13. Januar 1950 auf Taiwan ein. In seinem
Tagebucheintrag für diesen Tag berichtet Chiang emotions-
los und kühl, dass er sie vom Flugzeug abgeholt habe und
sich, nachdem sie sich eine Weile ausgeruht habe, ihren »Bericht« über ihre Arbeit in Amerika »anhörte«.[488]

Die Bedeutung von May-lings Rückkehr zeigte sich jedoch schon sehr bald in aller Deutlichkeit. Die Lage in Taiwan war kritisch: Zwei Millionen Soldaten und Zivilisten
waren vom Festland geflohen und hatten eine Insel mit nur
sechs Millionen Bewohnern geradezu überschwemmt. Das
Land stand vor einer schweren Wirtschaftskrise. Die USA
hielten sich heraus. Es gab keinen US-Botschafter, nur einen
Zweiten Sekretär. Die Kommunisten hatten verkündet, sie
seien entschlossen, Taiwan einzunehmen. Alle dachten, die
Insel würde bald fallen – alle waren in Panik. Und jeder, der
die Insel verlassen konnten, beeilte sich, dies zu tun. May-
ling jedoch war in die entgegengesetzte Richtung geflogen
und stärkte damit die Moral der Nationalisten beträchtlich.
Als die Nachricht von May-lings baldiger Ankunft durch-
sickerte, machten sich die Menschen scharenweise auf den
Weg zum Flughafen. Allmählich begriff auch Chiang Kai-
shek, was seine Frau getan hatte. In seinem Tagebuch verglich
er sie mit den legendären Helden, die den Bedrängten im ge-
fährlichsten Moment zu Hilfe eilen.[489]

TEIL V

Drei Schwestern, drei Schicksale
(1949–2003)

19

»Wir müssen jede Gefühlsduselei
zerschmettern«: Das Leben als Maos
Stellvertreterin

Wenige Tage bevor die Kommunisten im Mai 1949 Shanghai
besetzten, schickte May-ling, die sich zu der Zeit in Amerika
aufhielt, der Roten Schwester einen sorgenvollen Brief.
Ching-ling sei in ihren Gedanken allgegenwärtig, schrieb
sie. Sie hoffe sehr, dass ihre Schwester in Sicherheit sei und
alles gut ausgehe. Den größten Kummer bereitete der Kleinen Schwester, dass sie nicht viel tun konnte, um zu helfen,
weil der Ozean sie nunmehr trennte, aber könnte Ching-ling
ihr doch bitte schreiben und mitteilen, wie es ihr gehe. Zu
der Zeit stand May-ling zusammen mit ihrem Mann auf
der Kommunisten-Liste der »Kriegsverbrecher«, und sie
vermied es ganz bewusst, den Brief nur in ihrem Namen
abzuschicken. Er war auch von ihrem Bruder T. L. unter-
schrieben, dessen Tochter ein paar Bücher von Ching-ling
bekommen hatte.[490]
Die Rote Schwester antwortete nicht. Sie beantwortete
auch keinen einzigen von Ei-lings Briefen. Im Vorfeld der
kommunistischen Machtübernahme, als ihre Schwestern im
Exil Ching-ling unablässig Briefe mit Äußerungen der Liebe
und Zuneigung schrieben, da zeigte sie ihnen die kalte

Schulter und ließ kein einziges gut gemeintes Wort von sich hören. Sie war ungerührt – oder womöglich kränkte es sie, dass die beiden Schwestern davon auszugehen schienen, dass sie eine Zukunft voller Not und Sorgen für sich erwählt habe. Seit Ching-ling beschlossen hatte, ihr Schicksal mit dem der Roten zu verknüpfen, hatte sie sich selbst gestählt, um ihre Schwestern aus ihrem Leben auszuschließen. Ihre früheren liebenswürdigen und vertrauten Gesten ihnen gegenüber waren eher eine Methode gewesen, um sich vor möglichem Leid durch Chiang Kai-shek zu schützen, als ein Spiegel ihrer tiefen Gefühle. Sie hatte längst beschlossen, ohne die Familie zu leben, in die sie hineingeboren worden war.[491]

Ihre selbst gewählte Familie waren ihre Parteigenossen und engen Freunde. Mit einigen von ihnen feierte sie die kommunistische Übernahme der Stadt. »Der Tag, für den wir gekämpft haben, ist endlich gekommen!« Die Gesinnungsgenossen versammelten sich in Ching-lings Haus und sprachen sich Mut zu. Mit einem aufgesetzten Lächeln steckte Chingling eine rote Rose in das Knopfloch eines Besuchers.[492]

Mao erkor Peking zu seiner Hauptstadt und drängte Ching-ling in einem Brief, zu ihm zu kommen und sich der Regierung anzuschließen. Der Vorsitzende benutzte höfliche und respektvolle Worte: Madame Sun möge doch bitte kommen und »uns lehren, wie man ein neues China aufbaut«.

Ching-ling dankte Mao überschwänglich, lehnte es aber ab, nach Peking zu kommen. Sie sagte, sie leide an hohem Blutdruck und anderen Krankheiten und müsse sich in Shanghai behandeln lassen. Auch der neue Regierungschef Zhou En-lai sowie einige alte Freunde versuchten, sie umzustimmen. Sie wies alle höflich, aber entschieden ab.[493]

Dieses Verhalten war keineswegs nur Show. Abgesehen von der Tatsache, dass sie in Shanghai leben wollte, fasste sie den klugen Entschluss, sich vom Machtzentrum fernzuhalten, wo sie in parteiinterne Intrigen hineingezogen werden könnte. Ching-ling machte sich keine Illusionen über die Grausamkeit des von ihr unterstützten Systems. Sie hatte Stalins blutige Machtspiele mit eigenen Augen mit angesehen und wusste von Maos brutalen Säuberungsaktionen (bei denen selbst Zhou En-lai ein Opfer gewesen war und hatte zu Kreuze kriechen müssen). Von Zeit zu Zeit schien sie sogar Angst vor der Zukunft zu haben und dachte kurz daran, »zur medizinischen Behandlung« in Russland zu leben. In Wirklichkeit wollte sie einfach ihr kleines Projekt weiterführen, inzwischen umbenannt in China Welfare, also Chinas Wohlergehen, möglichst in Gesellschaft ihrer engsten Freunde in ihrer Heimatstadt.[494]

Mao schickte eigens Zhous Frau, die Ching-ling gut kannte, nach Shanghai, um die Einladung noch einmal persönlich zu wiederholen. Da es einer Kränkung gleichgekommen wäre, sie ein weiteres Mal abzulehnen, nahm Ching-ling Frau Zhous Einladung an. Unterdessen traf Zhou Vorkehrungen für ihr künftiges Leben mit der ihm eigenen Aufmerksamkeit für jedes kleinste Detail. Er inspizierte das Haus, das er für sie vorbereitet hatte, und teilte ihr mit, dass es geräumiger als ihre Wohnsitze in Chongqing und Shanghai sei und, sehr ungewöhnlich für Pekinger Häuser, über zwei Stockwerke verfüge. Die meisten Gebäude in Peking waren einstöckig.[495]

Das Innere sei unter der Aufsicht eines ihrer alten Freunde dekoriert worden, fügte der Ministerpräsident hinzu und versäumte auch nicht, ihr vorzuschlagen, doch ihren eigenen Koch mitzubringen. Die wenigen Mängel, die Ching-ling in dem Haus entdeckte, wurden allesamt zu ihrer Zufriedenheit behoben. Ein alter Diener Sun Yat-sens, der verhaftet worden war, wurde wieder freigelassen. Das Haus ihres (unpolitischen) Lieblingsbruders T. A. war konfisziert worden (wie der gesamte Familienbesitz) und wurde ihr zur Aufbewahrung in seinem Namen übergeben.

Ende August brach Ching-ling nach Peking auf. Während der zweitägigen Bahnfahrt starrte sie aus dem Fenster auf die Landschaft, die vorbeizog, die Felder, Dörfer und Städte, von Süd nach Nord. Und sie dachte nach: »Wie konnte unsere Heimat wohlhabend werden. Wir haben alle Voraussetzungen … Wir besitzen großartige Ressourcen … kein Erfolg liegt außerhalb unserer Fähigkeiten …«[496]

Mao kam persönlich zum Bahnhof, um sie zu empfangen. Kinder überreichten ihr Blumen – nach sowjetischem Muster. Im Alter von sechsundfünfzig Jahren (sie war elf Monate älter als Mao) wurde die Rote Schwester Stellvertretende Vorsitzende von Maos Regierung. Als Mao am 1. Oktober 1949 die Volksrepublik China ausrief, schritt sie direkt hinter ihm zum Tor des Himmlischen Friedens. Während ihre Schwestern als Verbannte lebten, befand sie sich auf dem Höhepunkt ihres Lebens.

Dieses Leben war einzigartig privilegiert. Die Rote Schwester besaß sowohl in Peking als auch in Shanghai beneidenswert schöne Häuser. Das Gebäude in Shanghai, das man von einem prominenten Banker beschlagnahmt hatte, war eine Villa im europäischen Stil mit einem großen, gut gepflegten Rasen, auf dem seltene Bäume und exotische Pflanzen wuchsen. Ihre späteren Wohnsitze in Peking waren sogar noch prunkvoller. So war ihr letzter Wohnsitz ein palastartiges Herrenhaus, das einem Mandschu-Prinzen gehört und in dem Pu Yi, der letzte Kaiser, das Licht der Welt erblickt hatte. Unter den besonderen Besitztümern des königlichen Haushalts befand sich ein knorriger hundertvierzig Jahre alter Granatapfelbaum, der immer noch jedes Jahr Früchte trug. Da ihr verstorbener Gatte als der selbstlose Anführer einer großartigen Revolution dargestellt wurde, welche die Kaiserfamilie gestürzt hatte, entging den vielen Skeptikern nicht die Ironie, dass ausgerechnet seine Witwe, die Stellvertreterin Maos, in diesen Palast einziehen sollte. Ching-ling empfand Unbehagen und bemühte sich um eine Art Entschuldigung bei Freunden: »Ich erfahre eine wirklich königliche Behandlung, bin aber doch unglücklich, weil andere, *die es weit mehr verdient hätten* [ihre Hervorhebung], in einfachen Häusern leben.« Ihre Häuser waren gut ausgestattet, und die Bediensteten sprachen sie mit einem vorkommunistischen Titel an: Taitai (»gnädige Frau«).[497]

Sie war genau genommen nicht Mitglied der KPCh. In den 1930er-Jahren war sie in die Komintern eingetreten, die unmittelbar Moskau unterstand, aber Moskau hatte danach beschlossen, dass sie als geheimes Mitglied außerhalb der Organisation bleiben solle. Nach der Auflösung der Komintern im Jahr 1943 hatte die Rote Schwester die KPCh neben Moskau als ihre »Organisation« behandelt, obwohl sie formal nicht Mitglied war. Im kommunistischen China war sie nicht an politischen Entscheidungen beteiligt, was ihr auch ganz recht war. Da sie keine persönlichen Ambitionen hatte und ihre eigenen Grenzen akzeptierte, war sie zufrieden damit, sich um ihr eigenes kleines Projekt China Welfare kümmern zu dürfen, das inzwischen in ihrem alten Familienhaus untergebracht war. Sie hatte das Haus samt dem ganzen Familienbesitz den Kommunisten gespendet.[498] China Welfare wurde es gestattet, ein Krankenhaus für Frauen und Kinder, einen Kindergarten und einen »Jugendpalast« nach sowjetischem Vorbild zu unterhalten. Es gab ein Spielhaus für Kinder. Allerdings musste man eine wichtige Mission einstellen – den Kampf gegen den Hunger. Offiziell gab es im kommunistischen China keine Hungersnot. Als der Rundfunksender Voice of America berichtete, Ching-ling habe

Opfern einer Hungersnot geholfen, schrieb sie sofort an Zhou En-lai und bot an, diese »schamlose Verfälschung der Tatsachen« öffentlich anzuprangern.[499]

Sie gab die englischsprachige Zeitschrift *China Reconstructs* heraus, doch die Parteizensoren prüften jede Ausgabe mit Argusaugen. Die Partei schleuste neue Leute in China Welfare ein und überprüfte das alte Personal gründlich. Einige enge Freunde fanden die Veränderungen unerträglich und verließen die Organisation. Doch die anpassungsfähige Ching-ling akzeptierte alles klaglos.

Zu den Veränderungen gehörte auch, dass sie von Leibwächtern umgeben war, die bei der Roten Armee gedient hatten. Sie kamen häufig aus armen Bauernfamilien und hatten an Ching-lings Lebensstil vieles auszusetzen. Außerdem gaben die Leibwächter so offen ihre Kommentare ab, wie die alten Diener es nie gewagt hätten. Die Kommunisten legten großen Wert auf »Gleichstellung« mit dem Personal und erklärten dies zu einem zentralen Bestandteil ihres Anspruchs, »demokratisch« zu sein. Nach einem Empfang in der ostdeutschen Botschaft im Jahr 1951, an dem auch Ching-ling teilnahm, kritisierten einige ihrer Leibwächter die langen Abendkleider der Frauen als Verschwendung: »Die ganze gute Seide und Stoffe ungenutzt!« Ching-ling gab sich viel Mühe, ihnen zu erklären, dass Mode und Schmuck im Leben der Menschen wichtig seien. Ob es ihr gelang, die jungen Männer zu überzeugen, wusste sie nicht.[500]

Auch Weihnachtsfeiern waren nicht länger selbstverständlich. Als sie ihre Freunde an Heiligabend des Jahres 1951 einlud, musste sie ihnen einschärfen, Stillschweigen darüber zu bewahren, dass sie zu einer Party gingen, denn eine solche Feier würde zu »Missverständnissen« führen. In späteren Jahren feierte sie stattdessen Silvester, allerdings mit Weihnachtsbaum.[501]

Sie lernte, mit Dingen vorsichtig zu sein, über die sie sich früher keine Gedanken gemacht hatte. Als sie einen Brief von ihrem alten amerikanischen Freund Edgar Snow auf dessen Bitte hin an Mao weiterleitete, hielt sie es für nötig zu betonen: »Ich weiß nicht, ob seine jüngsten Gedanken immer noch richtig sind, weil ich seine Schriften schon seit Langem nicht mehr gelesen habe.«[502] Wenn sie Freunden schrieb, bat sie diese oft, die Briefe nach Lektüre zu »verbrennen« oder zu »vernichten«.[503]

In den Jahren 1951/52 startete Mao unter dem Namen »die Drei Antis« (Anti-Korruption, -Verschwendung und -Bürokratie) eine Kampagne, die sich gegen Funktionsträger richtete, die mit Geldangelegenheiten befasst waren. Die Leute von China Welfare wurden angewiesen, andere zu denunzieren sowie sich selbst zu läutern. Ching-ling sah sich unvermutet als Zielscheibe widerwärtiger Anklagen. Eine bezog sich auf einen mit ihr verwandten Bauunternehmer, der Häuser für ihre Familie und Freunde gebaut und sie verwaltet hatte, darunter auch das Gebäude, das sie China Welfare gespendet hatte. Unmittelbar bevor Chiang Kai-shek Shanghai verloren hatte, wurde gemunkelt, dass Chiang Madame Sun entführen und sie nach Taiwan bringen könnte. Dieser Verwandte war in Ching-lings Haus geblieben und diente ihr als Leibwächter. Sie war ihm dankbar und empfand eine gewisse Nähe zu ihm, und hier und da machten sie sich gegenseitig Geschenke. Jetzt kursierten Gerüchte, er zahle ihr Schmiergelder. Sie musste die Demütigung über sich ergehen lassen zu erklären, dass es sich bei den Geschenken lediglich um Kuchen und Kekse gehandelt habe, und dass sie, falls seine Geschenke wertvoll gewesen seien, etwa zwei Flaschen Rotwein, ihm dann im Gegenzug noch teurere Geschenke gemacht habe. Sie schwor, dass sie Zeugen beibringen könnte, die dies bestätigten, und versuchte sogar, sich von ihm zu distanzieren. Sie verlangte, dass er einer gründlichen Untersuchung unterzogen und bestraft werden sollte, falls er sich als korrupt erwies.[504]

Weitere politische Kampagnen folgten, ein Freund nach dem anderen geriet in Schwierigkeiten, und Ching-ling räsonierte, dass sie stets dazu geneigt habe, den Menschen zu vertrauen, statt ihnen zu misstrauen. Und das sei nunmehr praktisch ein Verbrechen – »die Denkweise der Rechtsabweichler«.[505]

Nichtsdestotrotz blieb das seelische Gleichgewicht der Roten Schwester in diesen ersten Jahren mehr oder weniger intakt. Sie gab weiterhin für ihren engeren Freundeskreis Partys, und sie tanzten zu alten, westlichen Grammofonplatten. Mao beauftragte Zhou En-lai, den wohl urbansten und charismatischen Vertreter des strengen Regimes, mit ihr in Kontakt zu bleiben. Andere hohe Funktionäre, mit denen sie zu tun hatte, insbesondere in Shanghai, waren alte Freunde, die als Kommunisten im Untergrund gelebt hatten. Sie bildeten einen komfortablen Kokon um sie herum. Ching-ling wurde mit allen möglichen Ehren überschüttet, nicht zuletzt mit dem hochgepriesenen Stalin-Friedenspreis bedacht, der ihr vom Kreml verliehen wurde. Die beiden bekannten Schriftsteller Ilja Ehrenburg aus der Sowjetunion und Pablo Neruda aus Chile flogen eigens nach Peking, um die Auszeichnung zu überreichen. Neue Freuden taten sich auf, so bereiste sie viele Länder, gefeiert als die anmutige und glorreiche Repräsentantin Chinas. Das Leben meinte es gut mit Ching-ling, und sie hatte allen Grund zur Zufriedenheit.

Im Jahr 1956 hatte die Rote Schwester ihre erste direkte Auseinandersetzung mit der Partei. In diesem Jahr wurde der Einrichtung China Welfare ein neues Exekutivkomitee zugewiesen, an der Spitze Ke Qing-shi, Parteisekretär Shanghais und bevorzugter Freund Maos. Obwohl Ching-ling immer noch die »Vorsitzende« war, lag auf der Hand, dass dies nicht mehr als ein Ehrentitel war. Sie hatte ihr »Baby« ganz verloren und war darüber äußerst aufgebracht. In privaten Briefen machte sie ihrem Ärger Luft und sprach von der Partei als »sie«: »Man hat mich nie nach meiner Meinung zu irgendetwas gefragt & tatsächlich ... hatte ich keine Ahnung, dass sie beschlossen haben ...«[506]

Im November brach es dann aus ihr heraus. In diesem Monat jährte sich Sun Yat-sens Geburtstag zum neunzigsten Mal, und Peking plante eine große Gedenkfeier. Ching-ling schrieb für die Zeitung *Renmin Ribao*, das Parteiorgan der Kommunistischen Partei Chinas, Artikel über Sun. Sie skizzierte Sun als Chinas Lenin und erklärte, die KPCh habe nach seinem Tod »seine Mission übernommen«.[507]

Wie zuvor schickte Ching-ling ihren Entwurf zur Absegnung nach Peking. Für gewöhnlich kommunizierte sie mit Zhou En-lai, den sie schätzte. Dieses Mal war Zhou jedoch mit dringenderen Angelegenheiten vollauf beschäftigt. Die kommunistische Welt war im Aufruhr. In Europa brach der Ungarnaufstand aus, gefolgt von Protesten in Polen, und Mao war verunsichert. Gleichzeitig versuchte er, aus der Krise Kapital zu schlagen und Chruschtschow als Führer des kommunistischen Lagers abzulösen. (Stalin war 1953 gestorben.) Der Umgang mit der Situation beanspruchte die gesamte Zeit und Energie Maos und seiner Untergebenen. Tag und Nacht debattierten sie auf unzähligen Sitzungen.

Zhou En-lai hatte schlicht keine Zeit, Ching-lings Artikel zu lesen, also übernahmen »untere« Zensoren die Aufgabe. Ohne Zhous Taktgefühl forderten die Beamten Ching-ling unverblümt auf, Änderungen vorzunehmen und die führende Rolle der KPCh in Suns Laufbahn zu unterstreichen. Chingling wurde angewiesen, wie folgt zu schreiben: »Dr. Suns antiimperialistisches Werk etc. entwickelte sich als Ergebnis einer Begegnung mit Li Ta-chao und Chiu Chu-pak [zwei frühen Führern der KPCh].« Ching-ling war empört. Sie schrieb am 8. November einem Freund, dass Sun seine revolutionären Ideen »schon früh in seinem Leben gehabt hatte ... bevor er einer KP begegnete« »Ich schmälere keineswegs deren Beiträge, nur weil wir Wahrheit und Fakten wertschätzen, wir müssen sie wahrheitsgemäß dokumentieren, auch wenn die Fakten nicht so sind, wie manche Leute sie gerne hätten.« Wie es inzwischen ihre Gewohnheit war, forderte sie den Empfänger auf: »Bitte vernichten Sie diese Notiz freundlicherweise.«[508]

Sie bestand auf ihrer Version, und die »unteren« Zensoren, die keine Vollmacht hatten, sie zu überstimmen, ließen ihre Artikel in dieser Form veröffentlichen. Als die Parteiführer Ching-lings Darstellung lasen, waren sie verärgert und beschlossen, ihr eine Lektion zu erteilen. Am 11. November, am Tag der Gedenkfeier für Sun – eine prunkvolle Veranstaltung, an der Mao persönlich zusammen mit der gesamten KPCh-Führung teilnahm –, war von Suns Witwe nichts zu sehen.

Unterdessen kursierte das Gerücht, Ching-ling hätte eine »verbotene Affäre« mit ihrem Chefleibwächter und könne nicht länger als Madame Sun angesehen werden. Als Chingling über einen Cousin – er schrieb ihr einen Brief – von dem Gerücht erfuhr, war sie außer sich vor Wut und erwiderte, er solle, falls dies noch einmal jemand behauptete, »ihn der Polizei übergeben!« Der Cousin fragte, warum sie denn nicht an der Gedenkfeier teilgenommen habe.[509] Sie musste sich damit herausreden, dass sie ferngeblieben sei, weil sie befürchtet habe, ihren Kummer nicht kontrollieren zu können und womöglich die Fassung zu verlieren, was nicht gut ausgesehen hätte. In Wahrheit war sie gar nicht über die

Veranstaltung informiert, geschweige denn dazu eingeladen worden.[510]

Ching-ling hegte – und zeigte – eine ungewöhnliche Zuneigung zu ihrem Chefleibwächter Sui Xue-fang. Sui war ein stattlicher junger Mann, ein guter Schütze, geübter Fahrer, talentierter Fotograf und begnadeter Tänzer. Auf Chinglings Partys war er, wenn sie hier und da mal das Tanzbein schwang, ihr Partner. Häufiger spielten sie zusammen Schach und Billard. Ching-ling, die grundsätzlich ihrem Personal gegenüber liebenswürdig und fürsorglich war,* behandelte Sui wie den Sohn, den sie nie haben konnte. Genau genommen war sie auch Jin Shanwang, Suis Stellvertreter, zugetan, den sie liebevoll »Kanone« nannte. Sie brachte Jin das Klavierspielen bei und beauftragte ihn sogar, in ihrem Namen inoffizielle Reden zu halten. Die beiden jungen Männer wetteiferten um ihre Zuneigung, gelegentlich auf launische und boshafte Weise.[511] Und sie benahm sich so lebhaft und schelmisch wie eine junge Frau. Die Stimmung in Chinglings Haushalt glich allmählich der in einer Familie – neben aufrichtiger Zuneigung und Gelächter gab es auch Phasen, in denen geschmollt wurde, und Zank.

Klatsch ließ sich nicht vermeiden, doch in diesem Fall drang er, völlig ungewöhnlich, an die Öffentlichkeit. Das Privatleben der Führer des Landes lag in der Regel unter einer besonders dicken Decke der Geheimhaltung. Andere hohe Regierungsvertreter mochten Affären haben, aber keine einzige kam jemals einem Menschen außerhalb der bewachten

---

* Ich habe zwei langjährige Mitglieder von Ching-lings Personal interviewt: Sekretär Li Yun und den stellvertretenden Chef der Leibwache Jin Shan-wang. Beide legten Wert darauf, mir zu erzählen, wie liebenswürdig sie gegenüber ihren Bediensteten gewesen sei. Sie baten mich ausdrücklich, diese Eigenschaft zu erwähnen. Eine derartige Bitte war einzigartig unter dem Personal von Führungskräften, die ich befragt habe.

Wohnkomplexe der Elite zu Ohren. Einzig und allein über Ching-ling sprach ganz China.

Das Gerücht – und der Ausschluss von der Gedenkfeier für Sun Yat-sen – alarmierten Ching-ling. Sie erkannte, dass man ihr durchaus den Titel Madame Sun entziehen könnte, der für ihr Überleben unerlässlich war. Es hatte schon früher, unter Chiang Kai-shek, vergleichbare Gerüchte gegeben, aber damals hatte sie sich immer offen äußern und die üble Nachrede widerlegen können. Manche Zeitungen veröffentlichten ihre Story, oder sie ließ sie auf Flugblätter drucken und von den Dächern der Hochhäuser in Shanghai werfen. Inzwischen besaß sie kein Sprachrohr mehr für ihre Stimme – obwohl sie die Vize-Regierungschefin des Landes war. Sie hatte keine Möglichkeit, sich öffentlich zu verteidigen, und war völlig der Gnade der Partei ausgeliefert. Wenn die Partei bestimmte, sie sei nicht länger Madame Sun, dann wäre sie auch nicht mehr Madame Sun – selbst wenn sie seine treue Witwe bliebe.

Diese beängstigende Erkenntnis zwang die eigensinnige Ching-ling zum Nachgeben. Sie fand einen Weg, ihre Unterwerfung zu demonstrieren. Im April 1957 hielt sich Maos Nummer zwei, Präsident Liu Shao-qi, in Shanghai auf und stattete Ching-ling zusammen mit seiner Frau einen Besuch ab. Die kluge und elegante Frau Liu stammte aus einer angesehenen alten Familie und hatte in der vorkommunistischen Zeit an der katholischen Universität in Peking ihr Examen in Physik abgelegt. Ching-ling kam mit dem Paar gut aus. Sie wertete den Besuch der Lius als ein Signal, dass sich die Partei mit ihr einigen wolle, und ergriff die Gelegenheit beim Schopf. Sie sagte Liu, dass sie in die KPCh eintreten wolle. Frau Liu fiel die Ernsthaftigkeit auf, mit der sie dieses Ansinnen vorbrachte. Ihr Mann war hocherfreut, erwiderte aber, sorgsam jedes Wort abwägend, dass er dies Mao melden werde,

weil es »eine sehr große Sache« sei. Liu kehrte schon bald mit
Zhou En-lai, Maos Nummer drei, nach Shanghai zurück
und teilte Ching-ling mit, dass die KPCh der Ansicht sei, sie
könne die gemeinsame Sache wirkungsvoller unterstützen,
indem sie außerhalb der Partei bleibe. Die Partei werde sie
über alle wichtigen Themen informieren, und sie werde an
der Entscheidungsfindung teilhaben. Ching-ling nickte – ihr
kamen die Tränen, und sie wirkte sehr emotional.[512]

Tatsächlich hatten Mao und die Führung nicht die Absicht,
Ching-ling völlig vor den Kopf zu stoßen. Mao selbst hatte
eine recht gute persönliche Beziehung zu ihr und nannte sie
»werte ältere Schwester«, schrieb ihr Briefe auf eine geradezu
spielerische Art.[513] Aus politischer Sicht war sie nicht mit
Gold aufzuwiegen. Chinas nichtkommunistische Nachbar-
staaten fürchteten das Rote China, und Ching-ling konnte
der KPCh helfen, sie für sich zu gewinnen. Indonesiens Präsident Sukarno, den Mao unbedingt auf seiner Seite wissen
wollte, fühlte sich von der gut aussehenden und graziösen
Ching-ling angezogen und lobte sie in den höchsten Tönen – im wahrsten Sinne des Wortes, nämlich in einem Lied,
das er ihr gewidmet hatte und selbst vortrug. Mao legte Wert
darauf, der Roten Schwester mitzuteilen, dass er sehr erfreut
sei über den Einfluss, den sie auf Sukarno habe.[514] Noch wertvoller war Ching-ling für Pekings Plan, Taiwan einzunehmen. US-Präsident Harry S. Truman hatte sich anfangs vom
Chiang-Regime distanziert, aber nachdem Mao bei dem
Einmarsch in den Süden im Juni 1950, der den Koreakrieg
ausgelöst hatte, Nordkorea unterstützt hatte, schickte Truman die Siebte Flotte der U.S. Navy in die Taiwanstraße, um
die Insel vor einer möglichen Invasion zu schützen. Maos
Armee war außerstande, Taiwan gewaltsam zu erobern. Seine
einzige Option bestand darin, Taiwan zur Kapitulation zu bewegen. Und wer wäre geeigneter gewesen, die Nationalisten

zu beeinflussen, als Madame Sun? Ching-ling schrieb pflicht-
getreu an Ei-ling in New York und drängte sie, »sofort« zu
einem Besuch zu kommen, ehe sie beide zu alt dafür wären.
Ei-ling hatte in den vergangenen Jahren mehrere Briefe an
Ching-ling geschrieben, ohne je eine Antwort zu erhalten.
Taktvoll erklärte sie, dass sie grauen Star habe und ihr in
Kürze eine Operation bevorstehe. Sie versprach, dass sie, sobald sie ihr Augenlicht wiedererlangt habe, so schnell wie
möglich ihre liebe Schwester besuchen werde. Selbstverständlich vermisse sie Ching-ling schon die ganze Zeit und
wünschte, sie könnten wieder zusammen sein wie früher.
Ei-ling schickte Ching-ling ein paar Kleidungsstücke aus
Kaschmir, aber sie reiste nie ins kommunistische China.[515]

Mao machte eine weitere Geste des guten Willens, um
Ching-ling für ihre Demütigung zu entschädigen. Sie durfte
ihn im November 1957 als seine Stellvertreterin zur Feier des
vierzigsten Jahrestages der Oktoberrevolution nach Moskau
begleiten. Ching-ling schwenkte ihrerseits noch vor der
Reise ganz auf die Haltung der Partei zu Sun Yat-sen ein,
indem sie schrieb, dass Sun »die korrekte Sichtweise zur
chinesischen Revolution« erst entwickelt habe, »nachdem er
sich mit Vertretern der KPCh getroffen hatte«.[516]

Unterdessen heiratete Sui, ihr Leibwächter, eine Fabrikarbeiterin. Ching-ling gab zur Feier ihrer Hochzeit ein
Abendessen und bot ihnen, als den Frischvermählten keine
eigene Wohnung zugewiesen wurde, Räume im Personal-
trakt ihrer Villa in Shanghai an.

Das Problem wurde elegant von beiden Seiten gelöst. Doch
das Gerücht über Ching-lings Beziehung zu Sui hielt sich
hartnäckig. Wie andere, die in den 1960er- und 1970er-Jah-
ren in China aufgewachsen waren, hörte ich häufig das Gerücht, Ching-ling habe heimlich ihren Chefleibwächter geheiratet und »Madame Sun« sei lediglich eine Fassade,

welche die Partei für sie aufrechterhielt, damit sie nicht das Gesicht verlor. Viele Leute schenkten dem Gerücht Glauben, und manche tun es noch heute.

Letztendlich gab Ching-ling ihre Unabhängigkeit auf und wurde zu einem reinen Aushängeschild für die Partei, in deren Namen sie andere Staaten besuchte und Besucher aus Übersee empfing. Es gab keine offen vorgebrachten kritischen Äußerungen mehr, nicht einmal im privaten Kreis. In der Öffentlichkeit plapperte sie stets die Parteilinie nach. Im Jahr 1957 wurden im Zuge der Kampagne »gegen die Rechtsabweichler« Hunderttausende gebildeter Männer und Frauen verurteilt, die Maos Einladung gefolgt waren und sich zu den Problemen des Landes geäußert hatten. (Maos Einladung unter der Losung »Lasst hundert Blumen blühen« war ein Köder gewesen, um potenzielle Kritiker zu entlarven.) Unter den Opfern waren viele alte Freunde und Bekannte Ching-lings, die mit ihr gegen Chiang Kai-shek gekämpft hatten. Sie verloren ihre Anstellung und wurden zu körperlicher Arbeit gezwungen. Manche wurden in Lager gesteckt, andere in den Selbstmord getrieben. Diese Aktionen zerstörten viel mehr Leben als alles, was Chiang Kai-shek jemals getan hatte. Doch die Rote Schwester schwieg. (In diesem Jahr kämpfte sie selbst ums Überleben.) Ihr Unglück bereitete ihr Schmerzen, aber sie bemühte sich, die eigenen Gefühle zu verdrängen. In einem Artikel zitierte sie eine Parole der Partei, um ihren Lesern und sich selbst einen Rat zu geben: »Wir müssen jede Gefühlsduselei zerschmettern.«[517]
Im Jahr 1958 startete Mao den »Großen Sprung nach vorn«, der in Wahrheit sein Versuch war, in halsbrecherischem Tempo eine ganze Reihe militärischer Industriezweige aufzubauen. Stahl wurde gebraucht, und Mao, der

von Wirtschaft absolut keine Ahnung hatte, wies die ganze Bevölkerung an, Stahl zu produzieren. In den Hinterhöfen schossen in ganz China »Kleinhochöfen« aus dem Boden, auch Ching-ling baute mit Mitgliedern ihres Personals im Garten ihr eigenes Exemplar. Um für das Ungetüm Platz zu schaffen, mussten ein paar wunderschöne alte Bäume fallen. Das Parteiorgan *Renmin Ribao* verkündete, dass sie einen rot glühenden Klumpen Stahl für junge Männer zum Hämmern bereithalte. Auch wenn sie darüber nicht glücklich war, hielt Ching-ling sich mit Protest zurück.[518]

Die gigantische Verschwendung an menschlichen und natürlichen Ressourcen im Zuge des Großen Sprungs hatte maßgeblichen Anteil am Aufkommen einer landesweiten Hungersnot, die vier Jahre, von 1958 bis 1961, andauerte.* Rund vierzig Millionen Menschen kamen damals um. Selbst in Ching-lings privilegierter Welt litten die Menschen Hunger. Einmal gab sie die Anweisung, eine Hausziege zu schlachten, um den Speiseplan des Personals aufzubessern. In Anbetracht einer Misswirtschaft unvorstellbarer Dimensionen rebellierten einige alte Kommunisten, allen voran Marschall Peng De-huai, der Verteidigungsminister. Peng wurde im Juli 1959 denunziert. (Er starb später in Gefangenschaft.) Ching-ling, große Bewunderin des Marschalls, war erschüttert. In einem Brief an einen alten, vertrauten Freund enthüllte sie ihre Situation: »Ich fühle mich sehr angespannt und habe Albträume.« Der Empfänger wurde angewiesen, »den Brief nach dem Lesen zu verbrennen«.[519]

---

* Zu der Hungersnot kam es vor allem deshalb, weil Mao Lebensmittel nach Russland exportierte, um Rüstungsbetriebe zu bezahlen – Lebensmittel, die die Chinesen dringend zum Überleben gebraucht hätten – siehe Jung Chang und Jon Halliday, *Mao. Das Leben eines Mannes, das Schicksal eines Volkes*, Kapitel 40.

An diesem Punkt zog die Rote Schwester womöglich in Betracht, China zu verlassen, unter dem Vorwand gesundheitlicher Probleme. Sie hatte Arthritis und erhielt die bestmögliche medizinische Behandlung, doch in einem Brief an ihre deutsche Freundin Anna Wang vom 27. Juli 1959 behauptete sie, man habe ihr mitgeteilt, dass sie lediglich im Ausland die richtige Behandlung und Pflege bekommen könne. Das las sich wie ein Wink mit dem Zaunpfahl an Anna, wonach die Behandlung ihrer Krankheiten einen Weg boten, sie aus dem Land zu holen. Es war eher Wunschdenken als ein ernsthafter Plan. Aber schon die Andeutung gegenüber einer guten Freundin machte sie nervös. Ihr Brief war so geschrieben, als spürte sie, wie der Große Bruder Anna über die Schulter blickte und ihn mitlas. Sie machte zwar Andeutungen, verwarf sie aber sofort wieder, indem sie hinzufügte, dass sie Schmerzen habe und ihr das Reisen schwerfalle – und dass ihr Problem unüberwindbar scheine.[520]

Ching-lings Befürchtungen bezüglich ihrer Briefe beschränkten sich nicht auf unerwünschte Mitleser – sie fürchtete auch, dass man sie abfing, und wartete ängstlich auf die Bestätigung ihrer Freunde, dass die Briefe eingetroffen waren.[521] Nur hier und da erlaubte sie sich, Beschwerden zu äußern. Von Tagesanbruch bis neun Uhr abends dröhnten Parolen und Musik aus Lautsprechern (ein Bestandteil des Großen Sprungs nach vorn) und trieben sie in den Wahnsinn; jegliches angenehme Gesellschaftsleben war abgeschafft und durch öde offizielle Funktionen ersetzt worden; außerdem herrschte ein eklatanter Mangel an Dingen des täglichen Bedarfs. Anna schrieb sie, dass Mütter von Neugeborenen verschämt andere Menschen um gebrauchte Laken anbetteln mussten, um daraus Windeln herzustellen. Sie selbst habe ihre überzähligen Laken und alten Kleider abgegeben. Sie brauche dringend Stoffe, um Hemden und Hosen anzufertigen. Ob Anna ihr bitte Stoffe (aus Ostdeutschland) schicken könne? Alles sei recht, denn »Bettler dürfen nicht wählerisch sein«.[522] Anna schickte ihr auch Gummiband für die Unterwäsche, Socken und einen Standspiegel für ihre Frisierkommode.[523]

Bewunderer von Madame Sun, die sich von ihrer Heldin verzweifelt zumindest einen gewissen Widerstand gewünscht hätten, behaupten häufig, sie habe mehrmals schriftlich gegen die KPCh-Führung protestiert, wofür es allerdings nicht den geringsten Hinweis gibt. Die Quellen belegen lediglich, dass sie die Parteilinie billigte und beteuerte, sich daran zu halten.

Während der Hungersnot machte Ching-ling eine Erfahrung, die es ihr ermöglichte, die Augen und Ohren vor der Realität zu verschließen. Gegen Ende der 1950er-, Anfang der 1960er-Jahre adoptierte sie inoffiziell zwei Töchter, die ihr Leben sehr bereicherten.

Es handelte sich um die Kinder Suis, ihres Leibwächters und mitgehangenen Opfers der skandalösen Gerüchte. Ende 1957 kam sein erstes Kind, ein Mädchen, auf die Welt, und er zeigte es Ching-ling – das taten ihre Bediensteten für gewöhnlich, um ihr eine Freude zu machen, weil sie Kinder liebte. Ching-ling setzte das Baby auf ihre Knie und wiegte es in den Armen. Der Säugling weinte nicht, sondern lachte sie an, und sie sahen sich in die Augen. Dann erleichterte sich das Baby auf Ching-lings gestärktes Gewand. Andere Bedienstete, die genau wussten, dass ihre Herrin peinlich genau auf Reinlichkeit achtete, kamen vorsichtig näher, um ihr das Baby abzunehmen. Aber sie hielt sie davon ab: »Lasst sie ihr Pipi beenden, sonst wäre es nicht gut für sie.«[524] Der warme Urin weckte in Ching-ling eine

Empfindung, etwas, das sie noch nie erlebt hatte und wonach sie sich doch so gesehnt hatte: Mutterschaft. Von jetzt an wichen die dunklen Schatten der Politik allmählich zurück, und Ching-ling ging mit Mitte sechzig ganz in der Rolle als Mutter auf.

20

»Ich bereue nichts«

Suis kleine Tochter, die Ching-ling angepinkelt hatte, wuchs zu einem süßen Kleinkind heran. Ching-ling gab ihr den englischen Namen Yolanda, nannte sie aber »mein kleiner Schatz«. In Anbetracht der Tatsache, dass Ching-ling inzwischen bereits Ende sechzig war, sagten die Leute dem Kind, es solle sie mit »Großmutter« oder »Taitai« (»gnädige Frau«) ansprechen, aber Ching-ling wollte »Mutter« genannt werden. Als wüsste das schlaue Kind, was sie im Sinn hatte, brabbelte es »Mama-Taitai« zu ihr, was Ching-ling sehr freute und das Problem löste. Sie gab prompt Anweisungen, dass alle Kinder, die man zu ihr bringe, sie so ansprechen sollten. Allein mit Yolanda, bezeichnete sie sich allerdings selbst als Mutter, und das Kind nannte sie auch Mama.[525]

Im Jahr 1961 tanzte die dreijährige Yolanda einmal für Mama-Taitai. Ching-ling platzte beinahe vor Stolz und führte sie Freunden vor. Yolanda wurde im selben Jahr eingeladen, auf einer großen Feier des Kindertages (1. Juni) zu tanzen. Sie trug auf der Feier ein hübsches koreanisches Kostüm. Als Ching-ling sie im Fernsehen sah (ein Fernsehapparat war ein seltener Luxus, den sich nur eine kleine Elite leisten konnte), war sie ganz verzaubert. Insbesondere hatte sie den Eindruck, dass Yolanda, unglaublicherweise, Ähnlichkeit mit ihr besaß. (Das dachten auch andere.)

Ching-ling adoptierte inoffiziell auch Yolandas Schwester Yong-jie, die 1959 zur Welt kam. Als das Baby fünf Monate alt war, machte man ein Foto von ihr. Ching-ling gefiel das Bild so gut, dass sie bat, es auf dem Titelblatt der offiziellen Frauenzeitschrift *Frauen in China* zu veröffentlichen. (Die Bitte wurde ihr nicht gewährt.)[526]

Die beiden kleinen Mädchen gingen ein und aus in Chinglings Haus, das ihnen, die sonst in den primitiven und engen Dienstbotenräumen wohnten, wie das Paradies vorkam. Das Leben war für ihre Eltern, den Leibwächter und die Fabrikarbeiterin, schwer, vor allem während der Hungersnot. Das Paar musste viele Münder füttern: Nach Yolanda und Yong-jie hatten sie noch zwei Kinder, einen Sohn und eine Tochter. Die Familie war aber nicht glücklich, es gab häufig Streit und viel Geschrei. Frau Sui gefiel Ching-lings Präsenz in ihrer Familie nicht, und in Momenten der Enttäuschung und Raserei zerschlug sie Schüsseln, Teller und andere kostbare Waren. Einmal jagte sie ihren Mann in das Haus seiner Chefin und fluchte auf die illustre Madame Sun. Sie gab ihr die Schuld an den Problemen im Haushalt Sui. Ching-ling war erschüttert, als sie davon hörte, und gab Anweisungen, für die Familie sofort eine Wohnung zu suchen. Die Suis sollten bald darauf ausziehen.[527]

Im Jahr 1963 erlitt Sui einen Schlaganfall und blieb teilweise gelähmt. Ching-ling schrieb einem alten Freund: »Die Nachricht machte mich sehr unglücklich & bis jetzt habe ich nicht den Mut aufgebracht, ihn zu besuchen. Ich habe Angst, meine Gefühle könnten ihn traurig machen & seinen Zustand verschlimmern. Ich habe zwei seiner Kinder in den Kindergarten geschickt, wo sie unter einem besseren Einfluss stehen als bei ihm zu Hause. Die Kinder sind sehr klug. Ich

habe sie nach meiner Rückkehr im Kindergarten besucht &
festgestellt, dass sie sich an ihren neuen Ablauf & in ihre
Umgebung gut eingewöhnt haben.« Sie holte sie ab und
nahm sie mit zu sich nach Hause, von da an kamen sie regelmäßig zu ihr.[528]

Der Mutter gefiel das zwar nicht, aber sie akzeptierte, dass
es für ihre Kinder das Beste war. Yolanda und Yong-jie hielten die Beziehung zu ihren Eltern aufrecht, verbrachten aber
viel Zeit bei Mama-Taitai, die sie mit eigentlich nicht erhält-
lichen Speisen und hinreißenden Kleidern verwöhnte, von
denen sie nicht zu träumen gewagt hätten, etwa weiche Män-
tel aus der Wolle kleiner Lämmer, über die sie sich wie die
Schneeköniginnen freuten. Ching-ling frisierte ihr Haar
morgens mit bunten Seidenschleifen, die wie Schmetterlinge
geformt waren. Sie sah ihnen zu, wie sie auf ihrem großen
Rasen spielten, setzte sich auf eine Bank und wartete, dass
die beiden in ihre Arme liefen. Auf dem Rasen lebten auch
zwei große Gänse, die die Mädchen auf ihrem Arm fütterten,
wenn sie vorbeiwatschelten. Mama-Taitai brachte den Mädchen die Etikette einer Begegnung mit wichtigen Persönlichkeiten bei und lehrte sie, wie man Würdenträger zu begrüßen hatte. Auf einem Bild hielt ein strahlender Zhou
En-lai sie an der Hand und spazierte mit ihnen durch den
Garten.

Die Mädchen erfüllten Ching-lings Leben und nahmen sie
ganz in Anspruch. Yolanda sagte später einmal, dass sich
Ching-ling früher womöglich deswegen so sehr in ihre Arbeit
gestürzt habe, weil sie die Leere in sich habe füllen wollen, die
durch die versagt gebliebene Mutterschaft entstanden war.[529]

Als im Jahr 1966 die Kulturrevolution begann, konnte die
Rote Schwester die Realität jenseits ihrer Wohnsitze nicht
mehr ignorieren. Bei dieser größten Säuberung Maos war

Präsident Liu Shao-qi das Hauptziel, weil er Mao hintergangen hatte und es ihm gelungen war, dessen halsbrecherische militärische Industrialisierung zu bremsen (und damit die Hungersnot zu beenden).* Mao hasste es, wenn seine Pläne durchkreuzt wurden, und sorgte dafür, dass Liu im Gefängnis einen qualvollen Tod starb. Frau Liu wurde unter der abwegigen Anklage, sie wäre »eine Spionin der CIA und der Nationalisten«, ins Gefängnis geworfen. Angebliche Anhänger Lius wurden in ganz China zu zig Millionen mit Schimpfwörtern wie »kapitalistische Wegbeschreiter«, »Ochsenteufel und Schlangendämonen« und anderen ähnlich bizarren und gefährlichen Namen verunglimpft. Ministerpräsident Zhou En-lai hielt sich am Rand des Abgrunds, indem er Mao sklavische Ergebenheit demonstrierte.

Ching-ling blieb verschont, wiederum dank ihres Wertes als Madame Sun Yat-sen. Tatsächlich stand sie ganz oben auf einer Liste von Personen, die vor der Roten Garde, der Einsatztruppe Maos, bewahrt werden musste. Auch ihr stießen hässliche Dinge zu, doch verglichen mit anderen waren das lediglich lästige Ärgernisse. Das Grabmal ihrer Eltern in Shanghai wurde geplündert, aber nachdem sie Zhou En-lai Fotos von dem Akt des Vandalismus geschickt hatte, wurde das Grab wiederhergestellt. Die Namen ihrer Brüder und Schwestern wurden jedoch von dem Grabstein getilgt. Ein neuer Chefleibwächter machte ihr das Leben schwer, aber nachdem sie sich bei Frau Zhou über ihn beschwert hatte, wurde er entfernt. (Der fanatische Mao-Anhänger wurde auf geradezu dramatische Weise abgesetzt. Er war auf dem Weg zurück in sein eigenes Zimmer auf dem Gelände und summte ein Lied, das zu einem Mao-Zitat komponiert worden war.

---

* Nähere Einzelheiten dazu in Jung Chang und Jon Halliday, *Mao. Das Leben eines Mannes*, Kapitel 44.

Ein Untergebener grüßte ihn und bat ihn wegen einer dringenden Frage in ein Büro. Kaum war er eingetreten, sprangen zwei weitere Wächter hinter den Türen hervor und packten ihn bei den Armen, einer zog ihm gleichzeitig die Pistole aus dem Gürtel. Er wurde ans Tor begleitet und fuhr auf dem Fahrrad davon.)[530]

Aber Mao wollte jeden zumindest ein bisschen einschüchtern. Also wurde es Rotgardisten gestattet, vor den karmesinroten Mauern von Ching-lings Wohnsitz in Peking (wo sie zu bleiben habe, wie man ihr sagte, statt nach Shanghai zu fahren) ein Lager aufzuschlagen. Die dortigen Lautsprecher plärrten markerschütternde Parolen über die Mauer. Sie unterzogen ihre Opfer vor dem Komplex gewaltsamen »Denunzierungssitzungen«, und gelegentlich drangen Schmerzensschreie an Ching-lings Ohr. Die Rote Schwester war entsetzt. Etwas Vergleichbares hatte es weder während Stalins Säuberungen noch Chiang Kai-sheks weißem Terror oder Maos bisherigen politischen Kampagnen gegeben. Aus Angst, dass die Rotgardisten in ihr Haus eindringen und sie foltern könnten, weil sie hübsche Handtaschen, Schuhe und Kleidungsstücke besaß, die als »bourgeois« galten, warf sie diese Dinge kurzerhand in den Ofen. Als sie einen Zeitungsartikel las, der das Halten von Haustieren verurteilte, auch von Tauben und Goldfischen, legte sie die Zeitung sofort weg und befahl ihren Leuten, alle Tauben zu schlachten.[531] Zum Glück für die Vögel wurde die Angelegenheit Zhou En-lai gemeldet, der Anweisung gab, sie in Frieden zu lassen. Einmal schilderte Ching-ling ihre Ängste impulsiv ihrer alten Freundin, der Mao-freundlichen amerikanischen Journalistin Anna Louise Strong. Aber kaum hatte sie den Brief zur Post gebracht, da wurde sie von einer noch größeren Angst gepackt und beeilte sich, einen zweiten Brief zu schicken mit der Anweisung an Strong, den ersten zu vernichten. Strong versicherte ihr: »Am selben Tag, an dem ich deine zweite Nachricht erhielt, zerriss ich persönlich den ersten Brief in kleine Stücke und spülte ihn den Abfluss hinunter ... Von der Korrespondenz ist nichts mehr übrig.«[532]

Das Leben verkam zu einer täglichen Liste von Schreckensmeldungen. Freunde und Verwandte wurden auf Denunzierungssitzungen gefoltert; sie wurden aus ihren Häusern gejagt, ins Gefängnis gesteckt und starben gewaltsam. Ein enger Freund und alter Partner, Jin Zhong-hua, bis vor Kurzem noch Vize-Bürgermeister von Shanghai, wurde als »amerikanischer Spion« angeklagt und einem scharfen und brutalen Verhör unterzogen. Bei der Plünderung seines Hauses wurden rund achtzig Briefe von Ching-ling gefunden. Ching-ling hatte ihn gebeten, die Briefe zu vernichten, aber er hatte sich nicht an ihre Bitte gehalten und ihre Korrespondenz aufbewahrt. Obwohl die Briefe nichts auch nur entfernt Beleidigendes über das Regime enthielten, geriet der ehemalige Vize-Bürgermeister in Panik, dass die Briefe aus einem unerwarteten oder unerfindlichen Grund schlimme Konsequenzen für Ching-ling haben könnten. Dieser Belastung war er nicht gewachsen, und er erhängte sich im Jahr 1968.[533]

So gut wie alle Verwandten von Ching-ling wurden einer entsetzlichen Behandlung unterzogen, allein deshalb, weil sie mit der Familie Soong verwandt waren. Eine Cousine mütterlicherseits, Ni Ji-zhen, wurde in Shanghai von Rotgardisten aus ihrem Haus gezerrt, geschlagen und mit Füßen getreten. Unter großen Schmerzen und Blut spuckend, wandte sie sich an Ching-ling um Hilfe. In einem Brief vom 14. Dezember 1966 erzählte sie detailliert, was sie durchmachte: »Ich weiß nicht, wie lange ich dieses ganze Leid und die Angst noch ertragen kann ... Ich werde versuchen weiterzuleben (ich habe gehört, dass man, wenn man Selbstmord begeht, zum

Konterrevolutionär abgestempelt wird). Ich habe gegen kein einziges Gesetz verstoßen, und ich werde mir nichts antun … Würden Sie mir bitte ein paar Zeilen schreiben, wenn Sie diesen Brief erhalten, damit ich weiß, dass Sie ihn bekommen haben? Das würde mich ein wenig trösten.« Nach der Unterschrift mit ihrem Namen fügte die Cousine noch hinzu: »Die Schwiegertochter der Gans beging Selbstmord, mit Gas. Von den Menschen, die ich kenne, haben acht das gemacht.«[534]

Ching-ling, die immer noch in Peking bleiben musste, erhielt den Brief. Sie antwortete nicht, bat aber heimlich eine alte Untergebene in Shanghai, der obdachlosen Cousine ein wenig Geld zukommen zu lassen. Sie sagte: »Abgesehen davon, dass sie in eine bürgerliche Familie hineingeboren wurde, hat sich meine Cousine nie mit Politik beschäftigt und nie etwas Böses getan. Sie hat immer gemacht, was man ihr sagte.« Von der Untergebenen hörte man nie wieder etwas. Später erfuhr Ching-ling, dass man sie – vermutlich weil sie Ching-lings Geld übergeben wollte – in eines der Behelfsgefängnisse gesteckt hatte, die von so gut wie allen Organisationen in China betrieben wurden. Die Rote Schwester musste die Versuche aufgeben, ihrer Cousine zu helfen. Im Mai 1968 klingelte die geplagte und verzweifelte Cousine an Ching-lings Shanghaier Wohnsitz. Man sagte ihr, Ching-ling sei in Peking, und schickte sie weg. Die Cousine überquerte die Straße und ging in das Gebäude gegenüber; dort sprang sie von der Dachterrasse in den Tod.

Ihr Selbstmord ließ der Roten Schwester, die sich »zum Teil dafür verantwortlich« fühlte, keine Ruhe. Häufig erschien ihr die Cousine in ihren Träumen. Schließlich ertrug sie die Albträume nicht mehr und schüttete ihrer langjährigen Freundin Cynthia ihr Herz aus, die als Kind an ihrer Hochzeit mit Sun Yat-sen teilgenommen hatte. Der Brief machte kein Hehl aus ihrer Wut und dem Abscheu über die allgegenwärtige Grausamkeit und die tagtäglichen Gräueltaten. Sie bat Cynthia nicht einmal darum, den Brief zu vernichten. Der im Februar 1971 geschriebene Brief war das, was man wohl am ehesten einen Protest gegen die Kulturrevolution nennen könnte. Die Rote Schwester war mit ihrem Latein am Ende.[535]

In diesen Höllenjahren musste sie notgedrungen auch darauf verzichten, sich mit ihren beiden Adoptivtöchtern zu treffen. Das alte Gerücht über ihre Beziehung zu deren Vater Sui kam wieder auf, und dieses Mal wurden die Andeutungen laut und offiziell geäußert. Fanatische Parteianhänger beschuldigten sie öffentlich, Sui viele Geschenke gemacht zu haben, darunter eine Kamera – damals ein großer Luxus – und eine ganze Sammlung Kleidungsstücke. Sie musste versuchen, sich reinzuwaschen, also schrieb sie im Oktober 1969 den Behörden: »Die Wahrheit ist, dass seine Kleidungsstücke von der Regierung gestellt wurden, als er mich zu mehreren offiziellen Auslandsbesuchen begleitete. Ich habe kein einziges Kleidungsstück für ihn anfertigen lassen. Die Kamera ist mein Geschenk an ihn.«[536]

Wie zuvor kamen die Behörden zu dem Schluss, dass man sich Madame Sun doch besser nicht zur Feindin machen sollte. Anfang 1970 sah Ching-ling ihre Adoptivtöchter zum ersten Mal seit Jahren wieder. Das Herz ging ihr auf, als die Teenager vor ihr standen. Während sie die beiden anstarrte, bemerkte sie, wie sehr sie gewachsen waren. Yolanda war inzwischen größer als Ching-ling, und ihre Füße waren so groß, dass sie Herrenschuhe tragen musste. Ching-ling kam es so vor, als würde sie die beiden mehr denn je lieben. Zu der Zeit zogen sie endgültig bei ihr ein.[537]

Die Mädchen hatten wenig Bildung genossen: Schulbildung im eigentlichen Sinne gab es nicht mehr, die Kinder waren nur noch in die Schulhäuser gegangen, um ihre Lehrer zu denunzieren oder sich gegenseitig in Gruppierungen der Roten Garde zu bekämpfen oder einfach um herumzualbern. Inzwischen hatte Mao beschlossen, die Roten Garden aufzulösen und sie in die Dörfer zu schicken, um dort als Bauern zu arbeiten. Das war die einzige Zukunft, die der großen Mehrheit der Jugend des Landes offenstand. Ching-ling war fest entschlossen, dass dies für ihre »Töchter« nicht gelten sollte. Sie ließ ihre Beziehungen spielen, um sie in der Armee unterzubringen, eine Alternative, die sich lediglich der Elite bot. In der Armee trainierte Yolanda als Tänzerin, und Yongjie arbeitete in einem Krankenhaus.

Im September 1971 fand ein Ereignis von monumentaler Bedeutung statt. Armeechef Lin Biao, Maos Nummer zwei während der Kulturrevolution, kam auf der Flucht aus China bei einem Flugzeugabsturz ums Leben, nachdem er sich mit Mao überworfen hatte. Mao konnte Lins Männern, die das Land für ihn geleitet hatten, nicht mehr trauen und sah sich gezwungen, einige ehemalige Beamte wiedereinzusetzen, die er bereits entlassen hatte, darunter auch Deng Xiao-ping, einen ehemaligen Stellvertreter, der es abgelehnt hatte, bei Maos großer Säuberung mitzumachen. Die Lage entspannte sich spürbar. Tatsächlich fing man in gehobenen Kreisen bereits an, die Kulturrevolution als Chinas »Holocaust« zu bezeichnen.[538] In dieser neuen Atmosphäre fühlte sich Chingling imstande, ihre Meinung offener zu äußern. Sie schrieb im Juni 1972 einem Verwandten und vertrauten Freund: »Es war gut, dass ich gestern Abend bei dir ein wenig mein Herz erleichtern konnte. Eine Revolution bringt immer einige schlechte Elemente an die Oberfläche, aber auch auf Kosten so vieler guter Leben! *Tüchtige Kader!*« Die Hervorhebung sprach Bände über die Intensität ihrer Empfindungen.[539]

In den folgenden Jahren wurden viele von Ching-lings inhaftierten Freunden aus dem Gefängnis entlassen. Darunter waren auch ihre alten Freunde Israel Epstein und seine Frau, die fünf Jahre lang unter falschen Anschuldigungen im Gefängnis gesessen hatten. Als die Nachricht von deren Freilassung eintraf, war Ching-ling begeistert. Sie fühlte sich jedoch auch gezwungen, sich indirekt bei den Behörden zu erkundigen, ob sie die beiden genau wie früher behandeln dürfe.[540]

Sie gab wieder Partys, und die alten Freunde, die so viel durchgemacht und sich seit Jahren nicht gesehen hatten, plauderten und lachten wieder miteinander. (Vor den Partys tat sie immer etwas Puder auf ihr Gesicht und zog ihre Augenbrauen mit einem Stift nach.) Vieles brachte sie immer noch auf. Ein enger Freund wurde davon abgehalten, zu einem Dinner zu kommen, zu dem sie eingeladen hatte (ihr wurde mitgeteilt, er sei krank und könne nicht kommen, und ihm wurde gesagt, sie sei krank und könne ihn nicht empfangen). Empört schrieb die Rote Schwester ihm: »So sollte man *auf keinen Fall* ein altes Parteimitglied behandeln, noch dazu eines, das der Partei gegenüber immer loyal war.«[541] Sie hatte große Schwierigkeiten, ein Dienstmädchen zu finden, das die Sicherheitsüberprüfung bestand, die vorschrieb, dass ihr familiärer Hintergrund politisch akzeptabel sein musste. Eine junge Frau, die den Test bestanden hatte, wurde ihr zugeteilt, doch sie hatte gebundene Füße und konnte kaum gehen. Ching-ling war verärgert. »Sie sagten, sie komme aus einem guten Hause. Aber muss man für die eigenen Vorfahren verantwortlich sein?«[542]

Im Januar 1976 starb Zhou En-lai im Alter von siebenundsiebzig Jahren an Krebs. Ching-ling trauerte um ihn. Zhou hatte ihr Leben erleichtert, selbst als er nur noch wenige Monate zu leben hatte. Einmal wurde Yolanda von einem

Mann geschlagen, der behauptete, sie habe sich von ihm Geld geliehen und wolle es nicht zurückzahlen. Ching-ling nahm sofort Papier und Stift zur Hand und meldete den Mann den Behörden. Als Zhou von der Sache hörte, ordnete er an, den Mann eine Woche lang in Gewahrsam zu halten und ihn eine Entschuldigung schreiben zu lassen. Als Ching-ling einmal stürzte, rief Zhou nicht nur einmal an, um sich nach ihr zu erkundigen.[543]

Am 9. September desselben Jahres starb Mao. Zu der Zeit hielt sich Ching-ling in Shanghai auf und wurde per Ferngespräch über Maos Tod informiert. Offenbar rollten der dreiundachtzigjährigen Frau Tränen über die Wangen. Aber sie sagte nichts und sprach auch mit keinem Menschen über dieses Ereignis.[544] Vielmehr ließ ihr wohl der Verdacht keine Ruhe, dass unmittelbar nach Maos Tod Briefe an sie abgefangen worden waren. Einen Monat später wurden die vier Mitarbeiter Maos, die ihm in den letzten Jahren am nächsten gestanden hatten, die »Viererbande« mit seiner Frau Jiang Qing an der Spitze, verhaftet. Ihnen wurden sämtliche Gräueltaten der Kulturrevolution zur Last gelegt, die damit offiziell zu Ende ging. Nach diesen Ereignissen lebte Chingling regelrecht wieder auf.

Bei all ihrem Abscheu vor der Kulturrevolution zögerte die Rote Schwester doch, Mao die alleinige Schuld an allem zu geben. Sich der Verantwortung zu stellen hieße, ihre eigenen Entscheidungen zu überdenken, und das könnte sogar zu dem Gedanken führen, dass ihr ganzes Leben ein Fehler gewesen war und sie sich für den falschen Gott entschieden hatte. Sie war entschlossen, dies nicht zuzulassen. »Ich traf meine Entscheidung, und ich bereue nichts«, sagte sie zu ihr nahestehenden Menschen. Der Sturz von Madame Mao, die sie nie gemocht hatte, verschaffte ihr einen bequemen Sündenbock und stellte ihr inneres Gleichgewicht wieder her.[545]

Eigentlich gingen von Jiang Qing keine politischen Maßnahmen aus, wie sie selbst sagte: »Ich war der Hund des Vorsitzenden Mao – wen immer der Vorsitzende Mao mich aufforderte zu beißen, den habe ich gebissen.« Sie war in den
1930er-Jahren Schauspielerin in Shanghai gewesen, bevor
sie mit anderen linken Künstlern nach Yenan ging. Dort warf
Mao ein Auge auf sie und heiratete sie im Jahr 1938, nachdem
er sich von seiner (dritten) Frau getrennt hatte. Im Laufe der
Jahre bemerkte Mao, dass sie viel Gift in sich trug und es
gerne verspritzte. »Jiang Qing ist so tödlich und giftig wie
ein Skorpion«, stellte er einmal gegenüber einem Familien-
mitglied fest und wackelte dabei mit dem Finger wie der
Schwanz eines Skorpions. Er benutzte sie als Speerspitze
der Kulturrevolution und ließ sie einen großen Teil seiner
Drecksarbeit erledigen. Mao wusste genau, wie verhasst sie
war. Gegen Ende seines Lebens litt er an einer unheilbaren
Krankheit und befürchtete einen Putsch, also ließ er seinen
Widersachern mehrmals eine Botschaft zukommen: »Lasst
mich in meinem Bett sterben und macht dann mit meiner
Frau und ihrer Bande, was ihr wollt.«[546]

Die Rote Schwester war froh darüber, dass man Madame
Mao ins Gefängnis gesteckt hatte. Sie sagte zu einem Freund:
»Die Partei ist zu großzügig zu so einem heimtückischen
Luder! Außerdem verlangte sie ihre Perücke zurück, weil das
Wetter unerträglich kalt ist!« Während des Prozesses gegen
die Viererbande im Jahr 1980 schrieb sie Anna Wang, das
Schlimmste, was Madame Mao getan habe, sei die Be-
schmutzung des Namens ihres Mannes gewesen, indem sie
behauptet habe, sie habe bei allem, was sie getan habe, nur
auf dessen Befehle gehandelt. »Was für eine schreckliche
Frau!«, rief Maos Vize-Vorsitzende aus. Sie war imstande,
selbst in der privaten Korrespondenz noch einmal über Mao
ins Schwärmen zu geraten: »Für mich war er der klügste

Mann, dem ich das Glück hatte zu begegnen – seine klare Denkweise und Lehre ... müssen wir treu befolgen, weil sie uns von Sieg zu Sieg führen.« Auf diese Lobrede folgte noch ein Nachsatz: »(Was mich jedoch immer gewundert hat: Warum brach er nie seine Beziehungen zu [Jiang Qing] ab, um sie davon abzuhalten, Schwierigkeiten zu machen?)« Die Rote Schwester schien wirklich zu glauben, dass der »Holocaust« Chinas allein das Werk dieser unsympathischen Frau gewesen sei.[547]

Eine neue Ära brach an. Deng Xiao-ping übernahm das Ruder, und das Land trat in die Phase der Reformen und der Öffnung zur Außenwelt ein. Dieser Prozess veränderte das Gesicht Chinas. Deng legte die Linie fest, dass die Kommunistische Partei und Mao nicht infrage gestellt werden durften. Für die Rote Schwester war das die perfekte Linie. Sie hatte jetzt ihren Frieden gemacht und war in den letzten Jahren ihres Lebens »sehr entspannt«, »sehr zufrieden«.[548]

Yolanda und Yong-jie brachten in diesen Jahren neuen Sonnenschein in Ching-lings Leben. Sie war über achtzig und sehr gebrechlich. Wie ihre Schwester May-ling wurde sie ständig von Ausschlägen geplagt, und ihre Haut war immer wieder mit Bläschen wie Reihen von roten Kirschen übersät. Ihre gesundheitlichen Probleme hätten sie in den Selbstmord treiben können, bekannte sie einmal einem Freund gegenüber, wenn sie nicht so stark wäre.[549] Dass sie ihre Adoptivtöchter um sich hatte, lenkte sie ab und machte sie glücklich. Sie schätzte die beiden und hielt sie für intelligent und witzig. Tatsächlich hatte sie einen Narren an ihnen gefressen und verhätschelte sie mit allen Privilegien, die die höchsten Kreise genießen durften.[550]

Gegen Ende der Kulturrevolution ließ China eine kleine Zahl ausländischer Besucher in das Land. Um deren Bedürfnisse zu befriedigen, wurden besonders begehrenswerte Waren im »Freundschaftsladen« in der Hauptstadt zum Verkauf angeboten. Zu der Zeit trugen alle im Land uniformähnliche blaue Jacken und schlabbrige Hosen. Yolanda und Yong-jie schauten wie gebannt auf all die wunderschönen neuen Dinge. Sie drängten Ching-ling, ihre ausländischen Freunde zu bitten, die tollen Sachen für sie zu kaufen. Einmal waren es Nylonstrümpfe, die sie an ihren Freundinnen bewunderten, ein andermal Lockenwickler. (Es war Frauen nicht erlaubt, ihre Haare zu stylen oder Make-up zu benutzen.) Die Mädchen wollten selbst den märchenhaften Laden betreten. Ching-ling hatte Mitgefühl und gab ihnen nach. Mehrere Male überließ sie den beiden ihr Auto für Einkaufstouren, was viel Stirnrunzeln auslöste. Sie kaufte ihnen hübsche Kleider und Schuhe und jeder ein Fahrrad. Zu Yolandas fünfzehnten Geburtstag bat sie einen Freund in Hongkong, dem Mädchen eine Uhr zu kaufen – ein enorm teurer Luxus, auch wenn sie ausdrücklich betonte, dass es »eine gewöhnliche Arbeiterarmbanduhr sein sollte … robust und nicht schick«. Zwei Jahre später, als Yolanda ihre Tanzkarriere wegen einer Verletzung aufgeben musste und Schauspielerin wurde, bat Ching-ling den Freund, ihr eine zweite, diesmal modischere Uhr für ihren neuen Job zu kaufen.

Nach ihrer eigenen Darstellung war Yolanda damals eitel und eine Angeberin. Sie war unbeliebt und lieferte dem Klatsch unter der Pekinger Elite viel Munition. Israel Epstein, Ching-lings autorisierter Biograf, überschüttete sie in seinem Buch mit Verachtung und nannte sie und ihre Schwester »die lästigen Mädchen«. Eine Frau in Peking ging so weit, der hochgestellten Madame Sun ihre Meinung zu sagen. Ching-ling schrieb, die Frau »tadelte mich, weil ich [Yolanda] keine besseren Manieren beigebracht hatte, und es stimmt, dass ich [die] hochmütige Art von Y nicht unter

Kontrolle habe«. Die allgemeine Missbilligung ließ Yolanda nur noch hochmütiger werden, und sie trieb ihre eigene Arroganz auf die Spitze. Voller Enttäuschung pflegte Ching-ling ihr zu sagen, sie solle »nicht zurückkommen«. Aber Yolanda kam immer zurück – in die Arme ihrer Mama-Taitai.

Vor ihrem achtzehnten Geburtstag im Jahr 1975 hatte Yolanda einen Freund gefunden. Ching-ling mahnte sie aufzupassen, ließ sie aber gewähren, als Yolanda sich weigerte, ihren Rat zu befolgen. Die Beziehung nutzten die unzähligen Gegner des Mädchens dazu, anzüglich ausgeschmückte Geschichten über sie zu verbreiten. Ching-ling war im Namen ihrer Adoptivtochter aufgebracht und nahm es auf sich, die Version in ihrem Freundeskreis zu korrigieren. In einem Brief erklärte Ching-ling: »Ich liebe Yolanda. Ich weiß, dass sie unschuldig ist, auch wenn sie Fehler hat.«

Nach Maos Tod fingen die Chinesen an, die Zwangsjacke des Puritanismus abzustreifen, die ihnen angelegt worden war. Die gerade zwanzigjährige Yolanda genoss das Leben in vollen Zügen. Sie war wohl die erste Lebedame des Landes. Sie ging Tag und Nacht aus, wurde von Besuchern aus dem Ausland, die allmählich ein wenig Farbe in die eintönige Hauptstadt brachten, in noble Restaurants und Clubs eingeladen. Fox Butterfield, der erste Peking-Korrespondent der *New York Times* seit der kommunistischen Machtübernahme, sah sie 1980 im Hotel Peking: »Sie trug einen kurzen Rock aus Wolle, hohe braune Lederstiefel und eine leuchtend orange Bluse. Yolanda war … schlank und für eine Chinesin sehr groß, gut 1,70 Meter. Sie hatte dick Lidschatten und Lippenstift aufgetragen, nicht gerade hübsch, aber stolz, auffällig und sexy. Sie sah wie ein Filmstar aus Taiwan oder Hongkong aus.«[551]

Auf der diesjährigen Zeremonie von Chinas Version der Oscar-Verleihung war »Yolanda in eine rote Seidenbluse und einen langen, bestickten, roten Rock gekleidet, ein Hauch von Farbe und Stil in einem Wald aus schlabbrigem Blau. Sie rauchte auch eine Zigarette, was nur sehr wenige junge Chinesinnen in der Öffentlichkeit tun. Als ein kanadisches Fernsehteam sie ebenfalls bemerkte, zog sie eine Puderdose aus der Handtasche und prüfte, ob ihre Nase glänzte. In der Tasche sah ich auch eine Schachtel Marlboros. Ausländische Zigaretten bekommt man nicht in gewöhnlichen chinesischen Geschäften.«

Ching-ling tolerierte dies alles. Es störte sie nicht, dass Yolanda den westlichen Lebensstil genoss und ihr »von dem Gerede, wie großartig das Leben in den USA [sei], der Kopf verdreht wurde«. Sie und Yolanda neckten sich sogar wegen »Liebe«, in jenen Jahren ein Unwort. Einmal ertappte Yolanda Ching-ling, wie sie ein Foto des jungen Sun Yat-sen anstarrte, und rief aus: »Wow! Herr Sun war so stattlich. Wenn ich dort gewesen wäre, wäre ich ihm auch nachgelaufen.« Ching-ling sagte, das Gesicht vor Stolz leicht gerötet: »Du kommst zu spät, ich habe ihn bekommen! Dieser Mann gehört mir. Du bist nicht imstande, jetzt Hand an ihn zu legen.« Yolanda fiel auf, dass sich Ching-ling, wenn sie von Sun sprach, wie ein verliebtes junges Mädchen benahm. Allem Anschein nach entdeckte Ching-ling die Liebe zu ihrem toten Mann wieder, da ihr Leben als »Mutter« die Wunde, die der Verlust ihres Kindes geschlagen hatte, wohl bis zu einem gewissen Grad heilte.[552]

Viele Männer machten Yolanda den Hof, und wie eine richtige Mutter war Ching-ling darüber in Sorge. Die junge Frau schien ihre Reize offen zur Schau zu stellen: Beispielsweise war ihr Pulli zu eng und zeigte zu viel von ihren vollen Brüsten. Ching-ling seufzte vor Verzweiflung: »Ich hoffe, bald kommt ein geeigneter Kandidat und erlöst mich von dieser Bürde, auf sie wie eine Glucke aufpassen zu müssen! Die häufigen Telefonanrufe hin und her bereiten uns allen Kopf-schmerzen. Womöglich ist sie schuld an meinen häufigen Hautausschlägen.«[553]

Im Jahr 1980 erwählte die Schauspielerin ihren künftigen Mann, einen schneidigen Kollegen, der vierzehn Jahre älter war als sie. Ching-ling hatte einen anderen Mann im Auge gehabt und billigte die Heirat nicht, sagte aber nichts dage-gen. Das Einzige, was sie Yolanda am Tag vor ihrer Hochzeit mit auf den Weg gab, war: »Eines darfst du auf keinen Fall dulden, nicht eine Sekunde lang: Wenn er dich schlägt, und sei es nur ein einziger Schlag, trenne dich von ihm und komm sofort heim.« Ching-ling gab anlässlich der Hochzeit eine Teeparty, zu der sie mit roten Einladungskarten mit gol-denen Buchstaben einlud. Auf der Party trug Yolanda ein weißes Cheongsam und einen Schleier und sah zauberhaft aus. In Ching-lings Herz tobte ein Wirrwarr von Gefühlen, und sie verließ abrupt den Saal. Als Yolanda ihr folgte, drehte sie sich um, packte die Braut am Arm und brach in Tränen aus.[554]

Nach der Hochzeit fühlte sich Ching-ling monatelang unwohl und ließ sich mehrmals untersuchen. Ihr fehlte nichts Bestimmtes. Reumütig schrieb sie Anna Wang: »Wo-möglich ist die psychische Ursache größer.« Sie machte im-mer noch viel Wirbel um Yolanda und verhalf den Frisch-vermählten zu einer der schwer zu beschaffenden kleinen Wohnungen in einem der neuen Hochhäuser, die man An-fang der 1980er-Jahre errichtet hatte. Über ein Jahrzehnt lang, während eine Generation herangewachsen war, heira-tete und selbst Kinder bekam, waren kaum neue Wohnun-gen gebaut worden. Um Wohnungen in diesen neuen, in aller Eile hochgezogenen Wohntürmen wurde erbittert ge-kämpft. Die Zimmer waren winzig und die Böden nackter Zement – zu Ching-lings Entsetzen. Der Aufzug stellte um

21 Uhr den Betrieb ein, und die Wohnung des Paares befand sich im 18. Stock. Wenn sie spät arbeiteten und um drei Uhr morgens heimkamen, mussten sie die Treppen hochsteigen. Sie waren kaum eingezogen, als Ching-ling bereits Pläne schmiedete, um sie in einer besseren Wohnung unterzubringen.

Um ihre zweite Adoptivtochter Yong-jie kümmerte sich Mama-Taitai ebenso fürsorglich. Sie hatte ihr eine Arbeitsstelle in einem Armeekrankenhaus verschafft. Als sich jedoch herausstellte, dass das Mädchen keine Aussicht hatte, Medizin zu studieren, sondern stattdessen einen Bürojob bekommen hatte und tagelang Dokumente kopierte, glaubte Ching-ling, der Job sei eine Strafe, der im Laufe der Jahre Yong-jies Augen geschadet habe. Freunden schrieb sie: »Glaubt nicht den boshaften Gerüchten, die von ihren Feinden [denen der beiden Schwestern] verbreitet werden. Ich liebe sie, und ich bin bereit, alles in meiner Macht Stehende zu tun, damit der Neid nicht deren Zukunft zerstört.« Sie ließ ihre Verbindungen spielen, damit Yong-jie im angesehenen Pekinger Fremdspracheninstitut aufgenommen wurde, um Englisch zu lernen. Im Jahr 1979 bekam Yong-jie ein Stipendium und reiste zum Studium nach Amerika. Ching-ling gab viel Geld aus, um sie auszustatten. Sie verkaufte ihre Pelzmäntel, die ihre Mutter ihr vererbt hatte, und ein paar wertvolle Weine, die ihr Vater ihr hinterlassen hatte. Bereits vor Yong-jies Abreise fing Ching-ling an, sie zu vermissen, und schmiedete Pläne, um sie in den Sommerferien zurückzuholen.[555]

Harold Isaacs, der ehemalige Aktivist, der Anfang der 1930er-Jahre mit Ching-ling zusammengearbeitet hatte, besuchte sie 1980 noch einmal: »Es gab vieles, nach dem ich sie hatte fragen wollen«, schrieb er nach der Begegnung, doch »sie wollte jetzt offensichtlich über das sprechen, worüber *sie* mit uns reden wollte, und das war ein kleines Bündel Bilder, das sie auf dem niedrigen Tisch vor ihr bereitgelegt hatte.« Es handelte sich um Bilder von Yolanda und Yong-jie. Zu Isaacs' Verblüffung begann die einst berühmte »Jeanne d'Arc Chinas« ein »sehr mütterliches Gespräch« mit ihm. »Ich möchte Ihnen von meiner Familie erzählen«, sagte sie. Sie sprach über Yolandas Hochzeit und darüber, wie tüchtig Yong-jie bei ihrer vorübergehenden Rückkehr aus Amerika alles arrangierte. »Sie sprach mit dem Schmerz eines mütterlichen Verlustes von Yoland[a] und mit großem mütterlichen Stolz von [Yong-jie]«, fiel Isaacs auf. Ching-ling bat ihn, Yong-jie, die zu der Zeit auf dem Trinity College in Hartford, Connecticut, studierte, einen Stapel Zeitschriften zu bringen.[556]

Monate später, im Mai 1981, drehte Yolanda an der Südküste einen Film, als ein Telegramm sie aufforderte, nach Peking zurückzukehren. Sie flog sofort zurück und fand Ching-ling in einem Zustand vor, in dem sie immer wieder das Bewusstsein verlor. Yolanda führte Ching-lings Hand an ihre Wange und rief »Mama-Taitai!« aus. Ching-ling öffnete die Augen und streichelte Yolandas Wange. Sie murmelte: »Mein Kind, mein kleiner Schatz, endlich bist du zurück.« Auch Yong-jie kehrte so schnell wie möglich aus den Vereinigten Staaten heim.[557]

In den frühen Morgenstunden des 15. Mai, nachdem Meldungen eingegangen waren, dass Ching-lings Leben in Gefahr sei, beschloss die Kommunistische Partei Chinas, sie offiziell und in aller Form aufzunehmen. Der Umstand, dass die Rote Schwester zu dieser Zeit gar keinen Antrag gestellt hatte, spielte keine Rolle. Sie hatte es knapp ein Vierteljahrhundert früher, anno 1957, getan. Frau Liu Shao-qi, die als Augenzeugin dieses Ereignis miterlebt hatte und die Zeit ihrer Gefangenschaft in einem von Maos Gefängnissen erst vor Kurzem überlebt hatte (im Gegensatz zu ihrem Mann, dem ehemaligen Präsident), wurde zu Ching-ling ans Bett geschickt. Frau Liu sagte zu ihr: »Ich weiß noch, dass Sie einst darum baten, in die Partei aufgenommen zu werden. Ich frage mich, ob Sie noch immer diesen Wunsch hegen.« Ching-ling nickte. Frau Liu wiederholte die Frage drei Mal, und jedes Mal nickte die Rote Schwester zur Bestätigung. Damit waren die Formalitäten erledigt, und noch am selben Nachmittag leitete Deng Xiao-ping eine Dringlichkeitssitzung des Politbüros, das »einstimmig beschloss, Soong Ching-ling als Mitglied in die KPCh aufzunehmen«.[558]

Am nächsten Tag, dem 16. Mai, wurde Ching-ling der Titel »Ehrenpräsidentin der Volksrepublik China« verliehen.

Während sie im Sterben lag, lud die Partei ihre Verwandten ein, nach Peking zu kommen und sie zu besuchen. Ganz oben auf der Liste stand Madame Chiang Kai-shek, die gedrängt wurde, ihre sterbende Schwester noch einmal zu besuchen. Als Mrs. Anna Chennault – die chinesische Frau des US-amerikanischen Piloten Claire Chennault, der im Zweiten Weltkrieg die »Flying Tigers« gegründet hatte – Mayling, sie lebte inzwischen in New York, die Nachricht überbrachte, weigerte die Kleine Schwester sich zu antworten.[559]

Ching-ling starb am 29. Mai 1981 im Alter von achtundachtzig Jahren. Peking lud erneut jeden aus der »Familie« ein, an den Begräbnisfeierlichkeiten teilzunehmen, und bot sogar an, die gesamten Reisekosten und sonstigen Auslagen zu übernehmen. Diese Gesten stießen bei den Soongs, Chiangs und Kungs auf hartnäckiges Schweigen. Die engsten Verwandten, die kamen und an Ching-lings Bahre fotografiert wurden, waren Enkelkinder von Sun Yat-sen aus seiner ersten Ehe.

Von Yolanda und Yong-jie war nichts zu sehen. Harold Isaacs, der Ching-ling ein Jahr zuvor getroffen und bemerkt hatte, wie sehr sie die beiden jungen Frauen als ihre eigenen Töchter betrachtete, stellte erstaunt fest, »dass diese beiden jungen Frauen auf keinem einzigen der Fotos auftauchen, die von der Familie und Freunden bei der Beerdigung gemacht wurden … Ich kann mir nur ausmalen, wie traurig und schmerzvoll das für die beiden jungen Frauen gewesen sein muss, die ihr [Ching-ling], wie sie deutlich machte, als wir sie trafen, auf der Welt am meisten bedeuteten.« Tatsächlich weinten die Schwestern viel, als sie sich als Letzte in einer langen Schlange und nach dem Personal von Ching-lings Leichnam verabschiedeten. Dann wurden sie weggeführt. Ihre Identität blieb drei Jahrzehnte lang tabu. Während Yolanda ihre Karriere als Schauspielerin in Peking fortsetzte, reiste Yong-jie nach dem Begräbnis in die Vereinigten Staaten ab. Seither hat man nie wieder etwas von ihr gehört.[560]

Die offizielle Anonymität der beiden Adoptivtöchter Ching-lings hatte nur zu einem geringen Teil damit zu tun, dass ihre Adoptionen inoffiziell waren. Der Hauptgrund war, dass sie nicht ins Konzept der Partei passten. Die Partei wollte die Blutsbande der erweiterten Familie Ching-lings bei den anhaltenden Bemühungen hervorheben, Taiwan in den Schoß Festland-Chinas zurückzuholen. Die Mädchen hingegen gehörten, dummerweise, nicht dem Clan an.

Im Alter war in der Roten Schwester tatsächlich die Zuneigung zu ihrer Ursprungsfamilie wiedererwacht. Sie hängte das Porträt ihrer Mutter an einer Wand in ihrem Haus auf und zeigte es Gästen, damit sie ihr die Ehre erwiesen. Sie gab die Anweisung, man solle sie neben dem Grab ihrer Eltern beisetzen, weil sie, wie sie engen Freunden gegenüber bekannte, sich ständig bei ihrer Mutter entschuldigen wollte. »Ich habe mich ihr gegenüber schlecht benommen. Ich fühle mich so schuldig.« Die Rote Schwester hatte auch wegen der Art, wie sie ihre Schwestern in der Vergangenheit angegriffen hatte, ein schlechtes Gewissen.[561] In den 1930er-Jahren hatte sie sich gegenüber Edgar Snow gehässig dazu geäußert, wie die Große Schwester es verstand, Geld zu scheffeln, und Snow hatte das veröffentlicht. Im Jahr 1975 bereute sie offenbar diese Bemerkungen und warf Snow vor, er habe »ihr beleidigende Worte über meine ältere Schwester« in den Mund gelegt. Sie verlangte von Snows Witwe, dass die betreffenden Äußerungen aus dem Buch gestrichen wurden.[562]

Trotz all dieser Gefühle hatte Ching-ling ihr eigenes Leben weitergeführt und sich eine eigene Familie aufgebaut. Abgesehen von ihren Adoptivtöchtern und engen Freunden, die sie »meine Schwestern und Brüder« nannte, war ihre Haushälterin, Schwester Yan-e, die ihr ganzes Leben ihrer Herrin widmete, über fünfzig Jahre lang ein zentraler Bestandteil ihres Haushaltes. Ching-ling vergalt Yan-es Loyalität mit ebensolcher Treue. Als Schwester Yan-e an Krebs und starken Schmerzen litt, war Ching-ling in großer Sorge. Sie bezahlte die beste und teuerste Behandlung, die damals erhältlich war. Und als Schwester Yan-e starb (nur wenige Monate vor ihr), gab sie Anweisungen, die Frau neben ihrem künftigen Grab beizusetzen, auf der Parzelle der Soong-Familie. Es war nie der Wunsch Ching-lings gewesen, in Sun Yat-sens großartiges Mausoleum einzuziehen.

Ebenso wenig war die Rote Schwester der Meinung, sie gehöre völlig der Partei. Trotz ihrer lebenslangen Verbindung zu den Kommunisten ging sie doch davon aus, eine separate, private Identität zu haben. Sie hatte sorgfältig ihren Letzten Willen vorbereitet (ohne Zutun von Anwälten, denn diesen Beruf gab es damals schlicht nicht) und vermachte ihren persönlichen Besitz – Dinge, die sie als ihr Eigentum ansah und nicht als das des Staates – an genau bezeichnete Einzelpersonen. Das war damals für eine Kommunistin äußerst ungewöhnlich. Wenn Kommunisten überhaupt ein Testament machten, vererbten sie für gewöhnlich ihren gesamten Besitz der Partei. Ching-ling hinterließ Mitgliedern ihres Personals Geldsummen. Ein Freund in Hongkong, Ernest Tang, wurde besonders bedacht. Im Laufe der Jahre hatte er viele Dinge für sie beschafft, die in China nicht erhältlich waren (auch die Uhren für Yolanda). Obwohl sie ihm immer überschwänglich gedankt und wertvolle Geschenke wie Cognac und Whisky aus dem Nachlass ihres Vaters sowie Ohrringe aus Gold von ihrer Mutter geschenkt hatte, meinte sie, ihm nicht genug gedankt zu haben, und vermachte ihm 1975 in einem Dokument mit der Überschrift »Mein Testament« ihre Bibliothek. Sie schickte das Dokument mit einem Brief an Ernest, in dem sie erklärte, dass diese Bücher nicht dem Staat gehörten, sondern ihre eigene Sammlung seit ihren Studententagen seien und dass er sie in Holzkisten packen und mit nach Hause nehmen dürfe. Vorläufig solle er, wies sie ihn an, das Testament für sich behalten. Sie war besorgt, dass etwas schiefgehen könnte. Nach ihrem Tod ging in der Tat einiges schief. Ernest war in ihren letzten Tagen an ihrer Seite, doch nach ihrem Begräbnis wurde ihm nicht erlaubt, nach Hongkong zurückzukehren. Er wurde in Peking festgehalten (und »starrte den ganzen Tag an die Decke [seines Hotelzimmers]«, sollte er später schreiben). Schließlich gab er unter massivem Druck eine Erklärung ab, nach der er auf eigenen Wunsch »die Bücher nicht annahm und die Regierung entscheiden ließ, was mit ihnen geschehen solle«.[563] Yolanda und Yong-jie waren die Hauptnutznießer des Erbes ihrer Mama-Taitai. Ching-ling hinterließ den jungen Frauen, die sie auch in ihrem Testament wie leibliche Töchter bedachte, Möbelstücke, Gemälde, Kleidung und Schmuck sowie für die damalige Zeit ungewöhnlich hohe Geldbeträge. Yolanda sollte 5000 Yuan und Yong-jie 10000 Yuan erhalten. Man teilte ihnen einfach mit, dass sie nichts von diesen

Dingen bekämen außer dem Geld und ein paar Kleidungsstücken zum Andenken.[564]

Auch wenn Ching-lings Letzter Wille weitgehend ignoriert wurde, starb sie doch als eine ausgeglichene Frau. Ihr
Denken stand nicht im Widerspruch zu ihrem Glauben.
Physisch wurde sie von engagiertem medizinischem und
ihrem eigenen Personal gut versorgt. Und vor allem hatte sie
in der Mutterrolle ihre Erfüllung gefunden.

21

Tage in Taiwan

Für Ching-lings Schwestern waren die letzten drei Jahrzehnte völlig anders verlaufen. Als die Kommunisten 1949 in China die Macht übernahmen und die Rote Schwester zu Maos Vize-Vorsitzender aufstieg, wurden Ei-ling und Mayling mit dem Rest der Familie und den Angehörigen von Chiang Kai-sheks Regime ganz vom Festland vertrieben. Anfang 1950 stieß May-ling zu ihrem Mann in Taiwan.

Unmittelbar nach ihrer Ankunft tat die Kleine Schwester alles, um die Moral der Nationalisten zu heben, die sich auf die Insel zurückgezogen hatten. Sie reiste von Nord nach Süd, besuchte Verwundete und Kranke und munterte die Truppen auf. Sie leitete ein Wohnungsprojekt, um Neuankömmlinge unterzubringen, und rief einen antikommunistischen Frauenbund ins Leben, um die Produktion Hunderttausender von Kleidungsstücken für die Armee und deren Familien zu beaufsichtigen. Sie kümmerte sich persönlich um diese Kleidungsstücke und prüfte sorgfältig, ob sie gut verarbeitet waren.

Wenn sie allein war, dachte sie über Fragen nach wie: »Warum hatten sich die Kommunisten durchgesetzt?« »Inwiefern habe ich persönlich versagt? Hätte ich mehr tun können?« Sie gelangte zu der Schlussfolgerung: »Ich hatte nicht unmittelbar für Gott, unter Gott und mit Gott zusammengearbeitet.« Sie gründete einen Gebetskreis, der mit sechs frommen Christen begann. Am Ende würde, so glaubte sie, die ganze Nation gemeinsam beten, was zugleich alle Probleme lösen würde.[565]

Am 25. Juni desselben Jahres marschierte die nordkoreanische Armee unter Kim Il-sung mit der Rückendeckung Stalins und Maos in den Südteil der Halbinsel ein. Der Koreakrieg begann. Zwei Tage später hob US-Präsident Truman die Politik der »Nichteinmischung« gegenüber Taiwan auf und versprach, die Insel zu verteidigen. Dieses Versprechen sicherte die Zukunft Taiwans. Erste amerikanische Hilfslieferungen gelangten ins Land, und Chiangs Krise ging vorüber. May-ling war in Hochstimmung. Trotz des Wetters (»schrecklich, entsetzlich heiß und schwül«) und ihrer Hautprobleme (»Ich bin ganz übersät von Hitzepickeln und Feuchtigkeitsausschlägen«) war sie munter: »Mein Kopf schwirrt vor Ideen, die Arbeit auszuweiten, mit neuen Projekten.« »Ich glaube fest, dass wir noch vor Ende des Jahres [1951] zurück auf dem Festland sein werden.«[566]

Mit einer optimistischen Einstellung begann May-ling, sich mit chinesischer Malerei zu beschäftigen und zu lernen, nach chinesischer Art zu malen. Mit ihren gut fünfzig Jahren (längst jenseits des Alters, in dem man üblicherweise etwas Neues begann) stellte sie fest, dass die Arbeit mit Tinte und Pinsel ihr erstaunlich leicht von der Hand ging: »Es ist für mich überhaupt keine Anstrengung zu malen.« Sie verliebte sich geradezu in ihr neues Hobby. »Malen ist die einnehmendste Beschäftigung, die ich in meinem ganzen Leben ausgeübt habe. Wenn ich beim Arbeiten bin, vergesse ich alles um mich herum, und ich wünschte, ich könnte die ganze Zeit nichts anderes tun als malen, malen, malen.« Fünf Monate später prahlte sie vor Emma: »Alle Künstler und Kenner der chinesischen Malerei sagen, dass ich das Talent einer großen Künstlerin hätte. Manche sagen sogar, die vielleicht größte lebende Künstlerin.« Solche Komplimente für bare Münze nehmend, fuhr sie fort: »Allem Anschein nach ist meine Pinselführung außergewöhnlich … Ich persönlich glaube, dass das, was die chinesischen Behörden mir sagen, zutrifft.«[567]

Sie schickte Fotos von ihren Zeichnungen an Ei-ling nach New York, um die Meinung ausländischer Experten einzuholen. Das Lob war ermutigend, aber nicht ganz so ekstatisch. Drei Experten stimmten überein, dass die Malerin »wirklich Talent« habe, doch die Zeichnungen schienen »Kopien anderer Zeichnungen« zu sein, sie rieten der Künstlerin, »eigenständigere Werke anzufertigen«.

Außerhalb ihres friedlichen Ateliers und ihres Gebetskreises tobte auf der ganzen Insel ein »weißer Terror«. Chiang Kai-shek, seine geschlagene Armee und Verwaltung, samt deren Familien – insgesamt rund zwei Millionen Menschen – waren an einen Ort gekommen, der sie nicht willkommen hieß. Zwei Jahre zuvor hatte es ein Massaker gegeben, als die Nationalisten die Insel übernahmen, nachdem die Japaner abgezogen waren. Ein großer Teil der Bevölkerung hatte anfangs die Rückkehr der chinesischen Herrschaft begrüßt. Aber die Begeisterung schlug rasch in Empörung um. Das gleiche »Verhängnis des Sieges«, das die Menschen auf dem Festland gegen das Chiang-Regime aufgebracht hatte, stieß nun die Taiwaner ab, die seit Generationen auf der Insel lebten. Grassierende Korruption, eine ineffiziente Verwaltung (vor allem im Vergleich zu Japan) und die unverhohlene Verachtung, die die Neuankömmlinge für die Einheimischen empfanden, und etliche weitere Missstände, die mit der Machtübernahme der Nationalisten einhergingen, führten dazu, dass es am 28. Februar 1947 zu Unruhen kam. Die brutale militärische Unterdrückung kostete Tausende Menschen das Leben.

Doch Chiangs Probleme beschränkten sich keineswegs auf die Einheimischen. Er hatte allen Grund für seine Überzeugung, dass eine große Zahl Roter Spione den Auszug unterwandert hatte und zu gegebener Zeit als Trojanisches Pferd dienen werde. Um seine Zuflucht abzusichern, verhängte er das Kriegsrecht, das für den Rest seines Lebens gelten sollte. Und sein Sohn Ching-kuo stand an der Spitze des Sicherheitsapparats. Diese Geheimpolizei durfte nach Belieben echte oder vermeintliche rote Spione verhaften und hinrichten. Die Menschen lebten in ständiger Angst.

Die Insel wurde wie eine Festung bewacht. Die gesamte, mehr als 1500 Kilometer lange Küste war für die Bewohner tabu. Es war nicht gestattet, im Meer zu schwimmen. Nicht einmal in den Bergen durfte man wandern: Sie waren ebenfalls abgeriegelt, um zu verhindern, dass sich Guerillatrupps dort versteckten.

Chiang sorgte dafür, dass die Korruption eingehegt wurde. Anders als auf dem Festland billigte er rasch Bodenreformen, auch die Senkung der Pacht (die sich hier viel einfacher durchzusetzen ließ, weil die Grundbesitzer einheimische Taiwaner waren und die zuständigen Beamten keine Eigeninteressen verfolgen). Dennoch zeigte der Generalissimus wenig Interesse an einer wirtschaftlichen Entwicklung der Insel, und unter seiner Herrschaft verbesserte sich der Lebensstandard der Menschen kaum.

Den Kult um seine Person förderte Chiang hingegen, und zwar in einem Ausmaß, das er auf dem Festland nicht erreicht hatte. Statuen von ihm wurden überall zusammen mit Statuen von Sun Yat-sen, den er immer noch den Vater Chinas nannte, aufgestellt. Der Generalissimus wurde der Nation als Vorbild gepriesen. Folglich sagten etwa Schullehrer zu ihren Schülern, damit diese sich den Kopf rasieren ließen (vermutlich wegen der Läuse), der kahle Kopf habe einen erstrebenswerten Namen: der »Chiang-Stil-Kopf« (*zhong-zheng-tou*). Der Generalissimus hatte kaum Haare und galt als glatzköpfig. Als er dies von seinem Enkel hörte, war er nicht gerade erfreut.[568]

Sobald Taiwan außer Gefahr war, hielt May-ling es nicht länger auf der Insel aus. Im Sommer 1952 war sie wieder in New York. Das alte Muster wiederholte sich: Ihr Mann flehte sie an, nach Hause zu kommen – sie behauptete, sie habe gesundheitliche Probleme.[569] Sie war acht Monate lang weg und wäre noch länger geblieben, wenn es in Taiwan nicht zu einer Krise gekommen wäre. Der zivile Gouverneur Dr. K. C. Wu sah sich außerstande, mit dem Generalissimus zusammenzuarbeiten, und war zum Rücktritt entschlossen. Die Amerikaner bevorzugten den liberalen Wu, und sein Rücktritt hätte Chiang in den Augen Washingtons geschadet. Ein zentraler Punkt war der Umstand, dass Dr. Wu über die standrechtlichen Verhaftungen und Hinrichtungen entsetzt war. Er reichte 1953 seinen Rücktritt ein. Chiang weigerte sich, ihn gehen zu lassen.[570]

May-ling wollte unbedingt, dass Wu auf seinem Posten blieb, und kehrte nach Taiwan zurück, um ihn zum Durchhalten zu überreden. Als Wu sie aufsuchte, um ihr seine Entscheidung zu erklären, nahm sie ihn beim Arm und führte ihn zum Ende der Veranda. Sie sagte ihm, an allen anderen Orten befänden sich Abhörwanzen, weil Chiang wissen wolle, worüber Besucher sprächen. Wu erzählte ihr von seiner Abneigung gegen die Geheimpolizei unter Ching-kuo und nannte einen bestimmten Fall eines Geschäftsmannes, der unter der Anklage, ein kommunistischer Spion zu sein, verhaftet und zum Tode verurteilt worden war. Nach Wus

Meinung war die Anklage unbegründet, und May-ling war aufgebracht. Wu und seine Frau waren zum Mittagessen eingeladen. Als Chiang den Speisesaal betrat, schleuderte May-ling ihm wütend entgegen: »Da schau her! Schau, was dein Sohn anrichtet!« Dann nahm sie die Wus bei der Hand und sagte: »Gehen wir!«, und die drei marschierten davon.

Chiang gab seiner Frau nicht nach. Und Wu bestand auf seinem Rücktritt. Am Karfreitag war die Affäre an einem toten Punkt angelangt. Am Ostersonntag fuhren die Wus zu ihrem Landhaus in den Hügeln. Kurz bevor sie die Hügel erreichten, machten sie zum Mittagessen halt. Während der Pause checkte der Fahrer das Auto, weil er den Eindruck hatte, es verhalte sich merkwürdig. Er stellte fest, dass die Muttern an beiden Vorderrädern fehlten. Wäre das nicht bemerkt worden, hätte es auf den löchrigen Straßen durchaus zu einem tödlichen Unfall kommen können. Das Auto war am Vorabend beim Kundendienst gewesen, somit war die Wahrscheinlichkeit, dass es sich hier um Nachlässigkeit handelte, minimal. Wu war sicher, dass jemand das Auto manipuliert hatte. Er hatte Chiang im Verdacht und versuchte auf verschiedene Weise herauszufinden, ob Chiang an dem Sabotageakt beteiligt war. Was er in Erfahrung brachte, sprach dafür, dass Chiang zumindest von der Verschwörung gewusst hatte.

Wu äußerte seinen Verdacht mit keinem Wort, weil er wusste, dass er Taiwan womöglich nie wieder verlassen konnte, falls der Mordanschlag bekannt würde. Aber er war noch fester entschlossen, sich in Sicherheit zu bringen. Zufällig verlieh ihm seine Alma Mater, das Grimmell College in den USA, die Ehrendoktorwürde und wollte ihn zu der Feier einladen. Außerdem standen weitere Einladungen an, in den Vereinigten Staaten Reden zu halten. Mit Verweis auf diese Einladungen beantragte er Reisepässe für sich und seine Familie. Er bekam keine Antwort. Irgendwann schrieb Wu an May-ling, falls ihm der Pass verweigert werde, werde er den Personen, die ihn eingeladen hätten, den Grund für sein Fernbleiben mitteilen. Er bekam die Dokumente – mit Ausnahme eines Passes für seinen dreizehnjährigen Sohn. Der Generalissimus behielt den Jungen als Geisel.

Von den USA aus schrieb Wu mehrmals und verlangte einen Pass für seinen Sohn. Damit er den Jungen auch aus dem Land bekam, erwähnte er seinen Streit mit Chiang mit keinem Wort – geschweige denn einen »Autounfall«.

Wu bat May-ling in drei Briefen um Hilfe. Sie antwortete ihm, dass sie nichts tun könne. In dieser Phase stürzte sie sich ins »Malen, Malen«, wie sie Emma schrieb, nachdem sie erklärte: »Du weißt ja, wie sehr ich die Politik verachte.«[571]

Um Wu zuvorzukommen, startete Chiang eine Schmutzkampagne und warf ihm vor, mit gestohlenen öffentlichen Geldern geflüchtet zu sein. Dieser Schuss ging nach hinten los: Wu unterrichtete die Öffentlichkeit von seinen Vorwürfen gegen Chiang – allerdings immer noch, ohne den »Unfall« zu erwähnen. Seine Enthüllungen schafften es auf die Titelseite der *New York Times*. Während die Medien nach weiteren Storys lechzten, setzte Wu Chiang ein Ultimatum: Händigt meinem Sohn binnen dreißig Tagen seinen Reisepass aus, sonst werden noch mehr unschöne Details bekannt. Die »Erpressung« hatte Erfolg. Exakt dreißig Tage später tauchte ein Regierungsvertreter vor dem Haus von Frau Wus Schwester auf, wo der Junge untergebracht war, und überreichte ihm seinen Pass.

Inzwischen war der Junge ein Jahr lang als Geisel gehalten worden. Man hatte ihn mehrmals zum Jugendverband der Nationalen Volkspartei mitgenommen und ihn angestiftet, seinen Vater öffentlich zu verurteilen. Genau die gleiche Behandlung war auch Ching-kuo widerfahren, als man ihn

Die Große Schwester Ei-ling, laut May-ling »der brillanteste Kopf in der Familie«, war eine der reichsten Frauen in China.

Die Rote Schwester Ching-ling,
die Stellvertretende Vorsitzende
des kommunistischen China.

Die Kleine Schwester May-ling, die First Lady des nationalistischen China.

Ching-ling im Exil in Moskau, 1927/28.

Chiang Kai-sheks Geschenk an seine Frau 1932 war eine auf einem Berg aus entsprechend gepflanzten Bäumen geformte »Halskette«. Der »Edelstein« des Anhängers ist eine wunderschöne Villa mit dem Namen »May-ling-Palast«.

May-ling in den Vereinigten Staaten 1943, wo sie als First Lady Chinas im Krieg einen fantastischen Empfang erlebte.

Ei-ling im Jahr 1969 in Taiwan mit ihrer Schwiegertochter Debra Paget, dem ehemaligen Hollywood-Star und der Hauptdarstellerin in Elvis Presleys erstem Spielfilm *Love Me Tender*. Debra hält ihren Sohn Gregory Kung, den einzigen Nachfahren der Soong-Schwestern.

May-ling verließ Taiwan im Jahr 1991 für immer und distanzierte sich von der Politik der Insel. Präsident Lee, der 1996 der erste demokratisch gewählte Präsident wurde, verabschiedete sie.

May-ling im Alter von etwa hundert Jahren in ihrer Wohnung in Manhattan.
Sie starb im Jahr 2003 im Alter von hundertfünf Jahren.

Eine Postkarte aus dem Jahr 1912 zeigt die drei wichtigsten Gründerväter der chinesischen Republik. Von links: Li Yuan-hong, Sun Yat-sen und Huang Xing. Die Überschrift lautet: »Glückwunsch zur Gründung der Republik China«.

Über 150 Statuen von Chiang Kai-shek und Sun Yat-sen aus den Tagen ihres Personenkultes sind entfernt und in einem »Statuenpark« am Rand von Taipeh aufgestellt worden. Hinter den Statuen befindet sich ein Restaurant.

vor gut zwanzig Jahren in Russland als Geisel gehalten hatte. Jetzt gab er diese Methoden an seine eigenen Untergebenen weiter.

Chiang ließ Wus Sohn frei und sicherte sich damit Wus Stillschweigen. Die ganze Episode wurde mithilfe der mächtigen US-China-Lobby vertuscht, die die Nationalisten lautstark unterstützte. Als Wu anfing, den Generalissimus an den Pranger zu stellen, traten wichtige Lobbyisten in Aktion und wiesen Wu an, den Mund zu halten und eine Erklärung zur Unterstützung Chiangs abzugeben. Wu lehnte dies zwar ab, äußerte sich jedoch nicht weiter. Schließlich nahm er eine Dozentenstelle in Georgia an und geriet in Vergessenheit. Erst Jahre später erzählte er seine Geschichte.

May-ling, die maßgeblichen Anteil daran gehabt hatte, Ching-kuo heimzuholen, tat für Wus Sohn, was in ihrer Macht stand. Sobald der Junge frei war, reiste sie aus Taiwan in die USA, wobei sie sogar die bevorstehende Einsetzung ihres Mannes als »gewählter« Präsident am 20. Mai 1954 ignorierte. Schon vor der »Wahl« hatte sie Emma ironisch geschrieben: »Mein Mann wird zweifellos wiedergewählt; er hat Chen Cheng zu seinem Stellvertreter auserkoren. Bei der Eröffnungssitzung [der Nationalversammlung] gestern musste ich mit ihm anwesend sein, und die Anstrengung hat mich sehr ermüdet.«[572]

Am 3. September desselben Jahres eröffnete Mao, der nach eigenen, ziemlich unerwarteten Plänen handelte, das Artilleriefeuer auf die von den Nationalisten gehaltene Insel Quemoy (Jinmen), die nur wenige Kilometer vor der Küste des Festlands liegt.* Da diese kleine Insel als das wahrscheinliche

---

* Zu Maos Zielen beim Beschuss der Insel damals und im Jahr 1958 siehe Jung Chang und Jon Halliday, *Mao. Das Leben eines Mannes*, Kapitel 37 und 38.

Sprungbrett für jedes Vorgehen gegen Taiwan galt, hatte es den Anschein, als könnte Mao versuchen, die letzte Basis der Nationalisten zu erobern. May-ling flog im Oktober zurück, um ihrem Gatten zur Seite zu stehen.

Washington antwortete auf Maos Säbelrasseln mit der Unterzeichnung eines Beistandspaktes mit Taiwan. Dieser Akt formalisierte die US-amerikanische Anerkennung des Chiang-Regimes als legitimer und einziger Regierung ganz Chinas, folglich durfte Taiwan den Sitz für das Land China in den Vereinten Nationen behalten. Um diese Stellung zu untermauern, machte Chiang die Rückeroberung von Festland-China zum obersten Ziel seiner Staatspolitik. »Kämpft euch zurück auf das Festland!«, lautete die zentrale Parole seines Regimes. Das war sowohl sein Traum als auch eine Haltung, bei der er bleiben musste, wollte er den Sitz in der UN-Vollversammlung behalten. Außerdem gab die Parole den Millionen Armeeangehörigen und Zivilisten, die mit ihm ihre Häuser und ihr Land verlassen hatten und sich nach einer Wiedervereinigung mit ihren Liebsten sehnten, Hoffnung.

Der Beschuss von Quemoy vermittelte May-ling ein eindringliches Gefühl von der »Gefahr der kommunistischen Aggression«. Meldungen vom Festland von den Todesfällen und dem Leiden ehemaliger Kuomintang-Mitglieder und deren Familien hatten sie bereits erschreckt und abgestoßen. Einmal schluchzte sie im Schlaf laut auf. Als ihr Mann sie fragte, was denn los sei, antwortete sie, sie habe im Traum Ching-ling gesehen, wie sie sich von ihr verabschiedet habe. Sie hatte Angst, die Rote Schwester sei ermordet worden.[573]

Sie sah ihren Mann fortan als den Verteidiger Taiwans an und fand Gefallen an seinem Einsatz einer eisernen, wenn auch blutigen, Faust. Die beiden waren wieder einmal Seelenverwandte. Als Chiang ein wichtiges Buch mit dem Titel

Soviet Russia in China schrieb, war May-ling seine engagierte Mitarbeiterin und Lektorin. Ihre neuerliche Vertrautheit und Verbundenheit zeigte sich in einer Anmerkung des Autors, in der Chiang schrieb: »Genau an diesem Tag, dem 1. Dezember 1956, feiern meine Frau und ich in aller Stille unseren [29.] Hochzeitstag.« In der für Chiang Kai-shek absolut typischen Vergötterung der Mutter widmete er das Buch: »Der heiligen Erinnerung an unsere innig geliebten Mütter, die verstorbene Frau Chiang, geborene Wang, und die verstorbene Frau Soong, geborene Nie. Auf diesem Weg widmen meine Frau und ich uns einmal mehr der höchsten Aufgabe, zu der wir alle aufgerufen sind und danach trachten, uns unserer Herkunft als nicht unwürdig zu erweisen.«[574]

May-ling hatte einen mäßigenden Einfluss auf Chiangs harten Kurs der Repressionen. Sie stellte den baptistischen Geistlichen Reverend Chow Lien-hwa, der am Southern Baptist Theological Seminary in den USA seinen Doktortitel erworben hatte, als Kaplan für die Chiangs ein und schickte ihn zum Predigen ins Gefängnis. Es stellte sich heraus, dass Reverend Chow bei den politischen Häftlingen gut ankam. Ein Insasse, der eine Haftstrafe von zehn Jahren verbüßte, erinnerte sich an die Wirkung des Geistlichen. Die Welt, die er und seine Mithäftlinge bewohnten, war grauenvoll und brutal, sie bestand aus Zwangsarbeit, physischer und mentaler Folter sowie täglichen Versammlungen, auf denen sie skandierten: »Generalissimus Chiang ist der große Retter unserer Nation!«; »Tötet Zhu [De, den kommunistischen Armeechef] und Mao!« Chow brachte eine Aura der Menschlichkeit und Momente der Erleichterung und Entspannung in dieser Welt. In seiner Anwesenheit und in seinen Botschaften fühlten sich die Häftlinge wiederum als Menschen gewürdigt. Der Geheimdienstapparat mochte den Reverend nicht, aber May-ling sorgte dafür, dass er unantastbar blieb.[575]

Im Jahr 1958 flog May-ling erneut in die USA. Dieses Mal reiste sie quer durch das ganze Land und warnte die Amerikaner vor der kommunistischen Gefahr. Als wollte er ihre Aussagen unterstreichen, ließ Mao, aus scheinbar unerfindlichen Gründen, im August Zehntausende von Granaten auf die kleine Insel Quemoy regnen. Die Amerikaner reagierten sehr emotional auf May-lings Reden. Und deren öffentlich verkündete Unterstützung für Taiwan stärkte den Nationalisten den Rücken. Maos Streitlust hatte Chiangs Herrschaft lediglich gefestigt.

Ching-kuo teilte May-ling telegrafisch die Freude seines Vaters – und seine eigene – mit. Dieses Jahr markierte einen Wendepunkt in der bislang höflichen und förmlichen Beziehung zwischen Stiefmutter und -sohn. Ching-kuo hatte sie entweder als »Madame Chiang« angesprochen oder die direkte Anrede vermieden. Jetzt ging er dazu über, sie »meine geschätzte Mutter« zu nennen. Und in ihrer Korrespondenz mit ihm bezeichnete sie sich nunmehr einfach als »Mutter«.[576] May-ling war glücklich. Eines Abends in der Weihnachtszeit sah sie sich mit alten Freunden das Musical *42nd Street* im Fernsehen an. Emma notierte in ihrem Tagebuch: »Zwei oder drei Mal hob May-ling ihr langes chinesisches Gewand hoch und tanzte froh durch das Zimmer, indem sie die Schritte nachahmte und sogar ein paar eigene Schlängelbewegungen & Beinschläge improvisierte … Es war herrlich, sie so gut gelaunt zu sehen.«[577]

May-ling kehrte im Juni 1959 nach Taiwan zurück, ohne dass ihr Mann sie lange darum hätte bitten müssen. Chiang kam wie immer zum Flughafen, aber diesmal strahlte das Paar im Sonnenlicht besonders glücklich. Mit Sonnenbrille, Tropenhut und im Sun-Yat-sen-Anzug hielt Chiang seiner Frau den Arm, während sie ihre behandschuhte Hand den Menschen in der Menge reichte. Es war ein Bild der Freude und Zuneigung. Als Chiang 1960 wiederum »einstimmig« zum Präsidenten gewählt wurde, verhielt sich May-ling ganz anders als sechs Jahre zuvor, als sie bei seiner Amtseinsetzung gefehlt hatte. Diesmal beschäftigte sie sich »mit den unzähligen Aktivitäten im Zusammenhang mit der Amtseinführung des Präsidenten«, teilte sie Emma mit. »Es gibt so viele Funktionen und so viele Gäste.« In ihren Briefen an Freunde nannte sie ihren Mann »den Präsidenten«.[578] Die Harmonie hielt länger an, und 1962 schrieb die Kleine Schwester ihrem Bruder T. V., dass sie »soeben einen sehr glücklichen 35. Hochzeitstag verbracht« hätten.[579]

May-ling ließ sich tatsächlich auf Taiwan nieder, um hier mit ihrem Mann zu leben. Es gab viele Kinder um sie herum: die Kinder Ching-kuos und die beiden Söhne von T. A., die in den Ferien aus San Francisco kamen. Tante May-ling stellte einen Hauslehrer ein, der ihnen Mandarin beibrachte. Die Jungen seien »vollendete Lieblinge, so gut erzogen, gehorsam und, ach, so süß«, schwärmte sie. Sie kochte für sie und tanzte mit ihnen. Alle lachten viel, sogar der Generalissimus.[580]

Taiwans First Lady nahm ihre offiziellen Pflichten wahr und bezauberte die VIPs, die zu Besuch kamen. Als sie entdeckte, dass Polio auf der Insel weitverbreitet war, ließ sie ein Kinderkrankenhaus einrichten. Häufig besuchte sie die Kinder gefallener Soldaten, und ihr Talent, Kindern das Gefühl zu vermitteln, sie würden geliebt, und den Lehrern, sie würden geschätzt, brachte ihr viele Bewunderer ein. Zweimal besuchte sie ein Krankenhaus für Leprakranke. Ihr Fotograf sah, wie sie zu den Patienten ging, ohne zu zögern die Handschuhe auszog und ihnen herzlich und ganz unbeschwert die Hand gab. Er war gerührt.[581]

Das Leben der Chiangs bestand zum Großteil aus Freizeit. Die Kleine Schwester kam selten vor elf Uhr aus dem Bett.

Sie malte und spielte Schach, traf sich mit einigen Freundinnen und wurde von einem ganzen Rudel Hunde begleitet (einer, der schon einige gebissen hatte, war beim Personal unbeliebt). Sie fand Gefallen daran, einen Rosengarten auf dem Wohnsitz des Präsidenten anlegen zu lassen. Die Tage des Generalissimus hingegen waren mit dem Lesen der Zeitungen und Dokumente ausgefüllt – oder damit, dass er anderen beim Vorlesen zuhörte. Er unternahm hier und da Inspektionsreisen. In den ersten Jahren hatte er gerne wöchentliche Sitzungen abgehalten, deren Haupttagesordnungspunkt darin bestand, dass er langatmige, moralisierende Vorträge hielt, bei denen etliche Teilnehmer eindösten. Nach all den Jahren verzichtete er inzwischen auf die Vorträge und gab sich damit zufrieden, einen Blick in die Zeitung zu werfen, ein Nickerchen oder einen Spaziergang zu machen, alte Spielfilme anzuschauen und Sehenswürdigkeiten zu besichtigen. Für jemanden, der nach eigenem Bekunden finster entschlossen war, Festland-China zurückzuerobern, unternahm er bemerkenswert wenig, nicht viel mehr als die Ausarbeitung von ein oder zwei fantastischen »Plänen«. Chiang war Realist und wusste genau, dass der ganze Traum davon abhing, dass die USA China militärisch angriffen – und die Wahrscheinlichkeit, dass sich diese Hoffnung erfüllte, war gering.

Der Generalissimus trug keine Uniform mehr, geschweige denn nahm er eine kämpferische Haltung ein. Er trat entspannt in einem langen, traditionellen Gewand auf, den Gehstock in der Hand. Er hatte einen Buckel, seine Augen wurden kleiner, und die Mundwinkel hingen herab. Er wurde in den Jahren in Taiwan zum alten Mann.

Er und May-ling bereisten die gesamte wunderschöne Insel. Seit die Küste und die Berge abgeriegelt waren, um eine kommunistische Invasion zu verhindern, hatten die

Chiangs quasi das Monopol auf die schönsten Plätze. Bis zu dreißig über die Insel verstreute Villen standen ausschließlich ihnen zur Verfügung, von alten und eleganten japanischen Bauten bis hin zu neu gestalteten Imitationen von Kaiserpalästen. Die letzte Anschaffung war ein großer unscheinbarer Komplex mit dem euphemistischen Namen »Erholungshaus für Gäste«. Es lag nur eine Stunde Autofahrt von der Hauptstadt entfernt mitten in den Bergen – und bot sich folglich als Alterssitz für Chiang an. Der Generalissimus beaufsichtigte persönlich die Bauarbeiten, besuchte die Baustelle an fünf Tagen pro Woche und telefonierte unablässig, sobald er eine neue Idee hatte (»Ändern Sie die Farbe der Wände«, »Pflanzen Sie mehr Pflaumenbäume« etc.).[582] Mayling steuerte ihren Geschmack bei, von der Qualität der Polsterung bis hin zur Farbe ihres Badezimmers (unbedingt rosa). Mann und Frau stritten sich darum, in welche Richtung ein bestimmtes Fenster blicken sollte. Sie waren sich jedoch einig, dort eine Kapelle einzurichten, genau wie an den anderen Zufluchtsorten, die sie aufsuchten.

Alle Villen der Chiangs boten ein prächtiges Panorama – den Ausblick auf die Berge oder das Meer hatten sie nur für sich. Mit den Seen verhielt es sich ein wenig anders. Man konnte sie nicht abriegeln unter dem Vorwand, eine rote Invasion zu verhindern, und den Einheimischen wurde der Zugang deshalb nicht verwehrt. Wenn dem Generalissimus jedoch ein See besonders gefiel – etwa der ganze Stolz Taiwans, der Sonne-Mond-See –, wurde immerhin ein beträchtlicher Teil des Sees abgesperrt. Da Chiang das ganze Land als sein Eigentum betrachtete, ließ er auf der kleinen Insel mitten im See eine Pagode zum Andenken an seine Mutter bauen.

Entgegen dem allgemeinen Eindruck, Chiang habe ein spartanisches Leben geführt, achtete der Generalissimus sehr auf Luxus. Er hatte im Voraus geahnt, dass viele Berge und Wälder auf der Insel mit dem Auto nicht erreichbar waren. Deshalb hatte er sich vom Festland zwei Sänften samt den Trägern mitgebracht.[583]

Zu den Transportmitteln, die während seiner Zeit auf Taiwan angeschafft wurden, zählten auch schicke Flugzeuge. Als die Boeing 720 in Produktion ging, kaufte Chiang sofort eine Maschine. Sein ehemaliger Privatpilot General I Fu-en sprach sich nachdrücklich dagegen aus und wies darauf hin, dass das Flugzeug viel zu groß für den Einsatz auf der Insel sei und außerdem viel zu teuer für den armen Flecken Land, der jederzeit mit einem Krieg rechnen müsse. Der Rat stieß auf taube Ohren. Sehr viel Geld wurde für die Anschaffung ausgegeben, das Flugzeug jedoch kaum genutzt. Chiang kaufte auch ein Wasserflugzeug, nur damit das Paar auf den Seen landen konnte. Beim Probeflug stürzte es bei der Landung ab, und die Piloten wären um ein Haar ertrunken. Diese Idee musste also aufgegeben werden.[584]

Dank der Vereinigten Staaten und Maos Drohgebärde führten die Chiangs zwei Jahrzehnte lang ein schönes Leben in Frieden und Luxus. Chiang hatte zwar das Festland verloren, doch auf Taiwan ging es ihm eigentlich viel besser. Er war hier eher ein absoluter Herrscher und in der Lage, die Kontrolle jederzeit zu verschärfen. Seine Tage in Taiwan waren wohl die längste angenehme Zeit in seinem Leben und seiner Ehe mit May-ling. Nicht einmal die Hitze stellte ein Problem dar: Es gab viele kühle Ferienorte in den Bergen, wo man nicht einmal einen elektrischen Ventilator brauchte. Der Generalissimus zog es vor, wenn ein Diener ihm von hinten frische Luft zufächelte. May-ling verzichtete auf derartige Extravaganzen.[585]

Als die Lebensweise der Chiangs später öffentlich bekannt wurde, schien das die Einheimischen nicht sonderlich zu empören. Chiang bewahrte Taiwan vor Maos Tyrannei, wofür die Bevölkerung ihm weiterhin dankbar war. Was May-ling anging: Im Vergleich zu ihrem Pendant auf dem Festland, Madame Mao, konnte niemand leugnen, dass Taiwan sich glücklich schätzen konnte, sie als First Lady zu haben. Allgemein wird anerkannt, dass sie ihre Pflichten gewissenhaft wahrnahm, dass sie einen positiven Einfluss auf den Generalissimus hatte – und dass sie eine anständige und liebenswürdige Frau war.

Im Jahr 1971, als Chiang vierundachtzig und May-ling dreiundsiebzig war, wurde ihr angenehmes Leben empfindlich gestört. US-Präsident Richard Nixon propagierte eine Wiederannäherung an Festland-China und ließ verlauten, dass er Anfang des nächsten Jahres Peking besuchen werde. Während sich sein Sicherheitsberater Henry Kissinger dort aufhielt, um die Reise vorzubereiten, verabschiedete die UNO im Oktober eine Resolution, die den »China-Sitz« Peking zusprach. Damit musste Taiwan die Vereinten Nationen verlassen. Als sich westliche Politiker die Klinke von Maos Tür in die Hand gaben, suchte May-ling in ihrer Verzweiflung wiederum Halt in ihrem Glauben. Immer wieder zitierte sie folgende Stelle aus der Bibel: »Wir sind von allen Seiten bedrängt, aber wir ängstigen uns nicht. Uns ist bange, aber wir verzagen nicht. Wir leiden Verfolgung, aber wir werden nicht verlassen. Wir werden unterdrückt, aber wir kommen nicht um.«[586]
An Emma schrieb sie: »Ich hoffe, dass das Pendel der Vernunft und des Anstands früher oder später wieder zurückschwingen wird ... Wichtig ist nicht, was geschieht, sondern wie wir darauf reagieren.«[587]
Ihr Mann hasste Nixon regelrecht und nannte ihn »Ni[xon] den Clown« *(ni-chou)*. Er behauptete, Nixon hätte diesen Schritt lediglich unternommen, um eine persönliche Rechnung zu

begleichen, weil Chiang es abgelehnt hatte, für seinen Wahlkampf zu spenden. In sein Tagebuch schrieb Chiang: »Bevor Ni der Clown gewählt wurde, stattete er Taipeh einen Besuch ab. Er hegte große Hoffnungen, dass wir ihm Gelder für seinen Wahlkampf spenden würden.« »Ich hielt ihn für einen widerwärtigen Politiker und behandelte ihn als einen Mann ohne Substanz. Und ich war nicht bereit, seinen Wahlkampf zu unterstützen.« »Ni der Clown hegt einen Groll gegen mich und versucht deshalb, mir zu schaden.«[588]

Außer gegen Nixon richtete sich Chiangs Hass auch gegen Ei-lings Sohn David – und sogar gegen May-ling: »An dem Kurswechsel zum Schlimmeren durch Ni den Clown trägt allein [David] die Schuld. Doch meine Frau glaubt an ihn.« »Das Ganze ist eine Folge dessen, dass meine Frau nur auf [David] hört. Er ist kriminell verantwortlich dafür, unser Land in diese Katastrophe geführt zu haben.«[589]

Gelegentlich ließ der Generalissimus seinen Zorn am Personal aus und schlug Mitarbeiter und Bedienstete mit seinem Gehstock, wenn er in Wut geriet. Die Heftigkeit der Schläge wurde zu einem Gradmesser für die physische Verfassung des alten Mannes. Einmal sagte ein Mitarbeiter einem Arzt (Chiang verhielt sich gegenüber Ärzten vernünftigerweise immer höflich, und er schlug nie Frauen.): »Dem Präsidenten geht es derzeit gut – seine Schläge sind heute recht stark!«[590]

Doch Chiangs Gesundheitszustand verschlechterte sich. Nach einem Schlaganfall hatte er Schwierigkeiten mit dem Sprechen. Eines Tages beim Spaziergang gaben auf einmal seine Beine nach, und er musste zum Haus zurückgetragen werden.[591] Die Gesundheitsprobleme wurden streng geheim gehalten, doch Chiang fing an, die Übergabe der Macht an seinen Sohn Ching-kuo vorzubereiten. Ende des Jahres 1971 ernannte er Ching-kuo zum Regierungschef und Oberbefehlshaber der Streitkräfte (Chiang selbst blieb Präsident).

Diese Ernennungen sollten im kommenden Frühling vom Scheinparlament bestätigt werden.

Die Gesundheitsprobleme ihres Mannes und die bevorstehende Machtübernahme Ching-kuos gaben May-ling einen neuen und rein persönlichen Grund zu Befürchtungen: Ihr präsidialer Lebensstil könnte in Gefahr sein. Sie hatte auf beachtlich großem Fuß gelebt, mit Dutzenden Bediensteten, die jederzeit auf Abruf für sie da waren. Als sie sich in den USA aufhielt, wurde ihr auf Wunsch die prächtige Douglas C-54, *China-Amerika*, zur Verfügung gestellt. Wenn ihr Mann einmal nicht mehr da war, würde Ching-kuo sie ebenso auf Händen tragen? Falls sie in New York lebte, was ihr sehnlicher Wunsch war, wer würde dann all das Personal bezahlen, das sie gewohnt war, einschließlich der Sicherheitsleute rund um die Uhr, ohne deren Anwesenheit sie keine Ruhe fände? Und ihre Pflege rund um die Uhr im hohen Alter? Wer übernähme die Gehälter, die Unterhaltskosten und Medikamente für ihre alten treuen Diener aus Taiwan, die sie gerne weiterbeschäftigen würde? Sogar das Vermögen der Kungs reichte unter Umständen dafür nicht aus. Für den größten Teil der Rechnung müsste die Taiwaner Regierung aufkommen. Aber sie war sich nicht sicher, ob sie sich in der Beziehung auf Ching-kuo verlassen konnte. Der Sohn des Generalissimus und seine eigene Familie waren bekannt dafür, dass sie einfach, ja sogar genügsam lebten. Er könnte ihren luxuriösen Lebensstil durchaus für inakzeptabel halten, so freundlich er sich ihr gegenüber auch verhielt. Ching-kuo und seine Söhne waren keine Soongs, und für May-ling war das sehr wichtig. Als Ching-kuos Kinder einmal zusammen mit den Söhnen von T. A. bei ihr waren, steckte sie ihren Neffen ein paar Geschenke zu und ermahnte sie flüsternd, nur halb im Scherz, den Chiang-Kindern nichts zu sagen: »Ihr seid mein Fleisch und Blut«, sagte sie.[592]

May-ling entschied, dass zum Schutz ihrer eigenen Interessen jemand aus ihrer Familie für Taiwans Staatskasse zuständig sein musste. Sie versuchte, ihren Mann zu überreden, ihren Neffen David auf dem anstehenden Parteitag zum Finanzminister zu machen. Sie behauptete, der Sechsundfünfzigjährige habe für die Sache der Nationalisten nicht anerkannte Dienste geleistet.[593]

Chiang war verärgert. David war zusammen mit der ganzen Familie Kung von vielen Nationalisten rundweg die Schuld daran gegeben worden, dass die Partei das Festland verloren hatte. Er hatte niemals in der Taiwaner Regierung mitgearbeitet – und nicht einmal in Taiwan gelebt. Um diese schweren Vorwürfe gegen David noch auf die Spitze zu treiben, gab Chiang ihm die Schuld an der Annäherung Nixons an Peking. Da Nixon in Kürze nach Peking reisen sollte, hätte sich May-ling wohl kaum einen schlechteren Zeitpunkt für das Vorbringen ihrer Bitte aussuchen können. Man könnte meinen, die Kleine Schwester hätte den Verstand verloren. Doch sie war in Panik. Unter der nationalistischen Regierung hatte es noch nie eine Zeit gegeben, in der ihre Familie (zu der Chiang senior, aber nicht Chiang junior zählte) nicht den Schlüssel zur Staatskasse in den Händen hatte. Sie hatte Angst vor der Zukunft. Sie konnte nicht auf einen günstigeren Zeitpunkt für ein Gespräch mit ihrem Mann warten: Sein Herz war so schwach, dass er jeden Moment sterben konnte.

Sie flehte Chiang weiter an, was ihm unerträglich wurde. Folglich mied er ihre Gesellschaft. Er wollte nur noch mit Ching-kuo zusammen sein, der, so oft er konnte, abends zum Essen mit seinem Vater kommen durfte. Wenn Ching-kuo von der Arbeit aufgehalten wurde, wartete Chiang auf ihn; er aß auf keinen Fall ohne seinen Sohn. Sobald sein Sohn bei ihm war, sah Chiang glücklich aus. Nach dem Essen unternahmen sie zusammen einen kleinen Ausflug mit dem Auto. (An Wei-go, seinem Adoptivsohn, nahm Chiang überhaupt kein Interesse. Er schickte ihn praktisch in der selben Minute weg, in der er ihn besuchen kam.) Wenn Ching-kuo nicht bei ihm war, las Chiang zum Trost das Tagebuch seines Sohnes. Kaum war Ching-kuo nach Quemoy zu einer Inspektion abgereist, da fand Chiang, obwohl er ihm gesagt hatte, er solle ein paar Tage dort bleiben, keine Ruhe, bis sein Sohn wieder zurückgekehrt war.[594]

Schließlich gab Chiang nach und empfing seine Frau. Auf der Party anlässlich ihres vierundsiebzigsten Geburtstags war er versöhnlich gestimmt. May-ling packte die Gelegenheit beim Schopf und setzte sich wiederum für ihren Neffen ein – in Kürze sollte die neue Regierung gebildet werden. Auf ihre Anweisung hin kam David zu seinem Onkel und versuchte, einen besonders guten Eindruck zu machen. Doch seine Anwesenheit regte den Generalissimus lediglich so auf, dass er wütend auf seine Frau wurde. In dieser Phase beschrieb Chiang seine Frau als einen Menschen, der »impertinent« wurde, sobald man es ihm gestattete, einem nahezukommen. »Lass dir niemals [diese] Frau zu nahe kommen«, schrieb er am 12. Juni 1972 in sein Tagebuch. Was David anging, so sah Chiang in ihm inzwischen die Ursache seines ganzen Missgeschicks: »Schande, Demütigung, Hass und Wut – keine Sekunde lang ist mein Kopf frei davon. Die Ursache meiner Krankheit ist [David]. Die Ursache für die Schande meines Landes ist er ebenfalls.«[595]

Diese Worte wurden am 11. Juli geschrieben. Am 20. war er nach einer Fahrt mit May-ling in einem Zustand des »Verdrusses und der Verärgerung«. Womöglich hatte sie erneut die leidige Angelegenheit von Davids Funktion angesprochen, und er war der Meinung, er habe genug »Leiden zu erdulden«.[596] Am nächsten Tag billigte er die endgültige

Zusammensetzung der Regierung Ching-kuos und signalisierte damit nachdrücklich, dass David nicht dazugehörte.[597] Das war der letzte Eintrag in Chiangs Tagebuch. Einen Tag später, am 22. Juli, erlitt er einen schweren Herzinfarkt und fiel in ein Koma, das sechs Monate andauerte.[598]

Anfang 1973 erwachte Chiang Kai-shek aus dem Koma. Er blieb noch zwei Jahre als schwer kranker Mann auf dieser Welt und starb am 5. April 1975, im Alter von siebenundachtzig Jahren, in einem Krankenhaus. Einen Platz für seine Ruhestätte hatte er bereits ausgesucht: einen wunderschönen Ort in der Nähe von Sun Yat-sens Mausoleum in Nanjing. Weil Nanjing aber in Rotchina lag, gab Chiang Anweisungen, seinen Sarg in der Villa Cihu am Rand von Taipeh aufzubahren. Dort sollte er den Tag abwarten, an dem die kommunistische Herrschaft auf dem Festland zusammenbräche.

In seinen letzten Jahren war seine Beziehung zu May-ling friedvoll. Sie fand sich mit der Realität ab und legte eine Zärtlichkeit gegenüber dem sterbenden Mann an den Tag. Sie pflegte bei ihm zu sitzen, mit ihm zu plaudern und ihm Gesellschaft zu leisten. Kurz vor seinem Tod wurde bei ihr Brustkrebs diagnostiziert. Über diese ernste und lebensbedrohende Krankheit verlor sie kein Wort gegenüber ihrem Gatten – im Gegensatz zu ihrem früheren ständigen Gejammer über vergleichsweise geringfügige Gebrechen. Bevor sie zur Operation ins Krankenhaus ging, wies sie das Personal an zu sagen, sie habe die Grippe und müsse sich von ihm fernhalten, damit sie ihn nicht anstecke. May-ling hatte ihren Mann gern. Und sie wusste, dass er sie ebenfalls gernhatte.[599]

Nach Chiangs Tod weinte May-ling viel für sich allein oder wenn sie unter Freunden war. In der Öffentlichkeit vergoss sie keine einzige Träne, sorgte entschlossen für komplizierte Arrangements und stand das Begräbnis gefasst durch. Sie war ein Bild der Würde und der unterdrückten Trauer.[600] Ching-kuo hingegen weinte in aller Öffentlichkeit, bis er zusammenbrach und ohne Hilfe nicht mehr aufstehen konnte. Einmal schlug May-ling vor, die Ärzte sollten ihm zur Beruhigung doch eine Spritze geben (dazu kam es nicht). Dieser Ausdruck einer nicht beherrschbaren Trauer war äußerst ungewöhnlich.[601] Der massig gebaute Bär von einem Mann war Mitte sechzig und der Chef eines diktatorischen Regimes. In den Jahren als Geisel in Russland hatte er mit geradezu übermenschlicher Stärke seine Gefühle zu unterdrücken gewusst. Doch nach dem Tod seines Vaters schien er außerstande, seine Qual über den Verlust zu meistern. Sie war nicht nur heftig, sondern auch dauerhaft. Noch lange nach Chiangs Tod schrieb er seiner Stiefmutter Briefe wie diesen:

Ich saß schweigend allein in Shilin [der offiziellen Residenz Chiangs], in Vaters Schlafzimmer, dachte an ihn und vermisste ihn von ganzem Herzen. Am Abend speiste meine ganze Familie in Cihu, um der Totenbahre meines Vaters Gesellschaft zu leisten. Trübsal und Trauer durchdringen jede Faser in mir …

Letzte Nacht ging ich in Cihu schlafen, mitten in einem Herbstwind und Herbstregen, eine Andeutung der Kühle lag in der Luft …

Bei der Rückkehr nach Shilin sah ich, dass die gelben herbstlichen Chrysanthemen im Garten blühten. Das rief so viele Erinnerungen in mir wach, dass ich Vater mit einem stechenden Schmerz vermisste …

Ich bin soeben aus Cihu zurückgekehrt, wo meine Frau und ich hingegangen waren, um der Bahre meines Vaters die Ehre zu erweisen. Ich brach dort einen Zweig der Duftblüte ab und legte ihn vor die Bahre ...

Vergangene Nacht habe ich in Cihu geschlafen. In den Bergen leuchtete der Mond hell und beschien die aufgehenden Blüten der Kamelie. Ich war von der Ruhe und Heiterkeit des Ortes rings um Vaters Bahre berührt. Ich bedaure nur, dass er hier allein ist und sich womöglich isoliert und traurig fühlt ...[602]

Es war an May-ling, Ching-kuo zu trösten und daran zu erinnern, dass er im Vergleich zu ihr (sie hatte kaum Zeit mit ihrem Vater verbracht, weil sie das Haus als Kind verlassen hatte und zurückkehrte, als ihm nur noch wenige Monate zu leben blieben) Glück gehabt habe: Sein Vater war im hohen Alter gestorben, und sie hatten viele Jahrzehnte gemeinsam erlebt.[603]

Die doch sehr ungewöhnliche Weise, wie Ching-kuo um seinen Vater trauerte, konnte nur die Folge eines wirklich besonderen Erlebnisses sein. Womöglich hatte Chiang Kai-shek in einem der langen privaten Gespräche in den letzten Jahren seinem Sohn das Geheimnis enthüllt, wie es ihm gelungen war, ihn aus Stalins Klauen zu befreien. Die Tatsache, dass sein Vater ihn zu einem so hohen Preis herausgeholt hatte – immerhin verlor er Festland-China –, war mit Sicherheit ein erschütternder Gedanke.

Ein weiterer emotionaler Abschiedsgruß kam von einem Mann, von dem man es kaum erwartet hätte: Mao, dem Herrscher Rotchinas, der Chiang abgesetzt und Millionen Menschen massakriert hatte, damit dieser ja nicht wieder an die Macht kam. Mao betrachtete den Generalissimus als würdigen Rivalen. Eines Tages saß der bettlägerige Einundachtzigjährige stundenlang auf seinem riesigen Holzbett. Er aß nichts und sprach kein Wort. Auf seine Anweisung hin wurde immer wieder ein acht Minuten langes Band mit bewegender Musik abgespielt, um eine Begräbnisstimmung zu erzeugen. Dazu schlug er mit überaus feierlichem Gesichtsausdruck auf dem Bett den Takt. Die Musik war eigens für Mao zu einem »Abschiedsgedicht« aus dem 12. Jahrhundert komponiert worden. Mao verabschiedete sich von Chiang. Er dichtete sogar die letzten beiden Zeilen neu, um den Eindruck einer Abschiedsformel noch zu unterstreichen. Die umgeschriebenen Zeilen lauteten: »Lass, lass los, mein verehrter Freund, / Blicke nicht zurück.«[604]

Fünf Monate nach dem Tod ihres Mannes zog May-ling von Taiwan nach New York. Ein Bild von Chiang aus jüngeren Tagen stellte sie auf ihrem Nachttisch auf. Ihre Familie und ihre Bediensteten beobachteten manchmal, wie sie mit dem Foto sprach und ihn »Liebling« nannte. Als einer ihrer Neffen sie einmal ertappte, wie sie das Foto anstarrte, lächelte sie ihn an und sagte: »Er sieht so gut aus, nicht wahr?«[605]

Ein beträchtliches Gefolge begleitete sie über den Ozean, einschließlich der Köche, Fahrer, Wächter und Schwestern. Im hohen Alter stieg die Zahl ihrer Bediensteten dann auf siebenunddreißig.[606] Ching-kuo, der neue Führer Taiwans, sorgte dafür, dass sie üppig versorgt wurde. Unter Tränen hatte er seinem todkranken Vater ein Versprechen gegeben. Als sie unter sich waren, hatte Chiang ihn mehrmals gebeten, sich um May-ling zu kümmern: »Ich werde nur in Frieden ruhen, wenn du dies tust.« Und als sie einmal mit May-ling zusammen waren, hatte der Generalissimus sie beide an der Hand gehalten und zu Ching-kuo gesagt: »Mein Sohn, du musst deine Mutter lieben, wie du mich liebst.«[607] Nach

Chiangs Tod blieben Ching-kuo und May-ling sich nahe, noch enger zusammengerückt vom wechselhaften Schicksal Taiwans. Solange Ching-kuo lebte, brauchte sich May-ling wegen ihres Lebensstandards keine Sorgen zu machen.

22

Die Hollywood-Connection

Während May-ling nach der kommunistischen Machtübernahme die meiste Zeit bei ihrem Mann im nationalistischen Taiwan verbrachte, besuchte Ei-ling das Paar zwar
häufig, machte jedoch New York zu ihrem ständigen Wohnsitz. Die Große Schwester besaß ein großes Haus in Locust
Valley auf Long Island, mitten im Wald. Sie lebte zurückgezogen und ruhig, spielte gelegentlich Bridge mit ein paar
handverlesenen und sehr diskreten Freunden. Sie mied alle
öffentlichen Veranstaltungen. Wie immer stand Gott im
Mittelpunkt ihres Tagesablaufs, und Ei-ling betete jedes
Mal, bevor sie wichtige Entscheidungen traf, auch in Geld-
fragen.

Ihr Verstand, den May-ling für den schärfsten der drei
Schwestern hielt, war immer noch sehr rege, und sie beobachtete die Situation in Taiwan sehr aufmerksam. An einem
Oktobertag im Jahr 1956, als sie die Kleine Schwester besuchte, gab sie Chiang Kai-shek einen Rat, von dem die
ganze Insel in den kommenden Jahren profitieren sollte. In
Chiangs streng kontrolliertem Regime war es nur wenigen
jungen Leuten erlaubt, im Ausland zu studieren. Niemand
wagte es, den Vorschlag zu machen, das Verbot aufzuhe-
ben. May-ling besaß nicht die politische Weitsicht, um solche

Initiativen anzuregen. An diesem Tag schlenderten die Schwestern und der Generalissimus durch den Garten des Präsidentensitzes, als Chiang mit einem breiten Lächeln Ei-lings Arm nahm. Sie wandte sich ihm zu: »Höre, Bruder Chiang, wir liegen in Wissenschaft und Technologie so weit zurück ... und dennoch öffnest du dich nicht und erlaubst es Studenten nicht, im Ausland zu studieren. Du solltest die Studenten wirklich nach Amerika gehen und dort studieren lassen!« Chiang befolgte ihren Rat, und damit begann der Zug taiwanischer junger Männer und Frauen über den Ozean, der zu einer Flutwelle anwachsen sollte.[608]

In den Vereinigten Staaten half Ei-ling den Chiangs dabei, private Probleme zu lösen. Im Jahr 1964 bekam sie einen Brief von Lawrence Hill, dem Literaturagenten der Exfrau des Generalissimus. Jennie war in Not und hatte die Absicht, ihre Memoiren zu veröffentlichen. Hill sagte, er wolle ein paar Fakten mit Ei-ling überprüfen. Wenn das Buch auf den Markt käme, wäre es für die Chiangs überaus peinlich. Die Große Schwester verhinderte die Veröffentlichung, indem sie hinter den Kulissen aktiv wurde. Jennie kassierte 250 000 Dollar und versprach, das Manuskript nie zu veröffentlichen.[609] Das Geld stammte zweifellos aus Ei-lings eigener Tasche.*

In großen wie in kleinen Dingen spielte Ei-ling die Ernährerin der Familie – und verhielt sich stets großzügig. Als ein Sohn ihres jüngsten Bruders T. A. sie zum ersten Mal besuchte, gab sie ihm einen Hundert-Dollar-Schein als Geschenk – eine gewaltige Summe für den Jungen, dessen

---

* Der Literaturagent Hill wurde in dieser Zeit einmal verprügelt – höchstwahrscheinlich von Chiangs Schlägern. Aber das Schmiergeld hatte letztlich den gewünschten Erfolg. Jennies Memoiren wurden erst in den 1990er-Jahren veröffentlicht, lange nachdem sie und Chiang gestorben waren (sie im Jahr 1971).

Taschengeld von seinen Eltern pro Woche 25 Cent betrug. Für die Chiangs wichtige Haushaltsmitglieder bekamen teure Geschenke wie etwa Rolex-Uhren. Als Chiangs Arzt zu einem einwöchigen Besuch bei ihr eingeladen war, setzte sie ihm zu jeder Mahlzeit Haifischflossensuppe vor – die wohl kostspieligste Delikatesse. Der Arzt hatte für sein Leben genug davon, war aber von Ei-lings Gastfreundschaft bezaubert.[610]

Nach allen Darstellungen war sie der Kopf in der Ehe mit H.H. Kung, der jahrelang Chinas Ministerpräsident gewesen war. H.H.s eigenes Urteilsvermögen, so hieß es allgemein, konnte schwanken. In seinen Erinnerungen, die viele offenherzige Einsichten enthalten, prahlt er: »Roosevelt vertraute mir hundertprozentig. Was immer ich ihm sagte, akzeptierte er als die Wahrheit. … Roosevelt war wirklich ein guter Freund von mir.« Ganz ähnlich hatte auch Mussolini eine hohe Meinung von ihm: »Mussolini glaubte, dass China große, wichtige Männer [als Botschafter] in alle europäischen Hauptstädte schicken würde. … Ich denke, Mussolini gab mir im Vertrauen zu verstehen, dass er gerne mich hätte.«

Während seiner offiziellen Europareise im Jahr 1937 hatte er auch eine private Begegnung mit Hitler. Er deutete an, dass er dem Führer zugestimmt habe, als der zu ihm gesagt habe, »die Kommunisten versuchten, Deutschland zugrunde zu richten, doch das deutsche Volk sei wachsam genug, um die Gefahr zu erkennen. Die Kommunisten seien aus Deutschland vertrieben worden, ehe sie zu weit hätten gehen können«, sagte Hitler zu ihm. »Ihm sei klar, dass er, der Herr Doktor, die Gefahr der kommunistischen Lehren genau kenne.« H.H. war ferner überzeugt, dass es »mir gelungen war, Hitler noch einmal zum Nachdenken zu bewegen, ehe er sich zu eng mit Japan verbündete«. Aus Taiwan habe er mehrmals die Aufforderungen erhalten, »zurückzukommen«, behauptete er. »Sie denken, wenn ich zurückkehre, könnte ich der Regierung helfen, das Festland zurückzuerobern.«[611]

Ei-ling war sich darüber im Klaren, dass sie einen Großteil der Denkarbeit für ihren Mann erledigte – und dass sie einen beispiellosen Einfluss auf die Kleine Schwester und den Generalissimus hatte. Einmal sagte sie der Mutter der Schauspielerin Debra Paget, des Hollywood-Stars, der ihren jüngsten Sohn Louis heiratete: »In vieler Hinsicht sind wir alle uns sehr ähnlich.« Sie meinte, dass sie beide den Erfolg ihrer Nachkommen arrangierten (abgesehen von der Tatsache, dass beide tiefreligiös waren).

Debra Paget, die Hauptdarstellerin in Elvis Presleys erstem Film *Love Me Tender* (deutsch: *Pulverdampf und heiße Lieder*), wurde von ihrer dominanten Mutter Maggie Griffin in Hollywood eingeführt. Griffin wurde als »gerissene, redselige, hinreißende Ex-Varieté-Königin beschrieben, die auf ihre Art eine beliebte lokale Persönlichkeit« sei. Maggie wollte unbedingt, dass Debra und ihre Geschwister im Showgeschäft Karriere machten. Unmittelbar nach Debras Geburt im Jahr 1933 in Denver, Colorado, übersiedelte die Familie nach Los Angeles und in die Nähe der Filmindustrie. Debra bekam im Alter von acht Jahren ihr erstes Engagement. Als sie 1956 an der Seite von Elvis in dessen Spielfilmdebüt mitwirkte, hatte sie bereits neunzehn Filme gedreht und übernahm die Rolle, Elvis zu fördern. Sie sagte ihren Fans: »Mit Freuden ergreife ich die Gelegenheit zu der Prophezeiung, dass Elvis Presley immer beliebt sein wird. ... Elvis Presley ist jetzt nicht mehr wegzudenken.«[612]

Während der Dreharbeiten saß ihre Mutter am Set und flirtete mit Elvis. Maggie hatte es sich zur Regel gemacht, überall hinzufahren, wo Debra drehte. Sie stand im Mittelpunkt der Beziehung der Schauspielerin zum künftigen King of Rock'n'Roll. Den Zuschauern der damals einflussreichen *Milton Berle Show* sagte Debra:

> Meine erste Begegnung mit Elvis Presley erwartete ich mit gemischten Gefühlen. Ich hatte viel über diese neue singende Sensation aus Tennessee gehört und gelesen – und der größte Teil davon war nicht gerade schmeichelhaft. … Das Erste, woran ich mich erinnere, war die Art und Weise, wie wir uns begrüßten. Als Mr. Berle uns bekannt machte, drückte Elvis fest meine Hand und sagte: »Es freut mich, Sie kennenzulernen, Miss Paget.« Dann gab er meiner Mutter ebenso heftig die Hand, entschuldigte sich kurz und kehrte ein paar Minuten später mit einem Stuhl für sie zurück. … Von da an bekamen meine Familie und ich Elvis häufig zu sehen … meine Leute hielten Elvis für ein Mitglied des Paget-Clans – ein Gefühl, das er, wie ich glaube, erwiderte.[613]

Offenbar hielt Elvis auch um Debras Hand an. Aber Maggie legte ein Veto gegen die Heirat ein. »Wenn meine Eltern nicht gewesen wären«, sagte Debra in einem Fernsehinterview, »hätte ich ihn geheiratet.«[614]

Wie der Zufall es wollte, trennte sich Debra von ihrem ersten Mann (dem Schauspieler David Street) nach zehn Wochen und verließ ihren zweiten (Regisseur Budd Boetticher) schon neunzehn Tage nach ihrer Hochzeit. Im Jahr 1962, sie war damals achtundzwanzig Jahre alt, lernte Debra Ei-lings jüngsten Sohn Louis kennen und heiratete ihn. Der in Sandhurst ausgebildete, ehemalige Captain der British Army war vierzig geworden, Junggeselle geblieben und inzwischen ein schwerreicher Ölbaron in Houston, Texas. Er besaß ein Privatflugzeug und wurde von einem Team Leibwächter beschützt.

Ei-ling war maßgeblich am Zustandekommen dieser Ehe beteiligt. Sie mochte Debra, nicht zuletzt weil das rothaarige »Glamour-Girl« ebenso fromm wie sie war. Mit Blick auf Elvis sagte Debra einmal: »Und er liebt Gott – das ist das Beste an ihm.«

Die Große Schwester besaß ein Haus in Beverly Hills, und Debra wurde zum Dinner eingeladen, damit sie Louis kennenlernte. Ein gemeinsamer Freund überbrachte die Einladung. Maggie sagte der Presse: »Es war alles so korrekt. Er hat auch mich eingeladen. Und stellte uns seine Mutter vor. Sie ist eine liebenswürdige Frau. Es war alles so korrekt, so altmodisch, dass Debra sich einfach in ihn verlieben musste. Ich tat's jedenfalls.«[615]

Als Louis und Debra verlobt waren, schnurrte Maggie: »Er machte meiner Tochter auf so wundervolle, altmodische Weise den Hof – ich hätte mir keinen netteren Schwiegersohn wünschen können ... Ich mag ihn einfach, und ich weiß, seine Mutter mag meine Tochter auch.« Debra hatte ein Engagement für Dreharbeiten in Rom. Aber Louis flog sie einfach nach Las Vegas, wo die Hochzeit in der First Methodist Church in Gegenwart beider Mütter stattfand. Als das Paar in die Flitterwochen verreist war, plapperte Maggie einmal mehr vor Reportern drauflos: »Ich war genauso aufgeregt wie Debra ... Ich denke, mein Baby hat diesmal das echte Glück gefunden.« Ei-ling war erfreut, scheute sich aber wie immer, mit der Presse zu reden.

Das Zuhause, in das Louis Debra brachte, war eine »Festung« außerhalb von Houston, inmitten mehrerer Hektar bewaldeten Weidelands. Das Hauptquartier seines Ölunternehmens und der Familiensitz waren mit kugelsicheren Fenstern ausgestattet. Auf dem Gelände befanden sich ein künstlicher Teich und chinesische Pavillons mit Dächern aus blauen Ziegeln, die auf den Ebenen von Texas anmutig und dekorativ wirkten. Bei genauerem Hinsehen stellte sich heraus, dass diese Schmuckstücke aus Stahlbeton angefertigt und mit Scharten für Maschinengewehre ausgerüstet waren.

Unter dem Teich hatte Louis den weltgrößten privaten Atombunker bauen lassen: den Westlin Bunker. Er nahm die Gefahr eines Atomangriffs vonseiten des roten Russland oder Chinas sehr ernst. In den Bunker gelangte man über versteckte Treppenhäuser, eines davon befand sich in den Pavillons. Es handelte sich um einen gigantischen unterirdischen Komplex, der dazu gedacht war, jeder Katastrophe standzuhalten, selbst der Detonation einer Atombombe. Die unterirdische Miniaturstadt besaß eigene Generatoren und konnte ausreichend Wasser, Lebensmittel und Brennstoff für tausendfünfhundert Menschen für neunzig Tage aufnehmen. Stockbetten waren ordentlich aufgereiht, ein Raum beherbergte hundertfünfzehn dreistöckige Kojen, jede mit eigener Leselampe. Es gab Kantinen mit Tischen und Stühlen, Toiletten und funktionsbereite Dekontaminationsduschen, eine Klinik – und sogar ein Gefängnis mit vier Stahlkäfigen. Louis hatte an alles gedacht, nicht zuletzt an Schwierigkeiten.

Im Falle eines Atomangriffs würde eine an der Wand montierte Anzeige im Kontrollraum Blinklichter und andere Signale aussenden und die Verriegelung des Bunkers würde aktiviert werden. Geigerzähler zur Messung der Radioaktivität würden eingeschaltet, die das Wasser und die Belüftungsanlage kontrollierten.

Auf der Website von houstonarchitecture.com, die eine Beschreibung des Bunkers enthält, hinterließ der Leser Todd Brandt folgenden Kommentar: »Ich habe den Bau des Aufzugschachts und die innere Renovierung des Westlin

Bunkers beaufsichtigt. Es war faszinierend, man musste ihn mit eigenen Augen sehen, um es zu glauben. Das Ding hatte einen See darüber, aber keine einzige undichte Stelle. Der coolste Job, den ich jemals gebaut habe.«[616]

Diese Märchenhöhle kostete Louis vier- bis fünfhundert Millionen Dollar (nach heutigem Wert). Während Houstons Ölkrise in den 1980er-Jahren verlor er den Besitzanspruch an dem Grundstück (auch wenn er persönlich alles andere als bankrott war). Dieses Wahnsinnsprojekt aus dem Kalten Krieg blieb unvollendet und lag bis zum Jahr 2005 eingefroren in der Zeit da, dann wurde er zur Vermietung freigegeben. Nach den Wirbelstürmen Katrina und Rita meldeten Dutzende von großen Unternehmen Interesse an. Manche, wie beispielsweise Continental Airlines, wollten den Komplex als Krisenoperationszentrum nutzen. Andere hielten es für ein ideales Internet-Datenzentrum. Heute wird er angepriesen, weil er »eine der sichersten Unterbringungs- und Datenspeicherungskapazitäten bietet. Wetterfest. Wasserdicht. Und selbst im Fall eines Nuklearangriffs überlebensfähig.« Louis' Atomschutzbunker hat ein zweites Leben bekommen.

Louis liebte technische Spielereien aus dem Kalten Krieg, die sich gut für einen James-Bond-Film geeignet hätten. Einmal schenkte er einem jungen Neffen einen Kamm, der auch als Messer fungierte. Als May-ling zu Besuch kam, wurde sie in einer Sonderanfertigung von Limousine chauffiert. Die Klappe des Kofferraums konnte automatisch geöffnet werden und gab zwei riesige Scheinwerfer frei, die so stark waren, dass sie jeden Verfolger blendeten. Aus dem Auspuff schossen Flammen. Die bodenständige Madame Chiang Kai-shek merkte gegenüber ihrem Bruder T. V. an, dass »Louis nicht sehr stabil« sei. T. V. erwiderte, er habe »die Fähigkeit zu träumen«. Louis hatte unzählige Hobbys. Er besaß ein großes

Gut in Louisiana, wo er auf Entenjagd ging. May-lings Gefolge mochte ihn, weil er sie gut behandelte.[617]

Louis und Debra trennten sich nach achtzehn Jahren, aber das Paar blieb einander verbunden. »Wir sind die besten Freunde«, sagte Debra. Sie pflegte ihre Freundschaft mit den Kungs und Soongs auch nach Louis'Tod im Jahr 1996 weiter. Diese »wunderbare Beziehung« war nicht zuletzt ihrem Sohn Gregory zu verdanken, für den Debra ihre Filmkarriere aufgegeben hatte.[618]

Gregory kam im Jahr 1964 in einem Haus in Bevery Hills, unweit von Frank Sinatras Anwesen, zur Welt. Als H.H. Kung kam, um seinen Enkel zu sehen, brachte er ein *ru-yi* aus Jade mit, ein geschwungenes Zepter, das traditionell als Glücksbringer verschenkt wird und mit beiden Händen getragen werden muss. Ei-ling kümmerte sich wie eine erfahrene Großmutter um den Säugling. Als Gregory ein kleiner Junge war und May-ling in New York vorgeführt wurde, schickte seine illustre Großtante ihn weg: Er hatte noch nicht gelernt, dass man aufstehen musste, wenn ein Erwachsener den Raum betrat, oder dass man sich ordentlich hinsetzen musste. Später konnte sie ihn nicht genug dafür rühmen, zu einem höflichen jungen Mann herangewachsen zu sein. Außerdem war sie erleichtert, dass er keine Drogen nahm.[619]

Gregory war Ei-lings einziger Enkel. Von ihren vier Kindern haben David und Jeanette nie geheiratet, und aus den beiden Ehen Rosamondes gingen keine Kinder hervor. Damit ist Gregory, das einzige Kind von Louis und Debra, der einzige Nachfahre der Kungs. Als dieses Buch geschrieben wurde, kümmerte er sich um Debra, die mit ihren über achtzig Jahren immer noch gut aussah – und streng religiös war. Mutter und Sohn stehen sich sehr nahe.

Weder Ching-ling noch May-ling hatten – aufgrund des Lebens und der Männer, die sie gewählt hatten – eigene Kinder. Folglich ist Gregory, der ebenfalls keine Kinder hat, der einzige »Erbe« der drei Soong-Schwestern. Er hat kein Interesse daran, sein Leben als Hüter ihres Vermächtnisses zu verbringen, und bleibt ein extrem zurückgezogener Mensch.

New York, New York

Die drei Soong-Schwestern waren Töchter Shanghais. Doch aus politischen Gründen ist keine Einzige von ihnen dort gestorben. Ching-ling, eine hochrangige Vertreterin Rotchinas, verbrachte ihre letzten Jahre in Peking, wo sie bis zum letzten Atemzug für die kommunistische Regierung arbeitete. Sie mochte die Hauptstadt nicht und vermisste Shanghai, hatte aber keine andere Wahl. Ei-ling und May-ling wurden aus ihrem Heimatland vertrieben und beschlossen, ihre letzten Lebensjahre in New York zu verbringen – einer Stadt, die sie an ihren Geburtsort erinnerte. Sie liebten die Stadt und wurden praktisch New Yorkerinnen. In dem bunten Treiben der Metropole fanden sie Ruhe und Geborgenheit.

In New York ließen sich auch zwei der drei Soong-Brüder nieder. T. L. war ein Jahr jünger als May-ling. Der ehemalige Banker verlor einen großen Teil seines Vermögens, als er vom Festland flüchtete, und war außerstande, in den Vereinigten Staaten seinen Lebensunterhalt zu verdienen. Nachdem seine Rücklagen aufgezehrt waren, sah er sich auf die Unterstützung seiner Geschwister angewiesen. Finanzielle Abhängigkeit ist nie eine ideale Voraussetzung für ein gutes Verhältnis. In einer Stadt, in der es vor solchen belasteten Beziehungen nur so wimmelte, sah T. L. seine Verwandten nur selten, er lebte bescheiden und ruhig mit seiner Frau und Tochter. Er war der einzige Soong, der 1981 zum Tod der Roten Schwester sein Beileid schickte, was Peking aber nicht an die große Glocke hängte – es hatte fast den Anschein, als zählte er nicht zur Familie Soong. Seinem Tod 1987 im Alter von achtundachtzig Jahren schenkte niemand Beachtung.[620]

Ein anderer Soong-Bruder, der nach 1949 von dem Magneten New York angezogen wurde, war T. V., der älteste und bekannteste der drei Brüder. Er hatte ein Apartment an der Fifth Avenue mit Blick auf den Central Park, lebte aber in ständiger Angst. Einmal schaute einer seiner Enkel fern, als plötzlich ein lauter Tumult in der Sendung ausbrach. Der Enkel war entsetzt, als er seinen Großvater mit einer Waffe in der Hand ins Zimmer stürzen sah. T. V. hatte immer eine Waffe bei sich und sagte, wenn er New York verließ, niemandem wohin er ging und für wie lange. Er stand auf Maos Liste der »Kriegsverbrecher«, aber seine eigentliche Sorge galt Chiang Kai-sheks Groll gegen ihn. Im Bürgerkrieg hatte er mit den nationalistischen Gegnern seines Schwagers verhandelt, die den Generalissimus absetzen wollten. Dieser kurze Ausrutscher in eine »Illoyalität« hatte Chiang zutiefst verärgert. T. V. musste also Vorsichtsmaßnahmen treffen.[621]

Ihm war bewusst, dass ihn Agenten der Nationalisten auch in New York im Auge behielten und dass die größte Tabuverletzung aus der Sicht seines Schwagers wäre, wenn er sich Washington annäherte (das theoretisch ihn wiederum als Nachfolger Chiangs unterstützen könnte). Also traf T. V. nur selten einen seiner vielen prominenten amerikanischen Freunde. Er hielt sich auch von taiwanischen Regierungsvertretern auf USA-Besuch fern. Er widmete sich ganz seinem Privatleben: tägliche Spaziergänge im Central Park, American Football im Fernsehen, mit den Enkelkindern

Karten oder Versteck spielen. Das war wohl kaum ein befriedigender Ersatz für das Rampenlicht, in dem er seit seiner Jugend gestanden hatte. Aber er hatte eine glückliche Familie: eine liebevolle (und schöne) Frau, drei wohlerzogene Töchter und neun Enkelkinder.

Zu seiner Schwester Ching-ling, die im maoistischen China abgeschottet war, hatte T. V. keinen Kontakt mehr. Mit Ei-ling traf er sich selten, obwohl sie in der selben Stadt lebte. Die Große Schwester warf ihm vor, dass er H. H. Kung gegen Ende des japanisch-chinesischen Krieges als Regierungschef abgelöst hatte. Sie betrachtete diesen Schritt als Dolchstoß in den Rücken und als Schulterschluss mit Chiang, um H. H. zum Sündenbock zu machen.[622]

May-ling stand T. V. weiterhin nahe – aber als sie in Taiwan lebte, trennten sie Tausende von Meilen. Im Laufe der Jahre tauschten sie Briefe und Geschenke aus und erwiesen sich gegenseitig kleine Gefälligkeiten, deren eigentlicher Zweck es war zu zeigen, dass jeder noch an den anderen dachte. In einem langen persönlichen Brief im Jahr 1962 schrieb May-ling ihrem Bruder: »In wenigen Tagen ist Schwesters Geburtstag. ... Ich hoffe, du rufst sie an und gratulierst ihr zum Geburtstag, denn je älter ich werde, desto stärker bin ich von der Weisheit des Sprichworts überzeugt: ›Blut ist dicker als Wasser‹.«[623]

T. V. setzte sich, wie von May-ling vorgeschlagen, mit der Großen Schwester in Verbindung, und Ei-ling antwortete mit einer Einladung zu einem Besuch in Los Angeles. Während seines Aufenthalts dort brach die Kubakrise aus. Sie endete, zumindest in den Augen der Öffentlichkeit, damit, dass der russische Parteichef Nikita Chruschtschow schließlich einlenkte. T. V. feierte das Ereignis mit Ei-ling, und sie versöhnten sich. Voller Freude und Aufregung schrieb er sofort an May-ling: »Ich blieb in Schwester E's schickem Haus in Los Angeles, wo ich sie bei guter Gesundheit und Stimmung antraf. Wir waren von dem Widerstand, den Kennedy Chruschtschow entgegensetzte, sehr angetan. Das ist der Beginn eines neuen Kapitels in der Geschichte und weckt zu Recht neue Hoffnung auf eine Rückkehr in unsere Heimat.«[624]

Von ihrem Erfolg bei der Zusammenführung ihres Bruders und ihrer Schwester angespornt, schickte sich May-ling an, eine Versöhnung zwischen T.V. und Chiang Kai-shek einzufädeln. Im Februar 1963 erhielt T.V., während er eine verheiratete Tochter in Manila besuchte, eine Einladung in das nahe gelegene Taiwan. Die Einladung wurde eigens von T.A. überbracht, der als kleiner Bruder häufig den Kurier zwischen seinen politisch gespaltenen älteren Geschwistern spielte. T.V.s erste Reaktion war sehr vorsichtig, er war »auf der Hut«. Er liebte seine Schwester, traute aber ihrem Mann nicht über den Weg. Er fürchtete, dass Chiang eine Gefahr für seine Freiheit, wenn nicht sogar für sein Leben darstellen könnte. Als Vorbereitung auf dieses Szenario schrieb T. V. mehrere Briefe an seine Frau und teilte ihr mit, dass er nur »für ein oder zwei Wochen« nach Taiwan reisen werde und dass sie »sich überhaupt keine Sorgen machen muss. Ich werde noch vor Ende des Monats zurück sein.«[625]

Chiang Kai-shek ließ T. V. rund ein Dutzend schöne Tage in Taiwan verbringen, doch er begrüßte ihn nicht mit offenen Armen wie damals H. H. Kung. Er bat T.V. auch nicht, etwas für ihn in den Vereinigten Staaten zu erledigen. Wie seine Schwägerinnen und Schwäger war auch Chiang hocherfreut über Präsident Kennedys harte Haltung in der Kubakrise und hatte die Absicht, seinen Sohn Ching-kuo im September nach Washington zu schicken, um Kennedy zu überreden, ihn bei einem Angriff auf Rotchina zu unterstützen. Er stimmte May-lings Bitte zu, sich T. V.s Unterstützung zu sichern. W. Averell Harriman, der Staatssekretär für politische Angelegenheiten in der Regierung Kennedy, war ein alter Freund von T. V.

Nach seiner Taiwan-Reise traf sich T. V. mit Harriman und berichtete May-ling im Anschluss an die Unterredung darüber in einem ausführlichen Brief, den May-ling für ihren Gatten ins Chinesische übersetzte. Der Bericht enthielt keine erfreulichen Nachrichten für Chiang. Die amerikanische Regierung hatte nicht den Wunsch, in einen »größeren Konflikt« mit Peking hineingezogen zu werden. Das Eis, das Chiang in seinem Herzen für den Schwager fühlte, blieb starr. Chiang sorgte dafür, dass T. V. sich nicht bei Chingkuos Besuch in Washington einmischte.[626]

Im Oktober 1964 zündete China seine erste Atombombe. Um die gleiche Zeit erkannte Frankreich die Regierung in Peking an und zwang damit Taiwan, die diplomatischen Beziehungen zu Paris zu beenden. Ein Jahr später erlitt Chiang einen weiteren Rückschlag. Li Tsung-jen, der ihn 1949 für kurze Zeit als geschäftsführender Präsident Chinas abgelöst und seither in New York gelebt hatte, entkam der heimlichen Überwachung durch die Nationalisten und feierte einen dramatischen Auftritt in Peking. Als er aus dem Flugzeug stieg und auf den roten Teppich trat, standen Freunde von T. V. und Freunde der Freunde in der Reihe ehemaliger hoher Würdenträger der Nationalen Volkspartei, um ihn zu begrüßen. Chiangs düstere Stimmung verfinsterte sich weiter. T. V. wurde nie wieder nach Taiwan eingeladen, obwohl er sich alle Mühe gab, sich nützlich zu machen.

Am 26. April 1971 starb T. V. im Alter von sechsundsiebzig Jahren überraschend bei einem Essen mit Freunden. Er sei »an einem Stück Fleisch erstickt«, hieß es auf dem Totenschein. Es könnte durchaus ein Schlaganfall gewesen sein, denn am selben Tag und auch schon ein oder zwei Tage zuvor hatte es dafür Anzeichen gegeben.[627]

Sobald May-ling die Nachricht von T.V.s Tod erreichte, sagte sie ihrem Mann, sie werde zum Begräbnis ihres Bruders, das auf den 1. Mai angesetzt war, nach New York reisen.

In der Nacht vor ihrer Abreise kamen Chiang ernste Bedenken. In seinem Tagebucheintrag vom 29. April schrieb er: »An diesem Abend hörte ich plötzlich, dass Soong Ching-ling vielleicht zum Begräbnis von T.V. nach New York reiste, mit der Absicht, die Gelegenheit zu nutzen, um mit meiner Frau über Frieden [d. h. Taiwans Kapitulation] zu sprechen. Deshalb beschloss ich, meiner Frau zu befehlen, morgen nicht nach New York zu reisen.«[628]

Es gibt keine Hinweise darauf, dass die Rote Schwester nach New York reisen sollte. Zu der Zeit war die Volksrepublik von der Außenwelt abgeriegelt. Peking unterhielt keine diplomatischen Beziehungen zu Washington. Kissinger musste erst noch zu seiner geheimen Mission (im Juli) in die chinesische Hauptstadt aufbrechen. Es war ausgeschlossen, dass Ching-ling, das Aushängeschild Rotchinas, einfach so in ein Flugzeug stieg. T.V.s Familie in New York hatte seit Jahrzehnten keinen Kontakt mehr zu ihr und schickte ihr auch keine Einladung. Umgekehrt kam aus Peking auch keine Anfrage.[629] Ebenso wenig gibt es Hinweise darauf, dass Ching-ling darum ersuchte zu verreisen. Selbst als der weit weniger politische Soong, ihr Bruder T.A., 1969 gestorben war, hatte sie nichts weiter tun können, als ein Beileidstelegramm zu schicken. Und dieses schlichte Ziel war nur dadurch erreicht worden, dass die Rote Schwester über Zhous Frau direkt an Ministerpräsident Zhou En-lai appelliert hatte.[630]

Der Gedanke, dass Peking Ching-ling zu T.V.s Begräbnis schicken könnte, um ihn auszutricksen, mochte dem Generalissimus tatsächlich kurz durch den Kopf gegangen sein.

Bei einer Episode aus demselben Monat hingegen sträubten sich ihm wohl richtig die Nackenhaare: Ein paar amerikanische Tischtennisspieler waren nach China eingeladen worden, eine bislang beispiellose Geste Pekings. Chiang hielt nach ähnlichen Ideen Ausschau. Er suchte nach vergleichbaren Schritten. Aber letztlich wollte der Generalissimus seine Frau nur sehr ungern abreisen lassen, um T. V. zu betrauern. Hasserfüllte Gedanken gegenüber seinem Schwager hatten ihm unlängst keine Ruhe gelassen. Mit Blick auf den Verlust Festland-Chinas bedaure er »vieles«, schrieb er in sein Tagebuch. An erster Stelle stand die Beschäftigung von T. V., der, wie Chiang behauptete, die Finanzen aus »Ignoranz und dem Widerwillen heraus, Befehle zu befolgen oder Verantwortung zu übernehmen«, ruiniert habe. In dieser Stimmung verbot Chiang seiner Frau ausdrücklich, nach New York zu fliegen.[631]

Der Umstand, dass sie bei T. V.s Begräbnis fehlte, schmerzte May-ling sehr. In einer Antwort auf ein Kondolenzschreiben ihrer Freundin Emma wechselte sie abrupt das Thema: »Die Familie schmerzt sein Verlust und der meines jüngeren Bruders T. A., der nur zwei Jahre zuvor starb … Frau Kung ist den Sommer über hier gewesen, nachdem sie im April zu meinem Geburtstag angereist war.«[632]

Auch Ei-ling, die sich um diese Zeit in Taiwan aufhielt, ging nicht zu T. V.s Begräbnis.[633] Folglich war die Familie Soong bei der Feier kaum vertreten, verglichen mit dem Begräbnis von T. A., zu dem May-ling extra nach San Francisco gereist war. Und das galt sowohl für T. V. als auch für Ei-ling, die sich sogar aus ihrem Krankenbett in New York aufgerafft hatte.

Als H. H. Kung, Chiangs anderer Schwager, am 15. August 1967 im Alter von fünfundachtzig Jahren gestorben war, flog May-ling von Taiwan nach New York zu dem Begräbnis.

Und in Taiwan hielt Chiang ihm zu Ehren eine große Gedenkfeier ab. Der Generalissimus hatte eine überschwängliche Lobrede auf ihn verfasst. T. V. dagegen wurde kaum geehrt. Chiang schickte nur eine Kalligrafie, wie Kaiser sie früher rahmen ließen und würdigen Untertanen verliehen, etwa einem Sohn im Kindesalter, einer keuschen Witwe oder einer langmütigen Mutter, die die Blutlinie fortsetzte.[634]

In New York starb am 18. Oktober 1973 auch Ei-ling, mit vierundachtzig Jahren, schließlich an ihrem Krebsleiden. Im hohen Alter war sie von Krankheiten geplagt worden. Mayling hatte dafür gesorgt, dass sie jedes Mal, wenn sie in Taiwan war, die bestmögliche Pflege bekam, und blieb im Krankenhaus tagelang bei ihr. Als Ei-ling im Sterben lag, flog May-ling zu ihr und wachte an ihrer Seite, ehe sie eilends zu ihrem Mann zurückkehrte, der immer schwächer wurde.[635]

Ein Jahr nach Chiangs Tod im Jahr 1975 ließ May-ling sich dauerhaft in New York nieder und lebte mit David Kung im Haus 10 Gracie Square an der Upper East Side, Manhattan. Es war eine geräumige Eckwohnung im achten Stock eines eindrucksvollen Gebäudes aus den 1930er-Jahren mit Blick auf den East River. Bei der Wahl des Apartments war es Madame Chiang Kai-shek insbesondere um ihre eigene Sicherheit gegangen. Das Gebäude hatte eine überdachte Zufahrt innerhalb der Sicherheitsschranke, was gewährleistete, dass sie praktisch im Innern des Gebäudes in ein Auto ein- und auch wieder aussteigen konnte. Einen Steinwurf entfernt, auf der anderen Seite eines kleinen Parks, befand sich der Amtssitz des New Yorker Bürgermeisters, Gracie Mansion, weshalb die gesamte Gegend höchstwahrscheinlich gut bewacht war. Dennoch hatten die Fenster von Maylings Wohnung kugelsichere Scheiben.

Umgeben von Wächtern und Bediensteten, fuhr sie gelegentlich zum Wohnsitz der Kungs auf Long Island und blieb dort. Das Haus gehörte jetzt Jeanette, die sie wie eine Tochter betrachtete. Jeanette führte weiterhin ihren Haushalt und hielt das Personal Tag und Nacht auf Trab (Nachtschwestern durften auf keinen Fall einschlafen). Wie immer sorgte ihre Grobheit für viel Ärger beim Personal, aber sie war für Mayling unverzichtbar. Ihre Fürsorge für ihre Tante war einzigartig. Sie begutachtete jede Arznei, die May-ling verordnet wurde, und prüfte, ob sie irgendwelche Nebenwirkung hatte. Noch im Alter von weit über siebzig Jahren kniete Jeanette sich hin, hob May-lings Füße hoch und schnitt ihr die Fußnägel, weil sie keinem Fußpfleger traute.[636]

Jeanettes Tod im Jahr 1994, zwei Jahre nach Davids Tod, war für May-ling ein schwerer Schlag. Monatelang war sie betrübt. Ein Bewunderer, der sah, wie sehr sie der Verlust der beiden getroffen hatte, beschloss, etwas zu ihrer Aufmunterung zu unternehmen. Auf seinen Vorschlag hin veranstaltete eine Reihe US-Senatoren 1995 anlässlich des fünfzigsten Jahrestages der Kapitulation Japans ihr zu Ehren einen Empfang im Kongress. Sie flog für diesen Tag nach Washington. Im Flugzeug schrieb die Siebenundneunzigjährige noch eifrig an ihrer Rede. Sie sprach energisch und eindrücklich. In der Residenz des taiwanischen Repräsentanten wurde sie anschließend bei einem Buffet von chinesisch-stämmigen Amerikanern umringt. Sie vergalt es ihnen mit ihrem ganzen Charme, plauderte mit ihnen und ließ Fotos machen. Danach flog sie nach New York zurück und zeigte nicht die geringsten Anzeichen von Müdigkeit. Ihr Adrenalinspiegel blieb noch tagelang hoch – zu der Zeit konnten alle in ihrem Umfeld die Hochstimmung spüren.[637]

Ei-lings älteste Tochter Rosamonde übernahm die Aufgabe, sich um May-ling zu kümmern. Allerdings war sie selbst bereits Ende siebzig und verstand sich mit ihrer Tante längst nicht so gut wie Jeanette. Das Personal der ehemaligen First Lady bestand jetzt im Grunde aus ihrer Familie und wurde hervorragend von einem liebevollen, ehemaligen Colonel der Air Force namens Sung geführt. Der tüchtige, höfliche und taktvolle Mann hatte enormen Einfluss auf das letzte Jahrzehnt von May-lings Leben. Sie war zu den Bediensteten höflich und nett, und diese erledigten ihre Arbeit gewissenhaft. Ein- oder zweimal im Jahr statteten ihr die Kriegswaisen, die inzwischen ebenfalls sehr alt waren, einen Besuch ab. Wenn sie diese und andere gelegentliche Besucher, meist aus Taiwan, empfing, zog sie sich immer um, richtete sich her, sammelte sich und trat mit ihrer majestätischen Grazie auf. Einmal sagte sie zu der versammelten Gruppe: »Als ihr klein wart, pflegte ich euch das Gesicht zu streicheln. Also kommt her und lasst mich euch streicheln.« Sie lachten und verehrten sie.[638]

Abgesehen von diesen Besuchern empfing sie niemanden von außerhalb ihres Haushalts. Sie nahm nur wenige Einladungen an, offizielle wie private, und traf sich so gut wie nie mit Freunden. Emma Mills, mit der sie jahrzehntelang einen Briefwechsel gepflegt hatte, sah sie in mehr als zehn Jahren seit ihrem Umzug nach New York nur ein paar Mal. (Emma starb 1987 im Alter von zweiundneunzig Jahren.) Sie sprach nicht mit den Nachbarn – mehr als ein flüchtiges Lächeln, wenn sie ihnen zufällig über den Weg lief, brachte sie nicht zustande. Und sie ging selten aus. Sie hätte ebenso gut woanders leben können, auch in Taiwan, wo ihr ganzes Personal kostspieligerweise ohnehin herkam. Aber die Kleine Schwester musste in New York leben. Das Summen der Stadt lag in der Luft: Es drang selbst durch die geschlossenen Fenster und verriegelten Türen und erfüllte den ganzen Raum. Selbst in ihrer Abgeschiedenheit war May-ling doch noch mit der Welt verbunden.

24

Die Zeiten ändern sich

Ihre letzten Lebensjahre verbrachte May-ling in New York.
In diese Jahre fiel die Veränderung Festland-Chinas nach
dem Tod Maos im Jahr 1976. Deng Xiao-ping, der oberste
Führer nach Mao, öffnete die Türen des Landes und begrüßte den Kapitalismus. Peking gewann internationale Anziehungskraft. Als die Vereinigten Staaten 1979 vollwertige
diplomatische Beziehungen mit Peking aufnahmen, schien
Taiwan in Schwierigkeiten. Die besorgte May-ling war enttäuscht von ihrer Wahlheimat. Während Taiwans Verhandlungen mit Washington um die künftige Beziehung riet sie
Ching-kuo, er müsse darauf bestehen, dass die Vereinigten
Staaten keinen Kontakt mit dem Festland aufnähmen. Dieses Ziel war derart unerreichbar, dass Taiwan es gar nicht erst
zur Sprache brachte. May-ling beschimpfte Ching-kuo. Da
sie sich frustriert und hilflos fühlte, kam sie auf die Idee,
große Geldsummen an antikommunistische Lobbygruppen
in Washington zu spenden und einen Geheimkurier an
Ching-kuo zu schicken, um ihm ihren Plan zu überbringen.
Aber nichts konnte den Wandel aufhalten.[639]
Für May-ling unterschied sich das China nach Mao
nicht im Geringsten von dem Land zu Maos Zeiten. Sie
bezeichnete Deng Xiao-ping als »Deng der Bandit« in der

altmodischen Ausdrucksweise, die ihr verstorbener Mann benutzt hatte. Sie war verzweifelt darüber, dass die ganze Welt vom kommunistischen China eingenommen schien.[640]

Im Jahr 1981, als Ching-ling im Sterben lag, lud Peking May-ling ein, ihre Schwester ein letztes Mal zu besuchen. Sie antwortete nicht einmal. Nach dem Tod der Roten Schwester wurde sie erneut eingeladen, dieses Mal zu deren Begräbnis – auch das ignorierte sie. May-ling war traurig, dass sie ihre Schwester nicht ein letztes Mal sehen konnte. Einmal blieb sie die ganze Nacht auf und erzählte einem Mitarbeiter von der Roten Schwester. Sie erinnerte sich an die Zeit, als Ching-ling sie als Kind in die USA mitgenommen hatte. Sie war jedoch fest entschlossen, den Kommunisten auf keinen Fall Munition für ihre Propaganda zu liefern.[641]

Um diese Zeit veröffentlichte eine chinesischsprachige Zeitung in den USA einen Brief, den Ching-ling angeblich an das Zentralkomitee der KPCh geschrieben hatte und in dem sie scharfe Kritik am ZK übte. Der Brief, der in Wirklichkeit eine Fälschung war, ließ May-ling vor Freude jubeln. Sie schrieb an Ching-kuo, der Schmerz, den sie seit dreißig Jahren in ihrem Innern empfinde, weil ihre Schwester beschlossen habe, mit den Roten gemeinsame Sache zu machen, habe jetzt nachgelassen. Ihre Schwester habe sie endlich alle durchschaut und sich zu Wort gemeldet! »Sie ist von den Kommunisten desillusioniert – ich bin so erleichtert.« Sie spielte mit der Vorstellung, dass es ihr oder der Großen Schwester, wenn sie zur Zeit der kommunistischen Machtübernahme in Shanghai gewesen wäre, vielleicht gelungen wäre, Ching-ling zur Abwendung von den Roten zu überreden. Viele Tage lang schwebte sie in einer Hochstimmung und drängte ihren Stiefsohn, die Neuigkeit auf dem nächsten Parteitag der Kuomintang bekannt zu geben. Offenbar wusste Ching-kuo jedoch, dass der Brief gefälscht war, und verzichtete auf diese Ankündigung. Da er seine Stiefmutter nicht enttäuschen wollte, erzählte er ihr, er müsse die Identität des Informanten – eines nationalistischen Spions, der im Untergrund auf dem Festland tätig sei – schützen.[642]

Im Jahr darauf machte die Regierung in Peking einen weiteren Schritt auf Taiwan zu: Sie ließ den langjährigen Beamten Liao Cheng-zhi, den Sohn Zhong-kais, den der Generalissimus gut gekannt hatte, ein ausführliches Telegramm an Ching-kuo schicken. Der Nationalistenführer weigerte sich zu antworten. Er schickte den Brief an May-ling weiter – und die erbot sich, zu seiner Erleichterung, eine Antwort zu formulieren. May-ling schrieb einen leidenschaftlichen offenen Brief, der in allen taiwanischen Zeitungen abgedruckt wurde. Es war genau die Art von Schreiben, welche die Rote Schwester früher gegen Chiang Kai-shek verfasst hatte, als die Kleine Schwester eher distanziert geblieben war. Jetzt war die moralische Empörung Ching-lings allem Anschein nach auf deren alten Tage verblasst und dafür May-lings rechtschaffene Leidenschaft gewachsen. May-ling erinnerte Liao junior daran, dass er »dem Maul des Tigers nur knapp entronnen« sei, indem er die entsetzliche Kulturrevolution überlebt habe, in der Millionen Menschen unglaubliches Leid widerfahren sei. Danach fragte sie ihn, ob er den Verstand verloren habe, wenn er erwarte, dass Taiwan sich jemals einem derartigen Regime unterwerfen würde.[643]

Voller Wut und Verzweiflung ging May-ling massiv gegen ein Buch mit dem Titel *The Soong Dynasty* des Autors Sterling Seagrave vor, das 1985 erschien und in den Vereinigten Staaten zu einem Bestseller wurde (deutsche Ausgabe: *Die Soong-Dynastie: Eine Familie beherrscht China*, Frankfurt 1988). Das Buch stellte die Familie Soong in einem höchst ungünstigen Licht dar – für May-ling, die bereits schlimmere Vorwürfe erlebt hatte, keineswegs neu. Doch in diesem Moment ärgerte sie sich mehr denn je über die Tatsache, dass allein ihrer Familie die Schuld an Chinas Unglück in die Schuhe geschoben wurde, während die Kommunisten offenbar ungeschoren davonkamen. Mit der Behauptung, der Autor sei ein »Werkzeug kommunistischer Banditen«, reagierte May-ling auf beispiellos aggressive Weise. Sie bat Ching-kuo, seinen klugen Sohn Hsiao-yung zu ihr zu schicken, den sie instruieren wollte, wie man mit dem Buch umgehen solle. Sie ersann eine »Strategie«, zu der auch ganzseitige Inserate in der *New York Times* und in der *Washington Post* mit der Schlagzeile zählten: »Eine feierliche Erklärung zur Widerlegung von Verzerrungen der modernen chinesischen Geschichte in THE SOONG DYNASTY«. Obwohl die Anzeige im Namen einer ganzen Reihe von Historikern in Taiwan geschrieben war, handelte es sich ganz offensichtlich um das Machwerk des Regimes. Die Inserate heizten lediglich das öffentliche Interesse an dem Buch an und ließen die Verkaufszahlen in die Höhe schnellen. Und Taiwan wurde mit viel Spott und Häme überschüttet. Doch May-ling blieb eisern. Sie nannte das, was sie tat, »eine Generaloffensive gegen die Banditen« und versicherte, dies werde »ohne Zweifel die wachsenden Verkaufszahlen des Buches drosseln«. Als Seagrave einem Fernsehreporter sagte, er verstecke sich auf einem Boot, weil er um sein Leben fürchte, lachte sie hämisch.[644]

Ein paar Monate zuvor hatten Gangster, die für den Geheimdienst der Nationalisten arbeiteten, den taiwanischen Autor und Biografen von Ching-kuo, Henry Liu, in San Francisco erschossen. Die amerikanische Öffentlichkeit war entsetzt gewesen und hatte Ching-kuos Regierung als ebenso verbrecherisch wie die seines Vaters verurteilt. Jetzt waren die Amerikaner noch entsetzter. Allem Anschein nach könnten selbst US-amerikanische Waffenverkäufe an Taiwan gefährdet gewesen sein. Doch May-ling war weiterhin geradezu besessen von ihrem Kampf gegen Seagrave.

In dieser Stimmung kehrte sie 1986 zum bevorstehenden hundertsten Jahrestag der Geburt ihres verstorbenen Gatten nach Taiwan zurück. Die Hauptveranstaltung fand auf dem Chiang-Kai-shek-Gedenkplatz statt, der von einer gewaltigen Gedächtnishalle mit einer gigantischen Statue Chiangs dominiert wurde – ganz in der Tradition des modernen Personenkults, für den Sun Yat-sen, der nationalistische Vater des republikanischen China, eine Vorreiterrolle gespielt hatte. Es kamen fünfzigtausend gut organisierte Männer und Frauen zusammen. Unmengen bunter Ballons stiegen in den Himmel, dazu weiße Tauben. May-ling verlas in ihrem leicht gestelzten Mandarin eine Rede. Es war ein scharfer Beitrag der Partei, lediglich gelindert durch ein bezauberndes Lächeln auf ihrem Gesicht, nachdem sie den Vortrag beendet hatte.[645]

Diese Veranstaltung sollte das letzte Überbleibsel der Chiang-Ära bleiben. Ching-kuo, der Nachfolger des Generalissimus, war im Begriff, das diktatorische Erbe seines Vaters aufzugeben.

In den zwölf Jahren, die man Ching-kuo im stalinistischen Russland als Geisel festgehalten hatte, war er in Fabriken, in ein Dorf und in den Gulag verbannt worden. Während er am unteren Ende der Gesellschaft ums Überleben kämpfte, hatte er eine Nähe zum einfachen Volk aufgebaut und mochte, ja bewunderte es am Ende gar. Er hatte viele russische Freunde. Unter ihnen war ein Waisenkind namens Kraw, der als Techniker in einer der Fabriken arbeitete. »Er brachte mir viele Dinge bei … Wir wurden Freunde in der Not, teilten unsere Freuden, unseren Kummer und unsere Entbehrungen.« Die Arbeiter mochten Ching-kuo, erkannten sein Talent und empfahlen ihn als stellvertretenden Direktor. Als er Bauer war, respektierten ihn selbst die ungebildetsten

Dorfbewohner und trauten ihm zu, die Angelegenheiten des Dorfes zu regeln. Im Gulag schuftete er schwer an der Seite von Menschen aus allen Bevölkerungsschichten, die mit dem Regime in Konflikt geraten waren. Auch hier entwickelte er eine tiefe »Zuneigung in meinem Herzen für diese Menschen« – eine so starke, dass es ihm nach seiner Freilassung schwerfiel zu gehen. »Ich war so sentimental, dass ich meinen armen Kameraden kaum Lebewohl sagen konnte.«[646]

Obwohl Ching-kuo Anfang der 1950er-Jahre die Befehle seines Vaters befolgte und den »weißen Terror« ausübte, um die neue Basis für die Nationalisten zu sichern, gelang es ihm nach seiner Machtübernahme doch, sich den Ruf, ein »Mann des Volkes« zu sein, zu verdienen. Im Gegensatz zu seinem Vater, der so gut wie nie Kontakt zu den Einheimischen gehabt hatte, gab sich Ching-kuo große Mühe, ihnen näherzukommen. Auf seinen unzähligen Inspektionsreisen zog er es vor, in kleinen Imbissbuden am Straßenrand zu essen und mit anderen Kunden zu plaudern. In seinem Äußeren legte er die Pose der Großartigkeit oder der Willensstärke seines Vaters ab und wählte ein einfaches Auftreten. Inhaltlich hob er einen großen Teil der Gebote seines Vaters auf, sobald der Generalissimus gestorben war. Chiang senior hatte sich kaum für die wirtschaftliche Entwicklung Taiwans interessiert – Ching-kuo machte sie zu seiner obersten Priorität. Er beaufsichtigte das »Taiwan-Wunder«, das der Insel zweistellige Wachstumsraten und ein seit 1977 innerhalb von sechs Jahren verdreifachtes Durchschnittseinkommen bescherte. Es folgte eine beachtliche Liberalisierung. Zum ersten Mal durften die Bürger die Insel ungehindert als Touristen verlassen. Alten Soldaten der Kuomintang, die vom Festland geflohen waren, wurde es erlaubt, ihre Familien dort zu besuchen. Die Küstenregion und die Berge, die bislang abgeriegelt waren, wurden der Öffentlichkeit zugänglich gemacht.

Die Regierung Ching-kuo stand gemeinhin im Ruf, nicht käuflich zu sein. Er und seine eigene Familie scheffelten keine Reichtümer. Er scharte um sich eine Gruppe sozial gesinnter Talente, die sich rühmten, für den Dienst an der Öffentlichkeit und nicht wegen ihres persönlichen Gewinns im Amt zu sein. Dieses Fehlen von Korruption und der Geist der gewissenhaften Pflichterfüllung förderten den Erfolg Taiwans. Ching-kuos Einparteienherrschaft lehnte es zwar ab, die Kommunisten oder Kämpfer für die Unabhängigkeit Taiwans zu dulden, doch schränkte er die Repression ein, und er war sehr beliebt.

Außerdem führte er Taiwan auf dem Weg zur Demokratie an.

Im Jahr 1985 lehnte Ching-kuo öffentlich und definitiv die Übergabe von Macht an Familienmitglieder ab, indem er bekannt gab, dass keiner seiner drei Söhne die Präsidentschaft erben werde. Seine eigene Nachfolge hatte er nicht selbst gewählt. Sie war ihm auferlegt worden, und er hatte die Bürde der Verantwortung stärker gespürt als die Freude an der Macht. Seinen Leuten fiel auf, dass er am Abend vor Sitzungen auf höchster Ebene stets sehr nervös war. Als Mann von einfachem Gemüt fühlte er sich nicht von den Privilegien eines Diktators angezogen.[647]

Unter Ching-kuo wurde Taiwan zu einem ganz anderen Land. Der wirtschaftliche Wohlstand ließ eine Gesellschaft entstehen, die hohe Erwartungen hatte. Von allen Seiten wurden Rufe nach Reformen laut, nicht zuletzt von den jährlich rund dreihunderttausend Menschen, die zu Reisen und Studien im Ausland gewesen waren. Veröffentlichungen, in denen die offizielle Politik kritisiert wurde, schossen wie Pilze aus dem Boden. In Anbetracht dieser gewaltigen Strömung in Richtung Demokratisierung hob Ching-kuo im Jahr 1987 das Kriegsrecht auf und ließ Oppositionsparteien und eine freie Presse zu.

Dieser historische Schritt erfolgte, während sich May-ling in Taiwan aufhielt: Sie war nach den Feierlichkeiten zum 100. Geburtstag ihres Mannes dortgeblieben – um zu beobachten, wohin die Reformen führen würden. Sie hegte gemischte Gefühle. Sie war keineswegs gegen eine Demokratisierung, aber sie wollte unbedingt, dass ihr Mann sakrosankt blieb und ihre eigenen Interessen weiterhin geschützt wurden. Vorläufig machte sie sich keine allzu großen Sorgen. Ching-kuo war erst in den Siebzigern und konnte noch viele Jahre an der Macht bleiben.[648]

Am 13. Januar 1988 starb Ching-kuo plötzlich im Alter von siebenundsiebzig Jahren. Obgleich er an Diabetes und anderen Krankheiten gelitten hatte, kam sein Tod doch unerwartet. An dem Vormittag hatte sein Sohn Hsiao-yung kurz den Kopf ins Zimmer gesteckt, um Guten Morgen zu sagen, und war dann zum Mittagessen mit May-ling gegangen.[649] Kurz nachdem der junge Mann fort war, verstarb Ching-kuo. Niemand aus seiner Familie war bei ihm.

Der Vizepräsident Lee Teng-hui, ein geborener Taiwaner, übernahm die Präsidentschaft. Das ließ bei May-ling die Alarmglocken läuten. Lee pflegte weder zu ihr noch zu ihrem Mann offenkundige Loyalität.[650] Sie fürchtete einmal mehr, dass ihr Luxusleben in Gefahr sein könnte. Wenige Tage später flog ihre Nichte Jeanette eigens aus New York ein und übernahm kurzerhand das Grand Hotel von Taiwan. Die auf einem Hügel gelegene, wie ein traditioneller chinesischer Palast gestaltete Sehenswürdigkeit mit weit ausladenden goldenen Dächern und mächtigen leuchtend roten Säulen war in den 1950er-Jahren als Luxusherberge für Gäste der Regierung errichtet worden. May-ling war seinerzeit an der Gestaltung beteiligt gewesen, und Jeanette hatte die Leitung übernommen. Tatsächlich, wenn auch nicht nominell, behandelte sie das Gebäude so, als handle es sich um ihren Familienbesitz. Mit Ching-kuos Machtübernahme wurden neue Regeln eingeführt, und Jeanette wurde an den Rand gedrängt. Jetzt erschien sie in dem Hotel, zerriss die Bestimmungen, buchstäblich, vor dem Manager, feuerte den Hauptbuchhalter und zwang den Vorsitzenden des Vorstands zum Rücktritt. Unterstützt von May-ling, wurde ein Vertrauter Chiangs zum Vorsitzenden ernannt, und Jeanette hatte wieder die Kontrolle über das lukrative Gebäude übernommen.[651]

Um ihre Interessen zu schützen, trachtete die inzwischen neunzigjährige ehemalige First Lady nach politischer Macht. May-ling versuchte zu verhindern, dass Präsident Lee den Vorsitz der Kuomintang übernahm. (Beide Chiangs waren Parteivorsitzender und Präsident gewesen.) Weil der neue Parteivorsitzende formal von der Parteiführung nominiert werden musste, bat May-ling die führenden Vertreter, die Nominierung zu verschieben – damit sie Zeit gewann und einen Mann ihrer Wahl einsetzen konnte. Ihr Vorschlag stieß im ganzen Vorstand auf Widerstand, auch seitens alter Anhänger von Chiang Kai-shek. Sie wollten, dass Lee den Vorsitz übernahm. Eines Nachts telefonierte sie mit einem Parteifunktionär, der einst ein Schützling ihres Mannes gewesen war, aber er weigerte sich, ihr den Wunsch zu erfüllen. Es lag auf der Hand, dass niemand ihre Einmischung wünschte und sich alle danach sehnten, in eine neue Ära einzutreten. Die neuerdings befreiten Medien wandten sich gegen sie, und May-ling musste einen Rückzieher machen. Sie unternahm einen letzten Versuch, die Nationale Volkspartei davor zu warnen, neuartigen und grundlegenden Änderungen zuzustimmen. Die Partei hörte ihr höflich zu, schenkte ihren Worten jedoch keine Beachtung.[652]

Die immer noch körperlich rüstige und geistig bewegliche May-ling leistete keinen weiteren Widerstand. Sie akzeptierte ihre Niederlage, kehrte 1991 nach New York zurück und verabschiedete sich von der Politik in Taiwan. Die Insel entwickelte sich rasant in Richtung Demokratie, und im Jahr 1996 übernahm Präsident Lee als erstes demokratisch gewähltes Staatsoberhaupt die Regierung.

Das demokratische Taiwan behandelte May-ling tatsächlich großzügig. Obwohl unter Lee Bestimmungen für die Zuwendungen für Präsidenten und Ehegatten im Ruhestand eingeführt wurden – an die Ching-kuos Witwe und seine Familie sich streng hielten –, wurde für die Kleine Schwester eine Ausnahme gemacht. Ihr Lebensstandard wurde ihr mehr oder weniger gelassen.[653] Das Grand Hotel diente weiterhin als ihre private Küche und schickte Chefköche und Kellner in die USA. Sicherheitsleute, Schwestern und Diener kamen immer noch Jahr für Jahr. Doch die Verschwendung musste ein wenig zurückgefahren werden. Im Jahr 1994, als sie zum letzten Mal nach Taiwan reiste, um Jeanette zu besuchen, buchte die Regierung für die ehemalige First Lady eine ganze Kabine Erster Klasse, statt ein eigenes Flugzeug zu schicken. (Ihre Nichte litt unheilbar an Krebs und ließ sich lieber in Taiwan statt in den USA behandeln, weil sie dort in den Genuss von Privilegien kam, beispielsweise, dass ihr Hund bei ihr in der Krankenhaus-Suite bleiben durfte.) Außerdem bat die Regierung die Kungs, einen Teil von May-lings Ausgaben zu übernehmen, was sie auch taten, obwohl ein paar Verwandte hinter vorgehaltener Hand murrten.[654]

Eine Zeit lang sorgte sich May-ling, ihr könnte das Geld ausgehen.[655] Aber im Großen und Ganzen sah sie den neuen Zeiten gelassen entgegen. Beten und Lesen in der Bibel, ihre hauptsächlichen Beschäftigungen in den letzten Jahren, schenkten ihr Frieden.[656] Gegen Ende eines langen und dramatischen Lebens, in dem sie bisweilen auf dem Gipfel der Macht gestanden hatte, schwelgte sie kaum einmal in Erinnerungen an ihre Vergangenheit und erwähnte nie irgendwelchen Ruhm. Sie lehnte alle Interviewanfragen ab.[657] Schlug jemand vor, eine Straße nach ihr zu benennen, legte sie ihr Veto dagegen ein und zitierte einen Vers aus dem Buch Kohelet: »Es ist alles ganz eitel, sprach der Prediger, es ist alles ganz eitel.« Sie wartete darauf, dass Gott sie zu sich nahm, und murmelte häufig: »Menschen meiner Generation und sogar der jüngeren Generation sind einer nach dem anderen gegangen, ich bin noch hier.« »Gott hat mich vergessen.«[658]

Gott erinnerte sich an sie, als sie hundertfünf war und drei Jahrhunderte erlebt hatte. Am 23. Oktober 2003 starb Mayling friedlich im Schlaf. Sie hinterließ kein Testament, abgesehen von der Erklärung, dass sie zusammen mit der Familie ihrer Schwester Ei-ling beerdigt werden wolle.[659] Die Kungs hatten zwei private Familiengrüfte auf dem Friedhof Ferncliff fünfzig Kilometer nördlich des Zentrums von Manhattan gekauft. Diese Grüfte waren aus feinem hellweißem Marmor errichtet und mit Buntglasfenstern und Altären ausgestattet. May-lings Verwandte und Bedienstete organisierten ein schlichtes Begräbnis.[660] Es gab sogar eine Panne beim Hinunterlassen des Sarges: Er passte nicht in die Ausschachtung. Man musste vor Ort Hammer und Meißel zur Hand nehmen, um die Öffnung zu erweitern. All dies war nicht zu vergleichen mit der umfassend geplanten und pompösen Bestattung ihres Gatten. Aber dann mussten Chiang Kai-sheks Überreste, die für die öffentliche Zurschaustellung künstlich in Form gehalten wurden, es überstehen, dass Demonstranten sie mit roter Farbe übergossen und dass ständig öffentlich darüber gestritten wurde, ob dies die Verschwendung von

Steuergeldern rechtfertige. May-ling, die wie eine gewöhnliche New Yorkerin bestattet wurde, fand ihren Frieden direkt neben ihrer geliebten Schwester und deren Familie. Einen Tag nach dem Begräbnis kam der damalige Präsident Taiwans, Chen Shui-bian, in ihre Wohnung in Manhattan, um ihr posthum eine letzte Ehrenbezeugung zu erweisen, und tat dies, indem er ihren Verwandten eine taiwanische Fahne überreichte.[661] Chen war als erster Oppositionsführer im Jahr 2000 zum Präsidenten gewählt worden. May-ling war in der Tat mit der Geschichte im 21. Jahrhundert angekommen.

Anmerkungen

Kapitel 1: Der Aufstieg des Vaters von China

1 Sun Yat-sen (Chen Xi-qi et al. Hg.), Bd. 1, S. 4 f.
2 Sun Yat-sen (Chen Xi-qi et al. Hg.), Bd. 1, S. 74; Sun, Victor, S. 24; Shang Ming-xuan et al. (Hg.), S. 513.
3 Linebarger, Paul, S. 79 ff.; Sun Hui-fen, S. 18.
4 Miyazaki, Tōten 1977, S. 7.
5 Linebarger, Paul, S. 116.
6 Sun, Victor, S. 79, 89–92; Linebarger, Paul, S. 122–131; Chung Kun Ai, S. 106; Wong, J. Y. 2012, S. 193–224.
7 Chan, Luke und Taylor, Betty Tebbetts, S. 3, 12 f., 147 f.
8 Sun, Victor, S. 86 f., 98 f.; Hager, Charles R., S. 382 f.
9 Sun Yat-sen (Chen Xi-qi et al. Hg.), Bd. 1, S. 36.
10 Verwaltungskomitee historischer Objekte Sun Yat-sens und Soong Ching-lings, Shanghai (Hg.), Bd. 1, S. 265; Epstein, Israel, S. 42.
11 Sun Yat-sen (Chen Xi-qi et al. Hg.), Bd. 1, S. 46 f.; Chen Shao-bai, S. 5.
12 Schiffrin, Harold Z., S. 30, Sheng Yong-hua et al. (Hg.), S. 70.
13 Chen Shao-bai, S. 6, 8.
14 Sun Yat-sen, *Gesammelte Werke*, http://sunology.culture.tw/cgibin/gs32/sigsweb.cgi?o=dcorpusands=id=%22CS0000000030%22.andsearch mode=basic; http://sunology.culture.tw/cgibin/gs32/sigsweb.cgi?o= dcorpusands=id=%22TG0000001329%22.andsearchmode=basic.
15 Tse Tsan Tai, S. 4.
16 Chen Shao-bai, S. 29.
17 Deng Mu-han; vgl. Wong, J. Y. 2012, S. 587–593; Chen Shao-bai, S. 29 f.
18 Wong, J. Y. 2012, S. 574, 578.
19 Cantlie, Neil und Seaver, George, S. xxv, xxviii; Cantlie, James und

Sheridan, Charles Jones, S, 18; Interview mit seinem Enkel Hugh Cantlie, 12. April 2016.

20 Sun Yat-sen (Chen Xi-qi et al. Hg.), Bd. 1, S. 110, 29–39.

21 Luo Jia-lun, S. 100–176.

22 The National Archives, London, UK, FO 17/1718, S. 122.

23 The National Archives, London, UK, FO 17/1718, S. 121.

24 Luo Jia-lun, S. 45, 48 f.; The National Archives, London, UK, FO 17/1718, S. 119 ff.

25 The National Archives, London, UK, FO 17/1718, S. 122.

26 Luo Jia-lun; The National Archives, FO 17/1718, S. 9–498; Cantlie, Neil und Seaver, George, S. 103 ff.; Cantlie, James und Sheridan, Charles Jones, S. 43 f.; vgl. Sun Yat Sen, *Kidnapped in London*; Chen Shao-bai, S. 34 f.

27 Sun Yat-sen (Chen Xi-qi et al. Hg.), Bd. 1, S. 124.

28 *The West Australian*, 26. Oktober 1896.

29 The National Archives, London, UK, FO 17/1718, S. 120.

30 Cantlie, Neil und Seaver, George, S. 107.

31 Chan, Luke und Taylor, Betty Tebbetts, S. 171.

32 Yang Tian-shi 2007, S. 221–225, S. 212 f.; Sun Yat-sen (Chen Xi-qi et al. Hg.), Bd. 1, S. 232, 244–249; Hsu Chieh-lin, S. 21–24.

33 Papers of 3rd Marquess of Salisbury, Hatfield House Archives/3M/B24.

34 Chang, Jung 2013.

35 Sun Yat-sen (Chen Xi-qi et al. Hg.), Bd. 1, S. 346.

36 Hager, Charles R., S. 385 f.

37 Yang Tian-shi 2007, S. 272–312; Sun Yat-sen (Chen Xi-qi et al. Hg.), Bd. 1, S. 469–476.

38 *New York Times*, 2. Oktober 1910.

39 Sun Yat-sen (Chen Xi-qi et al. Hg.), Bd. 1, S. 558 f., 568.

40 Ebenda, S. 557.

41 Ebenda, S. 558 f., 590–599; Zhang Tai-yan, S. 18.

Kapitel 2: Soong Charlie – Methodistenprediger
und heimlicher Revolutionär

42 Verwaltungskomitee historischer Objekte Sun Yat-sens und Soong Ching-lings, Shanghai, und Gesellschaft für Soong-Ching-ling-Forschung, Shanghai (Hg.), 2013a, S. 1.

43 Fifth Avenue United Methodist Church Archives.

44 Burke, James, S. 13; Haag, E. A., S. 30 f.

45 Verwaltungskomitee historischer Objekte Sun Yat-sens und Soong Ching-lings, Shanghai (Hg.), Bd. 2, S. 281 f.

46 Ebenda, S. 281–285; sowie Verwaltungskomitee historischer Objekte Sun Yat-sens und Soong Ching-lings, Shanghai, und Gesellschaft für Soong-Ching-ling-Forschung, Shanghai (Hg.), 2013a, S. 7.

47 *World Outlook*, April 1938, S. 8.

48 Haag, E. A., S. 79.

49 Charlie Soong at Trinity College.

50 Burke, James, S. 17.

51 Haag, E. A., S. 74–79; Charlie Soong at Trinity College; Hahn, Emily, 1941, S. 17.

52 Charlie Soong at Trinity College.

53 Haag, E. A., S. 50 f.

54 Verwaltungskomitee historischer Objekte Sun Yat-sens und Soong Ching-lings, Shanghai (Hg.), Bd. 2, S. 287 f.

55 Soong May-ling 1955, S. 34.

56 Haag, E. A., S. 48.

57 Burke, James, S. 31 f.

58 Verwaltungskomitee historischer Objekte Sun Yat-sens und Soong Ching-lings, Shanghai (Hg.), Bd. 2, S. 288 f.

59 Ebenda, S. 288 ff.; Haag, E. A., S. 91; Burke, James, S. 32 f.

60 Soong May-ling 1934, S. 131.

61 Charles Jones Soong Reference Collection.

62 Haag, E. A., S. 118.

63 Burke, James, S. 43 f.

64 Charles Jones Soong Reference Collection.

65 Haag, E. A., S. 127 f.

66 Burke, James, S. 43.

67 Hahn, Emily 1941, S. 38; Haag, E. A., S. 111.

68 Hahn, Emily 1941, S. 37 f.

69 Charles Jones Soong Reference Collection.

70 Charles Jones Soong Reference Collection; Sun Yat-sen, *Gesammelte Werke*, http://sunology.culture.tw/cgi-bin/gs32/sigsweb.cgi?o=dcorpusands=id=%22CS0000000030%22.andsearchmode=basic, http://sunology.culture.tw/cgi-bin/gs32/sigsweb.cgi?o=dcorpusands=id=%22TG0000001329%22.andsearchmode=basic.

71 Zhang Zhu-hong.

72 Verwaltungskomitee historischer Objekte Sun Yat-sens und Soong Ching-lings, Shanghai (Hg.), Bd. 2, S. 295.

73 Charles Jones Soong Reference Collection.

Kapitel 3: Ei-ling: Eine »verdammt kluge« junge Dame

74 Hahn, Emily 1941, S. 40–43.

75 Hahn, Emily 1941, S. 35.

76 Verwaltungskomitee historischer Objekte Sun Yat-sens und Soong Ching-lings, Shanghai (Hg.), Bd. 1, S. 265.

77 Hahn, Emily, 1941, S. 50 f.

78 Hahn, Emily, 1941, S. 22–41, 55; Burke, James, S. 161; Soong May-ling 1934, S. 131.

79 Burke, James, S. 157–168; Clark, Elmer T., S. 46 ff.; Hahn, Emily, 1941, S. 56; http://www.wesleyancollege.edu/about/soongsisters.cfm.

80 Burke, James, S. 166 ff.; Wesleyan College Archives and Special Collections: Soong Sisters, »article – undated, 2/10«, »Sketches – Questionnaire Replied – *Circa* 1943«, »Sketches – College – undated, 2/8«, »Publication by – Ei-ling, ›My Country and Its Appeal‹ – undated, Box Folder 5«.

81 Wesleyan College Archives and Special Collections, »Sketches – Questionnaire Replied – *Circa* 1943«.

82 13. September 1917, Papers of Emma DeLong Mills, MSS.2, Wellesley College Archives.

83 Burke, James, S. 168.

84 Wong, J. Y. 2005, S. 318.

85 Lo Hui-Min, Bd. 1, S. 666, 721.

86 Sun Yat-sen, *Collected Works*, http://sunology.culture.tw/cgi-bin/gs32/sigsweb.cgi?o=dcorpusands=id=%22TL0000000138%22.andsearchmode=basic

87 PKKCV 1981, Bd. 6, S. 250.

88 Yang Tian-shi 2007, S. 298 f.; Yang Tian-shi 2008, Bd. 1, S. 3–12; Chiang Kai-shek, (Zweites historisches Archiv Chinas, Hg.) S. 17 ff.

89 Huang Xing (Mao Zhu-qing ed.), S. 181–185, 237–238; Miyazaki, Tōten 1977, S. 53–63.

90 Shang Ming-xuan et al. (Hg.), S. 779 f.; PKKCV 1981, Bd. 1, S. 117 ff.; Huang Xing (Mao Zhu-qing Hg.), S. 245.

91 Sun Yat-sen (Chen Xi-qi et al. (Hg.), Bd. 1, S. 615.

92 PKKCV 1981, Bd. 1, S. 118; vgl. Sun Yat-sen (Chen Xi-qi et al. (Hg.), Bd. 1, S. 633.

93 Sun Yat-sen (Chen Xi-qi et al. Hg.), Bd. 1, S. 647 f.
94 Gu Li-juan und Yuan Xiang-fu, Bd. 1, S. 188–192; PKKCV 1981, Bd. 1, S. 119 f.
95 Burke, James, S. 179.
96 Selle, Earl Albert, S. vii, 134, 139.
97 Huang San-de, S. 8.
98 Ebenda.
99 Shang Ming-xuan et al. (Hg.), S. 518; Chan, Luke und Taylor, Betty Tebbetts, S. 22; vgl. Wong, J. Y. 2012, S. 552 ff.
100 Miyazaki, Tōten 1977, S. 30, 130
101 Chan, Luke und Taylor, Betty Tebbetts, S. 187 f.
102 Sun, Victor, S. 360–366, 398.
103 Miyazaki, Tōten 1977, S. 141.
104 Huang San-de, S. 8.
105 Sun, Victor, S. 344, 407–421; Miyazaki, Tōten 1977, S. 130; Huang San-de, S. 8.
106 Sun, Victor, S. 289 ff.

Kapitel 4: Chinas demokratischer Aufbruch

107 Gascoyne-Cecil, Lord William, S. 274.
108 Archive der Ming- und der Qing-Dynastie, Bd 1, S. 43 f., 54–68; Bd. 2, S. 627–37, 667–684, 671 ff., 683 f.; Chang, Jung, 2014, Kapitel 29.
109 Gu Li-juan und Yuan Xiang-fu, Bd. 1, S. 2–5; Archive der Ming- und der Qing-Dynastie, Bd. 1, S. 667 ff.; Zhang Peng-yuan 1979, S. 364–368; Chang, David Cheng, S. 196.
110 Gu Li-juan und Yuan Xiang-fu, Bd. 1, S. 88, 119 f., 156, 186–192.
111 Ebenda, S. 2–16; Zhang Peng-yuan 2013, S. 76–110; Zhang Peng-yuan 1979, S. 364–370; Chang, David Cheng, S. 215.
112 Bergère, Marie-Claire, S. 226.
113 Gu Li-juan und Yuan Xiang-fu, Bd. 1, S. 523; Zhang Peng-yuan 1979, S. 398–447; K'ung Hsiang-hsi, S. 39.
114 Wu Chang-yi (Hg.), S. 18 f.
115 Selle, Earl Albert, S. 134.
116 Sun Yat-sen (Chen Xi-qi et al. Hg.), Bd. 1, S. 764, 773, 778, 782.
117 Selle, Earl Albert, S. 135 f.
118 Sun Yat-sen (Chen Xi-qi et al. Hg.), Bd. 1, S. 757 f., 782.
119 Chen Peng Jen, S. 107 f.; Sun Yat-sen (Chen Xi-qi et al. Hg.), Bd. 1, S. 784 f.

120 Song Jiao-ren (Chen Xu-lu Hg.), S. 496.

121 K'ung Hsiang-hsi, S. 36 f.

122 Soong Ching-ling (China Welfare Hg.), S. 189.

Kapitel 5: Die Hochzeiten von Ei-ling und Ching-ling

123 Charles Jones Soong Reference Collection.

124 K'ung Hsiang-hsi; Lo Hui-Min, Bd. 2, S. 478 f.; Yu Xin-chun und Wang Zhen-suo (Hg.), S. 283, 299; Shou Chong-yi (Hg.), S. 42 f., 57, 77, 82.

125 K'ung Hsiang-hsi, S. 36–43; Lo Hui-Min, Bd. 2, S. 478 ff.

126 Hahn, Emily, 1941, S. 99.

127 Wesleyan College Archives and Special Collections: »Sketches – Questionnaire Replied – *Circa* 1943«, »Sketches – College – undated, 2/8«, »article – undated, 2/10«.

128 Hahn, Emily 1941, S. 95.

129 Epstein, Israel, S. 7.

130 Ebenda, S. 36.

131 Rosholt, Malcolm, S. 112–115.

132 Epstein, Israel, S. 7, 42 f.

133 Soong Ching-ling (Shang Ming-xuan et al. Hg.), Bd. 1, S. 67.

134 Verwaltungskomitee historischer Objekte Sun Yat-sens und Soong Ching-lings, Shanghai (Hg.), Bd. 2, S. 293 ff.

135 Ebenda, S. 295; Epstein, Israel, S. 38 f.

136 Yu Xin-chun und Wang Zhen-suo Hg, S. 466 f.

137 Verwaltungskomitee historischer Objekte Sun Yat-sens und Soong Ching-lings, Shanghai (Hg.), Bd. 4, S. 101–105; Yu Xin-chun und Wang Zhen-suo (Hg.), S. 78 ff.; Epstein, Israel, S. 40–43; Yu Xin-chun und Wang Zhen-suo (Hg.), S. 467; Rosholt, Malcolm, S. 116.

138 Epstein, Israel, S. 41.

139 Lo Hui-Min, Bd. 2, S. 477 ff.; Verwaltungskomitee historischer Objekte Sun Yat-sens und Soong Ching-lings, Shanghai (Hg.), Bd. 2, S. 295; Burke, James, S. 181.

140 Rosholt, Malcolm, S. 115.

141 Lin Ke-guang et al., S. 16.

142 Sun Yat-sen (Chen Xi-qi et al. Hg.), Bd. 1, S. 976, 983–991; Sun Yat-sen, *Collected Works*, http://sunology.culture.tw/cgi-bin/gs32/s1gsweb. cgi?o=dcorpusands=id=%22TG0000001651%22.andsearchmode= basic.

143 Chen Qi-mei (Mo Yong-ming und Fan Ran Hg.), S. 426 ff.; Sun Yat-sen, *Collected Works*, http://sunology.culture.tw/cgi-bin/gs32/sigsweb.cgi?o=dcorpusands=id=%22TG0000001707%22.andsearchmode=basic.

144 Chiang Kai-shek (Chin Hsiao-i ed.), Bd. 1, S. 22–3; Sun Yat-sen, *Collected Works*, http://sunology.culture.tw/cgi-bin/gs32/sigsweb.cgi?o=dcorpusands=id=%22TG0000001718%22.andsearchmode=basic.

145 Soong Ching-ling (Shang Ming-xuan et al. Hg.), Bd. 1, S. 89 f.

Kapitel 6: Madame Sun Yat-sen

146 Sun Yat-sen, *Collected Works*, http://sunology.culture.tw/cgibin/gs32/sigsweb.cgi?o=dcorpusands=id=%22TG0000001744%22.andsearchmode=basic; Li Yuan-hong (Zhang Bei Hg.), S. 36 f. 53.

147 Sun Yat-sen (Chen Xi-qi et al. Hg.), Bd. 1, S. 1004 f.

148 Ebenda, S. 1010.

149 Li Guo-qi, S. 323; vgl. Wang Jian und Chen Xian-chun, S. 112 f.

150 Li Guo-qi, S. 325 f.; Wilbur, C. Martin, S. 93 f.; Tang Rui-xiang, S. 10–13.

151 Sun Yat-sen (Chen Xi-qi et al. Hg.), Bd. 1, S. 1051 ff.; Zhang Tai-yan, S. 32 f.; Tang Rui-xiang, S. 26 ff.

152 Luo Yi-qun, in: PKKCV 1950s, Nr. 4, S. 9 f.; Nr. 11, S. 29–37; Sun Yat-sen (Chen Xi-qi et al. Hg.), Bd. 1, S. 1089–1092; Tang Rui-xiang, S. 67, 90 f.; Chen Jiong-ming (Chen Ding-yan Hg.), S. 475, 507.

153 Chen Peng Jen, S. 117 ff.

154 Sun Yat-sen, *Collected Works*, http://sunology.culture.tw/cgibin/gs32/sigsweb.cgi?o=dcorpusands=id=%22TG0000002243%22.andsearchmode=basic.

155 Haag, E. A., S. 199.

156 *New York Times Magazine*, 10. Januar 1932.

157 Sun Yat-sen, *Collected Works*, http://sunology.culture.tw/cgibin/gs32/sigsweb.cgi?o=dcorpusands=id=%22CS0000000025%22.andsearchmode=basic; Sun Yat-sen (Chen Xi-qi et al. Hg.), Bd. 2, S. 1175 f.

158 Hu Shih, Bd. 5, S. 596.

159 25. Mai 1919, Papers of Emma DeLong Mills, MSS.2, Wellesley College Archives.

160 Rosholt, Malcolm, S. 117.

161 Soong Ching-ling (Shang Ming-xuan et al. Hg.), Bd. 1, S. 105.

162 Li Guo-qi, S. 327 ff.; Kriukov, Mikhail, S. 69–87.

163 Sun Yat-sen (Chen Xi-qi et al. Hg.), Bd. 1, S. 1133.

164 1. März 1921, microfilm publication M329, Records of the Department of State Relating to Internal Affairs of China, 1910–1929, Roll 26, file number: 893.00/3811–3975.

165 28. April 1922, microfilm publication M329, Records of the Department of State Relating to Internal Affairs of China, 1910–1929, Roll 29, file number: 893.00/4241–4440.

166 *New York Times*, 2. Juni 1922; Sun Yat-sen (Chen Xi-qi et al. Hg.), Bd. 2, S. 1456 f.; Tang Jia-xuan (Hg.), S. 108; Tung, William L., S. 186 f.

167 Chen Jiong-ming (Chen Ding-yan Hg.), Bd. 1, S. 507 ff.

168 Sun Yat-sen (Chen Xi-qi et al. Hg.), Bd. 2, S. 1463 ff.; Shang Ming-xuan et al. (Hg.), S. 134 f.; Tang Rui-xiang, S. 151.

169 Ching-lings Erfahrung nach der Flucht ihres Gatten: Ihr Artikel zitiert in: Hahn, Emily, 1941, S. 116–121; Soong Ching-ling (Shang Ming-xuan et al. Hg.), Bd. 1, S. 122 ff.; Soong-Ching-ling-Gedächtnis-Komitee (Hg.), S. 25.

170 Sun Yat-sen (Chen Xi-qi et al. Hg.), Bd. 2, S. 1465.

171 Tang Rui-xiang, S. 163.

172 Sun Yat-sen (Chen Xi-qi et al. Hg.), Bd. 2, S. 1465 f.

173 Soong Ching-ling (Shang Ming-xuan et al. Hg.), Bd. 1, S. 122; Epstein, Israel, S. 97.

174 Hahn, Emily 2014, Kapitel 16.

175 DeLong, Thomas A., S. 52 f.

176 Snow, Edgar, S. 118.

177 Shang Ming-xuan et al. (Hg.), S. 650.

178 Rosholt, Malcolm, S. 118.

Kapitel 7: Ich möchte dem Beispiel meines Freundes
          Lenin folgen

179 *Far Eastern Affairs*, 1987, 2, S. 102; Sun Yat-sen (Chen Xi-qi et al. Hg.), Bd. 2, S. 1472 f.

180 Huang Xiu-rong et al. (Hg.), *1920–1925*, S. 110, 166, 149, 213.

181 Ebenda, S. 217, 226; Sun Yat-sen (Chen Xi-qi et al. Hg.), Bd. 2, S. 1567, 1623.

182 Soong May-ling 1977, S. 8 f.

183 Sun Yat-sen (Chen Xi-qi et al. Hg.), Bd. 2, S. 1698.

184 Chang, Jung and Halliday, Jon, Kapitel 2.

185 Wilbur, C. Martin, S. 146.

186 Zhang Hai-lin, S. 354 f.

187 Tuchman, Barbara W., 1971, S. 87.

188 *Life*, Bd. 8, Nr. 10.

189 *Time*, 8. September 1924.

190 Epstein, Israel, S. 116.

191 *Far Eastern Affairs*, 30. Juni 2003, REA-No. 002, S. 121–126.

192 Sun Yat-sen (Chen Xi-qi et al. Hg.), Bd. 2, S. 2042, 2048, 2052.

193 Huang Xiu-rong et al. (Hg.), *1920–1925*, S. 567 f.

194 Sun Yat-sen (Chen Xi-qi et al. Hg.), Bd. 2, S. 2072 f.

195 Huang Xiu-rong et al. (Hg.), *1920–1925*, S. 568.

196 K'ung Hsiang-hsi, S. 57.

197 Huang Xiu-rong et al. (Hg.), *1920–1925*, S. 572.

198 McCormack, Gavan, S. 87–8, 253; Shang Ming-xuan et al. (Hg.), S. 413; Huang Xiu-rong et al. (Hg.), *1920–1925*, S. 570.

199 Ebenda, S. 568; Sun Yat-sen (Chen Xi-qi et al. Hg.), Bd. 2, S. 2089; Shang Ming-xuan et al. (Hg.), S. 649.

200 Rosholt, Malcolm, S. 120.

201 Shang Ming-xuan et al. (Hg.), S. 650; Sun Yat-sen (Chen Xu-lu and Hao Sheng-chao Hg.), S. 325.

202 Lee Yung in: Shang Ming-xuan et al. (Hg.), S. 650.

203 May-ling to Liao Cheng-zhi, 1982-8-17, https://www.bannedbook.org/bnews/zh-tw/lishi/20120916/664998.html.

204 Sun Yat-sen (Chen Xu-lu and Hao Sheng-chao Hg.), S. 323–326; Soong Ching-ling (China Welfare Hg.), S. 189; Huang Xiu-rong et al. (Hg.), *1920–1925*, S. 574, 578; Ishikawa, Yoshihiro; Sun Yat-sen (Chen Xi-qi et al. Hg.), Bd. 2, S. 2125.

205 Ishikawa, Yoshihiro.

206 Sun Yat-sen (Chen Xi-qi et al. Hg.), Bd. 2, S. 2130 ff.

207 Epstein, Israel, S. 135; Tang, Ernest, S. 100 ff.

208 Sun Yat-sen (Chen Xi-qi et al. Hg.), Bd. 2, S. 2132.

209 Li Gong-zhong, S. 234; Verwaltungskomitee historischer Objekte Sun Yat-sens und Soong Ching-lings, Shanghai (Hg.), Bd. 3, S. 386.

210 Li Gong-zhong, S. 237–242;

211 Ebenda, S. 165–170.

212 Ebenda, S. 128 f.

Kapitel 8: Shanghai-Ladys

213 Wesleyan College Archives and Special Collections: »article – undated, 2/10«, »Sketches – Questionnaire Replied – *Circa* 1943«; Pakula, Hannah, S. 25.

214 22. Juni 1941, *T.V. Soong Papers*, Hoover Institution Archives, Box 61, folder no. 31.

215 4. Juli 1917, Papers of Emma DeLong Mills, MSS.2, Wellesley College Archives.

216 7. August 1917, Papers of Emma DeLong Mills, MSS.2, Wellesley College Archives.

217 Die weiteren Zitate aus Briefen an Emma: 16. August 1917, 6. September 1917, 13. September 1917, 15. September 1917, 26. Oktober 1917, 4. November 1917, 12. November 1917, 7. Dezember 1917, 15. Dezember 1917, 28. Dezember 1917; 13. Januar 1918, 8. Februar 1918, 6. März 1918, 19. März 1918, 11. April 1918, 25. April 1918, 26. April 1918, 29. April 1918, 15. Mai 1918, 18. Juli 1918, 29. Juli 1918, 2. August 1918, 24. August 1918, 2. September 1918, 20. September 1918; 7. Januar 1919, 9. April 1919, 25. Mai 1919, 24. Juli 1919, 9. September 1919, 29. September 1919, 18. November 1919; 11. Februar 1920, 28. Februar 1920, 21. März 1920, 5. September 1920, 11. Oktober 1920; 28. April 1921, 25. Mai 1921, 6. Juli 1921, 25. Juli 1921; Papers of Emma DeLong Mills, MSS.2, Wellesley College Archives.

218 Chiang Ching-kuo (Zhou Mei-hua und Xiao Li-ju, Hg.), Bd. 1, S. 366.

219 Interviews mit Dr. Kung-ming Jan, dem Arzt, der May-ling in ihren letzten Jahren behandelte; Chen Li-wen (Hg.) 2014, S. 149.

Kapitel 9: May-ling lernt den Generalissimus kennen

220 Chiangs Tagebuch, 26. Juli 1943, in: Yang Tian-shi 2008, Bd. 1, S. 12.

221 Chiang Kai-shek (Zweites Historisches Archiv Chinas, Hg.), S. 24 f., 63 ff.

222 14. März 1924, Chiang Kai-shek (Zweites Historisches Archiv Chinas, Hg.), S. 167.

223 Chiang Kai-shek (Zweites Historisches Archiv Chinas, Hg.), S. 168 f.

224 Huang Xiu-rong et al. (Hg.), *1920–1925*, S. 383 ff.

225 Ebenda, S. 383 f.

226 Zhang Ke, in: Verwaltungskomitee historischer Objekte Sun Yat-sens und Soong Ching-lings, Shanghai, und Gesellschaft für Soong-Ching-ling-Forschung, Shanghai, (Hg.) 2013b, S. 629; Epstein, Israel, S. 192; Huang Xiu-rong et al. (Hg.), *1926–1927*, Bd. 1, S. 141.

227 Chiang Kai-shek (Zweites Historisches Archiv Chinas, Hg.), S. 538 f.; Yang Tian-shi 2008, Bd. 1, S. 130 f.; Yang Tian-shi 2010, S. 337.

228 Huang Xiu-rong et al. (Hg.), *1926–1927*, Bd. 1, S. 169–188; Chiang Kai-shek (Zweites Historisches Archiv Chinas, Hg.), S. 528, 536 f., 540, 554.

229 6. Juli 1921, Papers of Emma DeLong Mills, MSS.2, Wellesley College Archives.

230 K'ung Hsiang-hsi, S. 54.

231 Zu Jennies Version der Dinnerparty siehe Ch'en Chieh-ju (Eastman, Lloyd E. Hg.), S. 186–193.

232 6. Juli 1921, Papers of Emma DeLong Mills, MSS.2, Wellesley College Archives.

233 12. November 1917, Papers of Emma DeLong Mills, MSS.2, Wellesley College Archives.

234 Yang Tian-shi 2010, S. 340.

235 2. Juli 1926, Chiang Kai-shek Diaries, Hoover Institution Archives.

236 Yang Tian-shi 2010, S. 341; Lu Fang-shang Hg., S. 60.

237 21. April und 25. Mai 1921, Papers of Emma DeLong Mills, MSS.2, Wellesley College Archives.

238 K'ung Hsiang-hsi, S. 45.

239 Ebenda, S. 46.

240 May-ling an Emma, 14. November 1918, Papers of Emma DeLong Mills, MSS.2, Wellesley College Archives; K'ung Hsiang-hsi, S. 45.

241 May-ling an Emma, 20. September 1918, 29. Oktober 1918, 9. September 1926, Papers of Emma DeLong Mills, MSS.2, Wellesley College Archives.

242 Yang Tian-shi 2010, S. 341.

243 *New York Times*, 14. November 1926.

244 Sheean, Vincent, S. 218 f.; Auszug ins Deutsche übersetzt in Emily Hahn 1941, S. 137.

245 Soong May-ling (Madame Chiang Kai-shek) 1977, S. 5, 69–75.

246 Hahn, Emily 1955, S. 87.

247 Soong May-ling (Madame Chiang Kai-shek) 1977, S. 7, 60.

248 *New York Times*, 9. September 1927; Yang Tian-shi 2010, S. 346.

249 Yang Tian-shi 2010, S. 347.

250 Zur Begegnung mit Frau Soong siehe Ausstellung in: Chiang Kai-shek Gedächtnishalle, Taipeh.

251 May-ling an Emma, 24. Januar 1928, Papers of Emma DeLong Mills, MSS.2, Wellesley College Archives; vgl. Hahn, Emily, 1941, S. 144 f.

252 Zu den Gesprächen mit Ei-ling siehe 11. und 21. Dezember 1927, Chiang Kai-shek Diaries, Hoover Institution Archives.

253 Chiang Kai-shek (Chin Hsiao-i Hg.), Bd. 3, S. 996.

254 28. Dezember 1927, Chiang Kai-shek Diaries, Hoover Institution Archives.

255 Siehe etwa Wu Kuo-Cheng, S. 15.

Kapitel 10: Verheiratet mit einem umstrittenen Diktator

256 29. Dezember 1927, Chiang Kai-shek Diaries, Hoover Institution Archives.

257 30. Dezember 1927, Chiang Kai-shek Diaries, Hoover Institution Archives.

258 Soong May-ling (Madame Chiang Kai-shek) 1934, S. 133.

259 Chiang Kai-shek: Korrespondenz der Familie, 1928; Lu Fang-shang (Hg.), S. 61.

260 Gu Li-juan und Yuan Xiang-fu, Bd. 3, S. 1708–1715; Koo, V. K. Wellington 2013, Bd. 1, S. 287.

261 Huang Xiu-rong et al. (Hg.), *1920–1925*, S. 574.

262 Tuchman, Barbara W., S. 151.

263 13. April 1931, in Yang Tian-shi 2002, S. 32.

264 http://club.kdnet.net/dispbbs.asp?id=11276542andboardid=1

265 Sun Yat-sen, *Gesammelte Werke*, http://sunology.culture.tw/cgi-bin/gs32/sigsweb.cgi?o=dcorpusands=id=%22SP0000000734%22.andsearchmode=basic; Li Gong-zhong, S. 300.

266 Hu Shih, Bd. 5, S. 523, 579, 588; Yi Zhu-xian, S. 292–322; Yang Tian-shi 2008, Bd. 1, S. 177 f.

267 Hu Shih, Bd. 5, S. 525.

268 Koo, V. K. Wellington, Columbia University Archives, Bd. 3, Teil 2, Sect. H, J, S. 304 f.; Koo, V. K. Wellington 2013, S. 391; Koo (Madame Wellington Koo), S. 152.

269 Chiang Tagebuch, 5. Juli 1934, in: Lu Fang-shang (Hg.), S. 64.

270 24. August–6. September 1929, Chiang Kai-shek Diaries, Hoover

Institution Archives; Oursler, Fulton, S. 350–353; *New York Times*, 7. September 1929.

271 Chen Li-wen (Hg.) 2014, S. 24 f.

272 Chiang Kai-shek: Korrespondenz der Familie, 1930; Yang Tian-shi 2010, S. 357 f.

273 May-ling an Chiang, 19. September 1930, Chiang Kai-shek: Korrespondenz der Familie; Koo, V. K. Wellington, Columbia University Archives, Bd. 3, Teil 1, Sect. E – G, S. 141; Koo, V. K. Wellington 2013, S. 299 f.; Yang Tian-shi 2010, S. 357 f.

274 Chiang Kai-shek: Korrespondenz der Familie, 1930/31.

275 K'ung Hsiang-hsi, S. 74–77.

276 Lu Fang-shang (Hg.), S. 30, 34.

277 Lu Fang-shang (Hg.), S. 28, 69.

278 Wu Kuo-Cheng, S. 16 f., 134, 190.

279 Lu Fang-shang (Hg.), S. 69; Chiang Kai-shek: Korrespondenz der Familie, *passim*.

280 Hu Shih, Bd. 5, S. 588.

281 Huang Zi-jin und Pan Guang-zhe, Bd. 1, S. 602–607.

282 Soong May-ling (Madame Chiang Kai-shek) 1934, S. 131 ff.

283 Soong May-ling (Madame Chiang Kai-shek) 1955, S. 10 f.; vgl. Chiang Kai-shek: Korrespondenz der Familie, 1931/32; Verwaltungskomitee historischer Objekte Sun Yat-sens und Soong Ching-lings, Shanghai, und Gesellschaft für Soong-Ching-ling-Forschung, Shanghai (Hg.) 2013a, S. 127.

284 Han Li-guan und Chen Li-ping, S. 53–70; *North China Herald*, 23. Juli 1931.

285 *New York Times*, 30. Juli 1931; Chiang Kai-shek: Korrespondenz der Familie, 2. August 1931.

286 Soong May-ling (Madame Chiang Kai-shek) 1934, S. 133.

Kapitel 11: Ching-ling im Exil: Moskau, Berlin, Shanghai

287 Sheean, Vincent, S. 194 f.

288 Sheean, Vincent, S. 208.

289 Snow, Edgar, S. 111.

290 Zhang Ke, in: Verwaltungskomitee historischer Objekte Sun Yat-sens und Soong Ching-lings, Shanghai, und Gesellschaft für Soong-Ching-ling-Forschung, Shanghai (Hg.), 2013b, S. 629; Epstein, Israel, S. 206, 219.

291 Epstein, Israel, S. 213, 224; Soong Ching-ling (Soong Ching-ling Foundation and China Welfare Hg.), Bd. 1, S. 60; Snow, Edgar, S. 124.

292 *New York Times*, 29. September 1927; Epstein, Israel, S. 207; Sheean, Vincent, S. 289.

293 Snow, Edgar, S. 115.

294 Zhang Ke, in: Epstein, Israel, S. 218.

295 Verwaltungskomitee historischer Objekte Sun Yat-sens und Soong Ching-lings, Shanghai (Hg.), Bd. 1, S. 145; Bd. 2, S. 90–93.

296 Li Yun, in: Soong Ching-ling Gedächtniskomitee (Hg.), S. 206.

297 Mei Ri-xin und Deng Yan-chao (Hg.), S. 1, 245, 248; Chinese Peasants' and Workers' Democratic Party Central Committee (Hg.), S. 129; Deng Yan-da (Mei Ri-xin und Deng Yan-chao Hg.), S. 127.

298 Zhang Ke, in: Epstein, Israel, S. 217 f.

299 Deng Yan-da (Mei Ri-xin und Deng Yan-chao, Hg.), S. 261 f., 462.

300 Verwaltungskomitee historischer Objekte Sun Yat-sens und Soong Ching-lings, Shanghai (Hg.), Bd. 1, S. 140–145; Bd. 2, S. 87 ff.

301 Soong Ching-ling (Soong Ching-ling Foundation and China Welfare Hg.), Bd. 1, S. 58 f.; Epstein, Israel, S. 219 ff; Verwaltungskomitee historischer Objekte Sun Yat-sens und Soong Ching-lings, Shanghai (Hg.), Bd. 1, S. 136–150; Liu Jia-quan, S. 56–62; Mei Ri-xin und Deng Yan-chao Hg., S. 301–304.

302 Poststempel aus Shanghai vom 4. Juli 1928 (der Besitzer dieses Briefes möchte nicht namentlich genannt werden).

303 Soong Ching-ling (Soong Ching-ling Foundation and China Welfare Hg.), Bd. 1, S. 58.

304 Deng Yan-da (Mei Ri-xin und Deng Yan-chao Hg.), S. 452, 459, 472, 480.

305 Mei Ri-xin und Deng Yan-chao (Hg.), S. 6.

306 Soong Ching-ling (Soong Ching-ling Foundation et al. Hg.), S. 269–274.

307 *North China Herald*, 28. Juli 1931.

308 Verwaltungskomitee historischer Objekte Sun Yat-sens und Soong Ching-lings, Shanghai (Hg.), Bd. 4, S. 198 ff.

309 Hahn, Emily 1941 S. 159; Verwaltungskomitee historischer Objekte Sun Yat-sens und Soong Ching-lings, Shanghai (Hg.), Bd. 2, S. 112 ff.; Bd. 3, S. 199.

310 Soong Ching-ling (Soong Ching-ling Foundation and China Welfare Hg.), Bd. 1, S. 66.

311 Liu Jia-quan, S. 146 ff., 156–159, 179; Soong Ching-ling (Soong Ching-ling Foundation and China Welfare Hg.), Bd. 1, S. 68 f.

312 Epstein, Israel, S. 258; Chinese Peasants' and Workers' Democratic Party Central Committee (Hg.), S. 143.

313 Soong Ching-ling 1992, S. 83–86; *New York Times, Magazine*, 10. Januar 1932.

314 Yang Kui-song 2003.

315 Artikel in *People's Daily*, 29. Mai 1982; Yang Kui-song 2003.

316 Isaacs, Harold, S. 64.

317 Shen Zui, S. 60–64; Ye Bang-zong, S. 32 ff.

318 Interview mit einem Mitglied von May-lings Haushalt in New York, 21. Oktober 2015.

319 Chiang Ching-kuo (Zhou Mei-hua und Xiao Li-ju, Hg.), Bd. 2, S. 163.

320 Chiang Ching-kuo (Zhou Mei-hua und Xiao Li-ju, Hg.), Bd. 2, S. 564.

Kapitel 12: Mann und Frau als Team

321 Yi Zhu-xian, S. 349, 353.

322 Soong Ching-ling (Shang Ming-xuan et al. Hg.), Bd. 1, S. 270–274; Yi Zhu-xian, S. 348–355.

323 Hahn, Emily 1941, S. 147.

324 Lu Fang-shang (Hg.), S. 22, 71 ff., 80.

325 Soong May-ling (Madame Chiang Kai-shek) 1934, S. 134; Soong May-ling (Madame Chiang Kai-shek) 1935a, S. 75–78.

326 Soong May-ling (Madame Chiang Kai-shek) 1955, S. 11, 29.

327 Soong May-ling (Madame Chiang Kai-shek) 1934, S. 133 f.

328 Soong May-ling (Madame Chiang Kai-shek) 1935b, S. 355 ff.

329 Leonard, Royal, S. 110.

330 Soong May-ling (Madame Chiang Kai-shek) 1934, S. 131.

331 Soong May-ling (Madame Chiang Kai-shek) 1935b, S. 357.

332 *Duli Pinglun*, Heft 95, 8. April 1934; Hu Shih, Bd. 11, S. 419–422.

333 Soong May-ling (Madame Chiang Kai-shek) 1935b, S. 355; 1934, S. 134; Soong May-ling und Chiang Kai-shek, S. 44.

334 Gunther, John, S. 234.

335 Soong May-ling (Madame Chiang Kai-shek) 1935a, S. 76.

Kapitel 13: Die Befreiung von Chiangs Sohn aus den Klauen Stalins

336 Chiang Kai-shek (Chin Hsiao-I, Hg.), Bd. 2, S. 334 f.

337 Chiang Ching-kuo, in: Cline, Ray S.; Qi Gao-ru, S. 7 ff., 13 f., 365.

338 People's University (Hg.), S. 81 ff.; CPPCC 1985, S. 241; Jung Chang und Jon Halliday, Index: Shao Li-tzu.

339 1. November 1930, Chiang Kai-shek Diaries, Hoover Institution Archives; Chiang Kai-shek (Chin Hsiao-I, ed.), Bd. 2, S. 335.

340 16. Dezember 1931, Chiang Kai-shek Diaries, Hoover Institution Archives; Verwaltungskomitee historischer Objekte Sun Yat-sens und Soong Ching-lings, Shanghai (Hg.), Bd. 2, S. 56.

341 Yang Tian-shi 2002, S. 373 f.

342 Chiang Kai-shek (Chin Hsiao-i Hg.), Bd. 3, S. 994.

343 Zu Chiangs Gesuchen siehe Yang Tian-shi 2002, S. 375; Chiang Ching-kuo, in: Cline, Ray S., S. 178 f.; Qi Gao-ru, S. 365–370.

344 Interview mit Jon Halliday.

345 DWP, Bd. 18 (1935), S. 438.

346 DWP, Bd. 18 (1935), S. 537.

347 Interview, 15. Februar 1993; AVPRF, 0100/20/184/11, S. 11, 14 f.

Kapitel 14: Eine Frau beschützt ihren Mann

348 Jiang Ting-fu, S. 203.

349 Leonard, Royal, S. 21; Tuchman, Barbara W., S. 196.

350 Jung Chang und Jon Halliday, Kapitel 16 und 17.

351 Soong May-ling und Chiang Kai-shek; Selle, Earl Albert, S. 260, 306, 319 f.; Li Jin-zhou (Hg.), S. 72 f.; Yang Tian-shi 1998, S. 466.

352 Snow, Edgar, S. 125.

353 Li Jin-zhou (Hg.), S. 83.

354 Soong May-ling und Chiang Kai-shek, S. 44 f.

355 Soong May-ling und Chiang Kai-shek, S. 51 ff.

356 Soong May-ling (Madame Chiang Kai-shek) 1955, S. 13 f., 23; Soong May-ling und Chiang Kai-shek, S. 54 f.

357 Soong May-ling und Chiang Kai-shek, S. 56 f.

358 Ausführlicher zur Rolle Zhous [Chous] in Xian siehe Jung Chang und Jon Halliday, Kapitel 17.

359 Wang Bing-nan stand in der Nähe der Tür und hörte diese

Botschaft, unveröffentlichte Erinnerung, zitiert in: Han Su-yin, S. 154.

360 Leonard, Royal, S. 107 f.
361 Hahn, Emily 1941, S. 233.
362 Leonard, Royal, S. 108.
363 Soong May-ling und Chiang Kai-shek.
364 Yang Tian-shi 1998, S. 464–469.
365 Zentralarchiv (Hg.), S. 213; Zhang Xue-liang (Zhang You-kun und Qian Jin, Hg.), S. 1124.

Kapitel 15: Tapferkeit und Korruption

366 Hahn, Emily 1941, S. 243 f.
367 Soong Ching-ling (Shang Ming-xuan et al. Hg.), Bd. 1, S. 345.
368 Selle, Earl Albert, S. 339 f.
369 Luo Jia-lun, S. 141–153.
370 Chiang Kai-shek Diaries, Hoover Institution Archives.
371 26. September und 12. Dezember 1938, Papers of Emma DeLong Mills, MSS. 2, Wellesley College Archives.
372 Pakula, Hannah, S. 356.
373 10. Mai 1939, Papers of Emma DeLong Mills, MSS. 2, Wellesley College Archives.
374 Soong May-ling (Madame Chiang Kai-shek) 1955, S. 16.
375 10. Mai, 1. November and 10. November 1939, 10. April 1941, Papers of Emma DeLong Mills, MSS. 2, Wellesley College Archives; Soong May-ling (Madame Chiang Kai-shek) 1955, S. 17.
376 10. November 1939, Papers of Emma DeLong Mills, MSS. 2, Wellesley College Archives.
377 Chennault, Anna, S. 93 f.
378 Alsop, Joseph W., S. 174.
379 Chennault, Claire Lee, S. 35, 54 f.
380 Smith, Sebie Biggs, Columbia University Archives, OHRO/PRCQ, No. 1392.
381 Pakula, Hannah, S. 290.
382 Chiang Kai-shek, Korrespondenz der Familie, S. 28.
383 Wu Kuo-Cheng, S. 14 f., 183; Shou Chong-yi (Hg.), S. 79, 85.
384 K'ung Hsiang-hsi, S. 128, 142 f.; Shou Chong-yi (Hg.), *passim*; I Fu-en, S. 130; Gunther, John, S. 230 ff.
385 Hahn, Emily 2014, Kapitel 15.

386 Shou Chong-yi (Hg.), S. 79 f., 84 f.

387 Selle, Earl Albert, S. 349.

388 Interviews mit Jeanettes Arzt Dr. Jan Kung-ming, der auch May-ling behandelte; Chen Li-wen (Hg.), 2014, S. 111, 197–202; Shong Wen, S. 150–158; Shou Chong-yi (Hg.), S. 28 f., 86–90, 104 f., 260.

389 Tuchman, Barbara W., 1973, S. 186 f.

390 Hahn, Emily 1941, S. 282.

391 Shou Chong-yi (Hg.), S. 32.

392 K'ung Hsiang-hsi, S. 146.

393 Shou Chong-yi (Hg.), S. 12; Soong Ching-ling (Shanghai Soong Ching-ling Memorial Residence Hg.), S. 422.

394 Soong Ching-ling (Shanghai Soong Ching-ling Memorial Residence Hg.), S. 124 f.

Kapitel 16: Die Frustration der Roten Schwester

395 Soong Ching-ling 1952, S. 107.

396 Epstein, Israel, S. 344 ff.

397 Ebenda, S. 369 f.

398 Snow, Edgar, S. 115–120.

399 Hahn, Emily 1941, S. 304 f.

400 Wang Jing-wei (Cai De-jin and Wang Sheng Hg.), S. 248–269.

401 Soong Ching-ling (Shang Ming-xuan et al. Hg.), Bd. 1, S. 405–409; May-ling to Emma, 7. und 9. Mai 1940, Papers of Emma DeLong Mills, MSS.2, Wellesley College Archives; Hahn, Emily 2014a, S. 170; 1941, S. 313 f.

402 Soong Ching-ling (Shang Ming-xuan et al. Hg.), Bd. 1, S. 407 f.; Epstein, Israel, S. 334 f.

403 Soong Ching-ling (Soong Ching-ling Foundation and China Welfare Hg.), Bd. 1, S. 191.

404 Soong Ching-ling (Shang Ming-xuan et al. Hg.), Bd. 1, S. 434; Zentralkomitee der chinesischen Arbeiter- und Bauernpartei (Hg.), S. 130.

405 Wu Jing-ping und Kuo Tai-chun 2008a, S. 58.

406 Ebenda.

407 Chiang Ching-kuo (Zhou Mei-hua und Xiao Li-ju Hg.), Bd. 2, S. 162 f.; Wu Jing-ping und Kuo Tai-chun 2008a, S. 58.

408 Ebenda.

409 Yang Tian-shi 2010, S. 257–264.

410 Soong Ching-ling (Shang Ming-xuan et al. Hg.), Bd. 1, S. 437 f.

411 Wu Jing-ping and Kuo Tai-chun 2008a, S. 58; Hahn, Emily 2014a, S. 183.

412 Wu Jing-ping and Kuo Tai-chun 2008a, S. 58.

413 Soong Ching-ling (Soong Ching-ling Foundation and China Welfare Hg.), Bd. 1, S. 205–16; Epstein, Israel, S. 414.

414 Ambassador Gauss to the Secretary of State, 16. Februar 1944, *FRUS*, Bd. VI.

415 Tuchman, Barbara W., 1973, S. 76.

416 Epstein, Israel, S. 396, 424.

417 Melby, John F., S. 121.

418 Epstein, Israel, S. 418 f.

419 Ebenda, S. 415.

420 Epstein, Israel, S. 401, 424; Ambassador Gauss to the Secretary of State, 16. Februar 1944, *FRUS*, Bd. VI.

421 Epstein, Israel, S. 337.

Kapitel 17: Triumph und Elend der Kleinen Schwester

422 Tuchman, Barbara W., 1973, S. 343; Soong Ching-ling (Soong Ching-ling Foundation et al. Hg.), Bd. 1, S. 216 f. (Ching-ling on Willkie).

423 14. Januar 1939, Papers of Emma DeLong Mills, MSS.2, Wellesley College Archives.

424 Interview mit einem Mitglied von May-lings Haushalt in New York, 21. Oktober 2015.

425 Chiang Kai-shek, Korrespondenz der Familie, S. 30.

426 Tuchman, Barbara W., 1971, S. 448; Chiang Ching-kuo (Zhou Mei-hua and Xiao Li-ju Hg.), Bd. 2, S. 648; vgl. Yang Tian-shi 2008, Bd. 2, S. 533.

427 DeLong, Thomas A., S. 184; Tuchman, Barbara W., 1971, S. 449; David als ihr »Sekretär«: Koo, V. K. Wellington, Columbia University Archives, Bd. 5, Part E, S. 748, 806.

428 Chiang Kai-shek, Korrespondenz der Familie, S. 29f; Chiang diaries, in: Yang Tian-shi 2008, Bd. 2, S. 519.

429 5. Juli 1943, Chiang Kai-shek Diaries, Hoover Institution Archives.

430 Juli 1943, Chiang Kai-shek Diaries, Hoover Institution Archives; Yang Tian-shi 2008, Bd. 2, S. 533–542.

431 20. und 21. November 1943, Chiang Kai-shek Diaries, Hoover Institution Archives.

432 6. April 1944, Papers of Emma DeLong Mills, MSS.2, Wellesley College Archives.

433 Alanbrooke, Viscount, S. 471, 478.

434 Eden, Anthony, S. 424.

435 26. November 1943, Chiang Kai-shek Diaries, Hoover Institution Archives.

436 22. November 1943, Chiang Kai-shek Diaries, Hoover Institution Archives.

437 Koo, V. K. Wellington, Columbia University Archives, Bd. 5, Part E, S. 794.

438 31. Dezember 1943, Chiang Kai-shek Diaries, Hoover Institution Archives.

439 Moran, Lord, S. 151.

440 Tuchman, Barbara W., 1973, S. 196.

441 Ebenda, S. 600.

442 Yang Tian-shi 2008, Bd. 2, S. 536.

443 Lattimore, Owen, S. 186.

444 Ebenda.

445 Yang Tian-shi 2008, Bd. 2, S. 536.

446 Ebenda, S. 526–529.

447 Miller, Merle, S. 310.

448 Pakula, Hannah, S. 504.

449 DeLong, Thomas A., S. 184–188; May-ling to Emma, 12. Juni 1946, Papers of Emma DeLong Mills, MSS.2, Wellesley College Archives.

450 Chiang Kai-shek, Korrespondenz der Familie, S. 30–33.

451 Yang Tian-shi 2008, Bd. 2, S. 449–466; Koo, V. K. Wellington, Columbia University Archives, Bd. 5, Part F, S. 847.

452 DeLong, Thomas A., S. 184–190.

453 Ebenda, S. 191.

Kapitel 18: Der Sturz des Chiang-Regimes

454 Ohne Datum, August 1945, Chiang Kai-shek Diaries, Hoover Institution Archives.

455 Ohne Datum, August 1945, Chiang Kai-shek Diaries, Hoover Institution Archives.

456 31. August 1945, Chiang Kai-shek Diaries, Hoover Institution Archives.

457 DeLong, Thomas A., S. 191.

458 Chang, Jung und Halliday, Jon, Kapitel 27; Chiang Kai-shek (Chin Hsiao-i Hg.), Bd. 5, S. 2681; Interview mit Chen Li-fu, 15. Februar 1993.

459 I Fu-en, S. 111 f.

460 Chang, Jung und Halliday, Jon, Kapitel 27.

461 Wu Kuo-Cheng, S. 1, 18–19; I Fu-en, S. 113; Huang Ke-wu et al., Bd. 1, S. 289–90; Bd. 2, S. 55.

462 I Fu-en, S. 107–9; Epstein, Israel, S. 424.

463 Chang, Jung 1991, Kapitel 4; Wu Kuo-Cheng, S. 2–9, 38, 187.

464 Koo, V. K. Wellington, Columbia University Archives, Bd. 5, Part F, S. 861, 898; Tung, William L., S. 71.

465 Beal, John Robinson, S. 341–2; Wu Jing-ping und Kuo Tai-chun 2008a, S. 97–104; *Hua Shang Daily*, 30. November 1947; Wu Kuo-Cheng, S. 189.

466 Soong Ching-ling (Shanghai Soong Ching-ling Memorial Residence Hg.), S. 124 f.

467 Soong Ching-ling (Shanghai Soong Ching-ling Memorial Residence Hg.), S. 144.

468 12. Juni 1946, Papers of Emma DeLong Mills, MSS.2, Wellesley College Archives.

469 Beal, John Robinson, S. 100 f.

470 12. Juni, 31. August, 1. November 1946, 23. April 1947, 14. Dezember 1948, Papers of Emma DeLong Mills, MSS.2, Wellesley College Archives.

471 Epstein, Israel, S. 473.

472 Soong Ching-ling (Shanghai Soong Ching-ling Memorial Residence Hg.), S. 108, 144, 199.

473 Topping, Seymour, S. 50.

474 Chang, Jung und Halliday, Jon, Kapitel 29.

475 Yang Tian-shi 2014, S. 203–219; Chiang Ching-kuo 2011, S. 258–267.

476 November 1948, Chiang Kai-shek Diaries, Hoover Institution Archives; Yang Tian-shi 2014, S. 217.

477 23. und 27. November 1948, Chiang Kai-shek Diaries, Hoover Institution Archives; Yang Tian-shi 2014, S. 217 f.

478 Miller, Merle, S. 309.

479 Soong May-ling (Madame Chiang Kai-shek) 1955, S. 26.

480 Chiang Ching-kuo (Zhou Mei-hua und Xiao Li-ju, Hg.), Bd. 1, S. 83; correspondence S. 68–108; Chiang Kai-shek, Korrespondenz der Familie, S. 34 ff.

481 Ebenda, S. 85 ff.

482 Ebenda, S. 77 ff; Chiang Kai-shek, Korrespondenz der Familie, S. 34 ff.

483 Soong May-ling (Madame Chiang Kai-shek) 1955, S. 23.

484 Chiang Kai-shek, Korrespondenz der Familie, S. 38.

485 Soong May-ling (Madame Chiang Kai-shek) 1955, S. 23, 26.

486 Soong May-ling (Madame Chiang Kai-shek) 1955, S. 23 f., vgl. S. 13 f.

487 13. Januar 1950, Chiang Kai-shek Diaries, Hoover Institution Archives.

488 Reflection of the week, 1950, Chiang Kai-shek Diaries, Hoover Institution Archives.

Kapitel 19: »Wir müssen jede Gefühlsduselei zerschmettern«: Das Leben als Maos Stellvertreterin

489 Soong Ching-ling (Shanghai Soong Ching-ling Memorial Residence, Hg.), S. 199.

490 Soong Ching-ling (Shanghai Soong Ching-ling Memorial Residence, Hg.), S. 421.

491 Zheng Peng-nian, S. 237; Soong Ching-ling (Shang Ming-xuan et al., Hg.), Bd. 2, S. 680.

492 Soong Ching-ling (Shanghai Soong Ching-ling Memorial Residence, Hg.), Bd. 2, S. 175, 203, 206; Soong Ching-ling (Soong Ching-ling Foundation and China Welfare, Hg.), S. 62, 188 f.; Zhou En-lai, Bd. 1, S. 18, 47.

493 Zhou En-lai, Bd. 1, S. 47–54.

494 Soong Ching-ling (Shang Ming-xuan et al., Hg.), Bd. 2, S. 684; Zhou En-lai, Bd. 1, S. 47–54.

495 Epstein, Israel, S. 479.

496 Epstein, Israel, S. 548.

497 Soong Ching-ling (China Welfare, Hg.), S. 148.

498 Soong Ching-ling (Shanghai Soong Ching-ling Memorial Residence, Hg.), Bd. 2, S. 268.

499 Soong Ching-ling (Soong Ching-ling Foundation et al., Hg.), S. 277.

500 Soong Ching-ling (Soong Ching-ling Foundation et al., Hg.), S. 279, 335.

501 Soong Ching-ling (Soong Ching-ling Foundation and China Welfare, Hg.), Bd. 2, S. 292.

502 Siehe z. B. Soong Ching-ling (Soong Ching-ling Foundation et al., Hg.), S. 288.

503 Soong Ching-ling (Soong Ching-ling Foundation et al., Hg.), S. 286, 289 f., 296 f.

504 Soong Ching-ling (Soong Ching-ling Foundation et al. Hg.), S. 297.

505 Verwaltungskomitee historischer Objekte Sun Yat-sens und Soong Ching-lings, Shanghai (Hg.), Bd. 1, S. 242, 269; vgl. Soong Ching-ling (Shang Ming-xuan et al., Hg.), Bd. 2, S. 930.

506 Soong Ching-ling 1992, S. 239–247; Verwaltungskomitee historischer Objekte Sun Yat-sens und Soong Ching-lings, Shanghai (Hg.), Bd. 1, S. 274.

507 Verwaltungskomitee historischer Objekte Sun Yat-sens und Soong Ching-lings, Shanghai (Hg.), Bd. 1, S. 269, 274.

508 Verwaltungskomitee historischer Objekte Sun Yat-sens und Soong Ching-lings, Shanghai (Hg.), Bd. 4, S. 135 f.

509 Verwaltungskomitee historischer Objekte Sun Yat-sens und Soong Ching-lings, Shanghai (Hg.), Bd. 1, S. 242.

510 Tang Xiong 2006.

511 Soong-Ching-ling-Gedächtnis-Komitee (Hg.), S. 187.

512 Soong Ching-ling (Shang Ming-xuan et al., Hg.), Bd. 2, S. 917.

513 Soong Ching-ling (Soong Ching-ling Memorial Residence, Hg.), S. 409; Soong Ching-ling (Shang Ming-xuan et al., Hg.), Bd. 2, S. 943–8; Soong Ching-ling (China Welfare, Hg.), S. 144.

514 Soong Ching-ling (Soong Ching-ling Memorial Residence, Hg.), S. 421 f.

515 Soong Ching-ling 1992, Bd. 2, S. 288.

516 People's Daily, 10. September 1957.

517 Soong Ching-ling (Shang Ming-xuan et al., Hg.), Bd. 2, S. 1012; Soong Ching-ling (China Welfare, Hg.), S. 103.

518 Li Yun.

519 Soong Ching-ling (Soong Ching-ling Foundation et al., Hg.), S. 346.

520 Soong Ching-ling (Soong Ching-ling Foundation et al., Hg.), S. 348–353.

521 Soong Ching-ling (Soong Ching-ling Foundation et al., Hg.), S. 358 f., 366–369.

522 Soong Ching-ling (Soong Ching-ling Foundation et al., Hg.), S. 346, 348, 356 ff., 362.

523   Interviews mit Yolanda Sui, http://history.sina.com.cn/bk/wgs/2015-004-13/1440118715.shtml; https://v.qq.com/x/page/t0163kzni44.html; Tang Xiong 2006, S. 207.

Kapitel 20: »Ich bereue nichts«

524   Interviews mit Yolanda Sui, http://history.sina.com.cn/bk/wgs/2015-04-13/1440118715.shtml; https://v.qq.com/x/page/t0163kzni44.html; https://tv.sohu.com/v/dXMvMzM1OTQxNjQwLzEyMTA0MzYiMC5zaHRtbA==.html, Tang, Ernest, S. 119.

525   Soong Ching-ling (Soong Ching-ling Foundation et al., Hg.), S. 562; Tang Xiong 2006, S. 163, 208.

526   Tang Xiong 2006, S. 168 f.; Tang Xiong, in: Zeitschrift *Woodpecker*, 2005, Heft 7, http://www.360doc.com/content/15/0113/22/7915662_440550733.shtml.

527   Verwaltungskomitee historischer Objekte Sun Yat-sens und Soong Ching-lings, Shanghai (Hg.), Bd. 1, S. 259.

528   Fernsehinterview Yolandas mit Lu Yu, https://tv.sohu.com/v/dXMvMzM4NDUwMzYxLzExNzkwMTUzNS5zaHRtbA==.html.

529   Soong Ching-ling (Soong Ching-ling Foundation et al., Hg.), S. 387; Tang Xiong 2006, S. 194 f.; Li Yun.

530   Soong Ching-ling (Soong Ching-ling Foundation et al., Hg.), S. 648; Soong Ching-ling (Shang Ming-xuan et al., Hg.), Bd. 2, S. 1179.

531   Epstein, Israel, S. 548.

532   Zheng Peng-nian, S. 270–273; Hua-ping.

533   He Da-zhang, S. 189–194.

534   Soong Ching-ling (Soong Ching-ling Foundation et al., Hg.), S. 401 f.

535   Soong Ching-ling (Shang Ming-xuan et al., Hg.), Bd. 2, S. 1180.

536   Soong Ching-ling (Soong Ching-ling Foundation et al., Hg.), S. 395 f.; Tang Xiong 2006, S. 204–208.

537   Soong Ching-ling (China Welfare, Hg.), S. 39.

538   Ching-ling an Paul Lin, 11. Juni 1972, Paul T. K. Lin Papers, Hong Kong University of Science and Technology Archives.

539   Soong Ching-ling (Soong Ching-ling Foundation et al., Hg.), S. 452 f.; vgl. Soong Ching-ling (China Welfare, Hg.), S. 74.

540   Soong Ching-ling (China Welfare, Hg.), S. 94.

541   Soong Ching-ling (Soong Ching-ling Foundation et al., Hg.), S. 459.

542 Soong Ching-ling (Shang Ming-xuan et al., Hg.), Bd. 2, S. 1249.

543 Soong Ching-ling (China Welfare, Hg.), S. 129.

544 Interviews mit Yolanda Sui, https://www.youtube.com/watch?v=RRr PJo1gAyk; sowie *Huanqiu Renwu* , http://history.sina.com.cn/bk/wgs/ 2015-04-13/1440118715.shtml.

545 Zu Maos Äußerungen über Jiang Qing siehe Chang und Halliday, S. 655 f., 785 f.

546 Soong Ching-ling (China Welfare, Hg.), S. 167, S. 145; Soong Ching-ling (Soong Ching-ling Foundation et al., Hg.), S. 669.

547 Interview von Yolanda Sui mit *Huanqiu Renwu* , http://history.sina. com.cn/bk/wgs/2015-04-13/1440118715.shtml.

548 Soong Ching-ling (Soong Ching-ling Foundation et al., Hg.), S. 456 ff.

549 Soong Ching-ling (Soong Ching-ling Foundation et al., Hg.), S. 516, 555 f., 595, 562, 602, 616, 670, etc.; Epstein, Israel, S. 591; Tang, Earnest, S. 120–123; Interview von Yolanda mit Lu Yu, http://phtv.ifeng. com/a/20160624/41628425_0.shtml; Soong Ching-ling (China Welfare, Hg.), S. 115.

550 Butterfield, Fox, S. 130.

551 Interview von Yolanda Sui mit *Huanqiu Renwu* , http://history.sina. com.cn/bk/wgs/2015-04-13/1440118715.shtml.

552 Epstein, Israel, S. 592; Interview mit Yolanda, https://v.qq.com/x/ page/t0163kzni44.html.

553 Butterfield, Fox, S. 131; Soong Ching-ling (Soong Ching-ling Foundation et al., Hg.), S. 663–670; Isaacs, Harold, S. 69; Interviews mit Yolanda; Tang, Ernest, S. 126 f.

554 Soong Ching-ling (Soong Ching-ling Foundation et al., Hg.), S. 533, 555, 608 f., 618; Soong Ching-ling (China Welfare, ed.), S. 186; Tang, Ernest, S. 114, 123 ff.

555 Isaacs, Harold, S. 69–72.

556 Interview von Yolanda mit *Huanqiu Renwu* , http://history.sina.com. cn/bk/wgs/2015–04–13/1440118715.shtml; Tang, Ernest, S. 127

557 Soong Ching-ling (Shang Ming-xuan et al., Hg.), Bd. 2, S. 1430.

558 Chiang Ching-kuo (Zhou Mei-hua und Xiao Li-ju, Hg.), S. 152.

559 Isaacs, Harold, S. 73; vgl. Tang, Ernest, S. 134.

560 Interviews mit Yolanda Sui, https://tv.sohu.com/v/dXMvMzM4 NDUwMzYxLzExNzkwMTUzNS5zaHRtbA==.html; https://v.qq. com/x/page/t0163kzni44.html; http://dangshi.people.com.cn/BIG5/ 17456783.html.

561 Tang, Ernest, S. 101.

562 Tang, Ernest, S. 112–116, 140 f.

563 *Shiji* (Das Jahrhundert), Februar 2008; Tang, Ernest, S. 127.

Kapitel 21: Tage in Taiwan

564 Soong May-ling (Madame Chiang Kai-shek) 1955, S. 27–31.

565 An Emma, 25. Juli 1950, 26. Januar 1951, Papers of Emma DeLong Mills, MSS.2, Wellesley College Archives.

566 An Emma, 21. Oktober 1951, Emma an May-ling, 11. Februar 1952, Papers of Emma DeLong Mills, MSS.2, Wellesley College Archives.

567 Weng Yuan (mit Wang Feng), S. 61.

568 Chiang Kai-shek: Korrespondenz der Familie, S. 39 ff.

569 Zu der ganzen Episode um Dr. Wu siehe Wu Kuo-Cheng, *passim*; Chiang Kai-shek: Korrespondenz der Familie, S. 41.

570 19. Dezember 1953, Papers of Emma DeLong Mills, MSS.2, Wellesley College Archives.

571 20. Februar 1954, Papers of Emma DeLong Mills, MSS.2, Wellesley College Archives; vgl. Chiang Kai-shek (Chin Hsiao-i, Hg.), Bd. 8, S. 3899 f.; Chiang Kai-shek: Korrespondenz der Familie, S. 41.

572 4. Juni 1951, Chiang Kai-shek Diaries, Hoover Institution Archives.

573 Siehe Chiang Kai-shek, *Soviet Russia in China*, 1957.

574 Hu Zi-dan.

575 Chiang Ching-kuo (Zhou Mei-hua und Xiao Li-ju, Hg.), Bd. 1, S. 198 ff.; Bd. 2, S. 4.

576 28. Dezember 1958, DeLong, Thomas A., S. 213.

577 30. Mai 1960, Papers of Emma DeLong Mills, MSS.2, Wellesley College Archives.

578 10. Dezember 1962, *T.V. Soong Papers*, Box 61, folder no. 31, Hoover Institution Archives.

579 14. Juli 1956, an T.V., *T.V. Soong Papers*, Box 61, folder no. 31, Hoover Institution Archives.

580 Huang Ke-wu et al., Bd. 2, S. 485.

581 Huang Ke-wu et al., Bd. 2, S. 295, 432 ff.; Weng Yuan (mit Wang Feng), S. 112 f.

582 Weng Yuan (mit Wang Feng), S. 155; Huang Ke-wu et al., Bd. 2, S. 490.

583 I Fu-en, S. 109 ff.

584 Weng Yuan (mit Wang Feng), S. 74.

585 2. Korinther 4,8; vgl. Chen Li-wen (Hg.) 2014, S. 92.

586 8. Juni 1972, Papers of Emma DeLong Mills, MSS. 2, Wellesley College Archives.

587 November 1971ff, Chiang Kai-shek Diaries, Hoover Institution Archives; Yang Tian-shi 2014, S. 217 f.

588 14. und 25. Dezember 1971, Chiang Kai-shek Diaries, Hoover Institution Archives; Yang Tian-shi 2014, S. 217.

589 Huang Ke-wu et al., Bd. 1, S. 252 f.

590 Shong Wen, S. 118 f., 126; Weng Yuan (mit Wang Feng), S. 199 ff., 233–238.

591 Interview mit einem Verwandten, der anonym bleiben möchte.

592 Huang Ke-wu et al., Bd. 1, S. 304, 338; Bd. 2, S. 165.

593 Januar 1972 ff., Chiang Kai-shek Diaries, Hoover Institution Archives; Shong Wen, S. 112, 120 f.; Huang Ke-wu et al., Bd. 1, S. 256.

594 17. und 26. März, 17. und 27. Mai, 12. Juni, 11. Juli 1972, Chiang Kai-shek Diaries, Hoover Institution Archives; Yang Tian-shi 2014, S. 268 f.

595 20. Juli 1972, Chiang Kai-shek Diaries, Hoover Institution Archives.

596 21. Juli 1972, Chiang Kai-shek Diaries, Hoover Institution Archives.

597 Weng Yuan (mit Wang Feng), S. 208 ff., 223–228.

598 Chen Li-wen (Hg.) 2014, S. 195; Shong Wen, S. 121; Huang Ke-wu et al., Bd. 1, S. 386.

599 Huang Ke-wu et al., Bd. 1, S. 615; Bd. 2, S. 461; Chen Li-wen (Hg.) 2014, S. 45 f., 667.

600 Chen Li-wen (Hg.) 2014, S. 45 f.; Huang Ke-wu et al., Bd. 1, S. 666; Chiang Ching-kuo (Zhou Mei-hua und Xiao Li-ju Hg.), Bd. 2, S. 29.

601 Chiang Ching-kuo (Zhou Mei-hua und Xiao Li-ju Hg.), Bd. 1, S. 326, 342–349.

602 Chiang Ching-kuo (Zhou Mei-hua und Xiao Li-ju Hg.), Bd. 1, S. 366.

603 Zu Maos Abschied von Chiang siehe Jung Chang und Jon Halliday, Kapitel 58, S. 808.

604 Chen Li-wen (Hg.) 2014, S. 18 f., 131.

605 Interviews mit Dr. Kung-ming Jan, dem Arzt der May-ling in ihren letzten Jahren behandelte; vgl. Huang Ke-wu et al., Bd. 2, S. 295, 462 f.

606 Chiang Ching-kuo (Zhou Mei-hua und Xiao Li-ju Hg.), Bd. 1, S. 325 ff, 373, 586 ff.

Kapitel 22: Die Hollywood-Connection

607 Huang Ke-wu et al., Bd. 2, S. 482 f.

608 Ch'en Chieh-ju, S. 5–10.

609 Shong Wen, S. 172; Interview mit einem Verwandten, der anonym bleiben möchte.

610 K'ung Hsiang-hsi, S. 114, 121 ff., 147.

611 Interview mit Verwandten, die anonym bleiben wollen; sowie https://www.pinterest.com/pin/308848486919331646/; Interview von Milton Berle mit Elvis, https://www.youtube.com/watch?v=8xouKy5GfMw; Shearer, Lloyd (15. Juli 1956), »More glamor for Hollywood«, *Albuquerque Journal*, S. 68 f., *Newspapers.com*; https://en.wikipedia.org/wiki/Debra_Paget siehe Anm 2; »When You Wish Upon a Star, or It's a Star-Spangled Life: Family Cast« in der Wayback Machine; https://web.archive.org/web/20091026100848/http://geocities.com/showbizfamily/cast.html; http://www.elvis-history-blog.com/debra-paget.html; https://www.elvispresleyphotos.com/celebrities/debra-paget.html; https://www.youtube.com/watch?v=EBZ5LPeRNJA; https://www.newspapers.com/clip/2595360/the_san_bernardino_county_sun/

612 https://www.elvis.com.au/presley/interview-milton-berle-elvis-presley.shtml; https://www.elvispresleyphotos.com/celebrities/debra-paget.html

613 Gespräche von Debra Paget mit Rick Stanley (Elvis Presleys Stiefbruder), https://www.youtube.com/watch?v=EBZ5LPeRNJA.

614 https://www.newspapers.com/clip/2595390/independent/; https://www.newspapers.com/clip/2595390/independent/; »Debra Paget Weds Oilman, Nephew of Madame Chiang«, http://www.glamourgirlsofthesilverscreen.com/show/214/Debra+Paget/index.html

615 https://www.google.co.uk/search?q=westlin+bunkerandtbm=ischandimgil=5axDGk-o2mwycM%3A%3BSYgUZJduRR2OnM%3Bhttp%3A%2F%2Fwww.houstonarchitecture.com%2FBuilding%2F2124%2FThe-Westlin-Bunker.phpandsource=iuandpf=mandfir=5axDGk-o2mwycM%3A%2CSYgUZJduRR2OnM%2C_andusg=__Oy5SF_7nb4TeMhfR9FthaHc7n3I%3Dandbiw=1407andbih=892andved=oahUKEwjO_PSb9PnVAhUoJ8AKHT8GD2oQyjcIXgandei=mQmkWY7MKajOgAa_jLzoBg#imgrc=zP9BUecaM81YeM; http://www.houstonarchitecture.com/Building/2124/The-Westlin-Bunker.php; *Wall Street*

Journal, 2. Oktober 2006, »Continental Airlines Finds a Safe Haven In a Texas Bunker«; Melanie Trottman, »Cold War Relic Gets New Use By Companies Worried About the Next Big Storm«, https://cryptome.org/eyeball/cal-bunker/cal-bunker.htm; Interview mit Enkel Michael Feng, 26. Januar 2016.

616 T.V. an May-ling, 22. März 1969, *T.V. Soong Papers*, Box 61, folder no. 31, Hoover Institution Archives; Huang Ke-wu et al., Bd. 1, S. 403–407; Interview mit Enkel Michael Feng, 19. Oktober 2015.

617 http://www.glamourgirlsofthesilverscreen.com/show/214/Debra+Paget/index.html.

618 Chiang Ching-kuo (Zhou Mei-hua und Xiao Li-ju Hg.), Bd. 2, S. 210.

Kapitel 23: New York, New York

619 Soong Ching-ling (Soong Ching-ling Foundation und China Welfare, Hg.), Bd. 2, S. 823; Soong Ching-ling (Shang Ming-xuan et al. Hg.), Bd. 2, S. 1437.

620 Wu Jing-ping und Kuo Tai-chun 2008a, S. 130–137; Wu Kuo-Cheng, S. 161; Interview mit seiner Tochter Laurette und Enkel Michael Feng, 26. Januar 2016.

621 K'ung Hsiang-hsi, *passim*; Briefe von T.V., in: *T.V. Soong Papers*, Box 61, folder no. 32, Hoover Institution Archives; Interview mit Enkel Michael Feng, 19. Oktober 2015.

622 2. Juli 1962, *T.V. Soong Papers*, Box 61, folder no. 31, Hoover Institution Archives.

623 31. Oktober 1962, *T.V. Soong Papers*, Box 61, folder no. 31, Hoover Institution Archives.

624 Wu Jing-ping und Kuo Tai-chun 2008a, S. 134.

625 Briefe zwischen T.V. und May-ling, 1. September und 7. Oktober 1963, *T.V. Soong Papers*, Box 61, folder no. 31, Hoover Institution Archives.

626 Wu Jing-ping und Kuo Tai-chun 2008a, S. 146; Interview mit seiner Tochter Laurette und Enkel Michael Feng, 26. Januar 2016.

627 22. [*sic*] und 29. April 1971, Chiang Kai-shek Diaries, Hoover Institution Archives.

628 Interview mit seiner Tochter Laurette und Enkel Michael Feng, 26. Januar 2016.

629 Epstein, Israel, S. 563.

630 15. April 1971, Chiang Kai-shek Diaries, Hoover Institution Archives.

631 9. November 1971, Papers of Emma DeLong Mills, MSS. 2, Wellesley College Archives.

632 May-ling an Emma, 15. März und 9. November 1971, Papers of Emma DeLong Mills, MSS. 2, Wellesley College Archives.

6343 24. August 1967, Papers of Emma DeLong Mills, MSS. 2, Wellesley College Archives; Chiang Ching-kuo (Zhou Mei-hua und Xiao Li-ju Hg.), Bd. 1, S. 315–322; Bd. 2, S. 624.

634 12. Mai 1969, 7. Dezember 1973, Papers of Emma DeLong Mills, MSS. 2, Wellesley College Archives; Shong Wen, S. 172.

635 Interviews mit Dr. Kung-ming Jan, Jeanettes Hausarzt, der auch May-ling behandelte; Shong Wen, S. 149–158; Huang Ke-wu et al., Bd. 1, S. 246, 256, 391 f.; Bd. 2, S. 164, 392–395, 406.

636 Chen Li-wen (Hg.) 2014, S. 112 f., 219–230, 264; Interview mit einem Mitglied von May-lings Haushalt in New York, 21. Oktober 2015.

637 Chen Li-wen (Hg.) 2014, S. 55.

Kapitel 24: Die Zeiten ändern sich

638 Chiang Ching-kuo (Zhou Mei-hua und Xiao Li-ju, Hg.), Bd. 2, S. 3–29, 92–99, 677–686.

639 Chiang Ching-kuo (Zhou Mei-hua und Xiao Li-ju, Hg.), Bd. 2, S. 601, 607, 675.

640 Interview mit einem Mitglied von May-lings Haushalt in New York, 21. Oktober 2015; Chiang Ching-kuo (Zhou Mei-hua und Xiao Li-ju, Hg.), Bd. 2, S. 152 f.

641 Chiang Ching-kuo (Zhou Mei-hua und Xiao Li-ju, Hg.), Bd. 2, S. 163–169.

642 Chiang Ching-kuo (Zhou Mei-hua und Xiao Li-ju, Hg.), Bd. 2, S. 278–288.

643 Chiang Ching-kuo (Zhou Mei-hua und Xiao Li-ju, Hg.), Bd. 2, S. 512ff; DeLong, Thomas A., S. 244.

644 https://www.youtube.com/watch?v=les3zpWSPXs.

645 Chiang Ching-kuo, in: Cline, Ray S.

646 Weng Yuan (mit Wang Feng), S. 428 f.

647 May-lings Rede am 7. Juli 1988, http://blog.sciencenet.cn/blog-51807-883264.html.

648 Weng Yuan (mit Wang Feng), S. 432–435.

649 Chiang Ching-kuo (Zhou Mei-hua und Xiao Li-ju, Hg.), Bd. 2, S. 399.

650 Zhou Hong-tao (mit Wang Shi-chun), S. 485–490.

651 Shaw Yu-ming, S. 260; May-lings Rede am 7. Juli 1988, http://blog. sciencenet.cn/blog-51807-883264.html.

652 Chen Li-wen (Hg.) 2014, S. 32 f., 326 f., *passim.*

653 Chen Li-wen (Hg.) 2014, S. 19 f.

654 Chen Li-wen (Hg.) 2014, S. 137 f.

655 Chen Li-wen (Hg.) 2014, S. 120, 341, 348, *passim.*

656 Chen Li-wen (Hg.) 2014, S. 18, 265.

657 Chen Li-wen (Hg.) 2014, S. 113, 219; zur Bibelstelle siehe Prediger Salomo (Kohelet), 1,2.

658 Chen Li-wen (Hg.) 2014, S. 270.

659 Chen Li-wen (Hg.) 2014, S. 16 f., 270 f., 306 f.

660 Chen Li-wen (Hg.) 2014, S. 307 f.

Besuchte Archive

Academia Historica, Taipeh, Taiwan

AWPRF Archiw Wneschnej Politiki Rossiskoi Federazii (Archiv der Außenpolitik der Russischen Föderation), Moskau, Russland

Columbia University Archives, New York, USA

Duke University Libraries, Durham, NC, USA

Fifth Avenue United Methodist Church Archives, Wilmington, NC, USA

Hatfield House Archives, Hertfordshire, UK

Archiv der Hong Kong University of Science and Technology, Hongkong

Hoover Institution Archives, Stanford, CA, USA

National Archives, London, UK

National Archives, Washington, D.C., USA

Historisches Archiv der Nationalen Volkspartei Chinas, Taipeh, Taiwan

Royal Archives, Windsor, UK

Wellesley College Archives, Wellesley, MA, USA

Wesleyan College Archives, Macon, GA, USA

Bibliografie

Alanbrooke, Viscount (Alan Brooke), *War Diaries 1939-1945*, London 2002.

Alsop, Joseph W., *I've Seen the Best of It: Memoirs*, New York 1992.

Ao Guang-xu, »Lun sun zhongshan zai 1924 nian xiabannian de shishifeifei« (Leistungen und Fehler Sun Yat-sens in der zweiten Hälfte des Jahres 1924), in: *Modern History Studies*, Peking 1995.

Archiv der Ming- und Qing-Dynastien (Hg.), *Qingmo choubei lixian dangan shiliao* (Archivdokumente über die Vorbereitungen zur Einführung einer konstitutionellen Monarchie), Peking 1979.

Archiv des Ministeriums für öffentliche Sicherheit (Hg.), *Zai jiang jieshi shenbian banian* (Acht Jahre an der Seite von Chiang Kai-shek), Peking 1997.

Archiv Nanjing und Verwaltung des Sun-Yat-sen-Mausoleums (Hg.), *Zhongshanling dangan shiliao xuanbian* (Ausgewählte Dokumente aus dem Archiv des Sun-Yat-sen-Mausoleums), Nanjing 1986.

AWPRF, Archiw Wneschnej Politiki Rossiskoi Federazii (Archiv der Außenpolitik des Außenministeriums der Russischen Föderation).

Beal, John Robinson, *Marshall in China*, Toronto und New York 1970.

Bergère, Marie-Claire, *Sun Yat-sen*, Stanford, CA, 1994.

Bickers, Robert, und Jackson, Isabella (Hg.), *Treaty Ports in Modern China: Law, Land and Power*, London 2016.

Boulger, Demetrius C., *The Life of Sir Halliday Macartney, KCMG*, Cambridge University Press, Online-Publikation, 2011.

Burke, James, *My Father in China*, London 1945.

Butterfield, Fox, *China: Alive in the Bitter Sea*, London 1982.

Cantlie, James, und Sheridan, Charles Jones, *Sun Yat-sen and the Awakening of China*, New York 1912.

Cantlie, Neil, und Seaver, George, *Sir James Cantlie: A Romance in Medicine*, London 1939.

Chan, Luke, und Taylor, Betty Tebbetts, *Sun Yat-sen – As I Knew Him*, ohne Ort 1955.

Chang David Cheng, »Democracy Is in Its Details: The 1909 Provincial Assembly Elections and the Print Media«, in: Sherman, Cochran, und Pickowicz, Paul (Hg.), *China on the Margins*, Ithaca, NY, 2010.

Chang Jung, *Kaiserinwitwe Cixi: Die Konkubine, die Chinas Weg in die Moderne ebnete*, München 2014.

– *Wilde Schwäne: Die Geschichte einer Familie; drei Frauen in China von der Kaiserzeit bis heute*, München 1991.

Chang Jung, und Halliday, Jon, *Mao: Das Leben eines Mannes, das Schicksal eines Volkes*, München 2005.

Charles Jones Soong Reference Collection, Duke University Libraries, Durham, NC.

Charlie Soong at Trinity College, Duke University Libraries, http://blogs.library.duke.edu/rubenstein/2014/05/22/charlie-soong-at-trinity-college/.

Ch'en Chieh-ju, *Chen jieru huiyilu* (Die Memoiren von Ch'en Chieh-ju), Peking 1993.

– (Eastman, Lloyd E., Hg.), *Chiang Kai-shek's Secret Past: The Memoir of His Second Wife, Ch'en Chieh-ju*, Boulder, CO, 1993.

Chen Jiong-ming (Chen Ding-yan, Hg.), *Chen jingcun (jiongming) xiansheng nianpu* (Eine Chronik des Lebens von Chen Jiongming), Taipeh 1995.

Chen Li-fu, The Reminiscences of Chen Li-fu, Columbia University Archives, New York.

Chen Li-fu, *The Storm Clouds Clear Over China: The Memoir of Ch'en Li-Fu*, Stanford, CA, 1994.

Chen Li-wen (Hg.), *Jiang zhongzhen de xinyang jiqing* (Chiang Kai-sheks Glaube), Taipeh 2005.

Chen Li-wen (Hg.), *Jiangfuren soong meiling nushi xingyi koushu fangtanlu* (Interviews mit dem Stab von Soong May-ling, Madame Chiang Kai-shek), Taipeh 2014.

Chen Peng Jen, *Sun zhongshan xiansheng yu riben youren* (Herr Sun Yat-sen und seine japanischen Freunde), Taipeh 1990.

Chen Qi-mei (Mo Yong-ming und Fan Ran, Hg.), *Chen yingshi jinian* (Eine Chronik von Chen Qi-meis Leben), Nanjing 1991.

Chen Shao-bai, *Chen shaobai zishu* (Die Erinnerungen von Chen Shao-bai), Peking 2011.

Chen Percy, *China Called Me*, Little, Boston, MA, 1979.

Chennault, Anna, *The Education of Anna*, New York 1980.

Chennault, Claire Lee, *Way of a Fighter*, New York 1949.

Chiang Ching-kuo, »My Days in Soviet Russia« (1937), in: Cline, Ray S., *Chiang Ching-kuo Remembered*, Washington DC 1989.

– *Jiang jingguo huiyilu* (Die Memoiren Chiang Ching-kuos), Peking 2011.

– (Zhou Mei-hua und Xiao Li-ju, Hg.), *Jiang jingguo shuxinji: yu songmeiling wanglai handian* (Chiang Ching-kuos Briefwechsel mit Madame Chiang Kai-shek), Taipeh 2009.

Chiang Kai-shek Diaries, Hoover Institution Archives, Stanford University.

– Korrespondenz der Familie, Academia Historica, Taipeh.

– *Soviet Russia in China: A Summing-up at Seventy*, New York 1957.

– (Chin Hsiao-i, Hg.), *Zongtong jianggong dashi changbian chugao* (Entwurf für einen langen chronologischen Bericht über Präsident Chiang Kai-shek), Taipeh 1978, mit freundlicher Genehmigung des Herausgebers.

– (Zweites historisches Archiv Chinas, Hg.), *Jiang jieshi nianpuchugao* (Entwurf einer Chronik des Lebens von Chiang Kai-shek), Peking 1992.

Chinesische Historikervereinigung (Hg.), *Xinhai geming* (Die Revolution von 1911), Shanghai 1956.

Chow Lien-hwa, *Zhou lianhua mushi fangtanlu* (Interviews mit Pfarrer Chow Lien-hwa), Taipeh 2012.

Chung Kun Ai, *My Seventy-Nine Years in Hawaii, 1879-1958*, Hongkong 1960.

Clark, Elmer T., *The Chiangs of China*, New York und Nashville, TN, 1943.

Cline, Ray S., *Chiang Ching-kuo Remembered*, Washington, D.C., 1989.

DeLong, Thomas A., *Madame Chiang Kai-shek and Miss Emma Mills*, Jefferson, NC, und London 2007.

Deng Mu-han, »Yiwei Guangzhou geming shimoji« (Die ganze Geschichte der Revolution von 1895 in Kanton), in: *Xinhai geming shiliao xuanji* (Ausgewählte historische Dokumente über die Revolution von 1911), Bd. 1, Changsha 1981.

Deng Yan-da (Mei Ri-xin und Deng Yan-chao, Hg.), *Deng yanda wenji xinbian* (Neuausgabe der Werke von Deng Yan-da), Guangzhou 2000.

Dikötter, Frank, *The Age of Openness: China before Mao*, Berkeley und Los Angeles 2008.

Ding Zhong-jiang, *Beiyang junfa shihua* (Geschichte der Warlords von Beiyang), Peking 1992.

Duan Qi-rui (Liu Chun-zi und Yin Xiang-fei, Hg.), *Minguo zongtong zixu: Duan Qi-rui* (Präsidenten der Republik über sich selbst: Duan Qi-rui), Nanjing 2014.

DWP (Dokumenty wneschnej politiki) Dokumente der Außenpolitik, Russisches Ministerium für Auswärtige Angelegenheiten, Moskau.

Eden, Anthony, *The Eden Memoirs: The Reckoning*, London 1965.

Epstein, Israel, *Woman in World History: Life and Times of Soong Ching Ling*, Peking 1993.

Fenby, Jonathan, *Generalissimo: Chiang Kai-shek and the China He Lost*, London 2003.

Feng Yu-xiang, *Wode shenghuo* (Mein Leben), Peking 2015.

Feng Zi-you, *Feng ziyou huiyilu* (Die Memoiren von Feng Zi-you), Peking 2011.

Fifth Avenue United Methodist Church Archives: Charles Jones Soong, Wilmington, NC.

FRUS (Foreign Relations of the United States), 1944, Bd. VI, *China*, Washington DC, 1967.

Gascoyne-Cecil, Lord William, *Changing China*, London 1910.

George W. und Clara Sargent Shepherd papers, Bentley Historical Library, University of Michigan, http://quod.lib.umich.edu/b/bhlead/umich-bhl-2014151?view=text.

Gu Li-juan und Yuan Xiang-fu, *Zhonghua minguo guohuishi* (Eine Geschichte des Parlaments der Republik China), Peking 2012.

Gunther, John, *Inside Asia*, Hamish Hamilton, London 1939 (deutsche Ausgabe: *So sehe ich Asien*, De Lange, Amsterdam 1940).

Guo Song-tao, *Lundun yu bali riji* (Tagebücher in London und Paris), Changsha, 1984.

Haag, E. A., *Charlie Soong: North Carolina's Link to the Fall of the Last Emperor of China*, Greensboro, NC, 2015.

Hager, Charles R., »Doctor Sun Yat-sen: Some Personal Reminiscences«, in: Sharman, Lyon, *Sun Yat-sen: His Life and Its Meaning*, Stanford, CA, 1934.

Hahn, Emily, *Chiang Kai-shek*, New York 1955.

– *China to Me*, New York 2014.

– *Chinas drei große Schwestern*, Bern 1941.

Han Li-guan und Chen Li-ping, *Qinding yaofan hua kezhi chuanqi* (Die außerordentliche Geschichte von Hua Ke-zhi), Nanjing 1998.

Han Su-yin, *Eldest Son: Zhou Enlai and the Making of Modern China, 1898-1976*, Jonathan Cape, London 1994.

He Da-zhang, *Song qingling wangshi* (Soong Ching-lings früheres Leben), Peking 2011.

Heinzig, Dieter, »The Soviet Union and Communist China, 1945-1950«, in: *Far Eastern Affairs*, 4, 1996.

Hemingway, Ernest, *By-Line: Selected Articles and Dispatches of*

Four Decades, Grafton Books, London 1989 (deutsche Ausgabe: *49 Depeschen*, Reinbek bei Hamburg 1969).

Hsu Chieh-lin, *Sun wen: zuihou baituo ribenren de kongzhi* (Sun Yat-sen und Japan: wie es wirklich war), Taipeh 2011.

Hsu Shih-chang (Jin Hong-kui Hg.), *Minguo zongtong zixu: xu shichang* (Präsidenten der Republik über sich selbst: Hsu Shih Chang), Nanjing 2014.

Hu Han-min, *Hu Hanmin Huiyilu* (Die Memoiren von Hu Han-min), Peking 2013.

Hu Han-min, *Hu hanmin zizhuan* (Die Autobiografie Hu Han-mins), Taipeh 1987.

Hu Lan-xi, *Hu lanxi huiyilu* (Die Memoiren von Hu Lan-xin), Chengdu, 1995.

Hu Shih, *Hu shi wenji* (Das Werk Hu Shihs), Peking 1998.

Hu Zi-dan,»He zhou lianhua mushi de wuci jianmian« (Fünf Gespräche mit Pfarrer Chow Lien-hwa), https://2011greenisland. wordpress.com/2012/11/20/.

Hua Ping,»Cong song qingling gei jin zhonghua de xin shuoqi« (»Angefangen bei Soong Ching-lings Briefen an Jin Zhonghua), https://big5.termitespest.com/article/e0e4effc-4b40-4e22-aaa0-bb7402cded08_2.htm.

Huang Ke-wu et al., *Jiang zhongzheng zongtong shicong renyuan fangwen jilu* (Interviews mit dem Stab Präsident Chiang Kaisheks), Taipeh 2013.

Huang San-de, *Hongmen genmingshi* (Eine Revolutionsgeschichte der Henker), ohne Ort, 1936.

Huang Xing (Mao Zhu-qing, Hg.), *Huang xing nianpu changbian* (Eine vollständige Chronik von Huang Xings Leben), Peking 1991.

Huang Xiu-rong et al. (Hg.), *Gongchan guoji, liangong (bu) yu zhongguo guomin gemingyundong: 1920-1925*, Peking 1997.

– *Gongchan guoji, liangong (bu) yu zhongguo geming wenxianziliao xuanji: 1917-1925*, Peking 1997.

– *Gongchan guoji, liangong (bu) yu zhongguo guomin gemingyundong: 1926-1927*, Bd. 1, Peking 1998.

Huang Zi-jin und Pan Guang-zhe, *Jiang jieshi yu xiandai zhongguo de xingsuo* (Chiang Kai-shek und der Aufbau des modernen China), Taipeh 2013.

I Fu-en, *Wode huiyi* (Meine Memoiren), Taipeh 2000.

Isaacs, Harold, *Re-Encounters in China*, M.E. Sharpe, Armonk, N.Y., und London 1985.

Ishikawa, Yoshihiro, »Guanyu sun zhongshan zhi suliande yishu« (Über Sun Yat-sens Brief auf dem Totenbett an die Sowjetunion), http://jds.cssn.cn/webpic/web/jdsww/UploadFiles/upload/20101104131408553.pdf.

Jiang Ting-fu, *Jiang tingfu huiyilu* (Die Memoiren von Jiang Tingfu), Taipeh 1984.

Koo, Juliana Young (Mrs. V. K. Wellington) mit Genevieve Young, *My Story*, mit freundlicher Genehmigung der Autorinnen.

Koo (Madame Wellington Koo), *No Feast Lasts Forever*, New York 1975.

Koo, V. K. Wellington, *Gu weijun huiyilu* (Die Memoiren von Wellington Koo), Peking 2013.

– *The Reminiscences of Wellington Koo*, Columbia University Archives, New York.

– Wellington Koo Papers, Columbia University Archives, New York.

Kriukov, Mikhail, »Once again about Sun Yatsen's North-West Plan«, in: *Far Eastern Affairs*, 5., 9. Januar 2000.

K'ung Hsiang-hsi, *The Reminiscences of K'ung Hsiang-hsi*, Columbia University Archives, New York.

Kuo Tai-chun und Lin Hsiao-ting, *T.V. Soong in Modern Chinese History*, Hoover Institution Press, Stanford, CA, 2006.

Lattimore, Owen, *China Memoirs*, University of Tokyo Press, Toronto, 1991.

Leonard, Royal, *I Flew for China: Chiang Kai-shek's Personal Pilot*, Doubleday, Doran, Garden City, 1942.

Li Gong-zhong, *Zhongshanling: yige xiandai zhengzhi fuhaode dansheng* (Sun Yat-sens Mausoleum: die Schaffung eines politischen Symbols im modernen China), Peking 2009.

Li Guo-qi, »Deguo danganzhong youguan zhongguo canjia diyici shijie dazhandejixiang jizai« (Einige Dokumente aus deutschen Archiven über die Teilnahme Chinas am Ersten Weltkrieg), in: *Zhongguo xiandaishi zhuanti yanjiu baogao* (Berichte über Spezialgebiete beim Studium der modernen chinesischen Geschichte) Bd. 4.

Li Jin-zhou (Hg.), *Xian shibian qinliji* (Persönliche Erfahrungen mit dem Xian-Zwischenfall), Taipeh 1982.

Li, Laura Tyson, *Madame Chiang Kai-shek: China's Eternal First Lady*, Grove Press, New York 2006.

Li Tsung-jen und Tong Te-Kong, *Li zongren huiyilu* (Die Memoiren von Li Tsung-jen), Taipeh 1995.

Li Yuan-hong (Zhang Bei, Hg.), *Minguo zongtong zixu: Li yuan-hong* (Präsidenten der Republik über sich selbst: Li Yuan-hong), Nanjing 2014.

Li Yun, »Sui song qingling zouguo sanshinian« (»Dreißig Jahre mit Soong Ching-ling«) in: *Yanhuang chunqiu* (Annalen des chinesischen Volkes), 2002, Nr. 3.

Lin Hsiao-ting, *Taihai lengzhan jiemi dangan* (Der Kalte Krieg zwischen Taiwan und China: Die freigegebenen Dokumente), Hongkong 2015.

Lin Hsiao-ting und Wu Jing-ping (Hg.), *Song ziwen yu waiguo renshi wanglai handiangao* (T. V. Soong: Wichtige Korrespondenz in der Kriegszeit, 1940-1942), Fudan University Press, Shanghai 2009.

Lin Ke-guang et al., *Jindai jinghua shiji* (Historische Stätten und Geschichten in Peking), Peking 1985.

Linebarger Paul, *Sun Yat-sen and the Chinese Republic*, The Century Co., New York und London 1925.

Liu Ban-nong et al., *Sai jinhua benshi* (Die außerordentliche Geschichte Sai Jinhuas), Changsha, 1985.

Liu Jia-quan, *Song qingling liuwang haiwai suiyue* (Soong Ching-lings Jahre im Exil), Peking 1994.

Lo Hui-Min, *The Correspondence of G. E. Morrison 1895-1912*, Cambridge University Press, Cambridge 1976.

Lo Hui-Min, *The Correspondence of G. E. Morrison 1912-1920*, Cambridge 1978.

Lou Wen-yuan, *Wenyuan wenji* (Gesammelte Werke von Lou Wen-yuan), Hanya zixun, Taipeh 2008.

Lu Fang-shang (Hg.), *Jiang jieshide qinqing, aiqing yu youqing* (Familiäre Beziehungen, Liebe und Freundschaften von Chiang Kai-shek), Taipeh 2011.

Luo Jia-lun, *Zhongshan xiansheng lundun beinan shiliao kaoding* (Eine Studie über Sun Yat-sens Unglück in London), Shanghai 1930.

Luo Jiu-fang und Luo Jiu-rong (Hg.), *Luo jialun xiansheng wencun buyi* (Weitere Schriften von Luo Jia-lun), Taipeh 2009.

Manson-Bahr, Philip H., *Patrick Manson*, Thomas Nelson & Sons Ltd, London 1962.

Manson-Bahr, Philip H., und Alcock, A., *The Life and Works of Sir Patrick Manson*, Cassell & Company, London 1927.

McCormack, Gavan, *Chang Tso-lin in North-east China 1911-1928*, Stanford University Press, Stanford, CA, 1977.

Mei Ri-xin und Deng Yan-chao (Hg.), *Huiyi deng yanda* (Zum Gedenken an Deng Yan-da), Guangzhou 1999.

Melby, John F., *The Mandate of Heaven*, Chatto & Windus, London 1969.

Microfilm publication M329, Records of the Department of State Relating to Internal Affairs of China, 1910-1929, National Archives, Washington DC.

Miller, Merle, *Plain Speaking: an Oral Biography of Harry S. Truman*, Berkley Publishing Corporation, New York 1974.

Mitter, Rana, *A Bitter Revolution: China's Struggle with the Modern World*, Oxford University Press, Oxford 2005.

Miyazaki, Tōten, *Gongqi taotian lun sun zhongshan yu huang xing* (Miyazaki Tōten über Sun Yat-sen und Huang Xing), Taipeh 1977.

– *Sanshisan nian zhimeng* (Mein dreißig Jahre langer Traum), Taipeh 1989.

Moran, Lord, *Winston Churchill: The Struggle for Survival 1940-1965*, Sphere Books Ltd, London 1968 (deutsche Ausgabe:

Churchill: der Kampf ums Überleben, 1940-1965; aus dem Tagebuch seines Leibarztes Lord Moran, München 1967).

Munholland, J. Kim, »The French Connection that Failed: France and Sun Yat-sen, 1900-1908«, in: *Journal of Asian Studies*, Bd. 32, Nr. 1, November 1972.

Oursler, Fulton, *Behold This Dreamer!*, Boston, MA, 1964.

Pakula, Hannah, *The Last Empress*, New York 2009.

Papers of Emma DeLong Mills, MSS.2, Wellesley College Archives, Wellesley, MA.

Papers of 3rd Marquess of Salisbury, Hatfield House Archives/3M/B24.

Paul T. K., Lin Papers, Hong Kong University of Science and Technology Archives, Hongkong.

PKKCV (Politische Konsultativkonferenz des chinesischen Volkes) Kanton-Komittee, Komitee für das Studium historischer Dokumente (Hg.), *Guangzhou wenshi ziliao*, Guangzhou 1950er.

PKKCV (Politische Konsultativkonferenz des chinesischen Volkes) Nationalkomitee, Komitee für das Studium historischer Dokumente (Hg.), *Bansheng fengyulu: jia yibin huiyilu* (Die Memoiren von Jia Yi-bin), Peking 2011.

– *Heping laoren shao lizi* (Shao Li-zi, ein Mann des Friedens), Peking 1985.

– *Xinhai geming huiyilu* (Erinnerungen an die Revolution von 1911), Peking 1981.

PKKCV (Politische Konsultativkonferenz des chinesischen Volkes) Nationalkomitee, Amt für historische Dokumente und Studien und Museum der chinesischen Revolution (Hg.), *Sun zhongshan xiansheng huace* (Dr. Sun Yat-sen: Ein Fotoalbum), Peking 1986a.

– Shanghai-Komitee, Komitee für das Studium historischer Dokumente (Hg.), *Jiu shanghai de bang hui* (Geheimgesellschaften im alten Shanghai), Shanghai 1986b.

– Zhejiang-Komitee, Komitee für das Studium historischer Dokumente (Hg.), *Jiang jieshi jiashi* (Chiang Kai-sheks Familiengeschichte), Hangzhou 1994.

– *Chen Yingshi* (Chen Qi-mei), Hangzhou 1987.

Qi Gao-ru, *Jiang jinguode yisheng* (Das Leben Chiang Ching-kuos), Taipeh 1991.

Qian Gang und Geng Qing-guo (Hg.), *Ershi shiji zhongguo zhong-zai bailu* (Große Katastrophen im China des 20. Jahrhunderts), Shanghai 1999.

Qian Yong-he, *Qian yonghe huiyilu* (Die Memoiren von Qian Yong-he), Peking 2011.

Qiu Jie,»Guangzhou shangtuan yu shangtuan shibian«, in: *Lishi yanjiu* (Historische Studien), 2, 2002 Peking.

Qiu Zheng-quan und Du Chun-he (Hg.), *Xinhai gemming shiliao xuanji* (Ausgewählte historische Dokumente zur Revolution von 1911), Changsha 1981.

Rosholt, Malcolm,»The Shoe Box Letters from China, 1913-1967«, in: *Wisconsin Magazine of History*, Bd. 73, Nr. 2, 1989/90.

Schell, Orville, und Delury, John, *Wealth and Power: China's Long March to the Twenty First Century*, New York 2014.

Schiffrin, Harold Z., *Sun Yat-sen and the Origins of the Chinese Revolution*, Berkeley, Los Angeles und London 1970.

Seagrave, Sterling, *The Soong Dynasty*, London Neuauflage 1996 (deutsche Ausgabe: *Die Soong-Dynastie: eine Familie beherrscht China*, Frankfurt 1988).

Selle, Earl Albert, *Donald of China*, Harper, New York und London 1948.

Shang Ming-xuan und Tang Bao-lin, *Song qingling zhuan* (Eine Biografie Soong Chinglings), Peking 2013.

Shang Ming-xuan et al. (Hg.), *Sun Zhongshan shengping shiye zhuiyilu* (Erinnerungen an Sun Yat-sens Leben und Karriere), Peking 1986.

Sharman, Lyon, *Sun Yat-sen: His Life and Its Meaning*, Stanford, CA, 1934.

Shaw Yu-ming, *Cisheng buyu: wode taiwan, meiguo, dalu suiyue* (Meine Jahre in Taiwan, in Amerika und auf dem Festland), Taipeh 2013.

Sheean, Vincent, *Personal History*, Secaucus, NJ, 1986.

Shen Inyeening, *Jinling yiwang* (Meine Jahre in Nanjing), Taipeh 2016.

Shen Yun-long et al., *Fu bingchang xiansheng fangwen jilu* (Interviews mit Fu Bing-chang), Taipeh 1993.

Shen Zui, *Wo zhe sanshinian* (Diese dreißig Jahre meines Lebens), Peking 1991.

Sheng Yong-hua et al. (Hg.), *Sun zhongshan yu aomen* (Sun Yat-sen und Macau), Peking 1991.

Shong Wen, *Xiong wan xiangsheng fangwen jilu* (Die Erinnerungen von Dr. Shong Wen), mit Chen San-jing und Li Yu-qing, Taipeh 1998.

Shou Chong-yi ed., *Kong xiangxi qiren qishi* (Erinnerungen an H.H. Kung), Peking 1987.

Smith, Sebie Biggs, *The Reminiscences of Sebie Biggs Smith*, Columbia University Archives, New York.

Snow, Edgar, *So fing es an*, Stuttgart 1977.

Song Jiao-ren (Chen Xu-lu, Hg.), *Song Jiaoren ji* (Gesammelte Werke von Song Jiao-ren), Peking 2011.

Song Jiao-ren (Liu Yang-yang Hg.), *Song jiaoren riji* (Das Tagebuch von Song Jiao-ren), Peking 2014.

Song Yong-yi, »Did Soong Ching-ling Oppose Mao's Anti-rightist Campaign?«, https://www.aboluowang.com/2017/0904/988392.html

Soong Ching-ling, *Song qingling xuanji* (Gesammelte Werke von Soong Ching-ling), Peking 1992.

Soong Ching-ling, *The Struggle for New China*, Peking 1952 (deutsche Ausgabe: *Der Kampf um ein neues China*, Berlin 1958).

– (China Welfare, Hg.), *Song qingling zhi chen hansheng shuxin* (Briefe von Soong Ching-ling an Chen Han-sheng), Shanghai 2013.

– (Shang Ming-xuan et al., Hg.), *Song qingling nianpu changbian* (Eine ausführliche Chronik des Lebens von Soong Ching-ling), Peking 2003, 2009.

– (Shanghai Soong Ching-ling Memorial Residence, Hg.), *Song qinglinglaiwang shuxin xuanji* (Ausgewählte Briefe von Soong Ching-ling), Shanghai 1995.

– (Soong Ching-ling Foundation and China Welfare, Hg.), *Song qinglingshuxinji* (Gesammelte Briefe von Soong Ching-ling), Peking 1999.

– (Soong Ching-ling Foundation et al., Hg.), *Song qingling shuxinji (xubian)* (Nachfolgeband zu den Gesammelten Briefen von Soong Ching-ling), Peking 2004.

Soong-Ching-ling-Gedächtnis-Komitee (Hg.), *Song qingling jinianji* (Zum Gedenken an Soong Ching-ling), Peking 1982.

Soong May-ling (Madame Chiang Kai-shek), »What Religion Means to Me«, in: *The Forum*, März 1934.

– »Fighting Communists in China«, in: *The Forum*, Februar 1935a.

– »New Life in China«, in: *The Forum*, Juni 1935b.

– *China in Peace and War*, London 1940.

– *Conversations with Mikhail Borodin*, Taipeh 1977.

– *The Sure Victory*, Westwood, NJ, 1955.

Soong May-ling und Chiang Kai-shek, *A Fortnight in Sian: Extracts from a Diary*, Taipeh 1985.

Spooner, Paul B., »Song Ailing and China's Revolutionary Elite«, Academia.edu.

Sui Yong-qing und Zhang Lu-ya, »Song qingling de xingfu he yihan« (Soong Ching-lings Glück und Reue), in: *Wenshi cankao* (Geschichtsquellen), 4, 2011.

Suleski, Ronald, *Civil Government in Warlord China: Tradition, Modernization and Manchuria*, New York 2002.

Sun Hui-fen, *Wode zufu sun zhongshan* (Mein Großvater Sun Yatsen), Nanjing 2011.

Sun Yat-sen, *Gesammelte Werke von Sun Yat-sen*, Volltextdatenbank, Sun-Yat-sen-Gedächtnishalle & Datenbank für Sun-Yatsen-Studien (Hg.), http://sunology.culture.tw/cgi-bin/gs32/sigsweb.cgi/ccd=oYAcvF/search.

– *Kidnapped in London*, London 1969.

– (Chen Xu-lu und Hao Sheng-chao, Hg.), *Sun zhongshan jiwaiji* (Ergänzungsband zu den Gesammelten Werken von Sun Yatsen), Shanghai 1990.

– (Chen Xi-qi et al., Hg.), *Sun zhongshan nianpu changbian* (Eine ausführliche Chronik des Lebens von Sun Yat-sen), Peking 2003.

Sun, Victor, *Sun Mei, My Great-Grandfather*, Guangzhou 2011.

Tang, Ernest, *Yongbu piaoshide jiyi* (Ewige Erinnerungen: Die Freundschaft zwischen meiner Familie und Soong Ching-ling), Shanghai 2013.

Tang Qi-hua, *Bali hehui yu zhongguo waijiao* (Die Pariser Friedenskonferenz und die chinesische Diplomatie), Peking 2014.

– *Beiyang xiuyue shi* (Die Vertragsrevisionskampagne der Pekinger Regierung,1912-1928), Peking 2010.

Tang Jia-xuan (Hg.), *Zhongguo waijiao cidian* (Wörterbuch der chinesischen Diplomatie), Peking 2000.

Tang Rui-xiang, *Sun zongshan yu haijun hufa yanjiu* (Untersuchung über die Rolle Sun Yat-sens und der Flotte bei der Verteidigung der Verfassung 1917-1923), Peking 2006.

Tang Xiong, *Song qingling he tade baojian yisheng* (Soong Ching-ling und ihre Ärzte), Peking 2014.

– *Song qingling yu tade weishizhang* (Soong Ching-ling und ihr oberster Leibwächter), Peking 2006.

Taylor, Jay, *The Generalissimo: Chiang Kai-shek and the Struggle for Modern China*, Cambridge, MA, 2011.

– *The Generalissimo's Son: Chiang Ching-kuo and the Revolutions in China and Taiwan*, Cambridge, MA, 2000.

Topping, Seymour, *Journey Between Two Chinas*, New York, Evanston, San Francisco und London 1972.

Tse, Tsan Tai, *The Chinese Republic: Secret History of the Revolution*, *South China Morning Post*, Hongkong, 1924.

Tuchman, Barbara W., *Stilwell and the American Experience in China*, New York, 1971 (deutsche Ausgabe: *Sand gegen den Wind: Amerika und China 1911-1945*, Stuttgart 1973).

Tung, William L., *Gu weijun yu zhongguo zhanshi waijiao* (Wellington Koo und Chinas Diplomatie während des Krieges), Taipeh 1978.

T.V. Soong Papers, Hoover Institution Archives, Stanford University.

Volksuniversität (Hg.), »Gongchan zhuyi xiaozu he dangde yida ziliao huibian« (Sammlung von Dokumenten und Interviews über die frühen kommunistischen Gruppen und den ersten Parteitag der KPCh), unveröffentlicht, Peking 1979.

Verwaltungskomitee historischer Objekte Sun Yat-sens und Soong Ching-lings, Shanghai (Hg.), *Sun zhongshan song chingling wenxian yu yanjiu* (Sun Yat-sen und Soong Ching-ling: Archiv und Forschung), Shanghai 2009.

Verwaltungskomitee historischer Objekte Sun Yat-sens und Soong Ching-lings, Shanghai, und Gesellschaft für Soong-Ching-ling-Forschung, Shanghai (Hg.), *Song Yaorushengping dangan wenxian huibian* (Sammlung von Archivdokumenten über das Leben von Soong Charlie), Shanghai 2013a.

– *Huiyi songqingling* (Memoiren von Soong Ching-ling), Shanghai 2013b.

Waldron, Arthur, *From War to Nationalism: China's Turning Point, 1924-1925*, Cambridge, New York und Melbourne 1995.

Wang Da-lu und Liu Qing-yun, *Huang qixiang zhuan* (Eine Biografie von Huang Qi-xiang), Peking 1994.

Wang Jian und Chen Xian-chun, »An Analysis of the Changes of Sino-German Relationship during WWI«, in: *Silin* (Geschichte), 1993.

Wang Jing-wei (Cai De-jin und Wang Sheng, Hg.), *Wang jingwei shengping jishi* (Bericht über das Leben von Wang Jing-wei), Peking 1993.

Wen Fei (Hg.), *Wo suo zhidaode wu peifu* (Der Wu Pei-fu, den ich kenne), Peking 2004.

– *Wo suo zhidaode zhang zuolin* (Der Zhang Zuo-lin, den ich kenne), Peking 2004.

Wen Xiao-hong, »1924nian guangdong ›shangtuan shibian‹ zaitan« (Eine weitere Studie über den Konflikt mit den bewaffneten Kaufleuten in Kanton im Jahr 1924), in: *Zhejiang Social Science*, 3, 2001.

Weng Yuan (mit Wang Feng), *Wozai jiang jieshi fuzi shenbian sishisan nian* (Ich war dreiundvierzig Jahre mit Chiang Kai-shek und seinem Sohn zusammen), Peking 2003.

Wesleyan College Archives and Special Collections: Soong Sisters, Macon, GA.

Wilbur, C. Martin, *Sun Yat-sen: Frustrated Patriot*, New York 1976.

Wong J. Y., *Sanshisui qian de sun zhongshan* (Sun Yat-sen vor dem dreißigsten Lebensjahr), Hongkong 2012.

Wong J. Y., *Sun yixian lundun mengnan zhenxiang* (Die wahre Geschichte von Sun Yat-sens Ungemach in London), Taipeh 1998.

Wong J. Y., *Sun yixian zai lundun: 1896-1897* (Sun Yat-sen in London: 1896-1897), Taipeh 2006.

Wong J. Y., *Zhongshan xiansheng yu yingguo* (Sun Yat-sen und Great Britain), Taipeh 2005.

World Outlook Journal

Wu Chang-yi ed., *Bashisantian huangdi meng* (Ein Traum vom Kaisertum, der dreiundachtzig Tage währte), Peking 1985.

Wu Jing-ping und Kuo Tai-chun, *Song ziwen yu tade shidai* (T.V. Soong: sein Leben und seine Zeit), Shanghai 2008a.

– *Song ziwen zhumei shiqi dianbao xuan* (Ausgewählte Telegramme zwischen Chiang Kai-shek und T.V. Soong, 1940-1943), Shanghai 2008b.

Wu Kuo-Cheng, *Cong shanghai shizhang dao ›taiwan shengzhuxi‹: wu guozhen koushuhuiyi* (Die Erinnerungen von Wu Kuo-cheng), Shanghai 2015.

Wu Xiang-xiang, *Chen guofu de yisheng* (Das Leben von Chen Guo-fu), Taipeh 1980.

Wu Xiang-xiang, *Song jiaoren zhuan* (Eine Biografie von Song Jiao-ren), Peking 2009.

– *Sun yixian zhuan* (Eine Biografie von Sun Yat-sen), Taipeh 1969.

Xiao Jian-dong, »Yizhan‹ shiqi zhongguo duide xuanzhande lishi zhenxiang« (Die historische Wahrheit über die chinesische Kriegserklärung an Deutschland im Ersten Weltkrieg), in: *Journal of Wuhan University of Technology: Social Science Edition*, Bd. 21, 1, 2008.

Xu Feng-hua, »The Party Member outside the Party – A New Discussion about the Relationship between Soong Ching-ling and Both the Nationalists and the Communists«, Geschichte im

China Welfare Institut, http://www.cwi.org.cn/zh/zgflhhsg/content.aspx?id=8487.

Xu Xue-er et al. (Hg.), *Song jiaoren xuean* (Die Ermordung von Song Jiao-ren), Changsha 1986.

Yan Hui-qing, *Yan huiqing zizhuan* (Die Autobiografie von Yan Hui-ching), Taipeh 1989.

Yang Kui-song, »Song qingling heshi jiaru gongchandang« (Wann wurde Soong Ching-ling Mitglied der Kommunistischen Partei), in: *Sun zhongshan soong chingling yanjiu dongtai* (Nachrichten aus der Sun-Yat-sen- und Soong-Ching-ling-Forschung), 4, 2003.

– *Yang kuisong zhuzuoji: geming* (Gesammelte Werke von Yang Kui-song: Revolution), Guilin 2012.

Yang Tian-shi, *Jiangshi midang yu jiang jieshi zhenxiang* (Chiang Kai-sheks Geheimarchiv und die Wahrheit über ihn), Peking 2002.

– *Jindai zhongguo shishi gouchen: haiwai fangshilu* (Entdeckungen in Übersee über moderne chinesische Ereignisse), Peking 1998.

– *Wanqing shishi* (Verschiedene historische Ereignisse der späten Qing-Ära) Peking 2007.

– *Zhaoxun zhenzhengde jiang jieshi* (Auf der Suche nach dem realen Chiang Kai-shek), Bd. 1, Taiyuan; Bd. 2, Peking 2008.

– *Zhaoxun zhenzhengde jiang jieshi* (Auf der Suche nach dem realen Chiang Kai-shek), II, Peking 2010.

– *Zhaoxun zhenzhengde jiang jieshi: huanyuan 13ge lishi zhenxiang* (Auf der Suche nach dem realen Chiang Kai-shek: Die Wahrheit dreizehn historischer Ereignisse), Peking 2014.

Ye Bang-zong, *Jiang jieshi shiweizhang huiyilu* (Die Memoiren von Chiang Kai-sheks oberstem Leibwächter), Peking 2012.

Yi Zhu-xian, *Hu shi zhuan* (Eine Biografie von Hu Shih), Wuhan 1987.

Yu Xin-chun und Wang Zhen-suo (Hg.), *Sun zhongshan zairi huodong milu: ribenwaiwusheng dangan* (Die geheimen Berichte über Sun Yat-sen in Japan: Archiv des japanischen Außenministeriums), Tianjin 1990.

Yuan Wei-shi, *Zuotiande zhongguo,* Hangzhou 2012.

Zentralarchiv (Hg.), *Zhongguo gongchandang guanyu xian shibian dangan shiliao xuanbian* (Eine Auswahl der Quellen zum Xian-Zwischenfall aus dem Zentralarchiv der KPCh), Peking 1997.

Zentralkomitee der chinesischen Arbeiter- und Bauernpartei, (Hg.), *Dengyanda* (Deng Yan-da), Peking 1985.

Zhang Bo-feng und Li Zong-yi (Hg.), *Beiyang junfa* (Die Warlords des Nordens), Wuhan 1991.

Zhang Hai-lin, *Duanfang yu qingmo xinzheng* (Duanfang und das neue System der späten Qing-Ära), Nanjing 2007.

Zhang Peng-yuan, »Cong minchu guohui xuanju kan zhengzhi canyu« (Politische Partizipation durch parlamentarische Wahlen in den ersten Jahren der Republik China), in: *Bulletin of Historical Research,* Taipeh 1979.

Zhang Peng-yuan, *Cong minquan dao weiquan* (Von der Macht des Volkes zur Macht des Autokraten), Taipeh 2016.

Zhang Peng-yuan, *Zhongguo minzhu zhengzhi de kunjing: 1909-1949 wanqing yilai lijieyihui xuanju shulun* (Demokratische Politik in China: Eine Studie über die parlamentarischen Wahlen seit der späten Qing-Ära, 1909-1949), Shanghai 2013.

Zhang Tai-yan, *Zhang taiyan xiansheng ziding nianpu* (Die selbst geschriebene Chronik Mr. Zhang Tai-yans), Shanghai 1986.

Zhang Xue-liang (Zhang You-kun und Qian Jin, Hg.), *Zhang xueliang nianpu* (Chronologischer Bericht über das Leben von Zhang Xue-liang), Peking 1996.

Zhang Yao-jie, *Shui moushale song jiaoren* (Wer ermordete Song Jiao-ren?), Peking 2012.

Zhang Zhu-hong, »Meiguo guanyu Sun zhongshan he xinhai geming de yanjiu« (Studien über Sun Yat-sen und die Revolution von 1911 in den Vereinigten Staaten), http://jds.cssn.cn/ztyj/wqzzs/201605/t20160506_3323423.shtml.

Zheng Hui-xin, *Dudang yueshi: minguo zhengshi yu jiazu liyi* (Aus den Archiven und aus Studien: Die Politik der Republik China und Familieninteressen), Peking 2014.

Zheng Peng-nian, *Song qingling he tade zhushou jin zhonghua*

(Soong Ching-ling und ihr Assistent Jin Zhong-hua), Peking 2001.

Zhong Bo-yi und Deng Jia-yan, *Zhong boyi deng jiayan koushu zizhuan* (Die Erinnerungen von Zhong Bo-yi und Deng Jia-yan), Peking 2009.

Zhou En-lai (Zentrales Literaturforschungsbüro der KPCh und Zentralarchiv, Hg., *Jianguoyilai zhou enlai wengao*, (Schriften von Zhou En-lai seit der Gründung des kommunistischen China), Peking 2008.

Zhou Hong-tao (mit Wang Shi-chun), *Jianggong yu wo: jianzheng zhonghua minguoguanjian bianju* (Mr. Chiang Kai-shek und ich: Augenzeuge von Schlüsselmomenten der Veränderung in der Republik China), Taipeh 2003.

Zhou Zhi-ping, »Zhangchi zai ziyou yu weiquan zhijian: hu shi, lin yutang yu jiangjieshi (Zwischen Freiheit und autoritärer Herrschaft: Hu Shih, Lin Yu-tang und Chiang Kai-shek), http://www.cuhk.edu.hk/ics/21c/media/articles/c146-201406005.pdf.

Zhu Zong-zhen und Yang Guang-hui (Hg.), *Minchu zhengzheng yu erci geming* (Politische Konflikte zu Beginn der Republik und der Zweiten Revolution), Shanghai 1983.

Zou Lu, *Zou lu huiyilu* (Die Memoiren von Zou Lu), Peking 2010.

Zeitungen und Zeitschriften

Daily News, Perth
Duli Pinglun (unabhängiger Kommentar), Peking
Far Eastern Affairs (englischsprachige Zeitschrift des Instituts für Fernost-Studien der Russischen Akademie der Wissenschaften), Russische Akademie der Wissenschaften, Moskau
Hua Shang Daily, Hongkong
Huanqiu Renwu, Peking
International Security, Belfer Center for Science and International Affairs at Harvard University (Hg.), Cambridge, MA, 1976.
Life

New York Times

Newspapers.com

North China Herald, Shanghai

People's Daily (englischer Internetauftritt von *Renmin Ribao)* Peking (deutscher Internetauftritt: *Chinesische Volkszeitung)*

Shiji (Das Jahrhundert), Peking

Sun zhongshan soong chingling yanjiu dongtai (Nachrichten aus der Sun-Yat-sen- und Soong-Ching-ling-Forschung), Zeitschrift, Shanghai

Sydney Morning Herald

Time

Wall Street Journal

West Australian

World Outlook Journal

Yanhuang chunqiu (Annalen des chinesischen Volkes), Peking

Zhang Kai-yuan et al. (Hg.), *Xinhai gemingshi congkan* (Zeitschrift über die Geschichte der Revolution von 1911), Peking

Dank

Bei meinen Recherchen für diese Biografie hatte ich das Glück, von vielen Menschen unterstützt worden zu sein. Hilfsbereite Bibliothekare und Archivare in den folgenden Archiven und Museen haben mir die Suche nach den Dokumenten (und Fotografien), die die Grundlage dieses Buches bilden, sehr erleichtert. In den USA waren dies folgende: Columbia University Archives; die Duke University Libraries; Fifth Avenue United Methodist Church Archives (Wilmington); Hoover Institution Archives; Library of Congress; National Archives, US Senate Historical Office; Wellesley College Archives und Wesleyan College Archives. Im Vereinigten Königreich: Hatfield House Archives (ich danke dem Marquess und der Marchioness of Salisbury für die Sondererlaubnis, ihr Privatarchiv einzusehen); Historical Photographs of China an der University of Bristol; National Archives und Royal Archives. In Taiwan: Academia Historica; Nationale Chiang-Kai-shek-Gedächtnishalle; Nationale Sun-Yat-sen-Gedächtnishalle; Nationales Menschenrechtsmuseum; das Historische Archiv der Kuomintang. In Hongkong: Archiv der Hongkong University of Science and Technology. Ich danke allen, die mir behilflich waren, und ich bedaure sehr, dass ich sie hier nicht alle nennen kann.

Besonders erwähnen möchte ich Sue Hammonds vom Archiv der Fifth Avenue United Methodist Church. Sie trug selbst dann noch Dokumente für mich zusammen, als sie schon schwer krank war. Ich war sehr traurig, als ich von ihrem Tod erfuhr; sie starb, während sie noch an der Akte für mich arbeitete. (Ihre Kollegin Barbara Gallagher schickte mir das Paket, das Sue für mich zusammengestellt hatte.) Ich werde immer mit großer Dankbarkeit an sie denken.

Nachkommen der Familien Soong und Chiang, Mitglieder ihrer Haushalte und Freunde der Familie waren so freundlich, ihre Erinnerungen und Einsichten mit mir zu teilen. Laurette Soong Feng, Michael Feng, Chiang Wan-an, Victor Sun, Dr. Kungming Jan, Juliana Young Koo, Gene Young und den wichtigen Zeugen, die lieber ungenannt bleiben wollen, möchte ich herzlich danken. Besonderen Dank schulde ich Gene Young, die mich mit der Familie Soong in New York bekannt gemacht hat.

Die Lung-Ying-tai-Kulturstiftung lud mich nach Taiwan ein und traf die nötigen Vorbereitungen für meine dortigen Recherchen. Ich stehe tief in ihrer Schuld. Die Zusammenarbeit mit ihren gewissenhaften und tüchtigen Mitarbeitern war mir ein Vergnügen. Lung Ying-tai selbst, eine einflussreiche Schriftstellerin, die zur Demokratisierung Taiwans beigetragen hat, verhalf mir zu einem besseren Verständnis dieser historischen Entwicklung im Allgemeinen und des demokratischen Taiwan im Besonderen.

Sehr profitiert habe ich von Interviews mit folgenden Augenzeugen und Gelehrten. Ihnen allen schulde ich Dank: Dr. Hugh Cantlie, Chin Him-san, Lou Wen-yuan, Dr. P.G. Manson-Bahr, Howard Shiang, Su You, Tu Kui-mei, Professor Chang Cheng, Professor Chang Peng-yuan, Professor Chao Chien-min, Professor Chen Li-wen, Professor Chen Peng-jen, Hsieh Ying-chung, Professor Huang Ko-wu, Professor Kuo Tai-chun, Professor Li Chun-shan, Dr. Lin Hsiao-ting, Dr. Lin Kuo-chang, Professor Lin Tung-fa, Professor

Liu Wei-kai, Professor Lu Fangshang, Professor Pang Chien-kuo, Professor Shaw Yu-ming, Professor Tang Chi-hua, Jay Taylor, Wang Shinn-huey, Professor Wang Wen-lung und Professor Wu Mi-cha. Für die Biografien, die ich in den vergangenen Jahrzehnten schrieb, und insbesondere für das Buch *Mao. Das Leben eines Mannes, das Schicksal eines Volkes* (mit Jon Halliday) habe ich Hunderte von Interviews gemacht. Viele sind auch für dieses Buch noch sehr relevant. Tatsächlich standen einige – inzwischen verstorbene – historische Persönlichkeiten den Schwestern Soong sehr nahe. Als ich die Interviews erneut durchsah, war ich beglückt, dass mich diese Interviewpartner an ihren einzigartigen, unschätzbar wertvollen Erfahrungen hatten teilhaben lassen. Zu ihnen gehörten: Zhang Xueliang (der »junge Marschall«), Chen Li-fu, General Chiang Wei-go, General I Fu-en, General Hau Pei-tsun, Emily Hahn, Israel Epstein, Rewi Alley, George Hatem, Percy Chen, Jin Shan-wang und Li Yun. Meine (inzwischen ebenfalls verstorbenen) guten Freundinnen Maggie Keswick (die Ching-ling gut kannte) und Emma Tennant waren die Ersten, die mich drängten, über die Schwestern Soong zu schreiben.

Folgende Personen haben mich freundlicherweise anderen vorgestellt, Fragen beantwortet, Material geschickt, Vorschläge gemacht und meine Recherchen allgemein erleichtert: Jeffrey Bergner, Marie Brenner, Marco Caboara, Eddy Chancellor, John Chow, Anhua Gao, Jane Hitchcock, Jong Fang-ling, Kan Shio-yun, Yung Li, Tim Owens, Shen Lyushun, Jane Shen-Miller, William Taubman, Carola Vecchio, Stanley Weiss, Grace Wu, Wu Shu-feng, Xue Yi-wei, Shirley Young, Jeanette Zee and Pu Zhang. Für eventuelle Lücken in der Aufzählung bitte ich um Entschuldigung, sie werden in künftigen Ausgaben korrigiert werden.

Meine Agenten Gillon Aitken und Clare Alexander leisteten hervorragende Arbeit für dieses Buch und haben mich ausgezeichnet beraten. Meine Verleger und Lektoren bei Cape and Knopf, Bea Hemming, Sonny Mehta, Dan Frank und ihre Teams, einschließlich meines Redakteurs David Milner, haben das Buch hervorragend lektoriert und veröffentlicht. Ihnen allen bin ich sehr dankbar.

Wie bei meinen früheren Büchern war auch diesmal Jon Hallidays ständig in Anspruch genommener Rat unverzichtbar. Die Bedeutung, die er in meinem Leben einnimmt, kann ich gar nicht hoch genug schätzen.

Verzeichnis der Illustrationen

Erster Bildteil

Die drei Soong-Schwestern, 1917 (Alamy)
Ei-ling, 1912 (Wesleyan College Archives)
Ching-ling, 1912 (Wesleyan College Archives)
May-ling, um 1908 (Wesleyan College Archives)
Soong Charlie, Anfang der 1880er-Jahre (Fifth Avenue United
  Methodist Church Archives, Wilmington, North Carolina)
Sun Yat-sens Entlassung aus der chinesischen Gesandtschaft, Lon-
  don (Historisches Archiv der Nationalen Volkspartei, Taipeh)
Sun Yat-sen, Huang Xing und andere Republikaner, 1912 (Alamy)
Sun mit seiner Familie, 1912
Yuan Shi-kai, 1913 (Historical Photographs of China at the Uni-
  versity of Bristol)
Chen Qi-mei (Alamy)
Song Jiao-ren (Alamy)
Frau Soong Charlie mit ihren beiden älteren Töchtern (Alamy)
Angehörige der Familie Soong bei Ei-lings Hochzeit (mit freund-
  licher Genehmigung des Besitzers der Aufnahme)
Die Familie Soong in Shanghai, 1917 (Michael Feng)
Mikhail Borodin, Wang Jing-wei und andere (Historical Photo
  graphs of China at the University of Bristol)
Die Gründungszeremonie der Whampoa Militärakademie, 1924
  (Michael Feng)
Ching-ling und ihr Mann, 1924 (Academia Historica, Taipeh)
Sun Yat-sens Totenbahre, 1929 (Alamy)

Ching-ling als hohe Führerin der Kuomintang, 1927 (Michael Feng)

Ching-ling, Ei-ling und May-ling, 1927 (Academia Historica, Taipeh)

Die Hochzeit von May-ling und Chiang Kai-shek, 1927 (Academia Historica, Taipeh)

Zweiter Bildteil

May-ling und Chiang in den Flitterwochen (Academia Historica, Taipeh)

Ei-ling und ihr Mann H.H. Kung (Wesleyan College Archives)

Ching-ling mit Deng Yan-da (Alamy)

Chiang Kai-shek und May-ling auf einem Ausflug, 1936 (Academia Historica, Taipeh)

Die Chiangs beim Rückflug aus Xian, 1936 (Alamy)

May-ling besucht verwundete Soldaten (Academia Historica, Taipeh)

Ching-ling und May-ling werden den Berg nach Chongqing hochgetragen, 1940 (Academia Historica, Taipeh)

Die Schwestern wiedervereint in Chongqing, 1940 (Gregory Kung)

Die Schwestern mit Chiang Kai-shek, 1940 (Academia Historica, Taipeh)

Die Schwestern in einem Militärkrankenhaus, 1940 (Academia Historica, Taipeh)

Die Chiangs mit Captain Claire Chennault (Academia Historica, Taipeh)

Joseph Stilwell und Ching-ling, um 1940 (Alamy)

Wendell Willkie, May-ling, H.H. Kung und Ching-ling, 1942 (Academia Historica, Taipeh)

May-ling bei ihrer Rede vor dem Kongress in den USA, 1943 (Academia Historica, Taipeh)

May-ling in der Hollywood Bowl, 1943 (Alamy)

Die Chiangs, Roosevelt und Churchill (Academia Historica, Taipeh)
T.V. Soong, Roosevelt und Farley, 1942 (Michael Feng)
Die Soong-Brüder, 1942 (mit freundlicher Genehmigung des Besitzers der Aufnahme)
Die Chiangs beim Essen unter Chiangs Porträt, 1940 (Gregory Kung)

Dritter Bildteil

Chiangs Porträt am Tor des Himmlischen Friedens (Academia Historica, Taipeh)
May-ling bei der Ankunft in Chongqing nach ihrem Aufenthalt in New York, 1945 (Academia Historica, Taipeh)
Die drei Schwestern in Chongqing
Chiang Kai-sheks Familie, 1946 (Academia Historica, Taipeh)
Chiang Kai-shek beim Besuch seines Ahnentempels, 1949
Ei-ling an Chiangs Geburtstag, 1956 (Academia Historica, Taipeh)
– Chiang empfängt May-ling am Flughafen von Taipeh, 1959 (Academia Historica, Taipeh)
– Die Rote Schwester mit Mao in Moskau, 1957 (Alamy)
Ching-ling mit Mao und Zhou En-lai auf dem Tor des Himmlischen Friedens, 1965 (Alamy)
Ching-ling bei der Gedenkfeier für Mao auf dem Platz des Himmlischen Friedens, 1976
Ching-ling und Yolanda (Bibliothek der Hongkong University of Science and Technology)
Ching-kuo mit dem Leichnam seines Vaters, 1975 (Academia Historica, Taipeh)
Ching-kuo und seine Frau Faina Wachrewa (Academia Historica, Taipeh)

Vierter Bildteil

Ei-ling (Gregory Kung)
Ching-ling (Gregory Kung)
May-ling (Gregory Kung)
Ching-ling im Exil, 1927/28 (Alamy)
Der »May-ling-Palast«, die aus Bäumen geformte »Halskette«
(Alamy)
May-ling in den USA, um 1943 (Getty)
Ei-ling mit Debra Paget, 1969 (Gregory Kung)
May-ling bei ihrer Abreise aus Taiwan 1991 (Academia Historica,
Taipeh)
May-ling im Alter von etwa hundert Jahren (Gregory Kung)
Postkarte von Li Yuan-hong, Sun Yat-sen und Huang Xing (private Sammlung)
Statuenpark, Taipeh (Jung Chang)

Es wurden alle erdenklichen Anstrengungen unternommen, die
Inhaber der Bildrechte zu ermitteln. Sollte unwissentlich jemand
übersehen worden sein, wird der Verlag die betreffende Person oder
Einrichtung selbstverständlich in künftigen Auflagen entsprechend
würdigen.

Register

(Fett gesetzte Seitenzahlen verweisen auf Hauptnennungen.)